Zentrum Moderner Orient
Geisteswissenschaftliche Zentren Berlin e.V.

■ Brigitte Bühler

Mündliche Überlieferungen: Geschichte und Geschichten der Wiya im Grasland von Kamerun

Studien 9

Verlag Das Arabische Buch

Die Deutsche Bibliothek - CIP-Einheitsaufnahme

Bühler, Brigitte:
Mündliche Überlieferungen : Geschichte und Geschichten der Wiya im Grasland von
Kamerun / Brigitte Bühler. Zentrum Moderner Orient, Geisteswissenschaftliche Zentren
Berlin e.V. - Berlin : Verl. Das Arab. Buch, 1998
    (Studien / Zentrum Moderner Orient, Geisteswissenschaftliche Zentren
    Berlin e.V.; 9)
    ISBN 3-86093-198-9

Zentrum Moderner Orient
Geisteswissenschaftliche Zentren Berlin e.V.

Direktor:
Prof. Dr. Ulrich Haarmann

Kirchweg 33
14129 Berlin
Tel. 030 / 80307 228

ISBN 3-86093-198-9
STUDIEN

Bestellungen:
Das Arabische Buch
Horstweg 2
14059 Berlin
Tel. 030 / 3228523
Fax 030 / 3225183

Redaktion und Satz: Margret Liepach

Druck: Druckerei Weinert, Berlin
Printed in Germany 1998

Gedruckt mit Unterstützung der Senatsverwaltung
für Wissenschaft, Forschung und Kultur, Berlin

Peter, Clemens und Vincent

INHALT

VORWORT

Die vorliegende Studie basiert auf einer 15-monatigen Feldforschung (März 1985 - Juli 1986) im Nordosten des Graslandes von Kamerun. Ursprünglich geplant als eine Untersuchung zu Maskenmythen bei den Wiya-Wimbum, verlagerte sich das Interesse schon bald auf das Thema Geschichte. Die Konzentration auf die Geschichtserzählungen der Wiya ging auf den zentralen Stellenwert zurück, den die lokale Bevölkerung der Erinnerung an vergangene Ereignisse selbst beimaßen. Gleich zu Beginn meines Aufenthaltes in Ndu insistierten die Wiya immer wieder auf der Notwendigkeit einer Untersuchung der mündlichen Überlieferungen. Nahezu alle Felder gesellschaftlichen Handelns wurden im Rekurs auf Geschichte erklärt und legitimiert, wobei sich die Erzählungen jedoch häufig widersprachen und oft Anlaß für zum Teil heftige Auseinandersetzungen gaben.

Daß dieses Projekt realisiert werden konnte, verdanke ich meinem Doktorvater Herrn Professor Schott, der die Planung und Aufarbeitung der empirischen Forschung in allen Phasen mit viel Engagement und geduldiger Hilfe bis hin zur Einreichung als Dissertation bei der Philosophischen Fakultät der Westfälischen Wilhelms-Universität in Münster betreute. Neben dem fachlichen Rat war sein moralischer Beistand von unschätzbarem Wert.

Mein Dank geht zu gleichen Teilen auch an die Forschungsassistenten und die Gesprächspartner unter den Wiya, deren Vertrauen und Geduld über diverse Schwierigkeiten bei der Sammlung und Transkription der Geschichtserzählungen hinweghalfen. Gesondert erwähnen möchte ich vor allem den *Fon* von Ndu, ohne dessen öffentlich bekundete Unterstützung die Forschung nicht hätte durchgeführt werden können. Ndzi Bufanong war es in erster Linie, der mich unermüdlich bis in die abgelegensten Ortschaften des Königtums führte und sich als Vermittler und Dolmetscher bereitfand. In dieser Weise halfen besonders auch Vincent Ngakfumbe, Ta Shey Nfor, Bridget Kwalar und Fai Ndziforba. Den Familien A. Nfor, M. Sayani und Fai Ngakfumbe danke ich für Unterbringung und Verpflegung, sowie für die warmherzige Aufnahme in ihre Haushalte.

Zu danken ist auch den Familien Lecher (GTZ in Bamenda), Stillhard und Kolb (Presbyterian Church in Bamenda und Nkambe) sowie Veronika Marx und Alfons Cohaus (Deutsche Botschaft in Yaoundé), die ebenfalls freundschaftlich Unterkunft gewährten und bei bürokratischen Problemen mit Rat und Tat zur Seite standen.

Gedankt sei ferner Elisabeth Chilver, die mir mehrere Manuskripte über die Wimbum, Nso' und Ntem aus ihrer Forschungszeit mit Phyllis Kaberry zur Verfügung stellte, sowie Prof. Paul Nkwi für die Vermittlung des Kontaktes zur *Grassfield Working Group*. Die Diskussion mit ihren Mitgliedern (Bongfen Chem-Langhee, Verkijika Fanso, Miriam Goheen, Eugenia Shanklin, Claude Tardits, Jean-Pierre Warnier u.a.) war eine wertvolle Hilfe. Konstruktive Kritik erhielt ich darüber hinaus von Jutta Wiegmann, Axel Harneit-Sievers, Achim von Oppen und Jan-Georg Deutsch. Ihnen allen, wie auch meinen Eltern, die schließlich Korrektur lasen, sei an dieser Stelle nochmals herzlich gedankt.

Finanzielle Unterstützung für die Feldforschung und ihre Aufarbeitung gewährte die Freimaurerloge zu Berlin, die Graduiertenförderung der Westfälischen Wilhelms-Universität in Münster und das Geisteswissenschaftliche Zentrum Moderner Orient in Berlin. Das Zentrum übernahm auch die Kosten für die Drucklegung. Frau Margret Liepach (ZMO Berlin) schulterte hier die mühevolle Überarbeitung für die Veröffentlichung. An sie und auch an Frau Irmgard Dietrich (ZMO Berlin), die ihr zeitweilig assistierte, geht mein ganz besonderer Dank.

Meinem Mann Peter Probst, mit dem ich weite Teile der Feldforschung gemeinsam durchgeführt habe, danke ich für die vielen Diskussionen und Anregungen zum Verständnis und zur Interpretation der Feldforschungsdaten. Abschließend geht der Dank auch an unsere beiden Kinder Clemens und Vincent, die besonders in den beiden vergangenen Jahren oft auf gemeinsame Spielstunden verzichten mußten.

Brigitte Bühler
Berlin, im Oktober 1998

I GESCHICHTE ALS THEMA

Geschichte war nicht von Anfang an das geplante Untersuchungsthema. Mein eigentliches Vorhaben betraf die Aufnahme von Mythen der im Grasland von Kamerun so populären Masken und Bünde. Als Projektregion dafür schien das Königtum der Wiya besonders geeignet. Erstens lag bereits ein recht detaillierter, aus der Feder des Anthropologen und ehemaligen Kolonialbeamten M.D.W. Jeffreys stammender Aufsatz *The Wiya Tribe* (1962) vor, der den Eindruck von einer soliden ethnographischen Basis vermittelte. Zweitens schienen die heute ca. 40 000 Einwohner zählenden Wiya nach Jeffreys' Studie eine überschaubare, vergleichsweise homogene Ethnie des nordöstlichen Graslandes zu bilden (Karte 1).

Gleich zu Beginn meines Aufenthaltes in Ndu (März 1985 - Juli 1986) stellte sich die ethnographische Wirklichkeit jedoch ganz anders dar, so daß ich das ursprünglich geplante Projekt über Maskenmythen schließlich zugunsten einer Untersuchung über die Entstehungsgeschichte(n) des Königtums Ndu aufgab. Während sich die Wiya für die Ikonographie der Masken kaum zu interessieren schienen, erregten Fragen zur Herkunft eines Bundes, zum Import und vor allem zum Vorrecht auf den Besitz der Institution mit seiner Medizin, seinen Masken und seinen Instrumenten größte Aufmerksamkeit. Zugleich waren die über den Rekurs auf Geschichte gegebenen Anworten heftig umstritten und in Jeffreys' "Stammesgeschichte" der Wiya gar nicht aufzufinden.

Die Maskenbünde waren aber nicht die einzigen Anlässe, bei denen die Wiya über Geschichte debattierten. Unabhängig davon, ob die Fragen den Status von Lineages und die Landbesitzverhältnisse berührten oder ob es um die Bedeutung bestimmter religiöser Institutionen ging, immer waren die von den Wiya vorgebrachten Erklärungen historischer Natur. Vergangene Ereignisse wurden besonders in Konfliktsituationen diskutiert oder waren selbst der Anlaß für zum Teil heftige Auseinandersetzungen. Die Berufung auf Geschichte war allgemein zur Legitimation des eigenen Status und aller damit verbundenen Rechte anerkannt. Da es jedoch keine für alle Wiya verbindliche Geschichtsüberlieferung gab, behauptete jeder, die Wahrheit (*laayé*, wörtl.: Richtigkeit, Weisheit) über die alten Zeiten (*sese*) zu kennen, während davon abweichende Geschichten (*nsung*) als Lügen (*mdi'*) bezeichnet wurden. Besonders in Übernahme des englischen Wortes *history* in das einheimische Limbum stritt man um die Geltung der eigenen Geschichtsversion und beschuldigte diejenigen, die dieser Erzählung (*nsung*) widersprachen, die Wahrheit (*laayé*) zur Durchsetzung egoistischer Interessen bewußt zu manipulieren. In Anlehnung an die von der Landbevölkerung zumeist als undurchsichtige Machenschaften empfundenen Strategien moderner Politiker der Zentralregierung von Yaoundé warf man dabei solchen Widersachern vor, *politics* zu betreiben. *Politics* galt als unsozial, war mit negativen Gefühlen verbunden und wurde in schwerwiegenden Fällen sogar mit dem Verdacht auf Hexerei (*tfu*) verknüpft.

Zur Veranschaulichung dieses Diskurses möchte ich ein Beispiel geben, das
der Debatte um Einführung und Besitz des königlichen Prinzenbundes (*ngirri*)
entnommen ist. Es geht um das Gerücht, Fai Ndzishirnji, der Nachfahre eines
königlichen Bruders, habe behauptet, diesen Maskenbund zu besitzen. Die
Beteiligten waren Fai Nganwenfu, der als Oberhaupt der autochthonen *yamba*-
Bevölkerung galt, und Ta Ngwang, sein beinahe dreißig Jahre älterer Vaterbrudersohn, sowie Ndzi, einer meiner Assistenten, der mich zu dem Interview
begleitete:

Ta Ngwang: "It's a lie! A lie!" (Alle Anwesenden stimmten ihm lautstark zu.)

Fai Nganwenfu: "I know that, if Fai Ndzishirnji keeps *ngirri*, it means, he is
    forcing himself, according to me. Let me tell you, Bridget, Fai Ndzishirnji
    is a son to the *Fon*[1]. So he is from the *Fon's* family. So it is needless for
    fai to keep *ngirri* again. Because the *ngirri* in the Palace is his father's own
    ... Let's say now, if I am your son ... and you have a great something, it is
    not good for me to get it again - according to our own African tradition.
    Ndzishirnji cannot get a different *ngirri* again. He has no right!"

Ndzi: "This is just a new creation to give you this history. This man is thinking,
    maybe that in future, when these books are coming out, he is keeping
    ngirri. If he was keeping *ngirri*, I think the *fai* from here would have kept
    ngirri - not he himself."

Fai Nganwenfu: "Yes, correct! Fai Ndzishirnji is one of the members (in der
    Palast-*ngirri*, B.B.). It is their thing. How can he go and create a different
    one? He cannot! That is what I know. So when he created a different
    ngirri, the *Fon* will not like it, unless the *Fon* say: do it!" (Alle Anwesen-
    den pflichten ihm lautstark bei.)

Ndzi: "Even in the past, according to me, or whether I am deceived by the old
    men ..."

Fai Nganwenfu: "No!"

Ndzi: "I know that even the Palace would have been here and even the *ngirri* -
    it would have been owned by this big man here and not by any other *fai*.
    Fai Ndzishirnji is a brother to the *Fon*. Sorry, a son to the *Fon*. So this
    two people are all sons to the *Fon*. And then, if there is *ngirri*, with my
    own reasoning, in the Palace, this is their own property. They have to be
    there and not to create theirs."

Fai Nganwenfu: "Correct, correct! People have to run the *ngirri* in the Palace,
    not to create their own! I think, you are still with us, Bridget. Remember,
    the time you went down to Jirt, a man was telling you lie, that my father
    took power from his own father. Is it not a lie? It shows that he was
    caring for something, which is not his own. People are telling lies just too
    much!"

Ta Ngwang: "There's no respect! They are making politics, just politics!"

Ndzi: "This is how the opposition-leaders do their own kind of work ..."
    (15.11.85)

Solche Widersprüche und Streitigkeiten fanden sich vielerorts bei den Wiya, den Wimbum und den angrenzenden Gesellschaften des Kameruner Graslandes, so daß die Begriffe *history* und *politics* beinahe in aller Munde geführt wurde. Dies galt nicht nur für die Unterhaltung in Englisch oder in Pidgin-Englisch. Auch in der Konversation auf Limbum benutzten die Wiya zur Bezeichnung ihrer Geschichten anstelle des lokalen Begriffs (*nsung*) vorzugsweise das englische Wort (*history*). Immer wieder beklagten sie die Zunahme solch bewußter, aus Eigennutz vorgenommener Geschichtsverfälschung sowie die daraus resultierende Vermehrung von Konflikten und Hexereifällen.

Für die eigene Untersuchung war diese Situation vor allem zu Beginn sehr irritierend. Auf der Suche nach Anhaltspunkten studierte ich die einzig verfügbare schriftliche Quelle aufs neue und versuchte, die widerspüchlichen Aussagen an der von Jeffreys verfaßten "Stammesgeschichte" der Wiya zu überprüfen. Doch das Vorhaben schlug fehl, denn dieser problematisierte die heterogene Zusammensetzung des Königtums allein bezogen auf das Verhältnis zwischen dem König (*Fon* von Ndu) und seinen während der britischen Kolonialzeit politisch unterstellten *subchiefs*. Die duale Struktur des Gesellschaftskerns, d.h. die von den Wiya vorgenommene Zweiteilung der dem König (*Fon* von Ndu) direkt unterstellten Gruppen in Königliche (*yaku*) und Nicht-Königliche (*yamba*), blieb bei ihm gänzlich unerwähnt.

Nach Meinung der Wiya hat Jeffreys lediglich eine Geschichte aus der Perspektive der *ndfung* (königlichen Lineage) geschrieben. Ein Palastältester (Fai Ndimbie) hätte Jeffreys seine Geschichte diktiert und die Versionen anderer (der *yamba*- und *yaku*-Lineages) nicht berücksichtigt. Die *yamba* und *yaku* drängten daher geradezu auf eine "Richtigstellung" der Geschichte, aber auch der König (*Fon* von Ndu) begrüßte eine Wiederaufnahme der Untersuchung und rief sogar auf öffentlichen Versammlungen zur Unterstützung des Projekts auf. Er lieh seinen Landrover zum Besuch weit entfernter Wiya-Orte und stand selbst jederzeit Rede und Antwort auf offene Fragen. Zugleich warnte er - wie viele andere - davor, sich durch lügenhafte Erzählungen einzelner von der "korrekten Geschichte" abbringen zu lassen. Viele hätten lediglich im Sinn, ihre eigenen Interessen zu verfolgen und die Geschichte dementsprechend zu verfälschen.

Geschichte und Geschichten

Historisch-ethnographische Notizen im Vergleich

Die Hauptwidersprüche in den Geschichtserzählungen der Lineages, die dem König (*Fon* von Ndu) direkt unterstehen, entsprechen einer im wesentlichen dualen Struktur des Königtums. Beide Gruppen bezwecken mit ihren Erzählungen im Rahmen der zur Kolonialzeit geschaffenen und festgeschriebenen Machtverhältnisse prinzipiell entgegengesetzte Ziele: während die *yaku* als Nachfahren überlieferter Könige beabsichtigen, den Herrschaftsanspruch der königlichen Lineage (*ndfung*) historisch zu legitimieren und zu bekräftigen, geht es den *yamba* darum, das Recht auf größtmögliche Selbstbestimmung ihrer Lineages zu wahren. Das heißt, die autochthonen *yamba* oder die Nachfahren der ersten Siedler verteidigen ihre Rechte als Erdherren gegenüber der politisch zunehmend dominierenden Erobererschicht, die die königliche Lineage stellt.

Ein Erdherr (lb.: *nwä nsu*) kann als priesterlicher Verwalter des lineageeigenen Landes bezeichnet werden. Ihm obliegt die Aufgabe, sowohl eigenen Lineagemitgliedern und ihren Familien Boden für den Ackerbau zuzuteilen als auch abgespaltenen Lineagefraktionen und fremden Neuansiedlern angemessenes Land zur Verfügung zu stellen. Nachfolgend hat er auf die Einhaltung vereinbarter Regelungen zu achten, die die Erinnerung an die ursprüngliche Landvergabe und das darauf basierende Senioritätsverhältnis zwischen den Lineages wachhalten soll. Solche Vereinbarungen beinhalten jährliche Abgaben von Nahrungsmitteln oder Dienstleistungen wie die Bereitstellung von Feuerholz. De facto können diese Forderungen aber nur selten durchgesetzt werden und existieren heute größtenteils nur in Form eines Streites über das Bestehen oder Nichtbestehen solcher Vereinbarungen. Solche Debatten, die meistens die Legitimität des Anspruchs grundsätzlich in Frage stellen, sind bereits Teil des historischen Diskurses der Wiya.

Darüber hinaus besitzt der Erdherr rituelle Autorität. Beispielsweise hat er die Pflicht und das Privileg, mit einer bestimmten Medizin (der *nwa*-Pflanze) die Grenzen seines Landes vor dem Eindringen von allem Bösen zu sichern und zu verschließen. Die Einführung und Pflege dieser als gefährlich angesehenen Medizin kann nur von ihm vorgenommen werden, da er von Amts wegen in Verbindung mit der höchsten Gottheit der Wiya, dem Erdgott (*nyuu ngong*: Gott der Welt) steht. Ihm opfert er auf einem wesentlich aus Medizin bestehenden Platz, wenn die Erde etwa durch die Rodung eines Landstücks verletzt, durch Landstreitigkeiten oder eine Bluttat verunreinigt wurde. Hierhin bringt er die Erstlingsfrüchte, segnet das Saatgut und bittet bei Verdacht von Hexerei um die Entlarvung und Bestrafung des Täters. Da der Erdherr in der Regel zugleich als Lineageoberhaupt (lb.: *wifa*) amtiert, unterrichtet er die Lineageahnen anschließend über alle Vorgänge. In Anwesenheit anderer Lineageältester opfert er ihnen auf einem eigenen Medizinplatz, dem *nyuu la'* (dem Gott der Lineage).

Im Vergleich zur rituellen Autorität ist die politische Bedeutung des Erdherren mit der Etablierung des Königtums geschwunden. Seine Position als "Treuhänder" des Lineagelandes, die damit verbundenen schiedsrichterlichen Aufgaben und der Zugriff auf ökonomische Ressourcen werden zunehmend vom

König, seiner Lineage und den Palastbediensteten übernommen. Da der König selbst kein Erdherr ist, legitimieren die Palastältesten sein Eingreifen mit der politischen Vormachtstellung. Sie behaupten, daß der König als erster Siedler zunächst alles Land besessen hätte, bis er es dann großzügig an die einzelnen Erdherren verteilte, um sich seiner politischen Führung intensiver widmen zu können. Zur Kolonialzeit konnte der König seine Führungsposition schließlich derart ausbauen, daß er zur Administration der ihm nunmehr offiziell unterstellten Bevölkerungsgruppen einen mit exekutiver Macht versehenen Männerbund (*nwarrong*) und einen königlichen Rat (*mto'si*) mit richterlichen Befugnissen einführte. Letzterer, als höhere Instanz angesehen, relativierte bald die Rechtsautorität der Erdherren. Mit Hilfe des *nwarrong*-Bundes und seiner rituellen Instrumente erhielt der König die bis dahin lediglich den Erdherren vorbehaltene Macht, Land im Konfliktfall mit bundeigenen Symbolen (*nkeng* und *lang nwarrong*) zu tabuieren. Das von den Erdherren verwendete Tabuzeichen (*ndang*) ist seither praktisch nur noch auf den Feldern an der Peripherie des Königtums zu finden, wo die Streitgegner den weiten Weg zum Palast und den geringen Bekannschaftsgrad mit den amtierenden Richtern scheuen. Hier ist es noch immer der Erdherr, der einen Konflikt zu schlichten versucht, bevor er ihn dem königlichen Rat übergibt.

Die Verteilung des Landes für Neuansiedlungen, öffentliche und kommerzielle Einrichtungen erfolgt in Ndu, dem Zentrum des Königtums, gegenwärtig vornehmlich durch den König. Zwar setzt dieser den jeweiligen Erdherren von seiner Entscheidung in Kenntnis, verhandelt mit ihm möglicherweise noch über die Größe des abzugebenen Grundstücks, doch abwenden kann der Erdherr den königlichen Beschluß in der Regel nicht. An der Planung zur Gestaltung des Zentrums beteiligt der König heute ohnehin vorzugsweise die lokale Bildungselite und Geschäftsleute, deren Kapital und Einfluß auf staatliche Behörden zur Voraussetzung für ehrgeizige Projekte geworden sind.[2] Erdherren und auch Palastälteste können solchen Ansprüchen in der Regel nicht genügen und sind daher von der modernen Stadtplanung nunmehr gleichermaßen ausgeschlossen.

Zur Einschätzung der Wiya und ihres Diskurses über Geschichte möchte ich einige ethnographische Vergleiche vorausschicken. Hinsichtlich der Teilung der Gesellschaft in Erdherren und zugewanderte Siedler ohne Grundbesitz, des Verlustes der politischen Bedeutung der Erdherren an jene angeblich später eingewanderten Eroberer sowie der Konstruktion von Ethnien und der Festschreibung politischer Ordnungen ähneln die Wiya einer Vielzahl benachbarter Bevölkerungsgruppen des Kameruner Graslandes und auch anderen afrikanischen Gesellschaften.[3] Es finden sich auch viele Gemeinsamkeiten bezüglich mündlich überlieferter Geschichte, denn häufig thematisieren die Geschichtserzählungen gerade das Verhältnis der einzelnen Gesellschaftssegmente zum Land, zu den daraus abgeleiteten Rechten und Pflichten sowie den Entwicklungen seit dem kolonialen Eingriff. Daraus folgende, oft gegensätzliche Gruppeninteressen bedingen typischerweise widersprüchliche Geschichtsversionen. Bei den Nso' führte beispielsweise der Streit um den Machtanspruch eines prominenten Erdherrn (Fai wo Ndzendzef) zu jahrzehntelangen, teilweise gewalttätigen Auseinandersetzungen.[4] Während die Königlichen im Rückgriff auf Geschichtserzählungen jegliche Forderung nach exklusiven Vorrechten und Privilegien bestritten, legitimierten diese die Anhänger des Erdherrn unter anderem mit Verweisen auf die Erstbesiedlung des Landes und das Verdienst um den Erhalt der königlichen Dynastie. Diese Erzählung, nach der der Erdherr einst den auserwählten Prinzen aus der Sklaverei befreit und inthronisiert haben soll, ist ein weit verbreitetes Motiv, das sich in etwas abgewandelter Form auch bei den Wiya findet. Wie unten noch weiter ausgeführt, existierte auch unter ihnen ein politischer Gegenspieler des Königs, der einst für die Kontinuität und Prosperität der königlichen Dynastie von Ndu gesorgt haben soll.

Anders als bei den Wiya, deren königlicher Klan eine endogame Heirat bevorzugt, sind die Erdherren (ln.: *mtar*, Gewöhnliche) von Nso' enger mit dem Königshaus verknüpft. So setzt die Thronnachfolge neben der patrilinearen Erbrechnung mütterlicherseits die Abstammung aus einer *mtar*-Lineage voraus. Trotz der stärkeren Verflechtung der später eingewanderten Königlichen mit den Erdherren erscheint die Konkurrenz und die Rivalität unter den sozialen Gruppen der Nso' nicht wesentlich geringer zu sein als bei den Wiya. So ist es beispielsweise, wie Chem-Langhéé und Fanso (1997) veranschaulichen, auch für einheimische Ethnographen oft nur schwer herauszufinden, wer in Nso' etwa das Recht besitzt, den königlichen Erben zu bestimmen und zu inthronisieren, d.h. wer eigentlich zum inneren Zentrum der Macht gehört. Widersprüche bei den die jeweiligen Behauptungen legitimierenden Überlieferungen finden sich zwischen und sogar auch innerhalb sozialer Gruppen, wenn einzelne Befragte ihre persönlichen Interessen vertreten und bestimmte Konflikte tradieren. Solche egoistischen, politisch und ökonomisch motivierten Überlieferungen, die zum Teil quer zu den Interessen der sozialen Gruppen stehen, sind denen der Wiya sehr ähnlich. Sie werden im Verlauf der Untersuchung als "Fallbeispiele" hinsichtlich ihres Kontextes sowie ihrer kontextverändernden Wirkung analysiert.

Welche Auswirkungen die durch Überlieferungen genährten Konflikte im modernen Alltag eines einzelnen haben können, zeigen Fjellman und Goheen (1984) beispielhaft an den Hintergründen, die einen Prinzen von Nseh zu einer Namensänderung veranlaßten. Nseh, einst politisch autonom, rangiert seit der Kolonialzeit als *mtar-Chiefdom* unter der Vorherrschaft des *Fon* von Nso'. Der Versuch, die politische Unabhängigkeit wiederzuerlangen, scheiterte ebenso wie der Widerstand gegen den Zugriff des *Fon* von Nso' auf Nseh-Land (Goheen 1984). Aufgrund wachsender Landknappheit in Kumbo, dem politischen

Zentrum von Nso', hatte der *Fon* in seiner Eigenschaft als *Paramount Chief* angrenzendes Nseh-Territorium in Mißachtung der lokalen Autorität Neuansiedlern zur Verfügung gestellt. Der darüber neuerlich entbrannte Streit zwischen dem *Fon* von Nso' und dem *Fon* von Nseh führte zu derartigen Vorbehalten gegenüber der jeweils anderen Gruppe, daß eine berufliche Karriere in Kumbo für Angehörige des *Fon* von Nseh für schwierig gehalten wurde. Da seine prominente Stellung in Nseh bereits überaus deutlich aus dem Namen hervorging, entschloß sich der besagte Prinz zu einer Umbenennung. Er avancierte dann auch prompt von einer Dorfschule in Nseh zu einem weitaus lukrativeren Lehrerposten in der Stadt.

Solche Namensänderungen sowie andere Handlungen, die auf dem historischen Diskurs und den daraus resultierenden Konflikten beruhen, sind im Kameruner Grasland keine Seltenheit. Die Auseinandersetzungen fußen in der Regel auf dem Grundkonflikt zwischen Erdherren und (eingewanderten) politisch zunehmend dominanten Gruppen ohne Landbesitz.

Ein anderes Beispiel, ebenfalls aus der Region des Graslandes, sind die weiter westlich lebenden We. Aufgrund ihrer Widersprüchlichkeit unterteilt Geary (1976) die Überlieferungen von Geschichte von vornherein in "offizielle" und "private" Traditionen. Unter offiziellen Traditionen versteht sie die Geschichtsversion von We, die eigentlich nur die Geschichte der königlichen Lineage beinhaltet, nach außen aber für die Geschichte des gesamten "Häuptlingstums" steht. Die Version beschreibt die Einwanderung und Siedlung der We aus dem östlichen Tikari unter der Führung desjenigen, der dann folglich auch den ersten Häuptling stellte und die Herrscherdynastie begründete. Solche Erzählungen, die die magischen Fähigkeiten und das Heldenhafte des angeblichen Begründers von We betonen, stehen im krassen Gegensatz zu den privaten Traditionen. Diese zumeist von Landbesitzern formulierten Geschichten beschreiben denselben Häuptling als einen von der Kolonialregierung gestützten Usurpator, der sich die Position eines einstigen Priesterhäuptlings aus den eigenen Reihen gewaltsam aneignete. Die Erzählungen zeugen von einem bis heute nicht gänzlich beigelegten Machtkampf zwischen der königlichen Lineage und den Ältesten, die das Bestreben der ehemals vorherrschenden Lineage zur Rückgewinnung der Macht unterstützen.

Ähnliche Situationen und Erzählungen finden sich aber auch außerhalb des Graslandes von Kamerun, wie etwa bei den Dagara (Lentz 1993), den Tallensi (Fortes 1945) oder den Bulsa (Schott 1977). Auch sie sind aus patrilinearen Klanen, die als autochthone Gruppen oder Nachfahren erster Siedler die Erdherren stellen, sowie einer später zugewanderten Erobererschicht gebildet. Wenngleich es hier zumindest für bestimmte Teile der Bevölkerung durch die Anerkennung gemeinsamer Urahnen bereits das Bewußtsein einer gewissen Zusammengehörigkeit gegeben haben soll, waren es letztlich auch hier äußere Faktoren wie die kriegerische Bedrohung und vor allem die Kolonialzeit, die das Gemeinschaftsgefühl förderten, die "Stämme" schufen und die Machtverhältnisse fixierten (Schott 1988, 1990). Ähnliche Grundstrukturen und vergleichbare historische Erfahrungen sind es wohl auch, die die zum Teil verblüffende Gleichförmigkeit der Geschichtserzählungen mit denen der Wiya begründen. Wie aus den Untersuchungen von Schott (1977, 1990) bei den Bulsa hervorgeht, gibt es sowohl inhaltliche als auch formale Parallelen zu den Geschichten der Wiya. Sie beziehen sich auf verschiedene politische Ebenen. Geschichten über die Bulsa als ethnische Gruppe werden zum Beispiel vorzugsweise vom *Paramount Chief* erzählt. Um seinen durch die britische Kolonialverwaltung verliehenen Herrschaftsanspruch über die ehemals akephalen, aus unterschiedlichen Richtungen eingewanderten Klane zu belegen, konstruiert er genealogische Verbindungen zu den einzelnen Gruppen (Schott 1988: 20; 1990: 300). Auch bei den Wiya erfanden der König und gewisse Palastälteste zur Kolo-nialzeit vergleichbare primordiale Bindungen, doch werden sie - die *yamba* betreffend - heute widerrufen. Zur Integration der heterogenen Bevölkerung unter die eigene Vorherrschaft postulieren die Königlichen nunmehr überwiegend das ebenfalls seit der Kolonialzeit bestehende und heftig bestrittene Argument von der Erstbesiedlung des Landes durch den König (*Fon* von Ndu). Mit dieser Behauptung nehmen sie nicht nur Bezug auf die politisch unmittelbar unterstellten Erdherren, sondern auch auf die fünf von den Briten untergeordneten Kleinkönigtümer (Mbipgo, Wowo, Njimnkang, Njilla und Sen) sowie auf die benachbarten politisch autonomen, ebenfalls Limbum-sprachigen Wimbum-Gruppen Tang und War.

Die Klan-Überlieferungen bei den Bulsa haben die Ereignisse um die Niederlassung eines gemeinsamen Ahnen sowie die Verbreitung durch Segmentierung seiner Nachfahren zum Inhalt. Die Erzählungen sind jedoch umstritten, da sich nicht alle Erzähler von "gemeinsamen" Urahnen herleiten wollen (Schott 1977:155-157). Bei den Wiya sind die Klan-Überlieferungen ebenfalls widersprüchlich. Es werden keine gemeinsamen Urahnen benannt, sondern lediglich Anführer, die ihre Gruppen aus dem Ursprungsort Kimi in die Nähe des heutigen Siedlungsgebiets geleitet haben.[5] Während die *yaku* als Leiter des königlichen Klans einen - namentlich allerdings den meisten unbekannten - Vorfahren des Königs akzeptieren, können die *yamba* sich nicht auf einen gemeinsamen Anführer einigen. Bei genauerer Betrachtung zerfallen die *yamba* dann auch in zwei exogame Klans und mehrere "fremde", mit ihnen lediglich assoziierte Lineagegruppen. Unter dem Namen *yamba* (wörtl. die *ya* von unten) sollen sie sich in Abgrenzung von den mehrheitlich auf den Bergen siedelnden *yaku* (wörtl. die *ya* von oben) erst während der britischen Kolonialzeit zusammengeschlossen haben. Wenngleich die *yaku* und auch die *yamba* in ihren Überlieferungen gewisse Gruppeninteressen vertreten, die die Legitimation bzw. die Eindämmung der Vorherrschaft des *Fon* von Ndu bezwekken, sind beide Versionen von Widersprüchen durchbrochen. So unterstützen die

Erdherren der *yaku* aufgrund von Interessensüberschneidungen teilweise die "inoffizielle Version" der *yamba*. Die Lineageoberhäupter der *yamba* vertreten wegen der Konflikte um Land, dem Besitz von Bünden und Medizin oftmals nur noch ihre eigenen Interessen oder schließen sich zeitweise sogar der "offiziellen Version" an, um allem Streit unter den *yamba* aus dem Weg zu gehen.

Divergent und widersprüchlich sind bei den Wiya, ähnlich wie bei den Bulsa (Schott 1977: 157-159), folglich auch die Traditionen von Dörfern, die mehrere Klan-Segmente enthalten, sowie die Überlieferungen einzelner Lineages (lb.: *ndap*). Man verhandelt um Land für die Feldarbeit, erstreitet sich Titel, Rechtsautorität und rituelle Rechte, so daß die lineageeigenen Geschichtsversionen in die ihrer Fragmente und Familien zerfallen.

Schott (1977: 159) hat sicherlich recht, daß die Widersprüche in den Überlieferungen die segmentär-akephale Struktur einer Gesellschaft reflektieren. Für die Wiya ließe sich sogar sagen, daß der Streit um die Geschichten die ehemals akephale Struktur des Königtums verrät. Dies würde allerdings bedeuten, daß sich die Wiya mit einer erst kürzlich etablierten Institution des *chiefs* erstaunlich stark identifiziert hätten. Aber auch dafür gibt es andere ethnographische Beispiele, wie der Streit um die Thronnachfolge in Nandom zeigt (Lentz 1993). Die Widersprüchlichkeit der Geschichten bei den Wiya, die einst politische Zentralisierung verhinderten, stützen heute paradoxerweise den durch äußere Faktoren etablierten König. Die unverändert bestehende Konkurrenz unter den Klans, Lineages und Lineagefraktionen verhindert mit ihrer egalisierenden Strategie weiterhin die Entwicklung von Machtzentren und damit ein politisches Gegengewicht zum Königshaus.

Für eine erst kürzlich, de facto erst zur Kolonialzeit durchgesetzte staatliche Zentralisierung der Wiya mag auch die Form der Vermittlung von Geschichten sprechen. So gibt es unter den Wiya keine professionellen Geschichtenerzähler, ebensowenig existiert eine institutionalisierte Lehre für Geschichten.[6] Die Erzählungen sind in der Alltagssprache gehalten und stellen kein ausgesprochenes Geheimwissen dar. Durch die mit ihnen einhergehende politische Bedeutung bedarf ihre Darstellung jedoch oft eines Vertrauensverhältnisses zum Zuhörer und Gesprächspartner. Zudem beschränkt sich der Erzähler auf die Geschichten, die ihm bzw. seiner Gruppe gehören. Wie in Kapitel IV genauer erläutert, überläßt man die Darstellung einer Geschichte dem unmittelbar Betroffenen oder seinem direkten Nachfahren, zumal wenn sie ein brisantes Ereignis zum Thema hat.

Gleiches ist von den Bulsa bekannt. Auch hier kann theoretisch jeder Mann der Erzähler sein, doch verfügen in der Regel die älteren Männer in politischen oder rituellen Schlüsselpositionen über umfangreicheres Wissen. Erinnerungen, die wie eine Sklavenabstammung den "wunden Punkt" einer Gruppe berühren, halten sie oftmals zunächst zurück. Wie bei den Wiya sind die

Geschichten "trocken" und zumeist unspektakulär in einer realistischen Sprache gehalten. Sie beginnen mit einem eher kurzen Monolog, um dann in Beantwortung von Fragen und Kommentaren des Zuhörers in einer Dialogform aufzugehen. Zur Bezeichnung dieses Erzähltyps halten die Bulsa einen emischen Begriff bereit, der sich von Märchen und Fabeln abgrenzt (Schott 1977: 148-151).

Die Geschichtserzählungen (*nsung*) der Wiya sind sowohl von Märchen und Fabeln (*rghàghár*) als auch von Nachrichten (*sa'ka*) unterschieden, die - anders als die *nsung* - unwidersprochen weitergegeben werden. Geschichten (*nsung*) sind überlieferte und persönliche Erinnerungen und dienen, wie in den Fallbeispielen dargestellt, auch oft dazu, indirekt auf aktuelle Konflikte aufmerksam zu machen. Neben solchen Erinnerungen und den vom Erzähler persönlich motivierten Veränderungen enthalten die Überlieferungen, wie bei den Bulsa, den Nso' und den We, aber auch fixe Motive. Ein Beispiel für eine solche Wandersage könnte, wie oben erwähnt, die selbstlose Sorge des Rivalen um die Kontinuität der königlichen Dynastie sein. Die Häufigkeit des in afrikanischen Erzählungen enthaltenen Motivs von einem aus dem Norden oder Osten eingewanderten Eroberer, der autochthone oder erste Siedler unterwarf, deutet ebenfalls auf eine Wandersage. Wenngleich auch nicht eindeutig nachgewiesen werden kann, daß es sich bei diesem "Ursprungsmythos" um ein fixes Motiv handelt, sollte diese Möglichkeit bei der Interpretation der mündlich überlieferten Geschichte der Wiya doch zumindest berücksichtigt werden.

Zur theoretischen Einordnung mündlicher Überlieferungen von Geschichte

Mündliche Überlieferungen von Geschichte als Teil der oralen Literatur zu begreifen, wie Schott (1977) in seinen Überlegungen zu den Bulsa-Geschichten bereits vorgibt, ist ein Vorgriff, den die breitere Forschung erst in den achtziger Jahren zu entwickeln begann. Dazu galt es, Hindernisse aus dem Weg zu räumen, die in verschiedenen Disziplinen beheimatet waren. Literatur- und Folklorewissenschaftler störte es vor allem, daß die Geschichtserzählungen in vielen afrikanischen Gesellschaften keine klar abgegrenzten literarischen Formen besitzen. Zudem schien zu einer historischen Geschichte, wenn überhaupt vor größerem Publikum vorgetragen, wenig oder gar keine Performance zu gehören (Finnegan 1970, 1971, 1988). Da man darüber hinaus vielfach noch bis in die siebziger Jahre mit europäischen Genrebegriffen operierte, überließ man das Forschungsfeld den Historikern, die sich in der Auswertung oraler Traditionen ohnehin bereits engagierten. Aber auch als man in der Folge von Ben Amos (1976) mit emischen Genrebegriffen arbeitete und die literarischen Texte dadurch stärker mit dem sozialen Kontext verband, blieben die histori-

schen Erzählungen von den Forschungen der Literatur- und Folklorewissen-
schaften zunächst weitgehend ausgeschlossen.

Von seiten der Afrika-Historiker wurden die Geschichten zuerst ebenfalls
aus ihrem sozialen Kontext herausgelöst und für die historische Forschung
vereinnahmt. Demgegenüber bestritt die Mehrheit der Sozialanthropologen
noch bis in die siebziger Jahre ihren historischen Wert. Die Hauptursache für
diese Kontroverse war wohl der den Untersuchungen mündlicher Überlieferungen unhinterfragt zugrunde gelegte akademische Geschichtsbegriff, der zu einer
lange postulierten Gegenüberstellung von Mythos und Geschichte führte. Wie
weit auch immer die Begriffe durch das ethnographische Material inzwischen
einander annäherten, gilt Mythos vielfach auch heute als historisch fiktiv.
Demgegenüber wurde Geschichte noch bis Anfang der achtziger Jahre gemeinhin als Fakt definiert, unabhängig davon, ob Historiographen nach dem Vorbild von Vansina (1965, zuerst 1961; 1974; 1985) der historischen Wahrheit in
den afrikanischen Erzählungen nachspürten oder kritische Stimmen wie Feier-
mann (1974) und Willis (1980, 1981, 1984) diesen Ansatz mit der strukturalistischen Interpretation von Mythen verbanden.[7]

Im Zuge der neueren Ethnizitätsdebatte und der Dekonstruktion kolonialer
Erfindungen von "Stämmen", "Traditionen" und "Stammesgeschichten" (Hobsbawm und Ranger 1983) gingen Historiker vereinzelt dazu über, auch die
mündlichen "Überlieferungen" als bewußte Geschichtskonstruktionen zu bezeichnen. So sehen etwa Cohen und Odhiambo (1989) den als Tradition hervorgebrachten Text bei den Luo als bewußte Abstraktion dessen, was an
Wissen über die Vergangenheit tatsächlich existiert. In ihren Sitzungen er-
stritten die Ältesten auf Kosten individueller, von Interessensgegensätzen
geprägter Behauptungen einen Konsens. Solche im Ältestenrat geführten
Debatten hätten damit Züge eines "workshop history", in dem Geschichte
produziert, d.h. eine für eine bestimmte Gruppe einheitliche Geschichtsversion
geschaffen werde. Nach außen erhielt dieses Gemeinschaftsprodukt sodann
eine stilistisch gereinigte Erscheinungsform. Der Streit, die aufreibenden
Debatten über Detailfragen sowie das reichhaltige Wissen über die Vergangenheit sei in Gemeinschaftsproduktionen von Geschichtserzählungen entweder
gar nicht mehr enthalten oder bis zur Unkenntlichkeit in Namensverzeichnisse
eingegangen (Cohen u. Odhiambo 1989: 30ff.).

So neuartig die Enthüllung "historischer Überlieferungen" als *Produktion von
Geschichte* auf den ersten Blick auch erscheint, so fraglich ist es, was sie eigentlich von der Theorie des Mythos als *social charter* unterscheidet. Schließlich
betonen Cohen und Odhiambo (1989:30), daß die Geschichtsversion aus dem
workshop history durch gesellschaftlich vorgegebene Modelle wie das der Klan-
harmonie determiniert sei. Bezeichnenderweise erhält darum auch die von
ihnen diskutierte Geschichtsschreibung, die diesem Zusammenhang von "Überlieferung" und politisch-rechtlichen Erwägungen Rechnung trägt, im lokalen

Kontext eher die Bedeutung eines Gesetzestextes als die einer historischen Abhandlung (1989: 39).[8] Cohen und Odhiambo halten die Geschichtserzählungen jedoch nicht für ahistorisch. Die Konstruktion von Geschichte unterscheidet sich zwar von den konkret-individuellen Erinnerungen, doch bleibt das tatsächlich Vergangene (wie subjektiv dies auch sein mag) immer noch der Ausgangspunkt für alle Diskussionen. Zudem bedeutet die Einigung auf einen Text nicht, daß alle Erinnerungen plötzlich vergessen werden. Das gemeinschaftliche Geschichtsprodukt kann also bei nächster Gelegenheit, beim nächsten Konflikt, zugunsten eines anderen korrigiert und verändert werden, wodurch der Ansatz ein deutlich dynamisches Moment erhält.

Fraglich bleibt jedoch, welchen Stellenwert die so erstrittenen Geschichtsversionen besitzen und vor allem, ob solche auf Konsens beruhenden Geschichten auch in anderen Gesellschaften zu finden sind. Zumindest bei den Wiya sind die Erzählungen oft nicht derart rational und inhaltlich ausgehandelt, wie es die Geschichtsprodukte der Luo nach Cohen und Odhiambo zu sein scheinen. Sie können vielmehr durchaus spontan aufgrund eines Konflikts und einer Verärgerung verändert oder neu kreiert werden. Wie eingangs zitiert, bezeichnen die Wiya widersprüchliche Geschichtsversionen als Lügen. Ein Konsens darüber ist nicht vorstellbar. Vielmehr führen die Debatten zu Streit und eine daraufhin autoritativ festgelegte Version nicht selten zu Lineagespaltungen oder zur Aufgabe des gemeinsamen Gehöftes. Nähern sich im Laufe der Zeit solche Interessengegensätze beispielsweise durch einen nunmehr von dritten behaupteten Anspruch an, können sich auch Erzähler aufeinander zu bewegen und die ehemals verfochtenen Widersprüche abschwächen oder negieren. In größeren Zeitabständen ist so etwas durchaus denkbar, nicht aber in der oben erwähnten Form eines Ältestenrates, dem verfeindete Lineagefraktionen bei den Wiya ohnehin fernbleiben. Als eine von Widersprüchen gereinigte und von historischen Details abstrahierte Konsensversion könnten allenfalls einzelne kurze Stellungnahmen im Sinne der offiziellen Geschichtsversion verstanden werden. So einigen sich die Wiya bei aller Widersprüchlichkeit ihrer Erinnerungen und erinnerten Konflikte auf die Aussage, daß sie alle als Kinder des *Fon* von Ndu einst unter seiner Führung den Ursprungsort Kimi verließen. Aber auch dieser "kleinste gemeinsame Nenner", der schon bei den ersten Fragen bezüglich Abstammung und Siedlungsreihenfolge sogleich zerfällt, erscheint bei genauerer Betrachtung weniger ein Konsens als vielmehr ein fixes Motiv zu sein. So gilt der von Osten eingewanderte König in den meisten Königtümern des Graslandes als Vater, da er zumindest nach außen die Fürsorge für die durchweg heterogene Bevölkerung übernommen hat.

Wenn es bei den Wiya also wohl kaum zu Konsens über den Inhalt von historischen Geschichten kommt und sie - wie oben vermerkt - mit ihrer Konkurrenz um die Erzählungen eher eine "Streitkultur" pflegen, ist es jedoch sehr wohl möglich, über der Ver- und Aushandlung sich widersprechender Geschichtsversionen eine Einigung bezüglich divergierender Interessen zu erreichen. Das heißt, wenn die Erzähler ihre Geschichten im Streitfall vor Klanältesten oder vor Schiedsrichtern des königlichen Rates vortragen, bezwecken sie, das Publikum von bestimmten Ansprüchen auf Land, auf politische oder rituelle Vorrechte zu überzeugen. Ein daraufhin vorgeschlagener Kompromiß oder eine Entschädigung kann entweder angenommen werden und in der Folge zu entsprechenden Veränderungen bei den Geschichten führen, oder der vereinbarte Beschluß gibt Anlaß zu neuen Konflikten und weiteren Verhandlungen.

Aus der Perspektive der Wiya (und wohl auch aus der vieler anderer afrikanischer Gesellschaften) erscheint die These von der "Produktion von Geschichte" damit als eine eurozentrische Konsenskonstruktion. Sie unterscheidet sich nicht wesentlich von der der historischen Wahrheit verpflichteten Afrika-Geschichtsforschung der sechziger Jahre, denn auch sie basiert auf dem neuzeitlich-akademischen Geschichtsbegriff und enthebt die mündlichen Überlieferungen daher immer noch dem sozialen Kontext, dem Ort ihrer Produktion.[9] Eine wirkliche Wende hin zu einer hermeneutischen Erforschung von Geschichtserzählungen erfolgte folglich auch erst im Anschluß an eine kritische Überprüfung des eigenen, bis dahin als naturgegeben vorausgesetzten Zeit- und Geschichtsverständnisses. So verwies vor allem Koselleck auf die Historizität des Begriffs Geschichte, d.h. auf die spezifisch europäische, bis in die Neuzeit andauernde Begriffsentwicklung, die ursächlich auf die Verdrängung des lateinischen Wortes *Historie* durch das nicht mehr von Erzählung und Ereignis zu unterscheidende Wort *Geschichte* zurückging (1984: 47, 262f.).[10] Die Beschäftigung mit konkreten Einzelgeschichten, d.h. die *Geschichte* in ihrer Pluralform, wurde als Ergebnis lang anhaltender Reflexionen der Aufklärung zu einem "Kollektivsingular" (1984: 51) verdichtet und selbst zum Subjekt erhoben. An die Stelle natural gebundener Chronologien, die vergangene Ereignisse nach dem Umlauf der Gestirne oder der Erbfolge von Dynastien ordneten und berechneten, trat alsbald eine nur von der Geschichte her bestimmte Zeit, die sich stets aufs neue überholte. Geschichte galt von nun an als Prozeß mit der Möglichkeit des in der Zukunft liegenden Fortschritts (1984: 264-277).

Damit war nachgewiesen, daß der moderne Geschichtsbegriff nicht als universell-naturgegeben, sondern nur als eine europäische Repräsentationsform von Geschichte gelten kann, deren Historizität auch auf ihre gegenwärtige Vorläufigkeit verweist. Neben dieser Relativierung des eigenen Zeit- und Geschichtsverständnisses nahm die narrative Geschichtsforschung der Geschichte schließlich auch noch ihre Sonderstellung, die sie von der Literatur unterschied. In bewußter Anerkennung der gemeinsamen Wurzeln von Geschichte und Erzählung trennte man nun zwischen der Geschichtsschreibung und ihren Archäologien, den erzählten Einzelereignissen, die als wahr, mit der tatsächlichen Vergangenheit als weitgehend übereinstimmend gelten. In seiner Geschichte, der historisch-literarischen Abhandlung nimmt ihnen der Historiker ihre bloße chronologische Prozeßhaftigkeit und unterlegt ihnen eine Sinnordnung, die seinem Argument entspricht (White 1973, 1990). Es ist überhaupt erst diese Beziehungsstruktur (der *plot*), die den Ereignissen den Sinn verleiht, der ihnen immer schon immanent gewesen ist. Diese den als real repräsentierten Ereignissen auferlegte formale Kohärenz von Geschichten (die sinnhafte Ordnung und die Geschlossenheit der Erzählung) ruft die Zustimmung des Lesers/Zuhörers hervor:

> "Die Autorität der historischen Erzählung ist die Autorität des Wirklichen selbst; die historische Darstellung gibt dieser Wirklichkeit eine Form und macht sie zum Objekt des Begehrens, indem sie ihren Prozessen eine formale Kohärenz einpflanzt, die sonst nur Geschichten besitzen." (White 1990:33)

Seit den achtziger Jahren haben auch in der afrikanischen Geschichts- und Erzählforschung verschiedene Autoren (wie Tonkin 1982, 1986, 1988; Vansina 1985; Scheub 1987; Möhlig et al. 1988) darauf aufmerksam gemacht, daß sich Geschichtserzählungen der gleichen Techniken und Stilmittel bedienen wie orale Literatur. Auch die Performance wird den seither unter den emischen Genres untersuchten Geschichten nicht mehr abgesprochen, denn als kommunikatives Ereignis ist grundsätzlich kein Text von seiner Darstellung zu trennen:

> "A performance does not 'express' something in need of being brought to the surface, or to the outside; nor does it simply enact a preexisting text. Per-formance *is* the text in the moment of its actualisation (in a story told, in a conversation carried on, but also in a book read)." (Fabian 1990: 9)

In seiner überarbeiteten Fassung der historischen Methodologie betont Vansina (1985: 33-67) die Bedeutung der Performance für historische Überlieferungen und ersetzt den im Überlieferungsprozeß befindlichen Informanten durch den Darsteller (Performer).[11] Dabei geht es ihm nicht mehr um eine Rekonstruktion des ursprünglichen Originaltextes, sondern um die chronologische Geschichte, die der Historiker über die Analyse des Verhältnisses von Performance, Text und der Tradition als Ganzes sowie über ergänzende ethnographische Daten erschließen kann. Die bisherige Zuschreibung einer weitgehend passiven "Rolle" des "Überlieferers" löst Vansina auf und verweist auf seine aktive Bedeutung, denn der Performer ist nicht nur Darsteller eines Textes, sondern zugleich Autor:

> "Authorship of a tradition does not exist for most genres. Each performer of genres which are not memorized word by word is an author ... it is important to note who the author of the recorded version was ... the

> status and circumstances of the author will influence the contents of the
> message performed." (Vansina 1985: 55)[12]

Mit seinen Analysen zu Autor, Performance, Genre oder sozialem Kontext
einer Erzählung bezweckt Vansina jedoch weiterhin, über den von Verzerrungen befreiten historischen Gehalt einer Erzählung "die Geschichte" zu rekonstruieren, die dem neuzeitlich-akademischen Diskurs von Geschichte verpflichtet ist. Trotz der Fülle an Ansätzen zur hermeneutischen Untersuchung von Geschichtserzählungen findet seine überarbeitete Methodologie vergleichsweise wenig Erwähnung, denn sie fällt in eine Zeit, in der gerade die Ausrichtung auf den akademischen Geschichtsbegriff zunehmend kritisiert wird. Das Hauptargument dabei ist, daß er den Zugang zu einem emischen Geschichtsverständnis und damit zu anderen historischen Erlebnis- und Erfahrungswelten versperrt (Austen 1993; Jewsiewicki 1993; Mudimbe & Jewsiewicki 1993).

Den neuen Ansatz, der die in zahlreiche Disziplinen (Historiker, Anthropologen, Sozio-Linguisten, Folkloristen, Literaturwissenschaftler) gespaltene Forschung mündlich überlieferter Texte zusammenführt, bezeichnet Jewsiewicki vielversprechend als "intellectual history" (1993: 222f.). Für die Arbeit mit historischen Erzählungen bedeutet dies im wesentlichen die Rückführung der Geschichten in den situativen, sozialen Kontext und in den spezifischen Diskurs, der nicht länger auf die isolierte Analyse eines einzelnen Textes gerichtet ist (Barber & Farias 1989; McCaskie 1989; Hastrup 1992). Erzählungen, Anspielungen und Interpretationen sind Teil einer Debatte, in deren Verlauf die eine Geschichte darstellenden Performer bestimmte Rechte und Ansprüche durch rhetorische Überzeugungsarbeit aushandeln (Furniss 1989; Herzfeld 1992).

Von solchen an den Ort ihrer Produktion gebundenen Diskursen geht nunmehr eine Reihe neuer Studien aus, die in Anlehnung an den literarischen Genre-Begriff verschiedene auf die Vergangenheit bezogene orale Genres afrikanischer Gesellschaften zur Aufdeckung bringt (Diawara 1989, 1990; Tonkin 1988, 1992; Hofmeyer 1994) und im Grunde erst jetzt an die oben erwähnte Analyse der Bulsa-Geschichtsüberlieferungen (Schott 1977) anknüpft. Andere, nicht weniger wichtige Repräsentationsformen von Geschichte können, wie auch von seiten der Erzählforschung erklärt, Preisgesänge sein (Scheub 1987; Huber 1988), mit denen sich die Frauen bei den Yoruba an dem von Männern dominierten Diskurs über Geschichte beteiligen (Barber 1989, 1991). Lieder vor allem aus südöstlichen Teilen Afrikas erweisen sich mit ihren im informellen Gespräch häufig vermißten Klagen bezüglich Kolonialzeit, Industrialisierung, Wanderarbeit und Proletarisierung als verdeckte, aber wirkungsvolle Kritik (White 1989; Gunner 1989) bzw. als emische Formen des Widerstandes (Luig 1996; Vail & White 1983, 1991).[13]

Im Vergleich zu der Pluralität der Formen hat ihre diachronische Perspektive (Bauman 1992: 128), d.h. die Veränderlichkeit von Genres, bislang weniger Beachtung gefunden. Am häufigsten sind noch Untersuchungen zu Veränderungen lokaler Geschichtsdiskurse durch die Einführung des Islam (Schlee 1988; Farias 1989, 1993).[14] und die oben erwähnten Protestlieder. Diese zumeist alten Liedformen füllen die Sänger zu aktuellen Zwecken mit neuen Inhalten und verschriftlichen sie teilweise (Gunner 1989). Welche Auswirkungen jedoch das Wissen um die durch den Staat legitimierte europäisch-akademische Geschichte auf emische Repräsentationsformen von Vergangenem haben, ist erstaunlich selten thematisiert. Schließlich kann doch anders als bei den Kel Ewey (Spittler 1990, 1993) wohl die Kenntnis von dieser durch Kolonialzeit und Schulbildung eingeführten Geschichte vorausgesetzt werden. Es ist daher eines der zentralen Anliegen der nachfolgenden Untersuchung, den Fragen nachzugehen, welchen Eindruck das europäische Geschichtsverständnis durch die koloniale Konstruktion einer Wiya-Geschichte bei der lokalen Bevölkerung hinterließ und ob und wie sich das Genre von Geschichtserzählungen der Wiya daraufhin veränderte.

Für dieses Vorhaben ist zum einen die durch die Konstruktion einer "Stammesgeschichte" legitimierte politische Neuorganisation und zum anderen das für die Sinnproduktion des Inhalts von Geschichtserzählungen verantwortlichen emischen Genres (*nsung*) der Wiya zu untersuchen. Es ist die genretypische Performance, die Struktur sowie die *Codes* herauszuarbeiten, die dem Zuhörer unmißverständlich die Form der Geschichtserzählung signalisieren. Anzumerken ist aber, daß jene Arbeit sich nicht auf formal-linguistische Analysen stützt, wie die sozio-linguistischen Ansätze einer *Ethnographie des Sprechens* (Hymes 1974; Gumperz 1982; Bauman & Sherzer 1989) es unter anderem noch nahelegen. Herausgestellt werden deutlich erkennbare Merkmale im Sinne von Vansinas (1985: 71) "internal structure", wobei diese durch die bei den Wiya typische Performance der Erzählungen (in Dialogform) erst im Vergleich widersprüchlicher Darstellungen offenbar werden. Eine einzelne, zumeist sehr kurz gehaltene Antwort eines zu einem bestimmten Ereignis befragten Erzählers ist, isoliert betrachtet, nur eine Position eines jederzeit konkretisierbaren Streitgesprächs. Anders als für die Wiya, die das Repertoire der Geschichten in ihren Grundzügen ja kennen, ist für Außenstehende die interne Struktur einer Geschichte erst im Ensemble, im Vergleich erkennbar.

Das Konkurrieren der Erzähler mit verschiedenen Geschichtsversionen ist nicht allein an "traditionelle" Institutionen gebunden, sondern hat oft Alltagsprobleme der Wiya zum Hintergrund. Der zunehmende soziale Druck vermehrt das Vorkommen von Hexereianklagen, so daß die mit Rekurs auf Geschichte geführten Aushandlungsprozesse um ökonomische Ressourcen heute zu schier unlösbar scheinenden Konflikten zwischen Lineages, Lineagefraktionen und auch zwischen Individuen führen können. Geschichten werden - sind sie nicht gerade Teil eines offenen Streitgesprächs - heute daher nicht mehr in aller Öffentlichkeit, sondern nur noch privat, im Kreise gleichgesinnter Fürsprecher erzählt. Dies gilt auch und besonders vor dem Hintergrund kolonialer Erfahrungen, denn Erzählungen stehen seitdem unter dem Verdacht, festgeschrieben zu werden und zu weitreichenden politischen Konsequenzen zu führen. Seitdem ist die Sinnproduktion von Geschichten zweideutig und die damit verbundene Unsicherheit bei den Wiya wie überall im nordwestlichen Grasland durch die wachsende Übernahme des englischen Begriffs *history* gekennzeichnet.

Die theoretischen Auseinandersetzungen um die Interpretation mündlicher Überlieferungen haben die historisch-ethnographischen Arbeiten über das Kameruner Grasland - mit Ausnahme der oben erwähnten Untersuchungen über die We und die Nso' - bisher kaum beeinflußt. Man konzentrierte sich auf den Versuch einer Rekonstruktion der Geschichte einzelner "Ethnien" mit dem Ziel, aus den ethnographischen Puzzlesteinen eines Tages das Gesamtbild der Graslandgeschichte zusammensetzen zu können.[15] Der wohl wesentlichste Grund dieser reduzierten Beschäftigung mit den Geschichtserzählungen aus dem Grasland ist - wie im folgenden erläutert - die bis vor kurzem in den anthropologischen und historischen Wissenschaften getroffene Gegenüberstellung von Mythos und Geschichte.

Ich schließe mich darum der Meinung von Chapman, McDonald und Tonkin (1989: 9f.) an, daß die Unterscheidung von Mythos (verstanden als Fiktion) und von Geschichte (verstanden als Fakt) heute so nicht mehr von Nutzen ist. "We may begin to feel ... that the dualities listed previously are reaching the end of their analytical usefulness" (1989: 10).[16] Dies soll hier freilich nicht bedeuten, daß die Grenzen einfach fallen und eines dem anderen gleich ist. Vor dem Hintergrund der von Koselleck (1984) ausgearbeiteten Genese des europäisch-akademischen Geschichtsbegriffs läßt sich vielmehr eine Variation der alten Unterscheidung von Mythos und Geschichte vorschlagen: Mythos verstanden als erzählte Geschichte(n) gegenüber Geschichte, verstanden als neuzeitlich definiertes System linear aufeinanderfolgender Einzelereignisse. Um überkommene Assoziationen zu vermeiden und um die in die Erzählforschung grundsätzlich verankerte Einordnung der Geschichtsüberlieferungen zu verdeutlichen, verzichte ich im folgenden auf das Wort Mythos.

Das Grasland und die Wiya

Auf den ersten Blick erscheint das Grasland als eine ethnographisch äußerst heterogene Region. Über hundert Königtümer mit ebensovielen Sprachen und Dialekten drängen sich auf einem Hochplateau, das eine Höhe von etwa 1000 bis zu stellenweise 3000 Metern erreicht.[17] De facto jedoch ist die kulturelle Form erstaunlich homogen. So gilt überwiegend das Prinzip der Patrilinearität und alle Gruppen sind - wenn auch unterschiedlich stark - auf ein königliches Amt zentralisiert. An den Palästen trifft man fast überall auf gleiche Statussymbole, eine ähnliche Hofetikette und auf einen Satz von vergleichbaren "Geheimbünden". In allen Ortschaften gibt es Krieger- und Frauenvereinigungen sowie Medizin und diverse Einrichtungen gegen Hexerei. Die Tatsache, daß die an unterschiedlichen Orten entwickelten politischen Institutionen voneinander kopiert, in Kriegen erobert, oder, wie es auch heute noch geschieht, offiziell durch Verkauf weitergegeben wurden, mag die These von einer etwa zeitgleichen Einwanderungs- und Eroberungswelle bestätigen.

Auf der Flucht vor den Sklavenjagden der Chamba und der Fulbe sollen verschiedene Gruppen aus dem Osten in ihr heutiges Siedlungsgebiet eingewandert sein. Als Ursprungsorte geben die Mehrzahl der Grasland-Königtümer wie das der Wiya, Nso', Bamum oder Bafut nicht lokalisierbare Orte an: Kimi, Tikari, Rifum, Tadkon oder Ndobo. Frühe Kolonialbeamte vermuteten jedoch, daß sie einmal im Land der Tikar am Oberlauf des Mbam-Flusses existiert hätten. Aufgrund dieser Annahme faßte die britische Verwaltung eine Vielzahl von Königtümern in der heutigen Nordwest-Provinz unter dem Oberbegriff "Tikar" zusammen. Dieser "Stamm", dem auch die Wiya angehören sollten, war ihrer Meinung nach ethnisch den "eigentlichen Tikar" zuzurechnen. Diese "eigentlichen" oder "echten" Tikar waren jedoch östlich des Graslandes unter französische Verwaltung gefallen (McCulloch, Littlewood & Dugast 1954). Nach der Unabhängigkeit Kameruns konnte die These von der Existenz einer Tikar-Ethnie aus mehreren Gründen nicht weiter aufrecht erhalten werden. Zum einen verstanden sich die betreffenden Königtümer der Nordwest-Provinz selbst nicht als Tikar. Zum anderen hatte die französische Verwaltung entsprechende Königtümer im südlichen Teil des Graslandes nicht unter dem Sammelbegriff Tikar subsumiert. Sie im nachhinein den "Tikar" unterzuordnen, wäre bei solch einflußreichen Gesellschaften, wie den Bamum und dem Bamileke-Königtum Bangangte, politisch sinnlos und aus machtpolitischen Gründen wohl auch aussichtslos gewesen. Darüber hinaus mehrten sich schon bald die Stimmen von der Unhaltbarkeit der angebenen Ursprungsorte als historische Realität. Die Behauptung, königlicher Abstammung aus Kimi, Rifum, Ndobo etc. zu sein, oder rituelle Kontakte dorthin zu unterhalten, sei vielmehr eine politische Legitimation der eigenen Vorherrschaft, des eigenen sakralen Königtums mit bestimmten Charakteristiken wie einer Unterteilung der Bevölkerung in Königliche, Notabeln und Gemeine, einem elaborierten System von Titeln und Ämtern, einem mächtigen Geheimbund als Kontrollinstanz sowie weiteren politischen, militärischen und religiösen Verbänden (Chilver & Kaberry 1971: 13f.). In diesem Sinne könnte auch die von Price (1979: 93) dokumentierte Bestätigung einer genealogischen Verbindung zwischen den "echten Tikar" und den Graslandkönigtümern von Bamum und Nso' interpretiert werden. So wäre die Anerkennung neben der Möglichkeit einer tatsächlich realen genealogi

schen Verbindung ebensogut, im Sinne von Henige (1974), als *feedback* zu
deuten. Nach Thorbecke (1916, 1919) kann nämlich angenommen werden, daß
die Tikar am Oberlauf des Mbam-Flusses vormals großes politisches Ansehen
genossen, dies jedoch einbüßten, da ihre Bevölkerungszahl durch Naturkata-
strophen sowie durch die Sklavenjagden und die Eroberungskriege der Fulbe
aus dem nahegelegenen Banyo stark zurückgegangen war. Möglich also, daß sie
eine genealogische Verbindung zu zwei der einflußreichsten Graslandkönigtümern im nachhinein akzeptierten, um ihre eigene politische Bedeutung in der
Vergangenheit zu belegen.

Wenn auch behauptete genealogische Verbindungen zu den östlich des
Graslandes lebenden Tikar als historische Realität äußerst zweifelhaft sind,
bleiben doch wenigstens zwei Tatsachen festzuhalten. Erstens gab es im 17. und
18. Jahrhundert Migrationen auf dem Hochplateau, wenn auch wohl nur auf
begrenztem Raum (Geary 1976: 1-3). Die einzigen, die von weiter her in das
Grasland einwanderten, waren die Chamba, die auf ihren Raub- und Erobe-
rungszügen Lineages verschiedener Gesellschaften inkorporierten.[18] Die zweite Tatsache ist, daß sich die politischen Ordnungen der Gesellschaften des
Graslandes gleichen und ihre Struktur auch der der Tikar sehr ähnlich ist. Dies
bedeutet jedoch nicht, daß die beiden Fakten von Migration und struktureller
Gleichartigkeit der politischen Ordnung in einem historisch-linearen, kausal
aufeinanderbezogenen Zusammenhang stehen. So ist es wenig wahrscheinlich,
daß die Einwanderer die politischen Institutionen nach dem Diffusionsmodell
aus ihren Ursprungsgebieten mitgebracht hatten. Viel eher standen sowohl
Migrationsgruppen, die eine autochthone Bevölkerung erobert hatten, als auch
derzeit vorherrschende autochthone Lineages etwa zur gleichen Zeit vor der
Schwierigkeit, die einmal gewonnene Vormachtstellung zu halten und zu festigen.[19]

Bis zum Auftreten der Kolonialverwaltung befanden sich die Gesellschaften
sodann größtenteils in einem von Rückschlägen begleiteten Zentralisierungsprozeß. Neue politische Einrichtungen sprachen sich, ähnlich wie die heutigen
juju-Tanzgruppen oder die kollektiven Maßnahmen gegen Hexerei, überregio-
nal im Grasland schnell herum. Hielt man sie für politisch effektiv, wurden sie,
wie am Beispiel der Wiya weiter unten zu sehen sein wird, gekauft, geraubt,
verschenkt und an die lokalen Gegebenheiten angepaßt.

So ist der an den meisten Palästen etablierte *Ngirri*-Bund bei den Wiya
beispielsweise kein reiner Prinzenbund wie etwa bei den Nso' (Chilver &
Kaberry 1968: 102). Dennoch verfügt er über die gleichen Masken, die gleiche
Medizin und die gleichen Instrumente. Der *Nwarrong*-Bund am Palast von Ndu
(Wiya), der in allen Königtümern des Graslandes vertreten ist, aber andernorts
den Namen *nwerrong, kwifon* oder *ngumba* trägt, stellt bei den Wiya nicht die
eigentliche "Regierung des Landes", wie Koloß (1980: 8, 13) es etwa von Oku

behauptet. Dennoch ist der Aufbau des Bundes und die Gegenstände, die er besitzt, in etwa gleich.

Der Form nach vergleichbar sind auch die Erzählungen von Geschichte im Grasland. Im folgenden wird der in der ethnographischen Literatur vorgegebene Umgang mit ihnen nachvollzogen und kritisch beleuchtet.

Zur Konstruktion von Geschichte in den ethnographischen Schriften
über das Grasland

Das Kameruner Grasland gilt heute als ethnographisch recht gut erforschtes Gebiet. Eine Ausnahme bildet die an Nigeria angrenzende Donga-Mantung Division der anglophonen Nordwest-Provinz Kameruns, an deren südwestlichem Rand die Wiya leben (Karte 1). Hier liegen lediglich zwei neuere Monographien vor (Probst 1992; Pool 1994). Neben weiteren Arbeiten vorzugsweise über die Wimbum (Chilver 1981, 1984, 1985; Chilver & Kaberry 1968; Bühler & Probst 1985; Probst & Bühler 1988, 1990) muß man sich mit Reisebeschreibungen aus deutscher Kolonialzeit sowie auf verschiedene *Assessment-* und *Intelligence-Reports* aus britischer Verwaltung beschränken. Auch der oben bereits erwähnte, erst 1962 erschienene Aufsatz über die Wiya stammt aus britischer Kolonialzeit, da ihn der Autor M.D.W. Jeffreys schon zwanzig Jahre zuvor, während seiner Tätigkeit als *Senior District Officer*, verfaßte und den Text für die Veröffentlichung nur noch unwesentlich veränderte.

Andere, weniger abgelegene Teile des Graslandes sind von Anthropologen und Historikern schon häufiger untersucht worden. Dennoch gibt es auch hier immer noch so viele unerforschte Gesellschaften, daß eine etwa das ganze Grasland übergreifende Monographie, wie es in Ausstellungskatalogen von Völkerkundemuseen bereits versucht wurde, bisher nicht gelang.[20] Die Schwierigkeiten einer ganzheitlichen Betrachtung liegen zudem in dem Umstand begründet, daß das Grasland ethnographisch eine überaus heterogene Region ist. Wie oben bereits erwähnt, gibt es über hundert verschiedene Sprachen und Dialekte, die Königtümer sind unterschiedlich stark zentralisiert, manche Gruppen sind patrilinear und andere matrilinear organisiert. Die fünf Hauptethnien des Graslandes nach McCullough, Little-wood und Dugast (1954), die Bamum, die Bamiléké, die Fungom und die "Tikar" (Kom, Bum, Bafut, Ndop, Nso' und Wimbum), sind in Wahrheit keine homogenen Ethnien, sondern äußerst uneinheitliche Gruppen, die in über hundert Groß- und Kleinkönigtümer zerfallen. Wie im Fall der "Tikar" bereits erläutert, wurde die koloniale Konstruktion dieser "Ethnie" aufgedeckt; sie wird heute verworfen.

Die kulturelle Vielfalt in diesem auf das bergige Hochplateau begrenzten Raum führte zu einer großen Anzahl von Monographien über einzelne Königtümer des Graslandes und angrenzende Regionen (Kaberry 1952; Ruel 1969;

Brain 1972; Geary 1976; Nkwi 1976; Warnier 1975; Masquelier 1978; Russel 1980; Tardits 1980; Goheen 1984; Diduk 1987; Hirsch 1987; Fardon 1988, 1990; Dillon 1990). Daneben erschienen Arbeiten über Kunst sowie eine Reihe von Büchern und Artikeln zur Religionsethnologie.[21] Die Arbeiten zur Wirtschaftsethnologie verweisen zum einen auf die Verknüpfung traditionellen Wirtschaftslebens mit der modernen staatlichen Ökonomie (Chilver 1988; Chilver und Kaberry 1960; DeLancey 1989). Zum anderen betonen sie aber auch schon früh die durch vorkoloniale Handelsrouten bedingte wirtschaftliche Verflechtung der ethnischen Gruppen untereinander (Chilver 1961a; Rowlands 1979; Warnier 1985, 1995; Wilhelm 1981).

Angeregt durch diese Perspektive rückte auch in den Arbeiten zur Geschichte und zu den traditionellen politischen Institutionen die Verbindung der Gesellschaften untereinander neben den Einzelbetrachtungen immer mehr in den Vordergrund (Warnier 1975; Dillon 1990). Auf diplomatische Beziehungen zwischen den Königtümern, meist in Form von Heiratsallianzen, gegenseitigen Geschenken und ritueller Anteilnahme verweisen Chilver und Kaberry (1968) bereits in ihrem Werk *Traditional Bamenda*, dem bis heute umfangreichsten Überblick über die Gesellschaften der Nord-West-Provinz von Kamerun. So wunderte sich Chilver schon 1966 über die von Zintgraff (1895) dokumentierten Reiseschwierigkeiten im Grasland. Zintgraff war der erste Europäer, der das Grasland von Süden nach Norden durchquerte und für die deutsche Kolonialregierung erkundete. Seine Probleme, von einem Königtum zum nächsten zu gelangen, suchte Chilver (1966: XII) mit damaligen Kriegen und Sklavenjagden zu erklären, da ausreichende Handelswege und diplomatische Verbindungen zwischen den Königen längst existiert hätten. Nkwi (1983, 1987: 64-90) betont, daß gerade solche kriegerischen Auseinandersetzungen ein Beweis für den intensiven und lebhaften Kontakt der Königtümer untereinander seien. Die feindlichen Beziehungen, die zumeist als Scharmützel, Kämpfe mit Stöcken oder seltener auch in Kriegen mit Blutvergießen ausgetragen wurden, führten dann wieder zu neuen Allianzen und rituell beschworenen Verträgen zwischen den Königtümern, die ihrerseits die Handelswege beeinflußten (Nkwi 1987: 99-127).

Phyllis M. Kaberry und Elisabeth M. Chilver waren zwar nicht in allen Ortschaften die ersten, aber doch diejenigen, die die ethnographische Erforschung der Gesellschaften in der heutigen Nordwest-Provinz von Kamerun wesentlich vorantrieben und bis heute entscheidend beeinflussen.[22] P.M. Kaberry unternahm ihre erste Forschungsreise auf Ersuchen des Londoner Kolonialamtes, das seinerseits von der Notwendigkeit einer sozialanthropologischen Untersuchung durch das *Cameroons Development Corporation* überzeugt worden war. Trotz beachtlicher natürlicher Ressourcen hatte man im nordwestlichen Grasland eine starke Unterbevölkerung sowie soziale Faktoren festgestellt, die eine ökonomische Entwicklung und den Fortschritt auf dem Bildungssektor behinderten. Als mitverantwortlich für diese Situation vermutete man die zum Teil sozial begründete besonders hohe Kindersterblichkeitsrate und den "niedrigen Status" von Frauen, den man vor allem an der Praxis des Frauentauschs und an der geringen Einbeziehung der Frauen in politischen und religiösen Bereichen festmachte. Für die Untersuchung wählte das *International African Institute* P.M. Kaberry, weil sie bereits anthropologische Forschungen über Frauen in Australien und Neu-Guinea durchgeführt hatte.[23]

Zwischen 1945 und 1948 verbrachte P.M. Kaberry sodann insgesamt zweieinhalb Jahre vor allem im Königreich Nso'. Während dieser Zeit und bei einem zehn Jahre späteren Aufenthalt erwarb sie sich ein solch hohes Ansehen, daß die Nso' ihr den Titel der *yaah* (Königinmutter) verliehen. Auch ihre Arbeiten gingen weit über das ursprünglich gesteckte Ziel und die erwartete Monographie hinaus und viele ihrer Feldnotizen über königliche Rituale, zu denen sie als *yaah* Zutritt erhalten hatte, sind bis heute unveröffentlicht (Berndt & Chilver 1992: 34).[24]

Bei ihren letzten beiden Reisen (vier Monate im Jahre 1960 und sieben Monate 1963) assistierte ihr die Historikerin E. Chilver. Während dieser Zeit untersuchten sie - politisch unabhängig - Geschichte und politische Institutionen einer Reihe von Ortschaften im nordwestlichen Grasland (mehrere Königtümer in der Tadkon-, Fungom-, Aghem-, Ngemba-, Ndop-, Wimbum-, Misaje- und Mbem-Region, in Bali-Nyonga, Bali-Kumbad, Bafut, Kom, Bum, Ntem sowie in Mfumte-, und Mbembe-Dörfern).[25] Angesichts der Vielzahl der Orte waren die Aufenthalte zeitlich äußerst begrenzt. Mehrere Monate allein verbrachte Chilver lediglich in Bali-Nyonga, für Kom und Bum nahmen sich beide zwei bis drei Wochen, für alle anderen Orte verblieben jeweils nur noch wenige Tage (Chilver & Kaberry 1968). Alle ihre daraus entstandenen Arbeiten weisen trotz der überaus knapp bemessenen Feldforschungszeit große Detailgenauigkeit auf.[26] In jeder späteren Monographie finden sich Verweise oder direkte Übernahmen ethnographischer Beschreibungen. Auch im heute frankophonen Teil des Graslandes wird ihrer Arbeit Vorbildcharakter zugesprochen. Dies ist zum einen durch das Fehlen vergleichbarer Forschung unter französischer Mandatsverwaltung begründet. Zum anderen haben sich die Gesellschaften des Graslandes historisch eben doch ähnlich entwickelt und sind strukturell fast überall vergleichbar.

Die Fülle an Informationen, die Kaberry und Chilver über viele solcher Gesellschaften in ihren historisch-ethnographischen Arbeiten hinterließen, wirft die Frage nach ihrer Arbeitsweise bei der zeitlich so stark begrenzten Feldforschung auf. Von größtem Vorteil waren natürlich die Kenntnisse und Erfahrungen, die Kaberry während ihrer langjährigen Tätigkeit in Nso' gesammelt hatte. Nicht nur, daß sie die Struktur des Nso'-Königtums zur Grundlage für vergleichende Fragen in anderen Königtümern machen konnte. Es ging ihr (bis heute) auch überall der Ruf voraus, das Lamnso', die am weitesten verbreitete

Sprache innerhalb des Nso'-Königtums, zu beherrschen. Die Sprachkenntnisse waren andernorts zwar nicht von praktischem Nutzen, aber sie unterschieden sie bei der ländlichen Bevölkerung im Ansehen von der Mehrheit der Kolonialbeamten. Dennoch konnte ihr politisch unabhängiger Status besonders außerhalb von Nso' sicherlich nicht von allen verstanden werden. Schließlich waren es ja kurz zuvor noch Kolonialbeamte oder deren Zuträger gewesen, die bereits ähnliche Fragen gestellt hatten, um ihre *Assessment-* und *Intelligence-Reports* zu verfassen. Man kann davon ausgehen, daß Kaberry und Chilver in den einzelnen Königtümern vorwiegend offizielle, von der jeweils herrschenden Gruppe proklamierte Geschichtsversionen vorgetragen wurden, die in ihren Grundzügen auch schon von den Verwaltungsbeamten festgehalten worden waren.

Mit Vertretern widersprüchlicher, inoffizieller Versionen in Kontakt zu kommen und diese zu dokumentieren, lag auch, so möchte ich behaupten, nicht in ihrem eigentlichen Interesse. Vielmehr ging es Kaberry und Chilver darum, das Wissen über vorkoloniale politische Strukturen festzuhalten, das zu jener Zeit entweder noch von Augenzeugen erzählt oder aus zuverlässigen Quellen in Erfahrung gebracht werden konnte. Die zeitliche Überschneidung ihrer Forschungen mit der Endphase der Kolonialverwaltung und dem Beginn der Unabhängigkeit Kameruns (1961) mag dafür von großem Vorteil gewesen sein. An vielen Palästen hatten sich sogenannte *history societies* oder *history committees* gebildet, deren Mitglieder die Vertretung von Geschichte und das Bekräftigen von Privilegien des jeweiligen Königtums nach außen übernahmen. Aktuell ging es ihnen auch darum, sich über die zu erwartenden Änderungen nach der Unabhängigkeit Kameruns zu verständigen und vor allen Dingen Pläne zur Erhaltung oder Vergrößerung des durch die Kolonialverwaltung festgeschriebenen politischen Einflußbereichs zu entwerfen. Für die Datenerhebung der beiden Forscherinnen bedeutete dies - zumindest für die Aufnahme der nach außen präsentierten Darstellung von Geschichte - eine Erleichterung.

So war es beispielsweise in Bali-Nyonga dem engagierten Interesse der Mitglieder des *History Committee* zu verdanken, daß sie bei ihrem ersten Aufenthalt von nur zwanzig Tagen bereits einen detaillierten Einblick in das "traditionelle politische System" dieses Königtums gewannen, wie Kaberry und Chilver selber betonen (1961: 355). Unter dem Vorsitz des damaligen Königs wurden regelmäßige Treffen dieses aus der neuen Elite und den traditionellen Amtsinhabern bestehenden Komitees abgehalten. Wenn Kaberry und Chilver die als Meinungsfindung verstandene Konstruktion der Tradition miterlebten, fühlt man sich an den von Cohen und Odhiambo (1989: 30f.) dargestellten *workshop history* erinnert:

> "We had the collaboration of the History Committee of Bali-Nyonga under the presidence of Mfon Galega II. Regular meetings were held in

which important men, conversant with the history and government of Bali-Nyonga, thrashed out the questions we put to them and arrived at agreed answers which were translated to us by Councillor Alfred W. Daiga (the Mfon's Secretary), who has since corresponded with us on behalf of the Mfon's Committee." (Kaberry & Chilver 1961:355)

Im Unterschied zu dem *workshop history* im Sinne Cohens und Odhiambos kann man bei einem solchen Ausschuß des Königs jedoch davon ausgehen, daß unliebsame Personen, von denen die herrschenden Bali eine deutlich oppositionelle Geschichtsversion erwarteten, erst gar nicht geladen waren.

Auch wenn Kaberry und Chilver bei ihrer Feldforschung wohl im wesentlichen eine von inneren Widersprüchen gereinigte Darstellung von Geschichte dokumentierten, war es ihr erklärtes Ziel, herauszufinden, wie es historisch tatsächlich gewesen ist: "... a valid picture of traditional constitutions as they were working before the entry of Europeans can still be obtained if the right methods are applied and information is carefully cross-checked." (Kaberry & Chilver 1963: 117). Die Beschreibung einzelner Königtümer in vorkolonialer Zeit und die Beantwortung der Frage nach der Entstehung dieser staatlichen Gesellschaftsformen diente der Erstellung von wertfreien, lediglich der historischen Wahrheit verpflichteten Chronologien über das Grasland als Ganzes (Chilver & Kaberry 1970; Chilver 1981).

Im Unterschied zu ihnen verfolgten die Kolonialbeamten, wie der im Dienste der Kolonialverwaltung stehende Anthropologe M.D.W. Jeffreys, bei ihren Untersuchungen mehrheitlich eigene Interessen und politische Ziele. Vor dem Hintergrund der Schwierigkeiten kolonialer Administration in dieser äußerst heterogenen Region bezweckte Jeffreys die Fixierung lokaler Machtverhältnisse zugunsten einer Gruppe durchaus. Wie im Kapitel II zur Konstruktion des Königtums weiter unten noch ausführlicher beschrieben, wirkte er in seiner Eigenschaft als britischer *Senior District Officer* führend - im Sinne Vails (1989: 11) - als einer der *culture brokers* bei der Produktion von Geschichte und Tradition mit. Möglich, daß er als ausgebildeter Anthropologe sein Vorgehen mit einem gewissen Unbehagen selbst objektivierte, jedenfalls soll er den Plan sozialanthropologischer Forschung unterstützt ha-ben, in dessen Folge z. B. Kaberry nach Kamerun gelangte (Geary 1976: 6).

Zugute gehalten werden kann Jeffreys, daß er Meinungen, die seiner eigenen, politisch bevorzugten Geschichtsversion widersprachen, zumindest in einigen Fällen trotzdem dokumentierte. So thematisierte er zum Beispiel einen Streitfall zwischen zwei Königshäusern (Ndu und Ntem) und der Kolonialverwaltung vor dem Hintergrund widerspüchlicher Geschichtsversionen und gab damit einen ersten Eindruck vom Umgang mit Geschichte(n) bei der Bevölkerung im Grasland von Kamerun (Jeffreys 1961/62).

Die Erläuterung von Geschichtsversionen und die damit verbundenen Streitigkeiten zwischen verschiedenen Gruppen oder Individuen bleiben in der ethnographischen Literatur über das Grasland jedoch die Ausnahme. Kaberry (1959b) dokumentiert einen solchen Streit lediglich in einem Fall, der in Nso', dem südlich gelegenen Nachbarkönigtum der Wiya, beinahe zu einem Bürgerkrieg geführt hätte. Dieser Streit zwischen dem oben bereits erwähnten hochrangigen Ratgeber des Königs von Nso' (Fai wo Ndzendzef) und dem König selbst stammt aus dem Jahre 1925 und ist bis heute noch nicht gänzlich beigelegt. Mit Genauigkeit und großem Einfühlungsvermögen versucht Kaberry den "historisch" begründeten Ansprüchen auf die umstrittenen Privilegien nachzugehen und sie zu beurteilen. Nach ihrer Analyse kommt sie zu dem Schluß, daß die Ansprüche des Ratgebers nicht gerechtfertigt sind. Mit der Erläuterung des Streits vor dem Hintergrund der Sozialstruktur der Nso'-Gesellschaft zielt sie darauf ab, ein Beispiel dafür zu geben, welche Probleme mit der Übertragung staatlicher Ämter an Lineageoberhäupter entstehen können (1959b: 368). Wie nirgendwo in ihren Arbeiten über das Grasland, geht es Kaberry auch hier nicht um die Rolle und die Bedeutung der Geschichtserzählungen in der Nso'-Gesellschaft. Die Verwertbarkeit der Geschichten als historische Quellen stellt sie auch hier nicht in Frage. Erst 1988 stellt Chilver die einzelnen mit diesem spektakulären Fall zusammenhängenden Behauptungen und Geschichtsversionen zusammen. Aufgezeichnet und gesammelt wurden sie unter anderem von ihr selbst und Kaberry sowie von Jeffreys und anderen Kolonialbeamten. In diesem unveröffentlichten Manuskript behandelt Chilver die Erzählungen schließlich als "charter-Mythen", die die Nso' zur Erklärung der umstrittenen Ansprüche angaben. In Anlehnung an Henige (1974) verweist sie auf die Manipulation von Genealogien und gibt auch einige Beispiele für das koloniale *feedback*, d.h. für die zum politischen Vorteil erwogene Anpassung der Geschichten an derzeitige Wertmaßstäbe.

Trotz der zentralen Bedeutung, die die Geschichten bei der Bevölkerung des Graslandes einnehmen, und der Vielzahl ihrer umstrittenen Variationen und Widersprüche hat die *oral tradition*-Forschung kaum Eingang in die ethnographischen Arbeiten gefunden. Den wichtigsten Beitrag dazu leistet Geary (1976, 1980, 1981), die, wie oben bereits angeführt, die widersprüchlichen Aussagen zur Genese des Häuptlingstums, We, über Vansinas (1961) Methodologie zu interpretieren und für die Rekonstruktion der Geschichte zu nutzen versucht. Die meisten anderen Autoren übernehmen die bereits von Kaberry und Chilver dokumentierte Geschichtsversion oder schließen sich ihrer weiter unten erläuterten Vorgehensweise bei der Konstruktion von Geschichte an.

Die umstrittenen Geschichtsversionen werden auch nicht anhand anthropologischer Mythentheorien interpretiert. Mit Ausnahme des oben erwähnten neueren Manuskripts von Chilver (1988) und einer Veröffentlichung über den Stellenwert der von den meisten Königtümern des Graslandes angegebenen

Ursprungsregion (Chilver & Kaberry 1971) findet sich bei Kaberry und Chilver weder eine Gegenüberstellung noch eine Analyse der Varianten und Widersprüche von Geschichtserzählungen. Die Frage, warum es auch die erfahrene Anthropologin Kaberry vermied, die widersprüchlichen Geschichtsversionen vor dem Hintergrund der zeitgenössischen anthropologischen Mythenforschung zu diskutieren, scheint mir für die Einschätzung ihrer historisch-ethnographischen Arbeiten von großem Interesse zu sein. Schließlich war sie doch, ihrer Biographie zufolge, eine Schülerin von Bronislaw Malinowski und mit Raymond Firth sowie mit Audrey Richards befreundet. Der elf Jahre älteren Audrey Richards (1960), die unter anderem gerade die in den verschiedenen Versionen eines Mythos enthaltenen Widersprüche historischer Ereignisse mit den real existierenden Rivalitäten um politische Rechte verknüpfte, assistierte Kaberry sogar auf einer Feldforschung.[27] Kaberry befand sich damit also im Kreis derjenigen, die die damalige Mythos-Debatte entscheidend vorantrieben und an diesem Thema, wie ihr Aufsatz "Myth and Ritual" (1957) beweist, theoretisch auch aktiv teilnahm. Dennoch bleiben solche Überlegungen in ihren ethnographischen Arbeiten über das Grasland ausgeblendet. Statt dessen geht sie wie selbstverständlich von der Nutzbarkeit historischer Erzählungen zur Rekonstruktion von Geschichte aus. Möglich, daß sie aus politischen Motiven sogar absichtlich vermied, ihre Verwertbarkeit in Frage zu stellen. Jedenfalls erklärt sie, im Einklang mit Chilver, daß eine neue Kameruner Nationalität auf dem Verständnis von indigenen sozial-politischen Ideen basieren müsse und man die Forschungen voranzutreiben habe, um noch möglichst viele Informationen über die Traditionen vorkolonialer Zeit von der älteren Generation zu sammeln (Kaberry & Chilver 1963: 117; Chilver und Kaberry 1968: Preface). Eine Diskussion über den historischen Wahrheitsgehalt zusammengetragener Erzählungen hätte solchen politischen Intentionen vermutlich nur geschadet.

Der wahrscheinlichere Grund für die Ausblendung der Theorien zur Mythenforschung scheint mir jedoch der zu sein, daß Kaberry die Erzählungen von Geschichte im Kameruner Grasland schlicht verkannte. Im Vergleich zu dem großen Interesse, daß die Bevölkerung des Graslandes historischen Themen auch heute noch entgegenbringt, muß ihr Engagement zur Zeit der Forschung Kaberrys und Chilvers geradezu überwältigend gewesen sein. Schließlich waren ja, wie man aus der Perspektive der Ethnizitätsdebatte heute schließen kann, erst ein paar Jahre zuvor Ethnien, Traditionen, politische Abhängigkeiten und Geschichte zwar nicht völlig frei erfunden, aber doch nach gewissen Vorbildern konstruiert und festgeschrieben worden. Wie sich an einigen Kolonialakten auch noch ersehen läßt, waren die Diskussionen darüber zum Teil sogar sehr hitzig. Man könnte daher annehmen, daß sich Kaberry und Chilver durch die Stimmung vor Ort einfach mitreißen ließen, zumal die mündlichen, zu einem politischen Problem gegebenen Erklärungen, Behauptungen oder gegenseitigen Beschimpfungen nichts mit den Mythen der Mythenforschung oder der geheimnisumwobenen Mythenwelt von Australien und Neu-Guinea, die Kaberry zuvor auf ihren Feldforschungen kennengelernt hatte, gemein zu haben schienen. Tatsächlich sind die Geschichtserzählungen im Grasland weder durch längere Monologe charakterisiert, noch ist ihr Wissen einer bestimmten sozialen Gruppe vorbehalten oder ihre Sprache eigentümlich verschlüsselt. Wie weiter unten ausführlicher erklärt, ist es gerade die realistische Form der Erzählung, die die historischen Geschichten bei den Wiya und an vielen anderen Orten des Graslandes auszeichnen. Ganz offen und unverblümt werden sie zur Legitimation von Machtverhältnissen oder politischen Bestrebungen eingesetzt. Meiner Meinung nach war es genau diese realistische Sprache, der offene Einsatz der Geschichten im politischen Disput sowie vielleicht auch der Mangel oder das gänzliche Fehlen kosmologischer Bezüge, die Kaberrys Blick für die Einschätzung der Geschichten und ihre zeitgemäße Behandlung verstellt hat. Die in der anthropologischen Diskussion eingeforderte Gegenüberstellung von Mythos als Fiktion und Geschichte als Fakt verfestigte sodann den Irrtum. Denn die im Grasland vorgefundenen Geschichten konnten, wenn sie schon keine Mythen waren, nur noch Geschichte sein. Dementsprechend ist die oben erwähnte Arbeit von Chilver & Kaberry (1971) über den Ursprungsort der meisten Königtümer des Graslandes das einzige Zugeständnis an die zeitgenössische Mythendiskussion. Hier argumentieren sie umgekehrt: Wenn Kimi, Rifum oder Ndobo faktisch ein nicht auffindbarer Ort ist, ist er nicht der Geschichte zuzurechnen. So beginnt die Geschichte der Nso' laut Kaberry in Kovifem, dem Ort der ersten Niederlassung, und nicht in Rifum (Kaberry 1969: 369).

Aufgrund des Diktums gegenseitigen Ausschlusses von Mythos und Geschichte und vor dem Hintergrund ihres eigenen, dem neuzeitlichen Denken verhafteten Geschichtsverständnisses kam Kaberry zu einem weiteren Fehlschluß. So glaubte sie, es bei den gesammelten Geschichtserzählungen mit Fragmenten einer als Kontinuität begriffenen Geschichte zu tun zu haben, wie sehr diese geschichtlichen Bruchstücke von einzelnen Befragten auch manipuliert sein mochten. Geschichtsversionen einzelner, die man heute als koloniales *feedback* "entlarven" würde, mögen zudem auch schon damals in der Form einer kontinuierlich linearen Geschichte kausal aufeinander bezogener Einzelereignisse erzählt worden sein. Sie täuschten Kaberry und auch der Historikerin Chilver die Existenz einer vertrauten Zeitvorstellung vor und bestätigten sie in dem Glauben - durch eine Ordnung der Teile und ihrer logischen Verknüpfung - die ganze, wenn auch zugestandenermaßen immer noch lückenhafte Geschichte der Königtümer im Grasland rekonstruieren zu können.

Um eine möglichst genaue chronologische Abfolge von Ereignissen zu erreichen, geben Kaberry und Chilver daher auch anderen die Empfehlung, alle Bemerkungen zur Geschichte mit vergleichsweise feststehenden Daten, wie Regierungszeiten von Königen, Gräbern von Familienoberhäuptern oder

Naturereignissen, zu assoziieren. Auch Zeugnisse wie verlassene Niederlassungen, Kriegswälle und rituelle Objekte seien für die Rekonstruktion weit zurückliegender Geschichte von Nutzen. Jede Information über traditionelle politische Institutionen zur vorkolonialen Zeit sollte durch Befragen weiterer Gewährsleute zum gleichen Thema überprüft werden. Die bei dieser "cross-checking"-Methode auftretenden Widersprüche seien, auch wenn sie im Augenblick unwesentlich oder irreführend erschienen, unbedingt festzuhalten, da sie unter neuen Gegebenheiten noch wichtig werden könnten (Kaberry & Chilver 1963: 117f.).

> "... it is important to record all variations because these will throw light on the working out of general principles as new situations arise. Information on earlier periods should be obtained by the same methods, though the absence of eyewitness accounts and documentary evidence makes it impossible to fit such information into a strict chronological framework."
> (Kaberry & Chilver 1963: 117)

Welche "neuen Situationen" solchen im Notizbuch festgehaltenen Variationen plötzlich Bedeutung verschaffen könnten, erklären sie jedoch nicht. Es kann daher nur festgehalten werden, daß Kaberry und Chilver die gesammelten Geschichten als Fragmente *einer Geschichte* nach dem Kausalitätsprinzip linear ordneten und sie als Folie nutzten, um von widersprüchlichen Versionen zu abstrahieren. Das Ergebnis ihrer Veröffentlichungen war die Konstruktion einer linear kontinuierlichen, von Ungereimtheiten geglätteten, systematischen Geschichte. Der oben beschriebenen Feldforschungssituation zufolge war diese Geschichte zudem trotz des Bemühens um historische Wahrheit im wesentlichen eine Geschichte aus der Perspektive der herrschenden Lineages.

Kaberry und Chilver blieben mit ihrer Einschätzung der Geschichtserzählungen im Kameruner Grasland nicht allein. Noch bis gegen Ende der achtziger Jahre waren die Ethnographen des Kameruner Graslandes der Meinung, daß es auf dem Hochplateau tatsächlich kaum Mythen gäbe. So stieß Warnier (1979) im Königtum Mankon auf politische Institutionen, die strukturell den von de Heusch bei den Luba herausgearbeiteten Gegensatzpaaren glichen. Im Unterschied zu den Luba manifestiere sich die Opposition in Mankon jedoch nicht in den Mythen:

> "A Mankon l'opposition n'apparaît pas dans les mythes car ceux-ci sont quasi inexistents, mais dans la structure politique et l'idéologie, entre *takoengoe* et le *fon*. Les participants de la rencontre de Cuisles ont noté combien le Grassfield sont pauvre de mythes et de cosmologies." (Warnier 1979: 32)

Engard (1986, 1988) stellte mit seiner Mythenanalyse hinsichtlich der Geschichte von Bafut, einem Königtum in unmittelbarer Nähe von Mankon, eine

Ausnahme dar. Er folgt dem strukturalistischen Ansatz, den er jedoch im Sinne T. Turners (1977) um eine zeitliche Dimension erweitert. Da seine Analyse größtenteils auf einem "Schlüsselmythos" basiert, den er aus Interviews und Unterhaltungen als "composite text" selbst zusammenstellt, blendet er widersprüchliche Versionen des Mythos und die damit verbundenen Streitigkeiten aus. Zur Legitimation seiner Vorgehensweise führt er die große inhaltliche Übereinstimmung zwischen den Erzählungen der Bafut aus den verschiedenen Bezirken des Königtums an: "Dif-ferent versions pick up the thread of the tale at different points, or embellish different episodes, but there is very great agreement on the central themes, events, and characters." (Engard 1988: 55).[28] Wie immer man zu diesem Vorgehen stehen mag, so sind Engards Arbeiten dadurch hervorzuheben, daß sie erzählte Geschichte im Grasland als etwas anderes behandeln als Fragmente einer linearen Geschichte.

Die Wiya heute und ausgewählte Hauptakteure

Sprachlich und administrativ gehören die Wiya zu den anderen Limbum-sprechenden Wimbum, die mit ihnen das Hochplateau des nord-westlichen Graslandes teilen.[29] Mit ihrer Hauptstadt, Ndu, bewohnt der größte Bevölkerungsteil der Wiya (ca. 25 000 Personen) den Süden der Donga-Mantung Division (Karte 1). Die unmittelbaren Nachbarn der Wiya sind im Süden die Nso' (Bui Division), deren Königtum zu den bedeutendsten im Grasland zählt. Im Norden und Nord-Osten leben die wenig zentralisierten Mfumte- und Yámbá-Gruppen, im Westen und Süd-Osten die anderen beiden sogenannten Wimbum-Klans, Tang und War, die einschließlich der Wiya in 31 Königtümer zerfallen. Ähnlich wie auch bei den War, bilden die Siedlungen der Wiya keine zusammenhängende Lokalität, sondern sind in der Division auf drei Zentren verteilt. Das größte und politisch wichtigste Zentrum ist das dem *Fon* von Ndu unterstellte Königtum einschließlich seiner fünf untergeordneten *chiefdoms*.[30]

Die dichte Besiedlung des Landes bedeutet, daß der insgesamt durchaus fruchtbare Boden landwirtschaftlich möglichst intensiv genutzt werden muß. Für die Feldarbeit erschwerend sind die äußersten Höhen von ca. 1900 bis 2300 Metern, die sich mit ihrem kargen Wachstum und kühlen Klima nicht besonders gut für den Ackerbau eignen. Hier wird darum vor allem Viehzucht betrieben. Die Wiya halten neben einer geringen Anzahl von Rindern und Schweinen hauptsächlich Ziegen und Hühner, die sie entweder selbst als Opfertiere verwenden oder wie im Fall der Rinder und Ziegen zum Teil auf weit entfernten Großmärkten verkaufen.[31] In den Höhenlagen haben die Wiya weite Gebiete den Bororo-Nomaden überlassen, die hier wie auch andernorts im nördlichen Grasland ihre Rinderherden weiden lassen.[32] 600 Hektar Höhenland entfallen zudem auf die Teeplantage, die die staatliche Gesellschaft

CDC (Cameroon Development Cooperation) betreibt. Trotz des kühlen Klimas, dessen nächtliche Temperaturen während der Trockenzeit beinahe auf den Gefrierpunkt fallen, erwirtschaftet die Plantage hohe Gewinne. Abgesehen von den durch Mißmanagement hervorgerufenen finanziellen Krisen gilt sie als einer der ertragreichsten landwirtschaftlichen Industriebetriebe der Nordwest-Provinz. Neben ihrer Prestigewirkung nach außen ist sie für die Wiya in erster Linie eine wertvolle Einkommensquelle, die die Entwicklung der Region von Ndu vorantreibt und die Landflucht abschwächt. Die Zahl der Beschäftigten variiert je nach Jahreszeit und Bedarf an Pflückern und Pflückerinnen zwischen 1000 und 1500 Personen.

Angesichts der schnell anwachsenden Bevölkerung ist der den Wiya zur Verfügung stehende Lebensraum des Plateaus begrenzt und stellenweise bereits bis aufs äußerste genutzt. Die Wiya betreiben wie alle bäuerlichen Gesellschaften des Graslandes Mischwirtschaft, d.h. sie pflanzen vor allem Mais zusammen mit grünem Blattgemüse und Bohnen. Es werden aber auch Kartoffeln, Yams, Coco-yams und Erdnüsse sowie verschiedene Gemüsesorten wie Kohl, Tomaten, Zwiebeln etc. angebaut. Die Feld- und Hausarbeit ist der Wirkungsbereich der virilokal eingeheirateten Frauen (*ngwagu*) sowie der Frauen und Mädchen (*ngogu*) der eigenen Patrilineage. Die Männer übernehmen die Rodung des Landes, sie züchten Haustiere und vermarkten sie. Die Jagd hat nur noch in den tiefer, fernab gelegenen Regionen um Ntamruh Bedeutung. Die ehemals dichte Bewaldung der zentraler gelegenen Talsenken ist, bis auf rituell bedeutsame Haine, abgeholzt und verfeuert, so daß dort praktisch kein Wild mehr zu finden ist.

Die Versorgung der eigenen, polygamen Familie mit Fleisch, Salz, Kerosin, Kleidung und Schulgeld ist eigentlich "Männersache", doch sind es immer öfter auch Frauen, die in monetäre Beziehungen eingebunden sind. Die für den modernen ländlichen Haushalt notwendige Geldsumme ist mit den ausschließlich von Männern erarbeiteten sogenannten *cash crops*, dem individuellen Kaffeeanbau, der Ernte von Kolanüssen oder der Gewinnung des lediglich in den Niederungen vorkommenden Raffiaweins und Palmöls, nicht zu erwirtschaften. Der Konsum von Flaschenbier ist bei vielen Männern darüber hinaus derart gestiegen, daß die Einnahmen aus den *cash crops* der Bauern zur Finanzierung des zumeist ein bis drei Ehefrauen zählenden Haushaltes kaum noch etwas beitragen.[33] Nennenswerte monetäre Unterstützung wird daher lediglich von denen gewährleistet, die über ein regelmäßiges Einkommen verfügen. Dies sind vor allem die Staatsbediensteten und heimgekehrten Rentner, die Lehrer privater Schulen sowie die Kleinunternehmer. Zuverlässige, wenn auch eher unregelmäßige Zuwendungen an die Familie leisten die Lohnarbeiter der Teeplantage, die Beschäftigten im Kleingewerbe sowie die Händler und Heiler. Die überwiegende Mehrzahl dieser Beschäftigten mit monetärem Einkommen lebt im Zentrum von Ndu ("Ndu-Town" ca. 5500 Einwohner) oder in Kakar

("Three Corners" ca. 1000 Einwohner), einer ebenfalls direkt an der Verbindungsstraße ("ring-road") gelegenen Siedlung in unmittelbarer Nähe zur Teeplantage. Dabei stammen die Betreffenden entweder selbst direkt aus Ndu oder haben sich mit ihrer Familie vom heimatlichen Gehöft einer abgelegeneren Wiya-Siedlung abgesetzt und in "Ndu-Town" bzw. in "Three Corners Kakar" niedergelassen.

Da die Ehemänner und Väter entweder zu wenig und zu unregelmäßig verdienen, verschuldet sind, kostenaufwendige Zeremonien bestreiten müssen oder das Geld durch übermäßigen Biergenuß und Geschenke an Freundinnen in "Ndu-Town" einfach verleben, sind es immer häufiger auch Ehefrauen, die sich um Geldeinkünfte bemühen. Bis zum Anbruch der Dunkelheit bieten sie ihren landwirtschaftlichen Überschuß, Handarbeiten oder Fertiggerichte auf dem Wochenmarkt von Ndu feil, der der zweitgrößte Markt der Donga-Mantung Division ist. Einige Frauen haben sich neben der Feldarbeit zu Kleinunternehmerinnen und professionellen Händlerinnen entwickelt und reisen in den landwirtschaftlichen Ruhephasen beinahe täglich zu den verschiedenen Märkten der ländlichen Umgebung.

Während die Reproduktion beinahe ausschließlich den Frauen obliegt, ist ihr Anteil im rituellen Bereich sowie an den mit dem Rekurs auf Geschichte geführten Aushandlungsprozessen politisch-rechtlicher Belange marginal.[34] Aus der Organisation des öffentlichen Lebens mit der Verwaltung des königlichen Palastes und seinen gerichtlichen Institutionen, den zahlreichen "Geheim"-Bünden auf Lineage- und Bezirksebene, den Opfern und Reinigungszeremonien sind sie weitgehend ausgeschlossen. Zwar besitzen sie Frauenbünde, doch geht es auch hier im wesentlichen um die Organisation der Feldarbeit und der Spargemeinschaft.[35] Ihre Bedeutung bei der Streitschlichtung bezieht sich lediglich auf kleinere persönliche Unstimmigkeiten unter den eigenen Mitgliedern. Alle schwerwiegenderen Konflikte werden dem übergeordneten Lineage- bzw. Bezirksoberhaupt unterbreitet, der den Fall unter Hinzuziehung anderer Oberhäupter und Ältester entweder selber löst, oder ihn zur Anhörung an den Rat des königlichen Palastes weiterreicht. Haben die Frauen einen Konfliktfall in dieser Weise erst einmal aus der Hand gegeben, sind sie bei allen weiterführenden Diskussionen und Debatten zumeist nicht mehr anwesend. Es ist nunmehr Sache der Männer, beispielsweise Grenzkonflikte, Lineageeigentum oder Hexereifälle auszufechten, und die eigene Gruppe oder Untergruppe entsprechend zu verteidigen und einzubringen.

Im Zuge solcher Debatten haben Geschichtserzählungen bei den Wiya größte Bedeutung, denn sie dienen zur Legitimation eines politischen Status und dem damit verbundenen Recht auf ökonomische Ressourcen. Politische Allianzen werden bekräftigt, Fraktionsbildungen geschaffen sowie Geschichtsüberlieferungen dementsprechend neu verändert und angepaßt. Da die virilokal eingeheirateten Frauen von solchen Sitzungen weitgehend ausgeschlossen sind, sind sie über aktuelle Entwicklungen nicht informiert. Folglich halten sie sich aus dieser "Tagespolitik" bewußt heraus und beschränken ihre eigenen Geschichtserzählungen in der Regel auf Heiratsallianzen und sozioökonomische Veränderungen. Für alle zusätzlichen Stellungnahmen verweisen sie auf die Kompetenz des Lineageoberhaupts und der Ältesten.[36]

Bei der Sammlung und Untersuchung von Geschichtserzählungen sind die wichtigsten Interviewpartner daher die Lineageältesten, d.h. das amtierende, zumeist als *fai* (lb.: *wifa*) titulierte Lineageoberhaupt sowie alle männlichen Lineagemitglieder. Das Wissen über Geschichten ist bei den Wiya zwar kein Geheimwissen und im Prinzip jedermann zugänglich, doch halten sich - ähnlich wie die Frauen - auch die jungen Männer zumeist mit Erzählungen zurück. Die einen geben an, aus Interesselosigkeit nichts zu wissen, die anderen begründen ihre Zurückhaltung mit der Unsicherheit über ihren eigenen Wissensstand, den sie auf ihre häufige, beruflich bedingte Abwesenheit aus dem väterlichen *compound* zurückführen.

Für das Verständnis der verschiedenen Versionen von Geschichtserzählungen ist - wie oben bereits erwähnt - die grundsätzlich duale Struktur des Königtums, dessen Lineages sich entweder mit den sogenannten *yaku-* oder *yamba*-Gruppen identifizieren, von besonderer Bedeutung. Als *yaku* bezeichnen sich sowohl die am Palast lebenden Königlichen (*ndfung*) als auch die weiter entfernt lebenden *yaku*-Erdherren, die ihrerseits vor mindesten vier Generationen entweder von den Söhnen der Könige (*bonkfu*) oder von ihren Schwestersöhnen (*mchindap*) abstammen. Während man also bei den *yaku* von einem Klan sprechen kann, bilden die *yamba* eine eher heterogene Gruppe. So untergliedern sich die in der Mehrzahl autochthonen *yamba* in zwei Klans und verschiedene Lineages "fremder" Abstammung, die mit ihnen assoziiert werden. Die durch widersprüchliche Geschichten und durch dramatische Konflikte exponierten Hauptakteure dieser beiden gesellschaftlichen Gruppen möchte ich anhand einiger biographischer Skizzen kurz vorstellen.

Die Hauptakteure

Die zentrale Figur des Königtums ist der ca. 28 Jahre alte König, *Fon Nformi Nfor*. In seinem Haussa-Gewand ist er eine imposante Erscheinung. Obwohl er selbst Christ ist, nimmt er an allen islamischen Festen der königlichen Lineage aktiv teil. Als man ihn 1983 zum König krönte, war er an der Universität in Yaoundé gerade bei den Vorbereitungen für sein BA-Examen in Geographie. Gegen seinen Willen holte man ihn aus seinem Versteck in der Hafenstadt Douala und brachte ihn gewaltsam nach Ndu. Nach den Krönungszeremonien gestatteten ihm die Palastältesten, noch die letzten Prüfungen abzulegen, und mußten ihm schließlich auch erlauben, als Lehrer tätig zu werden.[37] Seither arbeitet der *Fon* an verschiedenen Schulen der näheren und weiteren Umgebung. Da er sich dadurch nur noch sehr reduziert den "traditionellen" Regierungsgeschäften des Königtums widmen kann und sich in der verbleibenden Zeit vor allem um die Modernisierung der als vergleichsweise rückständig geltenden Region kümmert, kommt es zu Spannungen um die Person des *Fon*.

Fai Ndziforba (ca. 43 Jahre), ein *nshindap* (Schwestersohn) des *Fon*, trat bereits in jungen Jahren seine Stellung als Hüter des Polizeibundes (*nwarrong*), dem Sanktionsorgan des Palastes, an. Durch seine Loyalität, sein persönliches Engagement und seine jahrelange Erfahrung in Streitschlichtungsverfahren avancierte er bald (neben Ta Shey Noa, ca. 65 Jahre) zu einem der wichtigsten Ratgeber des *Fon*. Der gute Ruf dieser beiden Ratgeber ist ungeachtet der Veränderungen am Palast auch heute noch ungebrochen. Viele Ratsuchende wenden sich zuerst an sie, bevor sie offiziell beim *Fon* vorsprechen oder ihren Fall dem Rat des *Fon* (*traditional council*) übergeben. Etwas Geld verdient Fai Ndziforba durch die von der *nwarrong* eingenommenen Bußgelder und durch den Verkauf von Raffiawein. Er spricht als Zweitsprache Pidgin-Englisch.

Fai Ndimbie (ca. 40 Jahre) spricht ebenfalls Pidgin mit englischen Einschüben. Er ist ein *nchindap*, der etwas Geld durch den Verkauf von Raffiawein verdient. Sein Vater und Amtsvorgänger war der wichtigste Gewährsmann des Kolonialbeamten Jeffreys. Dieser hatte Fai Ndimbies Söhne als eine der ersten Schüler an die Missionsschule von Ndu vermittelt, so daß diese heute einflußreiche Stellungen bekleiden und entweder in Yaoundé, in Douala oder im Ausland leben. Der jetzige Fai Ndimbie dagegen mußte die Schule nach eigenen Angaben bereits im zweiten Schuljahr abbrechen, weil ihn sein Lehrer allzu häufig geschlagen hatte.

John Nsame (ca. 65 Jahre) ist ein Vaterbruder des *Fon*. Er gehört zu der ersten Generation der modernen Elite Kameruns. In den fünfziger Jahren war er Abgeordneter im Parlament von West-Kamerun (West Cameroon House of Assembly) und schaffte es kurz vor der Auflösung seiner Partei sogar zum Minister in Buea. Mit dem Anschluß an das frankophone Kamerun war seine Karriere dann aber jäh beendet, und er kehrte nach Ndu zurück. In "Ndu-Town" übernahm er das Amt des Direktors der *government school*.

Fai Ndzishirnji (ca. 60 Jahre) ist ein *yaku*-Erdherr, d.h. ein Nachfahre eines königlichen Bruders. In der Hierarchie des Königtums nimmt er den Rang eines *kibai* (Bezirkschefs) von Jirt ein und gehört damit zu den sieben höchsten Lineageoberhäuptern des Königtums. Er ist ein erfolgreicher Geschäftsmann und betreibt vor allem Viehzucht. Bororo-Hirten betreuen seine Rinder und treiben sie zum Verkauf auf die südlich gelegenen Großmärkte (vor allem von Bamenda und Douala). In Ndu fällt Fai Ndzishirnji durch sein distinguiertes Verhalten und durch seine elegante Kleidung besonders auf. Er spricht Pidgin.

Simon Dshang (ca. 67 Jahre) ist seit etwa zwei Jahren Rentner und Herbalist. In seiner Jugend war er *Court Messenger* bei der Armee und später Gefängnisaufseher in Buea und Nkambe. Er kann Englisch lesen und schreiben, bei der Unterhaltung verfällt er aber oft ins Pidgin. Europäische Geschichte ist sein Hobby und er macht sich einen Spaß daraus, selbst gebildete Leute mit seinen Kenntnissen in Erstaunen zu versetzen. Er ist *yaku*, ein älterer Bruder von Fai Ndzibambo, dem Erdherrn des Bezirks Siringwa.

James Yengong (ca. 55 Jahre), ein ehemaliger Bote (*dogari*) des *Fon*, war zur Zeit meines Aufenthaltes in Ndu stellungslos. Als Bruder von Fai Ngabingnfʉ, dem Erdherrn von Njiptop, ist er "fremder" Abstammung, identifiziert sich jedoch mit den *yamba*. Er spricht Pidgin und ist als geschickter Verhandlungspartner bekannt.

Fai Nganwenfu (ca. 39 Jahre) ist *kibai* (Bezirksoberhaupt) von Boyar und als Anführer der *yamba* mit ihnen assoziiert. Da man ihn gegen seinen Willen zur Erbfolge zwang, weigert er sich bis heute, zu regieren und sein Amt wirklich auszufüllen. Er ist gelernter Maurer und oft auf der Suche nach Gelegenheitsarbeiten mit seinem Motorrad unterwegs. Er spricht Englisch, verfällt aber oft ins Pidgin.

Fai Ndzitonga (ca. 60 Jahre) ist *yamba* und *kibai* von Kakar, aber kein Erdherr. Er spricht nur gebrochen Pidgin. Um etwas Geld zu verdienen, baut er Kaffee und Tabak an. Er ist einer derjenigen, die regelmäßig am *traditional council* des Palastes zugegen sind, unabhängig davon, ob er als Richter eingeteilt ist. Er ist eloquent, hat viel Humor und liebt es, nach eigenen Angaben, das Königshaus mit seinen Masken-Kreationen zu provozieren.

Fai Ngakfumbe (ca. 60 Jahre) ist das Oberhaupt einer autochthonen *yamba*-Lineage. Sein Titel ist mit *shiringong*, dem wichtigsten Bund der *yamba* verknüpft. Er spricht nur gebrochen Pidgin. Er ist Kaffee-Bauer, arbeitet als Heiler, verkauft Raffiawein und handelt mit Kolanüssen. Mit seiner Inthronisation zum Lineageoberhaupt mußte er seinen eigentlichen Beruf als Maurer aufgeben.

Shey Merrassis (ca. 45 Jahre) ist Zimmermann und arbeitet auf der Teeplantage. Er spricht fließend Englisch, verfällt aber dennoch gern ins Pidgin. Er ist ein Bruder und gewandter Fürsprecher von Fai Njiladumbi, dem *yamba*-Erdherrn von Njifa.

Bridget Kwalar (40 Jahre) ist Bäuerin und alleinerziehende Mutter von vier Kindern. Sie lebt nicht bei ihrer Lineage im Bezirk, Mbah, sondern wohnt in ihrem eigenen Haus in "Ndu-Town". Da ihre Strickmaschine nicht mehr funktioniert, verkauft sie gebratenen Fisch auf den umliegenden Märkten und in der Diskothek von "Ndu-Town". Obwohl sie unverheiratet ist, ist sie in Ndu für ihre Umsicht sehr geachtet. So versteht sie es, sogar das Schulgeld für ihre Kinder zu erwirtschaften, eine fürsorgende Mutter und trotz der großen Belastung gesellig zu sein. Sie spricht Pidgin und assistierte bei der Untersuchung.

Shey Nfor (43 Jahre) spricht fließend Englisch, arbeitet bei den *Peace Corps Volunteers* als *houseboy* und Koch. Es ist sein größter Wunsch, einmal eine Pizzeria in "Ndu-Town" zu eröffnen. Vor einigen Jahren bekleidete er selbst das Amt des Fai Nganwenfu, mußte jedoch bald wieder abdanken. Da er über ein differenziertes Urteilsvermögen verfügt und seine Integrität von der Öffentlichkeit nie bestritten wurde, verblieb er im *traditional council* des Palastes als einer der Räte. Als sich aber sein Bruder (gemeinsame Mutter) mit dem *Fon* überwarf, strich ihn der *Fon* von der Richterliste, denn er hätte seinen Bruder eines Besseren belehren müssen. Mir verbot der *Fon*, Shey als Assistenten bei der Durchführung von Interviews weiterhin zu engagieren. Alle wichtigen Leute hätten sein jüngstes Zerwürfnis mit Shey Nfor verfolgt, daher sei es nicht angebracht, ihn bei der Untersuchung, die ja in seinem Namen durchgeführt würde, mitwirken zu lassen. Um dies zu erklären, bestellte er mich eigens in den Palast.[38]

Ndzi Bufanong (34 Jahre) ist ein *dogari* (Bote) des *Fon* und war mein wichtigster Assistent. Er spricht fließend Englisch, kann lesen und schreiben. Anfangs begleitete er lediglich die Interviews mit den *yaku* und den Lineages "fremder" Abstammung. Als der *Fon* jedoch die Mitarbeit von Shey Nfor untersagte, war das Vertrauen der Leute in die Arbeitsweise derart gestärkt, daß Ndzi auch von den *yamba* als Zuhörer und Gesprächspartner bei ihren Geschichtserzählungen akzeptiert wurde. Kritik der Öffentlichkeit an den Entlassungen der königlichen Boten wirkte sich im Falle von Ndzi positiv auf seine Möglichkeiten zur Mitarbeit an der Sammlung von Geschichten aus. So blieb er nach dem Verständnis der *yaku* weiter ein Angehöriger des Palastes, da sie das Amt eines *dogari* nicht als aufkündbaren Job, sondern als Lebensaufgabe verstanden. Die *yamba* hingegen erinnerten sich im Zuge dieser Entlassungsdiskussionen, daß Ndzi ja eigentlich gar nicht aus dem Palast abstammte, sondern sein Vater einst aus dem Unterkönigtum, Njimnkang, eingewandert und in den Dienst des alten *Fon* getreten sei. Ob dies nun der Grund war oder das Vertrauen in seine Arbeitsweise, die sich vor allem durch Diskretion im Umgang mit Informationen auszeichnete, jedenfalls war Ndzi bald auch von den *yamba* als Gesprächspartner bei den Interviews voll akzeptiert.

Vincent Ngakfumbe (35 Jahre) ist *yamba* und spricht fließend Englisch, da er jahrelang in Nigeria arbeitete. Nach einem Autounfall kehrte er schwer verletzt in den väterlichen *compound* von Fai Ngakfumbe, seinem Vaterbruder, zurück. Den Unfall und seine Behinderung führt er auf Hexerei zurück. Er ist agil und neugierig, so daß es ihm sehr schwer fällt, ohne berufliche Beschäftigung auf dem Land (in Ngojirt) zu leben, von dem aus selbst "Ndu-Town" nur nach stundenlanger Wanderung zu erreichen ist. Als ich für die Arbeit im Bezirk, Jirt, in seinen *compound* zog, assistierte er bei den Interviews.

Argument und Struktur der Arbeit

Das die Arbeit durchziehende Hauptargument ist die oben entwickelte Begriffsbestimmung mündlicher Überlieferungen als Geschichten oder Geschichtserzählungen. Die Herauslösung der Geschichten aus der überkommenen Gegenüberstellung von Mythos und Geschichte entfaltet eine Perspektive, aus der die Bedeutung von Erzählungen und ihre eigenen Regeln anhand des ethnographischen Materials als Genre von Geschichtserzählungen bei den Wiya bestimmt werden können. Inhaltlich verweisen die Erzählungen auf soziale Probleme im heutigen Alltag und gehen auf die koloniale Erfahrung zurück, in deren Verlauf Geschichte zur Schöpfung von Stamm und Klan sowie zur Festschreibung bestehender Machtverhältnisse und zum Ausbau eines "sakralen" Königtums führte.

Um diesen Komplex geht es in *Kapitel II*, dem ethnographischen Teil der Arbeit zur Konstruktion des Wiya-Königtums. Er basiert auf den größtenteils aus der Kolonialzeit stammenden Quellen, die vor dem Hintergrund der neueren Ethnizitätsdebatte sowie der Zeit- und Begriffsbestimmung von Geschichte und Geschichten interpretiert werden.

Die lokale Akzeptanz der "ethnischen" Identität steht im Kontrast zum Streit um die Hegemoniebestrebungen des *Fon* von Ndu. Diese treten vor allem im Konflikt zwischen dem Königshaus von Ndu und seinen fünf, seither als *subchiefdoms* rangierenden, ehemals politisch unabhängigen Bevölkerungsgruppen zutage. Hier zeigt sich, wie die zum Zweck der Legitimation der Vorherrschaft des Königs von Ndu bewußt eingesetzten "Überlieferungen" (*nsung*) den Streit provozierten, wie die "historisch" begründeten Gegendarstellungen die Geschichtsschreibung der Kolonialbeamten verunsicherten und wie das gegenseitige Mißverständnis über unterschiedliche Zeitkonzeptionen und Rezeptionen vergangener Ereignisse zu Spannungen führte, die bis heute fortdauern.

Die von dem Kolonialbeamten Jeffreys in Zusammenarbeit mit einem Palastältesten von Ndu erstellte "Stammesgeschichte" der Wiya setzt in eindeutiger Parteinahme für den König von Ndu einen Schlußstrich unter die historischen Debatten und politisch-rechtlichen Freiräume innerhalb der Hierarchie des Königtums. Diese als Geschichte (*history*) ausgegebene Darstellung wird von den Wiya selbst als Erzählung vom Genre *nsung* identifiziert, die sich im Unterschied zu den ebenfalls durch einen Kolonialbeamten verschriftlichten Gegengeschichten der heutigen *subchiefs* zu einer ungleich mächtigeren Geschichte (*history*) transformierte. Die nunmehr zur Geschichte (*history*) erhobene Erzählung (*nsung*) führte zu konkreten politisch-rechtlichen Konsequenzen. Die Ordnung durch Unterordnung galt als legitim und legitim war ab jetzt auch die Gewalt, mit der der Anspruch durchgesetzt und mit der dem Widerspruch begegnet wurde.

Kapitel III betont die Einwirkung alltäglicher Gegenwartsprobleme auf die Rezeption mündlicher Überlieferungen. Wirtschaftliche Not und soziale Konflikte bilden den Hintergrund für widersprüchliche Geschichten zur Etablierung zweier in Opposition zueinander stehender sozialer Institutionen. Die Überlegungen zu Hintergrund und Motiv einzelner, von dritten als Lügen bezeichneten Aussagen basieren auf der Einschätzung von Zuhörern oder auf Vorhaltungen, die dem Erzähler während eines Streites gemacht wurden. Der Erzähler selbst läßt die Auslegung seiner Geschichten nicht zu. Schließlich ist er ja davon überzeugt, das "Richtige" zu sagen und rechtmäßig zu handeln, auch wenn er in Ausnahmefällen selbst einräumt, daß es sich lediglich aus seiner eigenen Perspektive und in einer gegebenen konkreten Situation so darstellt.

Diese einzelne Akteure betreffenden Fallbeispiele geben über interpretative Erklärungen einen intimen Einblick in die Gesellschaft der Wiya, die die bloße Beschäftigung mit ihren Geschichten weit überschreitet. Es geht hier um Recht, Autorität und Gewalt. Das Hervorrufen von Konflikten durch die subjektive Darstellung von Überlieferungen, die als verbale soziale Handlungen bewußt eingesetzt werden, haben ihrerseits wiederum Veränderungen von Erzählungen zur Folge. Sie bleiben auch nicht ohne Auswirkungen auf die sozialen Institutionen des Königtums, wenn sie, wie bereits erwähnt, beispielsweise zur Stillegung von Bünden führen.

Kapitel IV umfaßt die Untersuchung erzählter Geschichten (*nsung*) über die Entstehung der gegenwärtig bestehenden sozialen Ordnung, d.h. über das Verhältnis zweier von der Kolonialliteratur gänzlich unerwähnten Lineagegruppen (*yaku* und *yamba*), als dem Kern des heutigen Königtums (Ndu).[39]

Die Analyse dieser Überlieferungen findet auf drei sich ergänzenden Ebenen statt. Die erste ist die Konstruktion historischer Zusammenhänge aus einer Sammlung sich vielfach widersprechender Aussagen. Diese, für das Geschichtsverständnis der Wiya unerhebliche chronologische Abfolge von Ereignissen, dient dabei als Folie, vor deren Hintergrund widersprechende Erzählungen und Behauptungen als Gruppenversionen oder als konfliktbedingte Einzelaussagen interpretiert und ihre Motive deutlich gemacht werden können.

Die Darstellung des Rekonstruktionsversuchs historischer Abläufe und Zusammenhänge macht auch jene Überlegungen transparent, auf der solche Deutungen der Überlieferungen letztlich fußen. Schließlich handelt es sich bei der Rekonstruktion "der Geschichte" trotz der Berücksichtigung aller gesammelten Äußerungen und der Hinzuziehung diverser "unbewußter" oder "selbstredender" Zeugnisse wie sakrale Orte, Heiratsregeln und anderer sozialer Institutionen selbst um eine Konstruktion der Vergangenheit. Zwar ist die Darstellung (meines Erachtens) äußerst wahrscheinlich, aber eben doch selbst eine subjektive Interpretation, die keinen Anspruch auf Wahrheit erheben kann.

Auf einer zweiten Ebene geht es vor dem Hintergrund von Giddens' handlungstheoretischem Ansatz um die Interpretation der Geschichten als soziale Handlungen, die die Handlungsanweisung oder -orientierung der eigenen Gruppe befolgen und dementsprechend selbst tradieren. Es werden zwei Hauptstränge von Geschichtsversionen kontrastiert und die zumeist politisch oder wirtschaftlich motivierten Hintergründe für ihre Widersprüchlichkeit aufgezeigt. Die gegensätzlichen Behauptungen der beiden Geschichtsversionen korrelieren mit den konträren Interessen der Teile der Gesellschaft: Während die *yaku* und vor allem die königliche Lineage (*ndfung*) den Zentralismus fördern, versuchen die *yamba*, dem entgegenzuwirken. Bei den Geschichtsversionen handelt es sich jedoch nicht um wirklich verbindliche Überlieferungen der jeweiligen Lineagegruppen. Oft versuchen einzelne ihren eigenen Interessen Ausdruck zu verleihen, auch wenn sie dadurch den Belangen der eigenen Gruppe widersprechen. Solche deutlichen Abweichungen von der mehrheitlich akzeptierten Gruppenversion, ihre dahinterstehende individuelle Botschaft sowie ihre Motive und Hintergründe bilden die dritte Interpretationsebene.

Die Erklärung für die Abweichung von der Geschichtsversion der eigenen Gruppe liegt in der individuellen Lebenssituation des Erzählers. Zumeist sind es gruppen- oder lineageinterne Konflikte, die seine Aussage, die Strategie seines politischen Handelns beeinflussen. Manchmal sind es aber auch Reaktionen auf das Publikum sowie spontane, aus einer persönlichen Enttäuschung oder aus einer Verärgerung heraus gemachte Äußerungen, die im nächsten Moment bzw. nach Beilegung des jeweiligen Streites, dementiert werden. Anhand von sieben weiteren Fallbeispielen werden solche individuellen "Coups" (de Certeau 1988: 158) einmal näher betrachtet, d.h. die hinter einer Aussage stehenden Konflikte nachgezeichnet und die Vernetzung des betreffenden Erzählers mit anderen Personen und Institutionen aufgezeigt.

Kapitel V faßt die Deutung mündlicher Überlieferungen als Kunst des Handelns bei den Wiya zusammen. Die Geschichten erscheinen als situationsgebundene textuelle Handlungen, die unter dem Eindruck der kolonialen Erfahrung und alltäglicher Probleme bei Einhaltung bestimmter formaler Konventionen des Genres, *nsung*, erzählt werden. Seine diachronische Perspektive betrifft vor allem Veränderungen der Performance von *nsung*, die sich - einst in und vor aller Öffentlichkeit - heute weitgehend nur noch im Privaten vollzieht. Die koloniale Erfahrung sowie der wirtschaftliche und soziale Druck im Alltag der Wiya verstärkten die Konkurrenz um die Geschichtserzählungen bei den Wiya. *Nsung* ist heute doppeldeutig und steht als Teil einer ungleich mächtigeren Geschichte im Verdacht, anstelle von einfachen Lügen durch ihre Mach- und Manipulierbarkeit nicht mehr ohne weiteres einsehbare Interessen zu verfolgen. Die Unsicherheit in der Interpretation und Kommunikation findet ihren Niederschlag in der allmählichen Verdrängung des lokalen Begriffs (*nsung*) durch das englische *history*.

Anmerkungen

1   In Pidgin-Englisch bezeichnen die Wiya ihren König mit dem im Grasland üblichen Terminus: *Fon*. Der König des Königtums Ndu ist damit der "Fon of Ndu". Das eigentliche Wort für König in der Sprache der Wiya (Limbum, Abk. lb.) ist *nkwi*. *Ndu* ist eine Abkürzung des Namens der königlichen Lineage *ndfung*. Deutsche Kolonialbeamte verkürzten *ndfung* zu Dung, die Briten veränderten Dung schließlich zu Ndu. Ndu heißt heute auch die Hauptstadt der Wiya, an deren Rand sich der Palast des Königs befindet. Der Titel des Königs wurde infolge der Zentralisierungsbestrebungen des Palastes bei der letzten Krönung des *Fon* 1982 offiziell von "*Fon* of Ndu" (*nkwi ndfung*) zu "*Fon* of the Wiya-Clan" (*nkwi wiya*) verändert. Da sich die Umbenennung im alltäglichen Sprachgebrauch der Wiya jedoch noch nicht durchgesetzt hat, und auch der *Fon* selbst in den meisten Fällen bis heute mit seinem alten Titel "*Fon* of Ndu" unterschreibt, behalte ich die alte, populärere Form im folgenden ebenfalls bei.
2   Vgl. dazu Fallbeispiel 1.
3   Ein vergleichender Überblick findet sich bereits bei Zwernemann (1968) und für die Graslandregion bei Chilver & Kaberry (1968) sowie bei Nkwi & Warnier (1982).
4   Vgl. Kaberry 1959; Chilver 1988; Näheres auch in Kap. Machtergreifung II.
5   Der Ahnenkult hat bei den Wiya, wie im folgenden noch häufiger erläutert, nicht den Stellenwert, den er bei den Bulsa offensichtlich einnimmt. Es kann daher auch nicht behauptet werden, daß die Wiya ein so eindeutig genealogisch bestimmtes Zeitverständnis besitzen wie etwa die Bulsa oder die Tallensi (Schott 1977: 151, 159f.; Fortes 1970: 33-122). Überlegungen zum Zeitbegriff der Wiya möchte ich einstweilen zurückstellen.
6   Näheres dazu vgl. die Kap. 4 und 5.
7   Schließlich ging es ihnen nicht darum, die gegensätzlichen Ansätze von Vansina und Luc de Heusch (1972, 1975), der die Strukturanalyse von Levi-Strauss auf Mythen afrikanischer Gesellschaften übertragen hatte, grundsätzlich zu hinterfragen.
8   Was den funktionalen Charakter von "Überlieferungen" in der Darstellung von Cohen und Odhiambo außerdem unterstreicht, ist die Anonymität des Befragten. Wie in den vorhergehenden Arbeiten von Cohen (1972, 1977, 1980) erfährt man nichts über die Identität des Befragten oder des Erzählers, wodurch individuelle Aussagen eine vage Allgemeingültigkeit erhalten. Es heißt zwar, daß es in den "workshops" der Luo zu Auseinandersetzungen kommt, dennoch scheinen sich die Ältesten im großen und ganzen doch immer wieder auf eine, wenn auch abstrakte Version von Geschichte einigen zu können, die den gesellschaftlichen Bedürfnissen entspricht. Womöglich ist dies auch der Grund dafür, daß widersprechende Aussagen über die Vergangenheit außerhalb der "workshops" - zumindest aus der Sicht von Cohen und Odhiambo - keinen nennenswerten Stellenwert für ihre Untersuchung der Konstruktion "einer Stammesidentität" besitzen. Man kann sich leicht vorstellen, daß dies andernorts ganz

anders aussieht. Aus der Perspektive der Wiya etwa, bei denen die von Cohen und Odhiambo beschriebene Produktion einer gruppenübergreifenden Geschichtsversion scheitert, kann diese nur als Ausnahme- und Idealfall bezeichnet werden.

9   Bei aller Kritik an der maßgeblich von Vansina (1961) geprägten Afrika-Geschichtsforschung, die die Verwendung oraler Traditionen als Geschichtsquellen postulierte, sollte doch erwähnt werden, daß die Geschichtsschreibung, vom literarisch-rationalistischen Gestus ihrer eigenen neuzeitlichen Geschichte geprägt, bis dahin lediglich auf objektiv geltende schriftliche Zeugnisse zurückgriff. Geschichtsversionen ganzer sozialer Gruppen und Gesellschaften blieben auf diese Weise ausgeschlossen und waren auch den Mitteln der Produktion ihrer eigenen Geschichte enteignet (Pesek 1997), denn das Monopol auf die Heraushebung des Feldes der Macht besaßen, entsprechend den europäischen Vorbildern, die den Ort der Geschichtsproduktion besetzenden akademisch gebildeten Historiker (Bourdieu 1991; de Certeau 1991 [zuerst 1974]; J.& J. Comaroff 1992).

10   Vorher galt Geschichte im europäischen Denken rund zwei Jahrtausende als Lehrmeisterin des Lebens: *historia magistra vitae*. Man verstand die *Historie* als eine Beispielsammlung multiplizierter Fremderfahrungen, die man sich erlernend zu eigen machen konnte, um ohne Schaden klug zu werden. Dieser erzieherische Nutzen der *Historie* implizierte weder eine Systematisierung noch eine genuin geschichtliche Zeit oder die Vorstellung von Plan- und Machbarkeit - alles Eigenschaften, die die neue *Geschichte* erst Mitte des 18. Jahrhunderts anzunehmen begann (Koselleck 1984: 40-66).

11   In der alten Fassung behauptet Vansina (1965 [zuerst 1961]: 21, 76ff.), daß die aufgenommene Überlieferung als Geschichtsdokument verwendet werden kann, wenn das Ausmaß der beabsichtigten oder unbewußten Verzerrungen des ursprünglichen Originaltextes eines historischen Zeitzeugen über die Analyse des Überlieferungsprozesses bestimmt ist. Solch einen Prozeß versteht Vansina in Anlehnung an die damalige struktur-funktionalistische Theorie der *social anthropology* als Gesetzmäßigkeit, als soziale Institution, in der der Erzähler die Rolle des Übermittlers zu spielen hat. Diese gilt es in allen ihren Ausprägungen zu studieren, um den Text, d.h. den historischen Kern einer Überlieferung, herauszuschälen zu können.

12   Unter den Umständen, die den Autor bei seiner Performance beeinflussen, versteht Vansina (1985: 95f.) vornehmlich den institutionellen Rahmen wie Beerdigungen, Heirat, Gerichtstermine etc. Bei solchen Gelegenheiten kann der Performer seine Geschichte bewußt als Argument, als Beweis oder auch als Legitimation einsetzen (1985: 92). Im Konfliktfall wird die Tradition zur Waffe, wenn der Performer, wie bei den Nzebi (Gabon/Kongo), etwa mit einem Kontrahenten um das Verhältnis zweier Klans konkurriert. Ebenso kämpfen die Bulaang (eine Kuba-Untergruppe) um die Genealogie, wenn es um die Auswahl legitimer königlicher Amtsnachfolger geht (1985: 102f.). "One fights with tradition" (Vansina 1985: 102) ist eine Feststellung, die gleichermaßen auf den sozialen Kontext der Geschichten (*nsung*) der Wiya verweist.

13   Vgl. auch Erlmann (1992, 1996) und Coplan (1994). Als weitere Repräsentationsformen von Vergangenem gelten auch non-verbale oder durch Sprache weniger dominierte Formen wie Rituale und Geistbesessenheit (Grohs 1990; Bühler 1993; Luig 1993; Behrend 1996).

14   Hinweise darauf finden sich schon bei Nadel (1942: 76-88), der seinerzeit auf die durch die Einführung des Islam verursachten Veränderungen des Mythos verwies.

15   Diese ausdrückliche Zielsetzung findet sich beispielsweise bei Nkwi & Warnier (1982:4-6), aber auch in Nkwi (1989) sowie in allen historiographischen Arbeiten von

Kaberry und Chilver mit Ausnahme von Chilver (1988) sowie Chilver & Kaberry (1971).

16   Vgl. auch die Arbeiten von Samuel & Thompson (1990), Tonkin (1990) und Passerini (1990).

17   Dem auffallend starken Bewuchs mit Elefantengras verdankt das Hochplateau seinen Namen. Erste deutsche Reisende, Kolonialbeamte und Missionare prägten ihn in Abgrenzung zum tiefer gelegenen tropischen Waldland (vgl. beispielsweise Zintgraff 1989 und Emonts 1927).

18   Diese Bani-Gruppen ließen sich erst Anfang des 19. Jahrhunderts im Grasland nieder und gründeten fünf voneinander unabhängige, in sich äußerst heterogene Königtümer. Zur Wahrung und Bedeutung der Chamba-Identität eines ihrer Königtümer Bali-Nyonga vgl. Bühler (1993) und Fardon (1996).

19   Vgl. auch Fowler & Zeitlyn (1996).

20   Einen zusammenfassenden Überblick über die Kunst im Grasland geben z.B. Gebauer (1979), Koloß (1980b), Lamb (1981) und Northern (1973, 1975).

21   Zur Kunst vgl. beispielsweise Brain & Pollock (1971), Brain (1980), Geary (1983), Koloß (1980, 1984, 1985). Unter dem religionsethnologischen Bereich verstehe ich hier Arbeiten zu königlichen Ritualen (Bühler 1993; Bühler & Probst 1985; Fanso, Chem-Langhee & Chilver 1985; Mbeh 1985; Shanklin 1985), zur Hexerei und Medizin (Fanso 1988; Klefstad-Sillonville 1988; Koloß 1980a; Nkwi 1988; Probst & Bühler 1988, 1990; Pool 1989; Shanklin 1988) sowie zur Divination (Gebauer 1964; Weber 1988).

22   An Anthropologen waren zuvor z.B. Ankermann vor allem in Bali-Nyonga (Ankermann 1910a, 1910b; Baumann & Vadja 1959) und Schmidt in (Nsei) Bamessing (1955) sowie Jeffreys in Kom (1950/1951, 1951), Bali (1957, 1962c, 1962d), Ntem (1961/62), Bum (1962b) und Wiya (1962a).

23   Vgl. das Vorwort von Daryll Forde in Kaberry (1952a: Vf.).

24   Kaberry (1952a) legte eine vergleichende Studie zur ökonomischen Stellung von Frauen unter besonderer Berücksichtigung der Frauen in Nso' vor. Sie wandte sich darin jedoch gegen eine undifferenzierte und vorschnelle Beurteilung des sozialen Status dortiger Frauen. Grobe Generalisierungen führten zu Fehlschlüssen. Polygamie und Brautgeld beispielsweise seien nicht isoliert zu betrachten, sondern in ihren jeweiligen kulturellen Kontext zu stellen (1952a:VIIf). Ihre Untersuchung weitete sich folglich immer weiter aus. Es entstanden Arbeiten zu Nutzungsrechten von Land (Kaberry 1950) sowie zur Geschichte und den sozialen Kategorien der Nso'-Gesellschaft (Kaberry 1952b). Nach ihrem Aufenthalt in Nso' 1958 erschienen Aufsätze über die traditionellen politischen Institutionen von Nso' (1959, 1962). Darüber hinaus schrieb sie eine weitere, erstmals politisch engagierte Arbeit über die durch Rinderherden der Fulbe verursachte rücksichtslose Zerstörung bepflanzter Felder und die durch Korruption gelähmten verantwortlichen Stellen (1960). Einen Aufsatz über Inzest in Nso' (1971) veröffentlichte sie erst später in einem Sammelband, den sie in Kooperation mit Mary Douglas herausgab.

25   Vgl. Karte 1.

26   Vgl. beispielsweise die Arbeiten von Kaberry (1962), von Kaberry und Chilver (1961), von Chilver (1961b, 1967, 1981, 1984, 1985, 1988) und von Chilver und Kaberry (1960, 1963, 1965, 1968).

27   Die biographischen Daten sind einem Portrait entnommen, das Berndt und Chilver (1992) von Kaberry aufzeichneten.

28   Wenn eine solche Einigung auf einen Ursprungsmythos bei den Bafut existiert, stellt
      sich die Frage, warum er nicht stellvertretend für alle anderen die Geschichte eines
      einzelnen Befragten zitiert? Während er ganz bewußt von anderen Versionen und von
      weiteren Ausschmükkungen abstrahiert, räumt Engard (1988: 56) immerhin ein, daß
      es sich bei dem Mythos um eine nach außen vertretene offizielle Version handelt, die
      es geradezu bezweckt, die große Vielfalt von Ursprungsversionen zu glätten und
      divergierende Interessen zu beschönigen. Dem nachzugehen, sieht er für seine Struk-
      turanalyse jedoch nicht als notwendig an. Von Interesse ist nicht der Inhalt des
      Mythos, der von Erzählung zu Erzählung variieren kann. Vielmehr geht es ihm um
      die Struktur, eine bestimmte Beziehung zwischen Form und Inhalt, die vielen Erzäh-
      lungen zugrunde liegt (Engard 1988: 55).

29   *Li-Mbum* bedeutet wörtlich: die Sprache (*li*: Mund, Zunge) der Mbum, wobei Mbum
      nur in Verbindung mit *wi* (Vielzahl, die Leute) zur Bezeichnung der Menschen dieser
      Sprachgruppe gebräuchlich ist. Linguistisch gehört Limbum zur Gruppe der Mbam-
      Nkam Sprachen (Vorhoeve 1971, 1978).

30   Die anderen beiden Wiya-Siedlungen, Luh und Konshep, sind gegenüber Ndu
      politisch unabhängige Königtümer. Ihre Bedeutung ist - verglichen mit Ndu - auf-
      grund geringer Bevölkerungszahl und schlechter infrastruktureller Anbindung jedoch
      gering. Luh hat nach dem *Dictionnaire des Villages de Donga-Mantung* (1973) lediglich
      1537 Einwohner und ist mit Ntundip durch einen Fußweg verbunden. In Konshep
      leben schätzungsweise auch nicht mehr Menschen, die in der Regenzeit ebenfalls nur
      noch zu Fuß zu erreichen sind.

31   Das heißt nicht etwa, daß es Hirten unter den Wiya gibt. Ihre Rinder überlassen sie
      zur Pflege den Bororo-Nomaden, die Ziegen halten sie als Haustiere im Gehöft.

32   Zur Geschichte dieser Fulbe-Gruppe vgl. Jeffreys 1966.

33   Zum Problem des wachsenden Bierkonsums vgl. Diduk (1987: 331-356).

34   Kommt es in seltenen Fällen (zur Zeit der Untersuchung gab es kein solches Bei-
      spiel), wenn etwa kein männlicher Nachfolger für das Amt des Lineageoberhauptes
      zur Verfügung steht, dazu, daß eine Frau vertretungsweise eine Lineage anführt,
      sollen es dennoch die männlichen Verwandten sein, die debattieren und die notwendi-
      gen Opfer auf ihre Anweisung durchführen.

35   Eine Untersuchung der Bünde bezüglich des Verhältnisses von Geschlecht und Macht
      bei den Wiya sowie der kosmologischen Bedeutung bestimmter bundeigener Symbole
      und Rituale steht hier wie überall im Grasland noch aus.

36   Frauen verfügen vor allem mit ihren Totengedenkliedern auch über eigene Repräsen-
      tationsformen von Vergangenem, deren Untersuchung noch aussteht.

37   Den Ausschlag hatte eine gesetzliche Regelung gegeben, wonach die Gewährung des
      Ausbildungsstipendiums an eine wenigstens fünfjährige Lehrtätigkeit in einer Schule
      gebunden war. Eine Rückzahlung der Summe war nicht zu realisieren, da die Haus-
      haltskasse des Palastes für die Begräbniszeremonie des Vaters nahezu vollständig
      geleert worden war.

38   Der Grund dafür war ein Streit um Land. Der *Fon* hatte einem Lehrer aus dem
      benachbarten Königtum, Wat, ein Stück Land des Bruders vermacht. Dieser prote-
      stierte energisch dagegen und reichte sogleich eine Petition beim *Senior District Officer*
      in Nkambe ein. Aufgrund dessen erteilte der S.D.O. dem *Fon* eine Rüge und befahl
      ihm, das Land umgehend an den Bruder von Shey Nfor zurückzugeben. Die Zurecht-
      weisung war für den *Fon* äußerst unangenehm, zumal es, laut Shey Nfor (22.11.85), in
      Nkambe für jeden *Fon* der Division eine Akte gibt, in der solche Beschwerden

gesammelt werden. Zu bestimmten Anlässen werden diese *files* von Behörden in Yaoundé durchgesehen. Ist die Akte voller Beschwerdebriefe, verzichtet man z.B. auf die Beförderung des Kandidaten zum Abgeordneten. Zum Ärger des *Fon* war der Streit noch nicht einmal sein eigenes Verschulden. So hätte er sich mit der Bitte um Land ordnungsgemäß an den neuen Fai Nganwenfu gewandt, der der Niederlassung des Lehrers aus Wat zugestimmt habe. Wenn dieser die betroffenen Lineageangehörigen nicht informiere, sei das eine lineageinterne Angelegenheit.

39   Zugunsten größerer Detailgenauigkeit wird hier auf Überlieferungen von den in Kap. II bereits problematisierten unterworfenen Königtümern und den mit den Wiya assoziierten, unabhängigen Königtümern verzichtet.

II ZUR BEDEUTUNG VON GESCHICHTE(N) BEI DER KONSTRUKTION DES KÖNIGTUMS

Im Zuge kolonialkritischer Analysen ist das Aufeinandertreffen lokaler und europäischer Zeitvorstellungen sowie die sich daraus ergebende Dynamik bei der Konstruktion afrikanischer Königtümer bislang weitgehend unberücksichtigt geblieben. Dabei war dies - wie am Beispiel der Wiya gezeigt werden soll - von zentraler Bedeutung. Die europäischen Verwalter, geprägt durch Entwicklungs- und Fortschrittsdenken, bestimmten den ehemals militärischen Führer der Wiya, den *Fon* von Ndu, zu ihrem politischen Oberhaupt. Für die Wiya dagegen enthielt die Erfahrung militärischer Gefolgschaft zu Kriegszeiten keine Erwartung an zukünftige politische Unterordnung zu Friedenszeiten. Daraus folgende Interessenskonflikte begünstigten Konstruktionen von Geschichte und Geschichtserzählungen, die im gegenseitigen Mißverständnis selber zu Streit und Auseinandersetzungen führten. Die Kolonialverwaltung in ihrem Bestreben, indirekt, durch lokal anerkannte Autoritäten zu regieren, nunmehr verunsichert, entzog ihren bislang unterstützten Führungspersönlichkeiten die neuen Privilegien, so daß es zur Schwächung der Position des Königs (des *Fon* von Ndu) kam. Letztlich war es eine einzelne Erzählung, die durch den Kolonialbeamten Jeffreys dargestellte "Stammesgeschichte" der Wiya, die die Vorherrschaft des *Fon* von Ndu über einen Teil der äußerst heterogenen Wiya-Bevölkerung legitimierte und festschrieb. Die vermeintliche Chronologie der erzählten Einzelereignisse vermittelte der Verwaltung den Anschein von Realität, worauf allen Gegendarstellungen politisch untergeordneter Gruppen nur noch lokale Bedeutung zukam. Im Zuge der Festschreibung der aus der Perspektive der Wiya als Erzählung (*nsung*) rangierenden "Geschichte" und der damit verbundenen Legitimation der politischen Vorherrschaft des *Fon* von Ndu kristallisierte sich für die lokale Bevölkerung eine Ahnung dessen heraus, wieviel mächtiger eine Erzählung ist, wenn sie zur Geschichte (*history*) geworden ist.

Zeichen eines auf den Kolonial- und Nationalstaat ausgerichteten Zentralisierungsprozesses sind der von Jeffreys im Jahre 1962 veröffentlichte Artikel *The Wiya Tribe*, die Bezeichnung "Wiya" für die von der Administration gegenwärtig als *clan* definierte heterogene Bevölkerung sowie die politische Hierarchie des Königtums. Es handelt sich um Festschreibungen und Erweiterungen des zu Beginn der Kolonialzeit bestehenden politischen Beziehungsgeflechts. Im Einklang mit lokalen Persönlichkeiten, die der zu jener Zeit militärisch und zum Teil auch schon politisch deutlich exponierten Gruppe angehörten, leiteten die Kolonialbeamten einen Zentralisierungsprozeß ein, der bis heute andauert. Ihre zum Zwecke administrativer Erleichterungen durchgesetzte Ordnung durch Unterordnung bis dahin weitgehend flexibler Machtverhältnisse politisch unabhängiger Gruppen deckte sich mit den politischen Zielen der ehemals militärischen Anführer, der heutigen königlichen Lineage (*ndfung*). Die zur Kriegszeit geknüpften Allianzen bildeten die Grundlage der neuen politischen Ordnung, die entgegen allen Protesten seitens der Verbündeten durchgesetzt und festgeschrieben wurde.[40] Die Wiya-Situation bestätigt damit Peels (1989) Argument, daß die einer wirksam konstruierten ethnischen Identität zugrunde liegende ideologische "Stammesgeschichte" oft mit den tatsächlichen Erfahrungen der Betreffenden übereinstimmt:

> "The resultant ethnohistory or 'historicist argument' has been the standard means of intellectuals or ethnic missionaries to raise their fellows' consciousness. But despite of the 'invention of tradition' that it may involve, unless it also makes a genuine contact with people's actual experience, that is with history that happened, it is not likely to be effective." (Peel 1989: 200)

Der Einwand Peels deckt sich mit dem Prinzip der britischen Kolonialpolitik der *indirect rule*, die auch für die Verwaltung von West-Kamerun, einschließlich der Wimbum (Wiya, Tang und War) 1914-1960 bestimmend war. Die Autorität der zur Ausführung verwaltungstechnischer Aufgaben ausgewählten und unterstützten *chiefs* sollte in der lokalen Bevölkerung möglichst stark verankert sein. Für den tatsächlichen Status der *chiefs* gab es jedoch keinen objektiven Maßstab, so daß deutliche Widersprüche und Proteste von seiten der untergeordneten Gruppen zu Verunsicherungen in der Verwaltung führten.

In den Jahren 1930/40 war die Unsicherheit der Kolonialbeamten in bezug auf die Legitimität der *chiefs* besonders groß. Ihre Zweifel waren grundsätzlicher Natur und stellten die bislang undifferenziert vorausgesetzte Anwendbarkeit der Politik der *indirect rule* in Frage. Anlaß zum Umdenken waren die in Nigeria gegen Ende der zwanziger Jahre aufgetretenen gewalttätigen Aufstände gegen die von der Verwaltung eingesetzten *chiefs* (Geschiere 1993: 161). In der gesamten Kolonie (Nigeria und West-Kamerun) entzog man daraufhin den *chiefs* die Unterstützung. Paradoxerweise waren aber gerade diese Unsicherheiten und die daraus resultierende zeitweilige Schwächung der Position der *chiefs* für ihre spätere gesellschaftliche Integration verantwortlich (Geschiere 1993: 165-167). Die durch die Schwächung der *chiefs* hervorgerufene Flut von Protesten und Petitionen machten die Königtümer zu einer Streitfrage. Die intensive Auseinandersetzung über die Legitimität des herrschenden Königs und die Debatten über die wahre Geschichte führten zur Verinnerlichung der Hierarchie und zur Identifizierung mit dem königlichen Amt.

> "The endless hasses over the chieftaincies, the stream of petitions and complaints, the struggles over the kind of historical information to be provided to the British in their search for 'true native custom', meant that ever more people became involved with this institution." (Geschiere 1993: 165)

Anhand der im folgenden aufgeführten Kolonialakten über die Wiya läßt sich bestätigen, daß die britischen Verwaltungsbeamten zeitweilig sehr ernsthaft auf der Suche nach der historischen Wahrheit bezüglich der Legitimität des vorherrschenden Königs waren. Bei ihren Nachforschungen unter der lokalen Bevölkerung - so ist zu ergänzen - stießen sie jedoch auf Erzählungen (*nsung*), also auf eine von ihrem neuzeitlich-europäischen Begriff grundlegend verschiedene Geschichtsauffassung. Gleichwohl hielten sie die gesammelten Geschichtserzählungen für Fragmente einer chronologischen Geschichte, die insbesondere durch die Linearität der Ereignisse ihrer Überzeugung nach nur eindeutige und unveränderbare Kausalzusammenhänge offenbaren konnte. Je nachdem jedoch, wer welche Personen befragte, ob sie aus dem Umkreis des Königs oder den ihm unterstellten Gruppen stammten, konstruierten die Kolonialbeamten von Widersprüchen und Ungereimtheiten geglättete Geschichtsversionen, zugunsten oder zuungunsten des Königs (*Fon* von Ndu).[41] Ihre Ansichten über die wahre Rekonstruktion widersprachen sich bald derart, daß die Kolonialbeamten darüber schließlich selbst in Streit gerieten. Es kam sogar dazu, daß sich die Wiya im Konflikt um Privilegien und Prestige auf die Geschichtsversionen der Kolonialbeamten beriefen, die ihren Anspruch "historisch" hergeleitet hatten.

Um den Debatten ein Ende zu bereiten und die Wiya für die Kolonie regierungsfähig zu halten, ließ Jeffreys, in seiner Eigenschaft als *Senior District Officer* von dem Versuch, die historische Wahrheit zu ergründen, ab. Die Geschichtsversion, die er in den Kolonialakten (1943) offiziell als *Wiya Tribal History* ausgab und später in seiner Ethnographie *The Wiya Tribe* (1962a) veröffentlichte, ist eine Konstruktion zugunsten der königlichen Lineage von Ndu.

Auch für die Wiya war die Konfrontation mit dem fremden, europäisch-neuzeitlichen Geschichtsbegriff bedeutsam. Zum einen barg das lokale Genre von Geschichtserzählungen (*nsung*) von nun an die Unsicherheit, durch eine nicht konkretisierbare Macht, zu *history* mit weitreichenden politischen Konsequenzen werden zu können. Zum anderen transformierten die bei der Konstruktion des Königtums maßgeblich beteiligten lokalen Kräfte sowie diejenigen, die dieser Entwicklung entgegenzuwirken versuchten, ihre Geschichten (*nsung*), um die Engländer von der Rechtmäßigkeit ihrer Behauptung zu überzeugen. Im Rahmen der von Henige (1974) als koloniales *feedback* bezeichneten bewußten Manipulationen gaben sie ihren Geschichten beispielsweise durch die Erstellung langer Genealogien nicht nur eine zeitliche Tiefe, sondern die von den Europäern geschätzte Linearität der Ereignisse. Die Konstruktion des Wiya-Königtums beruht damit also nicht allein auf der Einbeziehung genuiner Erfahrungen und Erinnerungen. Der neuen Ordnung liegt vielmehr eine "Arbeit an der Geschichte" zugrunde, die die bewußte oder unbewußte Auseinandersetzung mit der jeweils anderen Zeitvorstellung und ihre Anwendung zur Durchsetzung eigener politischer Ziele umfaßt.

Im folgenden wird nun anhand von Kolonialakten die Konstruktion der "ethnischen Identität" der Wiya als Teil der Wimbum (Wiya, Tang und War) vorgestellt, und die Heterogenität der heute als "Wiya-Clan" bezeichneten Gruppe einschließlich der Untergruppen des Wiya-Königtums, Ndu, aufgezeigt. Während die Identität "Wiya" von allen Bevölkerungsgruppen und Untergruppen bis heute bereitwillig angenommen ist, gab es gegen die politische Zentralisierung auf das Königshaus von Ndu bereits zur Kolonialzeit heftige Proteste und Auseinandersetzungen, die größtenteils immer noch nicht beigelegt sind.

Die koloniale Konstruktion des Königtums beinhaltete im wesentlichen drei Phasen. Die *erste* schließt die deutsche Kolonialverwaltung und ihre Anerkennung lokaler Führungspersönlichkeiten ein. Wegen des Verschwindens entsprechenden Aktenmaterials mußten die Briten die deutschen Verwaltungsstrukturen mündlich rekonstruieren. Allein die von den Deutschen an führende Persönlichkeiten ausgehändigten Pässe verblieben als schriftliche Belege und bildeten bei den Wimbum (Wiya, War und Tang) folglich die Basis der indirekten Herrschaftsform durch die Briten. Zugleich markierten diese Pässe in Krisensituationen aber auch die größte Schwachstelle, da die lokale Akzeptanz ihrer Führungsposition objektiv nicht mehr überprüft werden konnte. Die *zweite Phase* bezieht sich auf die Zeit der allgemeinen Verunsicherung, dem oben erwähnten Zweifel an der Tragfähigkeit der Politik der *indirect rule*, währenddessen die beiden unterschiedlichen Zeitkonzeptionen und Geschichtsbegriffe aufeinandertrafen und zu Mißverständnissen führten. Die *dritte Phase* beschreibt den maßgeblich von Jeffreys initiierten Abbruch der Debatten um die Legitimität der Vorherrschaft des *Fon* von Ndu sowie die Festschreibung der neuen Ordnung. Es folgt sodann die Analyse des von Jeffreys veröffentlichten Textes zur "Stammesgeschichte" der Wiya, die die Hierarchie des Königtums legitimierte.

Die Definition von Wimbum und Wiya

An der Konstruktion einer Wimbum-"Ethnie", bestehend aus den Wiya-, War- und Tang-Gruppen, hat sich seit den frühesten schriftlichen Quellen bis heute nicht viel verändert. So sprachen beispielsweise Hunt (1917) vom "Nsungli tribe", Hawkesworth (1923) vom "Nsungli clan" oder Emonts (1927) vom "Nsungli Stamm". Wenngleich bereits Carpenter (1934) ausdrücklich auf ihr fehlendes Zusammengehörigkeitsgefühl aufmerksam machte und man bei der Verwaltung dieser Gruppen auf arge Schwierigkeiten stieß, wurde am Konzept der Ethnisierung festgehalten. In einem Brief an den Gouverneur von Buea vermutete der Resident von Bamenda, Findlay (1935), den Grund für die Zusammenfassung dieser heterogenen Gruppen in der unkritischen Übernahme deutscher Kategorien:

> "The Nsungli area has since the time of the German Administration been regarded as a comprehensive unit, not because of any desire on the part of the three to join under a single chief or council, but because they were found by the Germans to have united to a certain extent in order to repel invasions." (Findlay, 20.3.1935)

Die weiter unten beschriebene Allianz der Wiya mit den Fulbe, derentwegen die Wiya, um Sklaven zu fangen, mit den War und Tang Krieg geführt hatten, wurde dabei jedoch übersehen. Wahrscheinlich war der Eindruck ihrer Zusammengehörigkeit durch den anfangs schon sehr viel intensiveren Kontakt der Verwaltung mit den Nso' entstanden. Die Nso' subsumierten die drei Gruppen unter dem Namen "Nsungli", was in ihrer Sprache, dem *Lamnso*, soviel bedeutet wie "Schwätzer". Auch wenn dies von den alten Kriegsgegnern als Beschimpfung gemeint und empfunden wurde, zieht sich diese Bezeichnung durch einen Großteil der ethnographischen Literatur und findet auch heute noch im alltäglichen Sprachgebrauch ihre Anwendung.[42] Offiziell ersetzte man den Namen "Nsungli" durch "Wimbum" schon Ende der vierziger Jahre bei der Reorganisation der Bamenda-Provinz und der anschließenden Gründung des Wimbum-Councils (1950). Man einigte sich in Anlehnung an ihre Sprache auf den Namen Wimbu bzw. Wimbum (*wi-limbum* oder *wi-mbum*: die Limbum-sprechenden Leute). So ist es heute der "Wimbum tribe", der wohl aufgrund verwandter Dialekte seiner drei "clans" Wiya, War und Tang für die größte Ethnie der Donga-Mantung Division gehalten wird.

Die Bezeichnung "Wiya" für das Königtum mit seinen äußerst heterogenen Bestandteilen ist ebenfalls ein neuer, vermutlich durch den *Senior District Officer*, Jeffreys, geprägter Begriff. Jedenfalls findet sich der Name "Wiya" bis zu seinem Untersuchungsbericht von 1943, den er neunzehn Jahre später unter dem vielsagenden Titel *The Wiya Tribe* (1962) überarbeitet veröffentlichte, in keiner der Kolonialakten. Der Assistant District Officer, Carpenter (1934), hatte die heterogene Gruppe noch zehn Jahre zuvor umständlich mit "Ndu Federated Groups" umschrieben. Später, vermutlich bei der Gründung des Wimbum-Councils, ordnete man den "Wiya-tribe" einem "Wimbum-tribe" unter und verstand die Wiya-Gruppe nunmehr als "Klan". Seither rangieren "die Wimbum" administrativ als *tribe*, und die verschiedenen Limbum-sprachigen Gruppen, subsumiert unter den Namen "Wiya", "War" und "Tang", bilden jeweils einen *clan*.

Die Wiya selbst verstehen unter ihrem Namen einfach viele Leute, viele *ya* (*wi-ya*: viele *ya*). Ihre Bevölkerung ist weder gleicher Abstammung, verfügt über kein gemeinsames Territorium, noch hat sie eine übergreifende politische Organisation. Dennoch lassen sich Übereinstimmungen unter einigen Gruppen finden und die Wiya als "ethnische Identität" dementsprechend in vier Kategorien aufteilen:

1. Auch wenn der König aus Ndu (*Fon* von Ndu) bereits während der Kolonialzeit als Oberhaupt der *ya* anerkannt war und von der Verwaltung heute als *Head of the Wiya Clan* geführt wird, bedeutet das nicht, daß alle Wiya seiner Autorität direkt unterstehen. Allerdings ist es doch der größte Teil der Wiya-Bevölkerung, bestehend aus den eigentlichen *ya*-Gruppen, dem Kern des Königtums (*yaku* und *yamba*), und den fünf Unterkönigtümern (Mbipgo, Wowo, Njimn-kang, Njila und Sen), die von seiner Jurisdiktion abhängen.
Die Wiya-Ortschaften Konshep, Luh und Ngulu dagegen sind zwar klein und wirtschaftlich unbedeutend, besitzen aber eigene Könige, die von Ndu als politisch unabhängig anerkannt sind. Genealogische Verbindungen zur königlichen Lineage von Ndu soll nur der König von Konshep haben, wobei jedoch aus Prestigegründen umstritten ist, welcher Art diese genau sind.[43] Das Königtum Ngulu besitzt lediglich genealogische Verbindungen zu einer heute unter dem *Fon* von Ndu rangierenden Ortschaft (Mangu).[44] Ngulu war aber ähnlich wie das Königtum Luh zu Kriegszeiten mit dem *Fon* von Ndu verbündet, so daß sich die Bevölkerung den *ya*-Gruppen zugehörig fühlt. In Übereinstimmung mit Jeffreys (1962a: 87) halten manche die Luh für autochthon. Während des Krieges suchten sie Schutz bei den *ya* und ließen sich unter den *yamba* vorübergehend nieder. Von dieser Siedlung zeugt auch heute noch Njibluh, der Name eines Unterbezirks von Boyar in der Hauptstadt Ndu.
2. Unter den *ya* verstehen die Wiya im allgemeinen jene Gruppen, die dem *Fon* von Ndu direkt unterstellt sind und den Kern des Königtums ausmachen. Dies sind der königliche Klan (*yaku*) einschließlich der königlichen Lineage (*ndfung*) und die vermutlich - zumindest teilweise - autochthonen *yamba*, die behaupten, der Name *ya* und *wiya* wäre ursprünglich allein ein Synonym von *yamba* gewesen.
3. Verschiedene Bevölkerungsteile, die weder zu den *yaku* noch zu den *yamba* gehören, bilden die dritte Kategorie des Wiya-Klans. Streng genommen gehören sie nicht zu den *ya*-Gruppen. Sie werden gleichwohl mit ihnen assoziiert, da sie zu den engsten Kriegsverbündeten des *Fon* von Ndu zählten und bis heute keinen eigenen *chief* besitzen. Dazu gehören vor allem die Lineages der Ortschaften Mbah und Mangu, aber auch all die "fremden" Lineages, die entweder erst kürzlich von Nachbarkönigtümern einwanderten oder, wie die *doh*-Lineages, durch die Grenze zu den Nso' von ihrem eigenen *chief* (aus Nshi) abgeschnitten wurden.
4. Die vierte Kategorie von Wiya bilden jene fünf oben bereits erwähnten *subchiefdoms* oder Kleinkönigtümer (Mbipgo, Wowo, Njimnkang, Njila und Sen), die einen eigenen *chief* besitzen, dem *Fon* von Ndu aber untergeordnet sind. Bis heute kämpfen sie um ihre politische Unabhängigkeit gegenüber

Ndu, wenngleich sie sich selbst aufgrund ihres ehemaligen Status als Kriegs-verbündete zu den Wiya zählen. In Ablehnung ihres Anspruchs auf Souveränität nennen sie die *yaku* (der königliche Klan von Ndu) beim Spitznamen *njela*, was etwas abwertend "Hinterherkömmlinge" bedeutet.

Die verwirrende Vielzahl der Namen, Königtümer, Unterkönigtümer, Klans und Lineages soll nicht darüber hinwegtäuschen, daß es sich bei den Wiya um eine vergleichsweise kleine "Ethnie" handelt, die ihrerseits neben den ebenso heterogenen War und Tang einen Teil der Wimbum ausmachen. Während "Wimbum" für die ansässigen Wiya als Identität vor allem in Abgrenzung zu den anderssprachigen Nachbarn Bedeutung hat, geht das Zusammengehörig-keitsgefühl der Wiya auf die gemeinsam erlebte kriegerische Vergangenheit zurück.[45] Insgesamt scheinen die genealogischen Beziehungen im Vergleich zu der in Kriegszeiten gebildeten Allianz für die Wiya-Identität eher unwichtig. Wie das Beispiel der Unterkönigtümer Mbipgo und Wowo zeigt, bestehen diese - trotz ihrer noch immer erinnerten Abstammung von den Tang - darauf, zu den Wiya zu gehören, Wiya zu sein. Dabei hätten sie unter den weniger zentralisierten Tang die weitaus besseren Chancen, ihren vom Ndu-König verweigerten Anspruch auf politische Souveränität durchzusetzen.

Die Wiya-Identität geht damit also zumindest für die dem König von Ndu unterstellte Bevölkerung auf die ehemals militärische Allianz zurück, die bereits ca. achtzig Jahre bestand, bevor die deutschen Kolonialherren kamen und "das Land befriedeten". Die Zusammengehörigkeit der Wiya-Gruppen ist demnach nicht einfach natürlich gewachsen, abstammungsrechtlich ererbt. Die Bindungen zwischen ihnen sind nicht "primordial" gegeben, sondern vor dem Hintergrund historischer Kriegsbedrohung sozial konstruiert.[46] Es waren hier zudem die Wiya selbst, die ihre soziale Identität kreierten, und nicht die Kolonialbeamten, die ihnen ein erfundenes Selbstverständnis aufgezwungen hätten.

Durch die Kolonialverwaltung aufgedrängt wurden ihnen mit der Klassifizie-rung der Gruppe als *tribe* oder heute als *clan* allerdings genau die primordialen Bindungen, die Vorstellung, daß die alliierten Gruppen auf "natürliche", quasi überhistorische Weise, miteinander verbunden wären. Aufgesetzt bekamen sie sodann auch den Namen "Wiya", den wahrscheinlich erst der Kolonialbeamte Jeffreys prägte und verbreitete. Der Umstand jedenfalls, daß sie zur vorkolo-nialen Zeit noch keinen gemeinsamen Namen besaßen, verweist auf die ihrer Gruppenidentität immanente Situationsgebundenheit und Flexibilität der Beziehungen. Mit Ranger (1983: 248) ließe sich argumentieren, daß die Wiya als Gruppen und Individuen weit davon entfernt wären, als "single tribal identi-ty" einen zugewiesenen Platz im festgefügten Hierarchiesystem auszufüllen. Statt dessen gehörte ihre "multiple Identität" vorkolonial äußerst flexiblen sozialen Netzwerken an, die sich teilweise überlappend oder ergänzend zu lediglich ungenau abgegrenzten *tribes* addierten. So wäre es zur vorkolonialen Zeit durchaus denkbar gewesen, daß die alliierten Wiya-Gruppen unter neuen historischen Umständen zerfallen und mit anderen Verbindungen eingegangen wären, die ebenfalls identitätsstiftenden Charakter gehabt hätten. Die Kennzeichnung der Gruppe mit dem Namen "Wiya" legte die derzeit bestehenden Beziehungen schließlich untereinander fest.

Die Geschichte von Ordnung durch Unterordnung

Der deutsche Paß

Im Vergleich zu der Küstenregion Kameruns, wo Handelskontakte schon seit Mitte des 19. Jahrhunderts bestanden, begaben sich die Deutschen erst relativ spät ins Landesinnere.[47] Auch nachdem Kamerun ihnen 1884 als Kolonie zugefallen war, galt ihr Interesse vornehmlich der Küste, wo sie ausgedehnte Monokulturen anlegten. Im Laufe der Zeit wuchs jedoch der Bedarf an Plantagenarbeitern derart an, daß sie ihren kolonialen Machtbereich auf das "Hinterland" ausdehnten, um von dort Arbeitskräfte herbeizuschaffen.[48] Während man noch bei den zu den Wiya benachbarten Nso' unter den Zwangsrekrutierungen zu leiden hatte, scheint es bei den Wiya und den anderen Wimbum-Gruppen zu solchen Maßnahmen nicht gekommen zu sein.[49] Jedenfalls geht aus den Quellen nichts derartiges hervor, und es ist zu vermuten, daß ihnen die Gegend dafür allzu entvölkert erschien.[50] Da die Region wegen fehlender natürlicher Ressourcen auch für die deutschen Handelsfirmen kommerziell uninteressant war, zeigten die Deutschen den Wimbum nach ihrer Eroberung (1907) etwa weitere sieben Jahre kaum Beachtung. Erst als es darum ging, den Straßenbau von Kumbo in Richtung Banyo fortzuführen, setzten sie sich mit den örtlichen Gegebenheiten genauer auseinander und versuchten, sie mit ihrem Verwaltungsapparat zu erfassen. Wie das Ausstellungsdatum (22. Mai 1914) eines dem *Fon* von Ndu ausgehändigten Passes beweist, erfolgte ihre Einbindung genau genommen noch nicht einmal eineinhalb Jahre vor ihrer eigenen Kapitulation gegenüber den Briten, die die Station Bamenda am 22. Oktober 1915 einnahmen.

Den deutschen Paß interpretieren die Wiya bis heute als offizielle Anerkennung der Vorherrschaft des *Fon* über die *ya*-Gruppen und die mit ihm zu jener Zeit verbündeten, in unmittelbar östlicher Nachbarschaft von Ndu gelegenen Ortschaften. Dabei findet sich in diesem Paß, der auch mir als historisches Dokument vorgelegt wurde, weder die Bezeichnung *Wiya* noch etwa eine Liste der Ortschaften, über die man ihn als Herrscher auswies. Genau genommen definiert ihn der "Paß" lediglich als "Häuptling" seiner eigenen Lineage, denn der "Unterstamm" und die "Landschaft", über die sich seine Autorität erstrekken soll, ist als "Dum" bezeichnet. *Dum* war eine vereinfachte Schreibweise von *ndfung*, dem Namen der königlichen Lineage selbst. Daß dieser Ausweis dennoch als Legitimation der Vorherrschaft des *Fon* über die Kriegsverbündeten verstanden wurde, liegt wohl an der Exklusivität und seiner symbolischen Bedeutung, die die Wiya dem Paß zu jener Zeit (und auch noch heute) zuschrieben. Zusammen mit anderen Geschenken wie einer deutschen Fahne, einer goldfarbenen Schärpe und Quaste sowie einer Handvoll Messingnägel, mit denen man die *kabra*, den Thron, verzierte, fügte sich der Ausweis in ein "vorkoloniales Zeicheninventar", das Rang und Status von Lineageoberhäuptern sichtbar machte (Probst 1992: 68-70).

Nach welchen Kriterien die Deutschen die Pässe aushändigten, ist aus den Quellen nicht mehr zu entnehmen. Als britische Truppen im Jahre 1915 den Sitz der deutschen Kolonialverwaltung im Grasland (Bamenda) eroberten, gingen die Kolonialakten verloren oder wurden vernichtet (Chilver 1963: 99f).[51] Für die neuen Beamten bedeutete dies, bei der Rekonstruktion deutscher Verwaltungsstrukturen fast ausschließlich auf die Sammlung mündlicher Zeugnisse angewiesen zu sein.

Hawkesworth, ein britischer Kolonialbeamter, der den ersten *Assessment Report* (1923) über die Wimbum (Wiya, Tang und War) zusammenstellte, kritisiert, daß die Deutschen ihre Verwaltung nach dem Zufallsprinzip aufbauten, anstatt sie durch Untersuchungen der lokalen Verhältnisse auf eine solide Grundlage zu stellen. So sollen die Deutschen einfach jene *chiefs* zu ihren Repräsentanten gewählt haben, die als erste persönlich nach Bamenda kamen, charakterliches Format und ein dominantes Auftreten zu haben schienen.[52] Rebellische *chiefs*, die sich dieser neuen Ordnung nicht beugen wollten, wurden mißhandelt oder ihre Dörfer kurzerhand in Brand gesetzt.[53] Kamen deutsche Soldaten und Boten in ein Dorf war es ihre erste Handlung, den *chief* so lange zu fesseln, bis er genügend Frauen, Hühner, Ziegen und andere Nahrungsmittel zur Verfügung gestellt hatte (Hawkesworth 1923: 9).[54] Trotz solch drastischer Maßnahmen war ihnen die Kontrolle nur sehr unzureichend gelungen, denn die von den Deutschen verteilten Machtpositionen hatten nach ihrem Abzug (1914) keinen Bestand. Viele Wimbum-Gruppen nutzten die Gelegenheit, die von der deutschen Verwaltung festgesetzte politische Hierarchie abzulegen und ihre Unabhängigkeit zu behaupten.[55]

> "Nsungli (Wimbum - B.B.) lapsed into a state amounting almost to anarchy. The Hamlet Heads, who had suffered at the hands of the German appointed chiefs, hastened to assert their independence, heads of quarters seized the opportunity to break away from their villages and travelling became a very dangerous venture." (Hakesworth 1923: 10)

Diese Entwicklung beweist Hawkesworth die Schwächen der deutschen Herrschaftsform, die versuchte, alle Maßnahmen direkt, ohne die Vermittlung einer lokalen Autorität von der weit entfernten Station in Bamenda durchzusetzen. Demgegenüber preist er die Vorteile der britischen *indirect rule*, die es sogar ermögliche, jedes Dorf solange als unabhängige Einheit zu verwalten, bis genauere Informationen zur Verfügung stünden. Mit seiner Kritik an der deutschen Kolonialpolitik nährte Hawkesworth später (in den dreißiger Jahren) selbst die Zweifel der britischen Kolonialbeamten an der eigenen Verwaltungspolitik.[56] Die Unsicherheiten gingen vor allem auf den Umstand zurück, daß die Beamten sowohl bei der Rekonstruktion deutscher Verwaltungsstrukturen als auch bei ihrer eigenen Einschätzung lokaler Machtverhältnisse auf widersprüchliche Geschichtserzählungen angewiesen waren.

Von der Sorge um die Geschichte(n) während der britischen Kolonialzeit

In der ersten Phase der Konstruktion des Königtums bezog der derzeit herrschende *Fon* Nfor, populär vor allem unter dem Namen Nonebir (*ngong ne bir*: Welt im Krieg), seine Autorität noch aus der unmittelbaren Erinnerung seiner Rolle als militärischer Anführer. Die Kriegsverbündeten akzeptierten diese exponierte Position als Repräsentant ihrer Gruppe auch im Kontakt mit den weißen Fremden. Schließlich gab es bis in die britische Kolonialzeit der zwanziger Jahre von seiten der Wiya eine Reihe von Problemen und Befürchtungen, die am besten zentral, durch einen autorisierten Vertreter, ausgeräumt werden konnten. Eines der wichtigsten und vordringlichsten Ziele war beispielsweise die Auflösung und Verhinderung von Verwaltungseinheiten, die ehemalige Kriegsgegner, wie die Nso' und die anderen beiden Wimbum-Gruppen (War und Tang), mit den Wiya zusammenfaßte oder zusammenbringen sollte. Ihre diesbezüglichen Proteste hatten auch entsprechende Wirkung. So ordneten die Briten auf Anraten von Hawkesworth die einzelnen *chiefs* der Wimbum administrativ unter drei Klan-Oberhäupter der Wimbum.[57]

Aber auch innerhalb der drei *clans* kam es bald zu Streitereien und heftigen Auseinandersetzungen. Als nämlich zu Beginn der dreißiger Jahre, gegen Ende der Amtszeit des Wiya-Königs (*Fon* Nfor), immer deutlicher wurde, daß die "Welt" nun nicht mehr im Krieg lag, erübrigte sich aus der Perspektive der verbündeten Wiya-Gruppen auch die Vorrangstellung des *Fon* von Ndu. Im Unterschied zu den europäischen Kolonialbeamten leiteten diese Gruppen, die in der kriegerischen Bedrohung einst Schutz bei ihm gesucht hatten, aus seiner militärischen keine politische Vormachtstellung ab. Die von der Kolonialverwaltung gestützte Machtposition des *Fon*, die sich für sie besonders in der Funktion des zentralen Steuereintreibers manifestierte, kritisierten die untergeordneten *chiefs* nunmehr zunehmend.[58] Diese Kritik bestätigte den bereits durch Hawkesworth angefachten Zweifel der Verwaltung an der politischen Vorrangstellung des *Fon*.

Als *Fon* Nfor bald darauf verstarb und sein Sohn *Fon* Nformi 1934 das Erbe antrat, hoffte die Verwaltung auf einen Abbau der Spannungen. Laut Kay (*Assistant District Officer*) gab es nach anfänglichen Durchsetzungsschwierigkeiten des jungen Königs auch Grund für eine derartige Zuversicht, da er bereits nach zwei Monaten Regierungszeit erstaunliche Selbstsicherheit im Regierungsstil gefunden hatte:

> "NDU has hankerings after the glories of his father. He too would be an autocrat: no less a man than MBWAT or BANSO, his neighbours. He entered on his duties with this determination. Deficient in personality he has succeeded only in constant bickering with a defiant council about questions - moribund questions - of privilege. Too weak to control them, strong enough to reject their control, most of his struggles have ended in stalemate. In July I found a perplexed young man very much in need of sympathetic assistance. In September, making gestures of conciliation to his opponents and regular use of his Council, I found a much more secure ruler, ready to accept reorganisation in letter and spirit, anxious to make the new constitution a vital force in the lives of the federated people. Like Mary's Calais, he now has on his heart 'primus inter pares'." (Kay 1936: 8)

Bevor *Fon* William Nformi letztlich zum Islam konvertierte, war er ein Christ. Bei den Missionaren hatte er schreiben gelernt und arbeitete als Katechet in der Umgebung von Ndu, bis ihn sein Vater zur Bewältigung diverser bürokratischer Arbeiten zurück an den Palast rief. Schon zu jener Zeit als Prinz und später als Thronerbe machte er seinen Einfluß geltend und unterstützte all jene, die die Modernisierung der Region vorantrieben. Die Wiya schreiben es beispielsweise seinem guten Verhältnis zu den Missionaren zu, daß die Baptisten die erste Schule der Region 1932 aus der Mbo-Ebene nach Ndu verlegten. 1963 eröffnete die Baptistenmission dort sogar ein Priesterseminar. Es war die erste weiterführende Bildungseinrichtung der gesamten Wimbum-Region.[59]

Die persönlichen Kontakte, die der *Fon* schon vor seiner Amtsübernahme zu Missionaren und Kolonialbeamten besaß, hatten ihm unter anderem Einblick in die Zeitvorstellung der Europäer gewährt. Dies machte er sich nun zunutze. Die politische Führerschaft seines Amtes gegenüber der seiner *chiefs* leiteten die Briten aus seiner Position als militärisches Oberhaupt zu Kriegszeiten ab, während die Wiya selbst diese lineare Verkettung der Ereignisse als Ursache und Wirkung nicht vornahmen. Um also die Unterstützung der Kolonialbeamten zu festigen, mußte es in der Konfliktsituation mit den nunmehr untergeordneten *chiefs* darum gehen, die von den Briten vorausgesetzte Kontinuität seiner Führungsposition durch ein koloniales *feedback* (Henige 1974) zu bestätigen und auf der Ebene der untergebenen Wiya-Gruppen Assoziationen an seinen ehemals militärischen Oberbefehl zu wecken.

Zu diesem Zweck führte *Fon* Nformi zunächst weitere Herrschaftssymbole ein. Vor allem gegenüber den fünf Kleinkönigtümern (Mbipgo, Wowo, Njimn-kang, Njila und Sen) bestand das Problem, daß sich sein neuer Status in der für das Grasland üblichen Herrschaftsikonographie in nichts von diesen *chiefs* unterschied. Jeder besaß bereits einen Thron (*kabra*), eine Leopardenzahnket-te, Löwen- und Leopardenfelle etc. Im Unterschied zu anderen, ähnlich ent-wickelten Königen des Graslandes importierte *Fon* Nformi jedoch keine euro-päischen Königsattribute, sondern knüpfte an die ehemalige Kollaboration seines Amtsvorgängers mit den Fulbe und den zu jener Zeit initiierten Zusam-menschluß der Wiya-Gruppen an. Mit der Übernahme verschiedener Herr-schaftsattribute der Fulbe erinnerte er an die eigene Vorrangstellung sowie an die historische Überlegenheit der Fulbe-Herrscher, die er symbolisch sichtbar auf sich selbst übertrug. Gleich zu Beginn seiner Amtsübernahme schickte er einen seiner musisch begabtesten *mshindap* (Schwestersöhne) zu den Fulbe nach Banyo, damit er dort die Kunst des an Palästen üblichen Trompetenspiels erlerne. Als dieser nach Jahren in seine Heimat zurückkehrte, führte er nicht nur die dortige Hofmusik ein, er gab auch die Kunst des Reitens und des Nähens von Kleidung sowie das Wissen über den Islam weiter. Schließlich konvertierte der *Fon* zusammen mit den Mitgliedern seiner Lineage (*ndfung*) 1964 zum Islam.

> "Ich war es, der das Sallah-Fest in Ndu einführte. Ich sagte dem *Fon*, daß man diese Art Gebete unmöglich nackt abhalten könne. Damals kannten wir nur Rindenstoffe und rieben unsere Körper mit Rotholz (*camwood*) ein. Es ist notwendig, den *gown* und den Turban zu tragen, damit es auch nach etwas Besserem aussieht. Auch für die Kinder (*bo-nkfu*, Nachkom-men des *Fon*, B.B.) sollte etwas genäht werden. Ich sagte ihm, ich werde die Trompete spielen und auch den Kindern das Reiten beibringen, damit man ihm am Sallah standesgemäß huldigen könne. Als der *Fon* nun sah, daß die Kinder reiten konnten, interessierte er sich auch für die Religion, studierte sie und konvertierte schließlich zum Islam. Er erhielt den Na-men Oumarou Sanda ... Ich selbst heiße Ousman, werde von den Leuten ehrenhalber aber Sarki Mbambara genannt, weil sie von mir von all dem erfuhren. Der *Fon* von Banyo hieß Lando Yaya. Er war ein Fulani und brachte durch mich den Islam nach Ndu. So lernte der *Fon* hier, wie man zu beten hat, und wie die Musik gespielt wird, konnte er sich ansehen. Den Koran lesen konnte er jedoch nicht. Das ist etwas ganz anderes. Als er schon Moslem war und den Namen Ousman trug, sandte er eine Bot-schaft zu Yaya. Dieser schickte darauf Mallam Garba und Yakubu nach Ndu, um den Palastvorplatz auszumessen. Unter seiner Leitung wurde dann das Fundament für eine Moschee gegraben." (Sarki Mbambara, 27.7.85)

Bis heute ist der Islam fast ausschließlich die Religion der herrschenden *ndfung*. Die anderen Wiya sind, wenn sie sich überhaupt missionieren ließen, mehrheitlich Christen. Bei seiner Entscheidung für den Islam beeinflußten den *Fon* womöglich auch noch bestimmte Vorbilder, die wie der damalige Präsident der Zentralregierung, Achmadou Ahidjo, die Macht über eine äußerst heterogene Bevölkerung erfolgreich behaupteten. Diesem von der französischen Kolonialverwaltung als Staatsoberhaupt eingesetzten Fulbe und Moslem war ja auch der anglophone Westen Kameruns seit dem Volksentscheid von 1961 unterstellt. Wie dem auch gewesen sein mag, besaß *Fon* Nformi jedenfalls bald einen großen Hofstab mit einem eigenen Palastorchester, einer Reitergarde und einer Gruppe königlicher Boten, die er mit französischen Uniformen ausstattete und nach dem Vorbild der Fulbe-Palastwächter *dogari* nannte. Äußerlich unterschieden sich der *Fon* und seine königliche Lineage seitdem gravierend von den übrigen Wiya-Gruppen, zumal sich bei ihnen Kleidung erst in den siebziger Jahren durchzusetzen begann. Wie manche es heute formulieren, machte der *Fon* mit den für die nicht-königlichen Wiya als fremdartig empfundenen Fulbe-Herrschaftsattributen den Eindruck eines aus dem Norden kommenden Eroberers.

Nachdem *Fon* Nformi den Import der Fulbe-Symbole initiiert hatte, dauerte es noch Jahre, bis der "Traditions"bringer Sarki Mbambara zurückkehrte und sich Musik, Kleidung, Hofstaat und Islam am Palast von Ndu wirklich etablierten. Das heißt, zu jener Krisenzeit (Anfang der dreißiger bis Anfang der vierziger Jahre), als die untergeordneten Wiya-*chiefs* sowie diverse vormals autonome Gruppen, wie die *yamba*, zu protestieren begannen und die Kolonialverwaltung zeitweilig an seiner Vorherrschaft zweifelte, verfügte der *Fon* über jene neuen "Traditionen" noch nicht. Die Notwendigkeit, seinen Status auch symbolisch von dem der *subchiefs* abzuheben, wurde aber noch dringlicher, als die Verwaltung den drei Wimbum-Klan-Oberhäuptern der War, Tang und Wiya 1935 ihren jeweils eigenen Native Court zubilligte. Unter Leitung des *Fon* von Ndu versammelten sich hier - in Übereinstimmung mit der Besetzung des Ndu Councils - die Repräsentanten der *yamba*-Lineages, der fünf Unterkönigtümer (Mbipgo, Wowo, Njimnkang, Njila und Sen) und der Ortschaft Mbangu sowie die Oberhäupter verwandter Königtümer Konshep, Luh und Ngulu.

Um eine solche auf Ndu konzentrierte Machtfülle auch symbolisch gegenüber den *subchiefs* zu demonstrieren, erließ der *Fon* von Ndu gegenüber seinen Untergebenen das Verbot, königliche Attribute wie den Königsthron (lb.: *kabra*) zu besitzen. Darüber hinaus verlangte er eine förmliche Begrüßung, wie sie höher gestellten *chiefs* gebührt. Die *subchiefs* weigerten sich, eine solche Demutshaltung einzunehmen, und forderten ihr Recht, auf einer *kabra* zu sitzen, da sie ebenfalls *chiefs* seien. Noch im gleichen Jahr versuchte sich das Oberhaupt von Mbangu (der heute als *kibai*-Bezirksoberhaupt rangierende Fai

Ngagwintu) von Ndu loszulösen, indem er sich weigerte, die Steuerscheiben durch den *Fon* von Ndu anzunehmen und am Native Court teilzunehmen (Annual Report, Bamenda Division, 1935: 18, B.A.). Insgesamt war die Verweigerung der Unterwerfungsgesten derart konsequent und übereinstimmend, daß die Verwaltung ernstlich zweifelte, ob er überhaupt das anerkannte Oberhaupt seiner Native Authority Area sei.

Um das Recht auf Vorherrschaft des *Fon* von Ndu zu überprüfen, wurde der Assistant District Officer Carpenter damit beauftragt, den Forderungen des *Fon* wie auch den Hintergründen der Proteste nachzugehen. Anders als sein Vorgänger Hawkesworth, der zehn Jahre zuvor lediglich vier Wochen in dem Untersuchungsgebiet verbrachte und auf einen mit der Region gänzlich unvertrauten Dolmetscher angewiesen war, hatte Carpenter, wie er selbst betont, vergleichsweise gute Arbeitsbedingungen (1934: 1). Über ein Jahr lang konnte er sich im Forschungsgebiet aufhalten und auf einen Übersetzer zurückgreifen, der schon seit geraumer Zeit unter den Wimbum lebte. Während dieser Zeit holte er nicht nur Informationen von den neu definierten politischen Zentren ein, sondern auch von jenen, die wie die untergeordneten *chiefs* und wie die Oberhäupter ehemals autonomer Gruppen (Mangu und die *yamba*-Lineages) nach der bisherigen Meinung der Administration keine unabhängige politische Stimme mehr besaßen. Daß Carpenter in seinem Bemühen zur Klärung der historischen Wahrheit ihre Ansichten und Stellungnahmen in seinen Reports berücksichtigte und demzufolge die Hegemoniebestrebungen des *Fon* von Ndu in Frage stellte, brachte ihm später vor allem vom Senior District Officer Jeffreys deutliche Kritik ein.

In dieser Umbruchsphase von der militärischen zur politisch-rechtlichen Vorrangstellung verhielt sich die Kolonialverwaltung gegenüber den Hegemoniebestrebungen des *Fon* von Ndu äußerst ambivalent. Einerseits unterstützte sie ihn, da eine Zerteilung der ohnehin recht kleinen administrativen Einheiten bei den Wimbum mit den beschränkt zur Verfügung stehenden Mitteln nicht mehr kontrollierbar gewesen wäre. So schufen sie für die Wimbum drei voneinander unabhängige Native Authority Areas. Diese unterstellten sie jeweils einem Oberhaupt, von dem sie trotz aller widersprüchlichen Aussagen der untergebenen Dorfhäuptlinge annahmen, die größte Autorität in seiner Klan-Gruppe zu besitzen und eine Vorrangigkeit noch am ehesten historisch legitimieren zu können. Im Falle der Wiya war dies der *Fon* von Ndu. Andererseits hatten die Briten wohl spätestens nach Vorlage der Reports von Carpenter (1933, 1934) auch ein gewisses Verständnis für die Beschwerden und Proteste der unterstellten *chiefs* und ihr Verlangen nach politischer Unabhängigkeit. Diese kritisierten neben den vom *Fon* von Ndu verlangten Unterwerfungsgesten auch Verwaltungsstrukturen, wie das Verfahren der Besteuerung, das dem *Fon* von Ndu die Autorität des Steuereintreibers verlieh. Das Argument war, daß sie früher gegenüber dem *Fon* von Ndu noch nicht einmal tributpflichtig gewesen seien und auch keine Leistungen in Form von Reparaturen am Palast zu erbringen gehabt hätten. Es war ihnen daher nicht einsichtig, warum sie sich jetzt in eine derartige ökonomische Abhängigkeit zu Ndu begeben sollten.[60]

Von dieser Entwicklung stark verunsichert, änderten die Briten 1934 tatsächlich ihr Besteuerungsverfahren und ließen die im Native Authority Area versammelten Kleinkönigtümer einschließlich der *ya*-Gruppen ihre Steuern nunmehr direkt nach Bamenda einzahlen. Nach Carpenter (1934: 8) gestand man bei der Steuerreform den *ya*-Gruppen auch ihre alten Exekutivrechte zu, da sie zwar die Seniorität des *Fon* von Ndu akzeptierten, aber noch etwa 65 Jahre zuvor (um 1865) unabhängig gewesen waren. Sie zogen also ihre Steuern selbständig ein und erhielten darüber hinaus auch das Recht auf Mitsprache im Gemeinderat (Ndu Council).

Die Briten versahen dieses Zugeständnis an die untergeordneten Gruppen jedoch sogleich mit einer Einschränkung. So wiesen sie ausdrücklich darauf hin, daß diese Änderung keine Aufwertung ihrer konstitutionellen Beziehungen zu Ndu bedeute. Die Vergabe einer eigenen Steuerkommission werteten die Betroffenen nichtsdestotrotz als Unterstützung ihrer Autonomieforderungen gegenüber Ndu (Chilver 1963: 117). Der *Fon* von Ndu verwehrte sich daher auch umgehend gegen diese Neuerung und beantragte, sie doch so schnell wie möglich rückgängig zu machen:

> "I wish to count all my people in peace. I no want to separate them, like last year 1934. Please find the tax list of 1932 and 1933. You will see people are not separate. I wish to keep all my subchiefs named. I wish to stay with them in peace as before. Because they are not my family, they are my chiefs since long time and I wish to join all the total numbers of taxable in one place as before, and will allow them to get their 10% for tax and I will make list, show how many each chief pay his tax. Because if D.O. separate the tax discs from Bamenda before send to me to give them, so they will not hear me. They will always say D.O. make us free." (zitiert nach Chilver 1963: 117)

Von Anfang an hatte das Recht, Steuern einzuziehen, und der darin implizierte Vermittlerstatus eher symbolisch-politische Bedeutung als ökonomische Relevanz. Die zehn Prozent der eingesammelten Steuersumme, die als Lohn einbehalten werden durften, waren kaum von Interesse. Man kann davon ausgehen, daß dies auch den Briten nicht verborgen geblieben war. Ihre ambivalente Haltung war daher wohl auf ihre Unsicherheit zurückzuführen, ob der *Fon* von Ndu nach all den Protesten die ihm zugeschriebene Position auf Dauer überhaupt würde halten können, hatte doch Carpenter (1933, 1934) gerade die Legitimität seiner Vorrangstellung ausdrücklich bezweifelt.

Carpenter, der auch schon in anderen Fällen eine andere als die von der britischen Verwaltung bis dahin angenommene Meinung vertrat, hatte die fünf Häuptlingstümer und die ehemals autonomen Gruppen in seinem *Intelligence Report* als von Ndu ursprünglich unabhängige Einheiten bezeichnet (1934: 4). Lange bevor der *Fon* von Ndu einwanderte, hätten diese sich, aus unterschiedlichen Regionen herstammend, in ihrem heutigen Siedlungsgebiet bereits niedergelassen. Daher stünden sie dem *Fon* von Ndu, als dem eigentlichen Hinterherkömmling, bezüglich des Rechts auf Selbstbestimmung in nichts nach (Carpenter 1934: 19).

Diese Erkenntnisse Carpenters bestärkten die *subchiefs* in ihrem Aufbegehren gegen die Vorherrschaft des *Fon* von Ndu, und sie bezogen sich im Streit mit Ndu um Autonomie und Status fortan auf seine Ausführungen. Zugleich schwächten die Berichte Carpenters die Position des *Fon*, zumal sich die Verwaltung verunsichert zeigte und die Steuerreform tatsächlich durchsetzte. Zu jener Zeit drohte also das politische Gebilde um das Oberhaupt von Ndu zu zerfallen. Aus verwaltungstechnischen Gründen schien es aber nicht angeraten, das Gebiet in noch kleinere Einheiten zu zerspalten, war es doch jetzt schon schwer genug zu regieren. In seiner Eigenschaft als amtierender *Senior District Officer* bemühte sich Jeffreys daher Anfang der vierziger Jahre selbst um die "Klärung" des Hierarchieverhältnisses unter den Wiya und markierte damit die dritte Phase der Konstruktion des Königtums.

Jeffreys hielt sich etwa zehn Jahre später (1940-1944) als Carpenter in Ndu auf, um Landstreitigkeiten zwischen den Bororo-Rindernomaden und den Ackerbau betreibenden Bauern zu untersuchen. Bei der Festlegung der Wiya-Grenzen, die sich nach dem Einflußbereich des *Fon* von Ndu richten sollten, stieß er auf den anhaltenden Konflikt der Wiya untereinander. Von Haus aus Anthropologe, nutzte er seine Aufenthalte sowohl zu ethnographischen Forschungen als auch und vor allem dazu, sein politisch-administratives Interesse durchzusetzen. In Zusammenarbeit mit seinem aus der königlichen Lineage von Ndu stammenden Informanten, Fai Ndimbie, konstruierte er eine "Stammesgeschichte" der Wiya, die - wenngleich er Carpenter nur am Rande erwähnt - als Gegendarstellung zugunsten des *Fon* von Ndu gewertet werden kann. Wie im folgenden Kapitel noch genauer erläutert, rechtfertigte Jeffreys die Vorherrschaft des *Fon* mit seiner Bedeutung während der "Stammeskriege" sowie mit der Essentialisierung des "Wiya-Stammes" und der Verlängerung der königlichen Dynastie. Die deutlichen Widersprüche seiner Behauptungen zu Carpenters Darstellung überging Jeffreys, indem er schlicht behauptete, Carpenter hätte sich belügen lassen. Seine Reports wären darum nur unter Vorbehalt zu lesen. Im Fall der Königshäuser von Ndu und Ntem hätten sie sogar geschadet, da die von ihm niedergelegten Geschichtsfälschungen zu einem anhaltenden Zerwürfnis geführt hätten (Jeffreys 1960: 262-276; 1962a: 188).

Die Verwaltung, der Jeffreys ja jahrelang selber angehörte, akzeptierte die neue Version als Legitimation der hierarchischen Ordnung unter der Vormachtstellung des *Fon* von Ndu. Die Verhältnisse schienen damit geklärt und der Konflikt vorerst beigelegt. 1942 teilte der damalige District Officer, Woodhouse, dem Residenten von Buea mit, daß der Rat von Ndu einen Beschluß bezüglich des Streits um die Königsthrone gefaßt habe. Demnach dürften nur die Oberhäupter der vier unabhängigen Königtümer (Ndu, Luh, Konshep und Ngulu) auf königlichen Thronen Platz nehmen, während alle *subchiefs* auf Bambushockern und Bezirksoberhäupter auf Steinen zu sitzen hätten:

> "In a recent council meeting the council ruled that the four villageheads of Ndu, Lu, Konshep and Ngulu only, were entitled to sit on stools in the Council and Court: that the villageheads of Nkang, Se, Wowo, Nkenya (Mbipgo) and Njila were entitled to sit on bamboo stools: all Quarterheads and other members were entitled to sit on stones." (Reports on Ndu Group Native Court, Nsungli Area, Bamenda Division, 1935/43: 37, B.A.)[61]

Mit Jeffreys und seinen Ausführungen nahmen die Unsicherheiten der Verwaltungsbeamten bezüglich der Vormachtstellung des *Fon* von Ndu also ein Ende.[62] Carpenter wurde aus den eigenen Reihen nun heftig getadelt und der schlechten Arbeit bezichtigt (Reports on Ndu Group, Native Court, Bamenda Division, 1935/43, B.A.). Die Kritik gegenüber Carpenter hatte ihrerseits jedoch eine tiefe Verunsicherung bei denjenigen zur Folge, deren Geschichtserzählungen er aufgenommen hatte. Denn zusammen mit Carpenter wurden auch die Angaben der unterstellten *chiefs* und damit der Anspruch auf Souveränität gegenüber dem *Fon* von Ndu sowie ihre Forderung nach Gleichrangigkeit zurückgewiesen. In einer den Königsthron (*kabra*) betreffenden Petition an den Residenten der Cameroon Province in Buea (25.9.41) äußerten die *chiefs* von Mbipgo und Njimnkang darum ihr Befremden: "... The Ndu Chief said Mr. Carpenter who has made Assessment Report, did not make it good why he said we should use our stool (Bambushocker, B.B.) and be subchiefs to him ..." In einem Brief (17.4.43) an den *Chief Commissioner* in Enugu, Nigeria, beschwerte sich der *chief* von Njimnkang sogar über die durch die Verwaltung offensichtlich gebilligten Anmaßungen eines Gerichtsdieners:

> "His Honour will remember that in one instance I refered the court clerk to the remarks of the assessment made by the District Officer Mr. Carpenter, and the scribe only replied that the District Officer Mr. Carpenter was a mad person and that his remarks have already become a matter of the past ..."

In der Tat mußte es für die Wiya unverständlich bleiben, warum man der Geschichtsversion von Ndu mehr Glauben geschenkt hatte als ihrer eigenen.

Obwohl sie gleichermaßen dokumentiert und von einem Kolonialbeamten aufgeschrieben worden war, hatte nur die Geschichte aus dem Königshaus von Ndu die gewünschten politischen Konsequenzen. Eine derzeit angeblich existierende Geschichtsversion aus der Perspektive der ehemals autonomen *yamba*-Gruppen, die von dem Missionar Siebers aufgeschrieben worden sein soll, verschwand auf dem Höhepunkt der Proteste spurlos. Nach Meinung der *yamba* wurde sie auf Anraten der Kolonialbeamten vom königlichen Palast eingezogen, da sie als Gegengeschichte in der Missionsschule gelehrt worden sei.[63] Insgesamt läßt sich wohl sagen, daß aufgrund solch undurchsichtiger Mißverhältnisse eine Verunsicherung bezüglich der neuen Wirkungsmächtigkeit von Geschichtserzählungen bei den Wiya zurückblieb.

Die von Jeffreys veröffentlichte "Wiya-Stammesgeschichte" ist bis heute lediglich von außen als Geschichte der Wiya akzeptiert. Widersprüchliche Versionen - auf nationaler Ebene nicht länger beachtet - haben nur noch lokale Bedeutung und sind damit quasi auf den Rang eines off-Theaters verwiesen, unabhängig von ihrer inhaltlichen Aktualität. Angesichts des gegenwärtig geführten Diskurses über die Einbindung "traditioneller" *chiefs* in den Demokratisierungsprozeß afrikanischer Staaten ist wohl auch zukünftig keine wesentliche Umstrukturierung der lokalen Hierarchie zu erwarten.[64]

Eine Geschichte macht Geschichte

Um die Legitimationsbasis der hierarchischen Ordnung sowie die Proteste und anhaltenden Unstimmigkeiten unter den Wiya besser einschätzen zu können, möchte ich im folgenden Jeffreys' "Stammesgeschichte" inhaltlich und formal etwas näher betrachten. In der Gegenüberstellung mit Carpenters Darstellungen werden die Widersprüche dreier Hauptargumente, die die Vorrangstellung des *Fon* von Ndu historisch belegen sollen, nachvollzogen. Im Anschluß daran geht es um Jeffreys' Arbeitsweise, die formale Aufbereitung seiner Geschichte und die Einschätzung des Textes aus der Sicht der Wiya.

Das *erste Beispiel* zur Legitimation der politischen Vorherrschaft bezieht sich auf die Rolle des *Fon* während der "Stammeskriege" mit den Fulbe und den benachbarten Königtümern. Da die militärisch leitende Position des *Fon* von Ndu zu jener Zeit ohnehin von niemandem bestritten wird, geht es hier um eine Glorifizierung des Königs und die Konstruktion seiner derzeit bereits bestehenden Machtposition, die sich wesentlich von den zuvor gemachten Angaben Carpenters unterscheidet.

Nach Carpenter (1934: 6, 20) hatte sich das durch die Fulbe bereits mehrmals überfallene und mit dem *Fon* von Ndu verwandte Königshaus von Ntem, um der Vernichtung zu entgehen, ihrer Übermacht schließlich ergeben. Die Bedingung der Fulbe für künftige Nachsicht war, daß der *chief* von Ntem sich für die Interessen des Emirs von Yola im Wimbum-Gebiet einzusetzen habe. Dies bedeutete, daß er bei der Deckung des immer größer werdenden Bedarfs an Sklaven mithelfen sollte. Zu diesem Zweck wandte sich der *chief* von Ntem an seine Verwandten in Ndu und überzeugte deren Oberhaupt von den Vorteilen, die eine Allianz mit den Fulbe mit sich bringen würde. In dieser Weise vereint, versuchten sie unter der Leitung des *chiefs* von Ndu, mit Unterstützung der *ya*-Lineages und angrenzender Ortschaften, die anderen Wimbum-Gruppen (War und Tang) zu erobern. Nach einer Reihe erfolgreicher Feldzüge schlossen sich die War und Tang aus Gründen der Verteidigung ebenfalls zusammen. So vereitelten sie letztlich den Eroberungsversuch bei einer Schlacht auf dem Binka-Berg, die sich um 1870 zugetragen haben soll. Die Ntem-Ndu Allianz wurde vernichtend geschlagen und der *chief* von Ntem getötet. Nach dieser Niederlage brachen auch die Fulbe ihr Versprechen, Ntem und Wiya mit Überfällen zu verschonen, und verschleppten den *chief* von Ndu, Loa, nach Banyo. Der einzige überlebende Prinz, Nfor, war noch ein Kind. Loa selbst soll später in Banyo die Position eines hochrangigen Generals bekleidet haben, während die zurückgebliebenen Wimbum weitere dreißig Jahre unter den immer wiederkehrenden Überfällen der Fulbe zu leiden hatten. Viele flohen nach Nso' und ins Mbembe-Gebiet, während die übrigen den Fulbe nur schwachen Widerstand entgegensetzten. Zeitweise schlugen die Aggressoren sogar ihr Hauptquartier auf dem heutigen Ndu-Markt auf und verwüsteten von dieser Basis aus mit einer etwa dreitausend Kriegern zählenden Truppe alle umliegenden Dörfer.[65]

Jeffreys (1962a: 182) dagegen bestreitet Carpenters Aussage in mehreren Punkten. Zum einen sei es nicht der genealogisch viel zu weit zurückliegende Mfolowa gewesen, der nach Banyo ging, sondern Mforambo. Dieser wäre selbst nicht versklavt worden, sondern seiner gefangenen Familie freiwillig nach Banyo gefolgt. Über sein weiteres Schicksal gäbe es keine Informationen. Lediglich seinen Schädel hätte der Erbe zurückerhalten. Zum anderen war es auch nicht der Vermittlung durch die Ntem zu verdanken, daß die Wiya anfangs von den Überfällen der Fulbe verschont blieben. Statt dessen sei ein Bote der Fulbe vor Mforambo mit der Bitte um Frieden und Freundschaft getreten, weil die Wiya ein vereintes und mächtiges Volk wären:

> "Some Fulani emissaries now appeared before Mforambo with protestations of peace and friendship because we were a united and powerful people." (Jeffreys 1962a: 180)

Während die Wiya also von Nordosten durch die Fulbe in arge Bedrängnis gerieten und einen Großteil ihrer Bevölkerung verloren, hatten sie bald auch an ihrer südlichen Grenze mit den Nso' zu kämpfen. Den Nso' ging es bei ihren Angriffen nicht nur darum, Sklaven zu machen, sondern ihren Einflußbereich zu vergrößern. Carpenter (1934: 7) gibt an, daß die Wiya gleich zu

Beginn der Auseinandersetzungen den Friedensvertrag mit den Nso' geschlossen haben. Der Palast des *Fon* von Ndu, *Fon* Nfor, befand sich zu jener Zeit genau an der Grenze zu Nso', so daß ein Krieg mit den Nso' als allzu großes Risiko eingeschätzt worden wäre. Nach Jeffreys (1963: 178) hat es aber zumindest einen Kampf zwischen den Wiya und den Nso' gegeben. Er soll zur Zeit von "Nonebit", d.h. also angeblich noch vor dem Eindringen der Fulbe, stattgefunden haben. Zu jener Zeit lebte auch der *chief* von Nso' noch dicht an der Grenze. Kofum (Kopkifum), die Niederlassung des *chief*, war aus Mbandfung gut sichtbar. Nonebit wollte in Frieden mit seinem direkten Nachbarn leben, so daß er ihm zur Offenbarung seiner friedlichen Absichten einen Abgesandten schickte. Der Abgesandte wurde jedoch getötet und Nonebit erklärte dem *chief* von Nso' den Krieg. Es kam zu einem erbitterten Kampf, währenddessen die Wiya die Überhand gewannen, die Nso'-Armee abdrängten und Kishong verbrannten. Der *Fon* von Nso' floh nach Kumbo, wo sich sein Palast auch heute noch befindet.[66]

Das *nächste Beispiel* demonstriert die Konstruktion der Wiya-Identität auf der Grundlage erfundener primordialer Bindungen, die die Vorherrschaft des *Fon* von Ndu über den inneren Kern des Königtums, d.h. über die ehemals autonomen Lineages, als natürliche Selbstverständlichkeit erscheinen lassen sollte.

Diese *yamba*-Gruppen und ihr Verhältnis zu dem königlichen Klan der *yaku* (einschließlich der vorherrschenden *ndfung*) finden in den schriftlichen Quellen überhaupt nur am Rande Erwähnung. Es ist lediglich Carpenter, der sich mit der Frage ihrer Identität befaßt und daher den weiter unten aufgeführten Geschichtserzählungen über die Wanderungs- und Siedlungsgeschichte der Wiya am nächsten kommt. Seiner Meinung nach waren es von den Wimbum ursprünglich nur die War, die das Gebiet der Wimbum und große Teile angrenzender Länder bewohnten (1934: 2). Die ersten Einwanderer aus Kimi sollen dagegen *ya*-Lineages gewesen sein, die zunächst unter der Vorherrschaft des Königs von Ntem in die Mbo-Ebene zogen und dann von Ntem her in ihre heutige Heimat aufbrachen (1934: 3). Ihnen wären dann eine Reihe von Tang-Lineages gefolgt, deren Abstammung Carpenter auf einen Ältesten von Kimi-Manga zurückführt.[67] Zuletzt brachen wiederum aus Ntem mehrere Gruppen auf. Darunter befand sich angeblich auch ein Schwestersohn des Königs von Ntem. Dieser soll ein Sohn der regierenden Königinmutter (*ya*) von Ntem gewesen sein und entwickelte sich mit seinen nur etwa 50-60 Anhängern später zum König über die mit ihm verwandten *ya*-Gruppen (1934: 18f.).[68] Die *ya*-Lineages identifiziert Carpenter zunächst mit den Lineages, die sich heute *yamba* nennen, widerruft aber später ihre verwandtschaftliche Beziehung zu der königlichen Lineage von Ndu (*ndfung*) sowie ihre Herkunft aus Kimi. Er bezeichnet sie nunmehr ebenfalls als autochthone Bevölkerungsgruppe und führt seinen anfänglichen Irrtum selbst auf eine Verwirrung zurück, die womöglich durch die Herkunft des sie beherrschenden Königs von Ndu entstanden war (1936: 15).[69]

Jeffreys (1962a) greift Carpenters Ansätze zur Erklärung der *ya*-Identität nicht mehr auf. Vielmehr leugnet er die Existenz von Gruppen nicht-königlicher Abstammung, indem er sie in die Genealogie des königlichen Klans von Ndu einordnet. D.h. nicht nur die *yaku*, sondern auch die *yamba*-Lineages und die Gruppen "fremder" Abstammung werden von ihm sämtlich als Söhne bestimmter Ndu-Könige definiert (1962: 177ff.). Nach der Einwanderung in das heutige Wiya-Gebiet wären sie von ihren Vätern in das angeblich ehemals menschenleere Land ausgeschickt worden, um neue Siedlungen zu gründen. So sollen beispielsweise die *yamba*-Ortschaften, Boyar und Kakar, von Söhnen Mfokotus, des dritten Königs von Ndu, gegründet worden sein.[70] Die Siedlungen Mbanshi und Mbadoh, deren Bewohner abstammungsrechtlich zum benachbarten Königtum Nshi zählen, gehen -laut Jeffreys - ebenfalls auf Söhne Mfokotus zurück. Die Gründer alter *yaku*-Siedlungen, wie Njipkfu und Bafu, sollen Söhne von Mfosisimbe und Yamussi gewesen sein.

Alle Lineages, die nicht zu den *ndfung* zählen, verbindet Jeffreys in dieser Weise über eine fiktive Abstammung mit der königlichen Dynastie von Ndu, so daß es zu einer Homogenisierung der heterogenen Bevölkerung kommt. Von seiten der Verwaltung erübrigte sich daher eine Problematisierung des internen Hierarchieverhältnisses und der heftig geführten Auseinandersetzung um die Macht, die in den mündlichen Überlieferungen heute noch lebhafte Erwähnung findet. Die heterogene Gruppe über die Assoziation primordialer Bindungen zu stabilisieren, war damit wohl einer von Jeffreys' wichtigsten Handstreichen in seinem Bestreben, die Wiya als "Stamm" zu etablieren und sie zur besseren Übersicht für die Verwaltung operationalisierbarer zu machen.

Jeffreys erfand damit eine Geschichtsversion, die die Erzählungen der *ndfung* hinsichtlich ihres Interesses, die politische Vorherrschaft zu legitimieren, sogar noch übertrifft. Heute stoßen diese Angaben nicht nur unter den derart vereinnahmten Gruppen, sondern auch unter den übervorteilten *ndfung* auf Ablehnung. Führende Älteste des Palastes von Ndu bewerten die Behauptung, die Anführer der *yamba* (Fai Nganwenfu und Fai Ndzitonga) seien Söhne ehemaliger *Fons* gewesen, gegenwärtig selbst als "Unsinn" oder sogar als "Lüge" (Ta Shey Noa, 14.1.86).

Das *dritte Hauptargument*, das Jeffreys zur Rechtfertigung der Vorherrschaft des *Fon* von Ndu hervorbringt, ist die lange Genealogie der Ndu-Könige. Anhand dieser offensichtlich erfundenen Verlängerung der königlichen Dynastie auf zwölf Könige rollte Jeffreys die Darstellung der "Wiya Tribal History" auf (Jeffreys 1962: 174). Die Namen dieser Könige lauten:

1. Nyikunji	5. Yamussi	9. Mfoburi
2. Towiji	6. Mfontingo	10. Mforambo
3. Mfokotu	7. Mfolawa	11. Mfu
4. Mfosisimbe	8. Nonebit	12. Mfomi

Mit einem gemalten Portrait versehen, zieren die Namen heute die Thronwand des Empfangsraums im Palast des *Fon* von Ndu. Diesem dekorativen Charakter der Genealogie entspricht sein lediglich formaler Gehalt als Ausdruck politischen Herrschaftsanspruchs. De facto findet sich unter den Wiya heute kaum jemand, der diese Genealogie auswendig wüßte. Niemand nimmt Bezug auf die von Fai Ndimbie gegebene Genealogie der Ndu-Könige. Um vergangene Ereignisse zeitlich zuzuordnen, fragte ich selbst oft nach dem Namen des zur fraglichen Zeit regierenden Königs. Zur Antwort gaben die Gesprächspartner keine Namen, sondern nur Zahlen, die meistens auch erst nach längerer Diskussion mit den anderen Anwesenden ermittelt werden mußten. Über einen bestimmten König konnte also nur dann geredet werden, wenn man ihn von dem jüngst verstorbenen zurückrechnete, d.h. Jeffreys' Mfomi (heute: Nformi) galt als Nummer eins, Mfu (Nfor) als Nummer zwei und Mforambo als Nummer drei. Aber auch durch diese Zählmethode ging das genealogische Wissen nahezu aller Befragten über Mforambo, der durch seine Entführung von den Fulbe noch sehr populär ist, nicht hinaus.

Ähnliche Erfahrungen hatten zuvor schon Chilver und Kaberry gemacht. Nach einer brieflichen Mitteilung von Chilver (29. Januar 1988) brachen sie ihre geplante Untersuchung in Ndu Anfang der vierziger Jahre vorzeitig ab, da sie erfuhren, daß Jeffreys seine Arbeit hier noch nicht abgeschlossen hatte. Demnach war also erst ganz kurze Zeit nach der Aufnahme der Genealogie durch Jeffreys vergangen, als sich weder hochrangige Ratgeber noch der damalige *Fon* selbst an all die königlichen Namen erinnern konnten:

> "At this meeting the list of the former chiefs - twelve in all - were not remembered exactly but 'JEFRI has the list' and we were advised to consult Dr. Jeffreys." (Chilver & Kaberry 1984: 2)

Im Unterschied zu heute vermochten sich die Anwesenden - so Chilver - jedoch angeblich noch gut auf den Namen Nonebit (oder auch Nonebirr) zu entsinnen. Möglicherweise beruhte diese Feststellung aber auf einer Verwechslung. So kannten Chilver und Kaberry den nach Jeffreys' (bzw. Fai Ndimbies) Genealogie elften König wahrscheinlich nur unter dem Namen Mfu. Sein weitaus populärerer Name war aber Nonebir. Wie bereits oben erwähnt, befanden sich die Wiya zu seinen Lebzeiten beinahe ununterbrochen im Kriegszustand, so daß sie ihn Nonebir (die Welt im Krieg) nannten.

Es ließen sich noch viele solcher von Jeffreys entworfenen Geschichtskonstruktionen anführen, die direkt oder indirekt bezwecken, die politische Vorrangstellung des *Fon* von Ndu zu legitimieren und festzuschreiben. Dennoch möchte ich nicht länger bei dem Inhalt der "Stammesgeschichte" verweilen, sondern den Text einmal von seiner Form her betrachten, die sich als eine Art "Vermischung" historischer Darstellungen und lokaler Geschichtserzählungen präsentiert.

Als historische Abhandlung ist der Text keinem Typus eindeutig zuzuordnen. Er liest sich einerseits als Rede des Fai Ndimbie, eines Palastältesten und derzeit wichtigsten Ratgebers des *Fon* von Ndu. Andererseits erscheint der Text als Chronik des Königtums, um sich dann als eine Erzählung von Jeffreys herauszustellen, der gewisse von Fai Ndimbie eingebrachte Stilelemente lokaler Geschichtserzählungen übernimmt. Jeffreys gibt jedoch vor, keine eigene Geschichte, sondern eine Erzählung von Fai Ndimbie vorzustellen, indem er seine Zitate seitenlang aneinanderreiht. Die Wiedergabe der wörtlichen Rede hält er jedoch nicht durch, d.h. er beginnt mit einem Zitat, kennzeichnet dann aber nicht sein Ende. Während also Fai Ndimbie angeblich erzählt, bemerkt Jeffreys dann plötzlich, ohne die wörtliche Rede formal abgeschlossen zu haben: "Fai Ndimbie continued", um wiederum mit einem unabgeschlossenen Zitat fortzufahren. In dieser Weise ist der gesamte Text verfaßt; die Zitierfehler sind damit also nicht versehentlich geschehen, sondern methodisch eingesetzt. Es ist dem Leser nicht mehr möglich zu entscheiden, ob Fai Ndimbie oder Jeffreys erzählt. Zitate und Kommentare verschwimmen ineinander, was der Absicht Jeffreys', den Streit um die Vorherrschaft des *Fon* von Ndu zu beenden, durchaus entgegenkommt. Es finden sich noch weitere Hinweise, wie er dieses Interesse auch von der Form her unterstreicht.

Die Erzählung von Fai Ndimbie und Jeffreys liest sich, wie gesagt, als Chronik und erhält gegenüber der Verwaltung damit den Eindruck von Authentizität und Realität. Stellenweise erinnert sie geradezu an mittelalterliche Annalen, verfolgt man die langen Namenslisten königlicher Genealogien des *Fon* von Ndu, seiner *subchiefs* und anderer Wiya-*chiefs*. Sie stehen, gleichsam in Vertretung der Verzeichnisse von Jahreszahlen, für eine kalendarische Konvention, eine Chronologie, die den "Realismus" der Darstellung signalisieren soll. Den Namen sind, wenn überhaupt, d.h. wenn es nicht heißt, daß zu der Regierungszeit eines bestimmten Königs einfach nichts geschah, austauschbar gleichförmige Ereignisse zugeordnet. Die ersten königlichen Namen stehen vor allem für die Einwanderung und Niederlassung der Gruppe im heutigen Siedlungsgebiet, für die Gründung weiterer Bezirke und für die Orte ihrer Gräber. Andere Textpassagen enthalten, entlang der chronologischen Ordnung königlicher Namensverzeichnisse, detailliertere Beschreibungen von Kriegen mit den Nachbarn und vor allem mit den Fulbe. In gleicher Weise zugeordnet sind Beschreibungen der Niederlassung anderer Wimbum-Gruppen (den Tang und War) sowie der politisch gleichgestellten Wiya-Königtümer und der untergeordneten Kleinkönigtümer (*subchiefdoms*). Im Falle der Genealogie der *subchiefs* ist einem der Namen die Unterwerfung und formale Anerkennung des *Fon* von Ndu als übergeordneten Königs zugeordnet.

Das Verschmelzen von Zitaten und Kommentaren macht den Anschein, als ob Jeffreys die Erzählung von Fai Ndimbie bewußt zu einer Chronik umformulierte, um in seinem Bestreben, dem Streit ein Ende zu machen, hinter der Autorität von Fai Ndimbie agieren zu können. Es kann ihm damit niemand so leicht vorhalten, die Widersprüche in seiner Darstellung unberücksichtigt gelassen zu haben, schließlich ist es ja Fai Ndimbie, der spricht. Dem Beispiel lokaler Geschichtserzählungen folgend, die Gegenpositionen prinzipiell nicht zu problematisieren, sondern schlicht als Lügen abzutun, negiert Jeffreys (geradezu schamlos) die detaillierte Vorlage seines Kollegen Carpenter.

Die "annalenhafte" Aneinanderreihung der als real repräsentierten Ereignisse deckt sich im Fall von Jeffreys' "Stammesgeschichte" auch inhaltlich mit einer Struktur, die für eine den Gegenständen der Darstellung unterliegende Sinnordnung gehalten werden kann. Wie oben erwähnt, legitimiert Jeffreys die Vorherrschaft des *Fon* von Ndu mit der Erstbesiedlung des Landes und der genealogischen Verknüpfung autochthoner Bevölkerungsteile mit dem Königshaus. Die Etablierung der neuen sozialen Ordnung hängt also ursächlich ab von der königlichen Dynastie und der Reihenfolge der Ereignisse.

Ob Jeffreys die "historischen Belege" für die Vorherrschaft, wie die Kontinuität des bereits zu Kriegszeiten bestehenden Status des *Fon* von Ndu, die Essentialisierung der Beziehungen zahlreicher Lineages und die Verlängerung der königlichen Dynastie selber konstruierte oder ob sie bereits ein von Fai Ndimbie hervorgebrachtes koloniales *feedback* waren, läßt sich heute nicht mehr feststellen. Man kann jedoch davon ausgehen, daß Fai Ndimbie als einer der engsten Vertrauten des damaligen *Fon* von Ndu ebenfalls darauf aus war, ein möglichst homogenes Bild des "Wiya"-Königtums mit dem *Fon* als unumstrittener politischer Zentralinstanz zu entwerfen. So konkretisierte sich die Zusammenarbeit von Jeffreys und Fai Ndimbie vermutlich dergestalt, daß Jeffreys die von Fai Ndimbie diktierten Einzelereignisse in eine chronologische Ordnung brachte, um der Erzählung gegenüber der Verwaltung den Anschein von Wahrheit und Realität zu geben. Damit ist die vermeintlich chronologische Ordnung vielmehr eine Sinnordnung, die dem Erklärungsprinzip, dem teleologischem Interesse an der Legitimierung und Etablierung der neuen Ordnung der Wiya, folgt.

Zugunsten des dahinterliegenden Sinns, die Vorherrschaft des *Fon* zu legitimieren und dadurch Vereinfachungen bei der Verwaltung zu schaffen, hat Jeffreys so manche Einzelereignisse bewußt verfälscht, verschwiegen oder hinzugesetzt. In dieser Weise übernimmt er lokale Stilmittel mündlicher Überlieferungen, die, wie in den folgenden Kapiteln noch zu zeigen sein wird, auf die Einbeziehung von Gegenargumenten bewußt verzichten. So geht es den Erzählern nicht um eine möglichst objektive Geschichtsdarstellung, sondern um die Verteidigung bestimmter Ansprüche, die sie mit dem Rekurs auf Geschichte legitimieren. Überhöhungen, Verfälschungen oder Verschweigen bestimmter Ereignisse sind dabei durchaus zulässig, da die Geschichte eines Erzählers ihrerseits lediglich Teil eines Prozesses ist, der jene Ansprüche verfestigt, auszuhandeln vorgibt. Folglich steht eine Narration bei den Wiya niemals allein, sondern immer in bezug auf eine kontroverse Debatte. Insgesamt läßt sich daher sagen, daß Jeffreys seine "Stammesgeschichte" an das lokale Genre von Geschichtserzählungen (*nsung*) anlehnte, sie jedoch durch ihre Verschriftlichung aus dem mündlich geführten Diskurs isolierte. Im Unterschied zu den Erzählungen ist sie daher nicht mehr situativ veränderlich, sondern führte zu dauerhaften politischen Konsequenzen.

Für die Wiya ist die "Wiya-Stammesgeschichte" eine Erzählung des damals amtierenden Fai Ndimbie, die Jeffreys in seinem "Buch" lediglich niederlegte. Mit Ausnahme des Königs traf ich auch unter den gebildeten Wiya niemanden, der den Aufsatz tatsächlich gelesen oder sich hatte vorlesen lassen. Die Einzelargumente und Details der Geschichte waren unbekannt. Das "Buch" galt als Geschichte der *ndfung*, und das genügte offenbar, um die Version in ihren üblichen Diskurs über die Vergangenheit zu integrieren, zu kritisieren oder zu bestätigen - je nach Standpunkt und eigener Geschichte. Angesichts des oben erwähnten Streits um den Besitz königlicher Throne und anderer Herrschaftssymbole ist es nicht verwunderlich, wenn es gerade die *subchiefs* sind, die gegenwärtig deutliche Kritik üben:

> "Als Dr. Jeffreys die Geschichte von Wiya schrieb, wurde er vom damaligen Fai Ndimbie völlig verwirrt. Fai verwirrte Dr. Jeffreys zugunsten der *ndfung*. Dabei war es so, daß alle die *wi-ndfung* fürchteten. Seit der Zeit der Fulani taten sich die *wi-ndfung* zusammen und nahmen alles mit Gewalt. Auch als Dr. Jeffreys hier war, waren sie noch sehr gewalttätig. Sie nahmen anderen Dinge weg, ohne daß man gegen sie etwas unternehmen konnte. Aus dieser Zeit stammt auch ihr Name: *ndfungli*. Er bedeutet: 'Sie taten sich zusammen, um zu nehmen'. Der König ließ sogar Mädchen fangen. Wenn er ein Mädchen sah, befahl er seinen Leuten, sich zusammenzutun und das Mädchen herzubringen ... Fai Ndimbie erzählte Dr. Jeffreys, daß das richtig sei. Schließlich sei der *Fon* schon immer ein sehr mächtiger König gewesen. In Wahrheit hatte er eine kleine Gruppe, die Beute machte. Dies geschah schon zur Zeit der Fulani, als der *Fon* seinen Palast noch in Mbasu hatte." (*Fon* von Sen, 13.11.85)

Einige sind sogar der Meinung, der alte *Fon* von Ndu hätte eine erneute Untersuchung zur Geschichte der Wiya gar nicht geduldet:

> "Du kannst froh sein, daß der neue *Fon* an der Regierung ist. Er ist ein junger, aufgeschlossener Lehrer und immer an Wissen und Bildung interessiert. Der alte *Fon* hätte Nachforschungen zur Geschichte niemals

geduldet. Er hätte Dir gesagt, daß Dr. Jeffreys schon alles aufgeschrieben hat. Auch heute berufen sich am Palast noch alle auf das Buch von Dr. Jeffreys." (Andrew Nfor 24.5.85)

Sogar der heute amtierende Fai Ndimbie gibt unbefangen zu, daß es sein Vater war, der Jeffreys zugunsten des *Fon* von Ndu stark beeinflußte und ihm die Grenzen des Wiya-Gebietes zur Demarkation zeigte:

> "Als Dr. Jeffreys hier war, begleiteten ihn mein Vater und Pa Ndifor zu den Grenzen. Sie erklärten ihm, wo das Wiya-Land verläuft, und setzten Steine und Stöcke an die Grenzen. Sie mußten weite Wege zurücklegen. So gingen sie bis hinter Mbasu, wo wir unsere Felder haben, bis Mayo Binka, Njimjong ... Mein Großvater war der erste Fai Ndimbie. Er hieß Kimnka. Mein Vater hieß Manshang. Danach kam ich. Kimnkas Vater war ein *chief*. Es war Nonebir ... Mbanta ist mein Vorname gewesen. Er bedeutet: 'Die Leute hassen mich mit großer Wut' ... (Er zeigt ein Schwert, das mit Kauri-Muscheln verziert ist, B.B.) Dieses Schwert hat der verstorbene *Fon* Nformi meinem Vater für seine Arbeit mit Jeffreys verliehen. Es ist eine Auszeichnung für heldenhafte Taten, die ihn zum *tala mongor* erhoben ... Zusammen mit Jeffreys schrieb mein Vater die Geschichte der Wiya auf. Auch die Genealogie des *Fon*, die im Palast zu sehen ist, ist von ihm." (Fai Ndimbie, 6.12.85)

Da der heutige *Fon* von Ndu (*Fon* Nformi Nfor) eine Neuuntersuchung der Wiya-Geschichte unterstützt, bezweifelt er indirekt auch die Autorität von Fai Ndimbie. In Anpassung an den neuen medialen Rahmen spricht der heutige Fai Ndimbie daher von der Existenz einer weiteren Geschichtsversion seines Vaters. So gäbe es ein mit einem Film kombiniertes Tonband über die richtige, die wahre Geschichte der Wiya. Aufgenommen hätte das Band sein verstorbener Bruder Aladou, der Botschafter in Deutschland und in den USA gewesen sei. Dieser sei der Meinung gewesen, daß die Geschichte der Wiya nach dem Tod des Vaters in Vergessenheit geraten könne, da sie sich von den Angaben, die er Jeffreys gegeben hatte, etwas unterscheide. Genau könne er das jedoch nicht sagen, denn er selbst kenne den Inhalt der Kassette nicht. Bei der Aufnahme sei er gerade nicht in Ndu gewesen. Mehrere Male verspricht Fai Ndimbie, jene Kasette zu besorgen und sie dann für die Untersuchung zur Verfügung zu stellen. Gegen Ende meines Aufenthaltes in Ndu erklärt er sie schließlich für verschollen. Irgendeines seiner Kinder habe wohl in den Sachen herumgewühlt und das Band verlegt oder sogar fortgeworfen (12. Mai 1986).

Bei den Wiya genießt der alte Fai Ndimbie aufgrund seiner Erzählung heute noch immer größte Popularität. Der Grund dafür ist, daß sich der Inhalt seiner Geschichte, nämlich die Vorherrschaft des *Fon* von Ndu und der königlichen Lineage (*ndfung*), der auch Fai Ndimbie angehörte, politisch tatsächlich durchsetzte. Im Gegensatz dazu verfehlten die Gegengeschichten der *subchiefs* bis heute ihre eigene Absicht, obwohl die Bedingungen gleich waren: Sie wurden von einem Kolonialbeamten aufgeschrieben und hatten aus ihrem eigenen Selbstverständnis auch ihre Berechtigung. Schließlich war die chronologische Ordnung der "Wiya-Stammesgeschichte", die den *Fon* von Ndu vom militärischen zum politischen Oberhaupt transformierte, im lokalen Kontext nur eine von vielen möglichen Sinnordnungen. Vor dem Hintergrund der Erfahrung, daß sich der Inhalt der Erzählung von Fai Ndimbie politisch durchsetzte und damit "Geschichte machte", ist es nicht weiter verwunderlich, daß sich das englische Wort *history* bei den Wiya - wie eingangs erwähnt - als Synonym für den lokalen Begriff (*nsung*) durchzusetzen begann.

Anmerkungen

40   Der in der neueren Ethnizitätsdebatte geführte Diskurs über die Erfindung von *tribes* und *tradition* trägt der Selbstbestimmung afrikanischer Gesellschaften bei ihrer sozial-kulturellen und politischen Entwicklung ebenfalls in wachsendem Maße Rechnung. Schilder und Binsbergen (1993) sowie Bank (1995) kritisieren die gemeinhin postulierte Überbewertung des kolonialen und post-kolonialen Staates bei der Schaffung sogenannter "traditioneller Gruppen". Ethnizität erscheine gegenwärtig als eine lediglich von außen aufgesetzte Identität, die die betroffenen Afrikaner auf eine passive Rolle reduziere. Dabei habe es schon vor der Kolonialzeit Formationen von ethnischen Gruppen gegeben. "The blanket statement that ethnic groups are *ipso facto* colonial creations is wrong: many ethnic groups in Africa have formed before the colonial state." (Schilder und Binsbergen 1993: 8) Auch für Lentz (1994: 20) ist die koloniale "invention of tribalism" (Vail 1989) gar nicht so neuartig, sondern knüpfte an komplexe "Wir-Gruppen-Prozesse" (Elwert 1989) an, die es auch schon zu vor-kolonialer Zeit gegeben hat. Nach Vail (1989: 11) waren (und sind) es die "culture brokers", d.h. neben den Kolonialbeamten, den Missionaren, den Anthropologen und einheimischen Intellektuellen auch die Chiefs und die Ältesten, die als Akteure eines komplexen Zusammenspiels *Stämme* erfanden, Traditionen manipulierten und Tribalismus initiierten (1989: 10-16).
41   Belege dazu finden sich vor allem in den Kolonialakten und in Jeffreys' Arbeit zur Geschichte der Wiya (1962a). Vgl. nähere Ausführungen dazu in diesem Kapitel.
42   Vgl. beispielsweise Fanso, Chem-Langhee & Chilver (1985); Goheen (1984); Diduk (1987) etc.
43   Nach der von Jeffreys (1962: 174ff.) übernommenen Geschichtsversion Fai Ndimbies sind die Wiya unter ihrem ersten König Nyiakunji von Kimi ausgezogen und haben die Ortschaft Konshep gegründet. Nachdem Nyiakunji und sein Nachfolger Towiji verstarben, ließ Mfokotu, der dritte König, zur Aufsicht der beiden königlichen Gräber zwei Dorfoberhäupter zurück, die später die Dynastie von Konshep begründeten. Zusammen mit seiner Gefolgschaft setzte er sodann die Wanderung nach Mbandfung fort. "Unabhängige Lineages" wie Konshep, Ntem, Luh, Ngomko, Mbejo und Rom, deren Anführer der älteste Sohn von Mfokotu gewesen sein soll, spalteten sich

von den Wiya ab und gründeten eigene Königtümer. In einer Anmerkung bezweifelt Jeffreys (1962: 175) jedoch selbst diese Aussage von Fai Ndimbie, der die erwähnten Königtümer und ihre Dynastien auf diese Weise von Ndu ableitet und im Status dem Königshaus von Ndu unterordnet (vgl. auch Jeffreys 1961, 1963).

44 Chilver und Kaberry (1960) gegenüber erklärte der *Fon* von Ngulu, daß sie schon lange hier siedelten, noch bevor der *Fon* von Ndu und sogar noch bevor Ntumbo zu ihren Nachbarn wurden. Ursprünglich kamen sie aus Mangu, und wegen eines Streites mit seinen Brüdern Ndzila (Njila) und Ngakwintu (Mangu) wären sie von dort zu ihren heutigen Wohnorten weitergezogen.

45 Eine Ausnahme ist lediglich das autonome Wiya-Königtum Konshep. Es bildete zu Kriegszeiten keine Allianz mit den anderen Wiya, denn ihre Siedlung am nördlichen Rand des Hochplateaus lag viel zu weit entfernt. Wie andere, ebenfalls autonome Königtümer (Ntem, Rom und Ngomko) besitzen sie jedoch genealogische Verbindung zur königlichen Lineage von Ndu, zählen aber im Unterschied zu diesen zu den Wiya. Im Fall von Konshep, so ließe sich schließen, ist es die Kolonialverwaltung gewesen, die die Bevölkerung vor dem Hintergrund ihrer Zusammenfassung (in einem Distrikt) als Wiya definierte bzw. die die anderen Königtümer (Ntem, Rom und Ngomko) außerhalb dieses Distrikts ungeachtet ihrer gleichermaßen genealogischen Verbindung zu Ndu nicht zu den Wiya zählte.

46 Zur Debatte um primordialistische und konstruktivistische Konzepte von Ethnizität vgl. Lentz (1994: 2-6).

47 Pavel, ein Kommandant der Schutztruppe, war wohl der erste Deutsche, der auf seiner Reise nach Banyo das Gebiet der Wiya im Jahre 1902 passierte und die *Befriedung* der Graslandstämme einleitete. Jedenfalls betont Zimmermann, der die Expedition Pavels zum Tschad-See begleitete, daß sie von Bali durch gänzlich "unerforschtes Gebiet" nach Banyo zogen, wo sich bisher noch kein Europäer aufgehalten hatte (Zimmermann 1909: 176f.). Beschreibungen über die Wiya oder Wimbum finden sich bei ihm jedoch praktisch keine. Er bemerkt lediglich, daß ein Teil der Träger aufgrund des durch die Höhenlage bedingten kalten Klimas ernstlich erkrankte und die Region äußerst dünn besiedelt war.

48 Die erste Expedition ins Grasland wurde 1889 von Eugen Zintgraff geleitet, der das Königtum Bali-Nyonga als militärischen Stützpunkt im westlichen Grasland ausbaute (Zintgraff 1895). Er war es auch, der den König von Bali-Nyonga in ein System verwickelte, das erstmals Arbeitskräfte für die Plantagen aus dieser Region rekrutierte. Welche Folgen das Beschaffen von Arbeitskräften für die lokalen politischen Strukturen haben konnte, ist an diesem Königtum ausführlich dokumentiert (Chilver 1967: 484ff; Kaberry und Chilver 1961: 369f.; Schuler 1903: 191ff.; Soh 1978: 13-17).

49 Über die Rekrutierung von Plantagenarbeitern bei den Nso' vgl. Jeffreys (1948: 14) und Bridges (1934).

50 Pavel zeigt sich erstaunt über die dünne Besiedlung des Landstrichs, die er auf die Sklavenjagden der "Fullahs und Haussas" zurückführt (1902: 238). Glauning, der nach seiner Strafexpedition gegen die Nso' (1906) in das Wimbum-Gebiet vordrang, schätzt die Gesamtbevölkerung der Wimbum auf 5000-8000 Menschen. Auch er führt die geringe Einwohnerzahl auf die Fulbe zurück, die 1904 und 1905 ihre letzten Überfälle im nördlichen Grasland verübt haben sollen (1906: 240).

51 Nach Aussage von P. Geissler, der 1985/86 die deutschen Kolonialakten aus dem Nationalarchiv in Yaoundé für das Bundesarchiv in Koblenz fotokopierte, schafften die Deutschen viele Akten während des Krieges außer Landes nach Äquatorial-

Guinea. Noch bevor sie wie vorgesehen nach Deutschland transportiert werden konnten, wurden sie dort versehentlich durch einen Großbrand vernichtet.

52   Auf diese Weise - so Hawkesworth (1932: 9) - wurde dem *Fon* von Ndu das Kleinkönigtum, Mbipgo, zugeordnet, während Sen, Ngulu und Sinna unter Nsop fielen. Luh wurde den Nso' zugeteilt, obwohl sie ja gerade einen Krieg gegen ihre Vereinnahmung durch die Nso' gewonnen hatten, was aber die Deutschen gar nicht wußten.

53   Da sich der *chief* von Binshua nicht beugen wollte, wurde er von Soldaten zu Tode geprügelt, ein anderer wurde ertränkt (Hawkesworth 1923: 9).

54   Trotz dieses harten Vorgehens soll die Verwaltung nicht gut funktioniert haben. Laut Hawkesworth (1923: 9f.) fehlte ihnen der Einblick in die lokalen Verhältnisse, da sie versuchten, das ganze Gebiet aus dem weit entfernten Bamenda zu verwalten. So konnte Adametz, der die Wimbum alljährlich mit einer Eskorte von fünfzig Soldaten besuchte, immer nur einen Bruchteil der Kopfsteuern einsammeln. Außerdem gelang es ihnen nicht, das Land zu befrieden und den Handel mit Sklaven wirklich abzuschaffen. Für ihr unerbittliches Vorgehen beim Straßenbau waren die deutschen Soldaten überall gefürchtet. Es gab hohe Verluste durch ungenügend abgesicherte Sprengungen und wegen der überaus brutalen Behandlung der Arbeiter.

55   Nach Abzug der Deutschen (1914) und bis zum Aufbau einer britischen Verwaltung bei den Wimbum vergingen beinahe zehn Jahre. Zwar zeichnete Podevin bereits 1916 die Pässe der *Fons* im Auftrag der britischen Kolonialregierung gegen, doch hatten die Briten zunächst keine Handhabe, die Wimbum in eigene Verwaltungsstrukturen einzubinden. Erst 1922 übergab der Völkerbund diesen Teil der ehemaligen deutschen Kolonie offiziell den Briten als Mandatsgebiet. Bis dahin wurden lediglich einige kleinere Exkursionen unternommen. 1922 erhielt dann schließlich Hawkesworth den Auftrag, einen *Assessment Report* über die Wimbum zu verfassen und einen ersten Aufschluß über deren soziale und ökonomische Situation zu geben. Als ersten Eindruck beschreibt er die Wimbum als eigenwilliges, von vergangenen Überlebenskämpfen gezeichnetes Bergvolk: "... a hardy mountain race, who have the obstinate characteristics that result from long and successful struggles for independence. When their physique has not been marred by disease or exposure, they are small, wiry and very active" (Hawkesworth 1923: 1).

56   Rückblickend wurde auch die Politik der *indirect rule* in der Bamenda-Region heftiger Kritik unterzogen. So zeichnen Nkwi und Warnier (1982: 215) ein weniger positives Bild von der Machtübernahme der Briten und der Etablierung ihrer Verwaltung. Hier heißt es, daß Podevin, der erste *Senior District Officer* in Bamenda, größte Schwierigkeiten hatte, an die vergleichsweise gut funktionierende Administration der Deutschen anzuknüpfen. Die Gründe dafür waren vielfältig. Zum einen gab es eine Reihe von *chiefs* im *district*, die sich gegenüber den Deutschen weiterhin loyal verhielten und dem neuen Machthaber ihren Gehorsam verweigerten. Zum anderen verfügte Podevin über viel zu wenige Mitarbeiter. Genau genommen waren ihm zwei Assistenten zugeteilt, die sich jedoch weiter im britisch verwalteten Nigeria aufhielten. Vor Ort gab es anfangs lediglich einen Leutnant, zwei Polizisten, zwei Übersetzer, zwölf Boten und einige Hausangestellte, auf deren Hilfe er bei der Verwaltung des gesamten *districts* mit über vierhunderttausend Einwohnern zurückgreifen konnte. Demgegenüber gab es eine Vielzahl von Problemen, wie die Umstellung der Währung von der deutschen Reichsmark auf das englische Pfund oder die Rekrutierung von Arbeitern für die Plantagen an der Küste. Während die Nachfrage nach Arbeitskräften dort unvermindert anhielt, kamen die Arbeitgeber den Verträgen wegen

wirtschaftlicher Schwierigkeiten ihrerseits nicht nach. Lohnzahlungen wurden ausgesetzt oder lediglich versprochen, so daß sich kaum noch jemand zu einer Anstellung freiwillig bereit erklärte.

57   Laut Hawkesworth (1923: 11) erschienen die Wimbum-*chiefs* nur äußerst unregelmäßig zu den Versammlungen und brachten auch kaum Fälle vor das dortige Gericht (*Banso Native Court*). Vor allem gegen die Beförderung des *Fon* von Nso' als *District Head* über das Gebiet von Nso' und Wimbum (1922) wehrten sie sich entschieden, was angesichts der ehemals kriegerischen Auseinandersetzungen zwischen den beiden Gruppen auch durchaus zu verstehen sei. Mißlungen - so Hawkesworth - seien zudem auch die Bemühungen, die Wimbum-Gruppen unter eine Zentralinstanz zu vereinheitlichen. Es mangele an Gemeinsinn, denn ein Zusammengehörigkeitsgefühl habe sich bei ihnen überhaupt erst durch die kriegerische Bedrohung von außen entwickelt: "... these three families, MBWAT, TANG and YA, seem to have led an entirely separate existence until BANSO and FULANI aggression caused them to coalesce and produce a corporate clan spirit, although no Clan Chief was ever acknowl-edged" (Hawkesworth 1923: 4). 1924 etablierte die britische Verwaltung einen für alle Wimbum gemeinsamen *Nsungli Native Court* in der zentral gelegenen Ortschaft Mbiyeh, Tang-Tala (Report on the Bamenda Division 1924, B.A.). Wegen heftiger Regenfälle wurde das Gericht drei Jahre später in die Nähe des Ndu-Marktes verlegt (Annual Report 1927, B.A.). In Erinnerung an das Gericht nennen die Wiya den Stadtteil bis heute Mbacourt. Da es jedoch zu ständigen Reibereien zwischen den drei Klan-Oberhäuptern Mbot, Ndu und Tang kam, und das Gericht bei weitem zu viele Mitglieder zählte, um effektiv arbeiten zu können, wurde es zehn Jahre später wieder aufgelöst (Annual Report 1924, 1934, B.A.). Seitdem die Region "Kaka-Ntem" auf eigenen Wunsch zu Beginn des Jahres 1924 aus der Yola-Provinz ausgegliedert und dem *Fon* von Ndu unterstellt wurde, gehörte sie ebenfalls dem *Nsungli Native Court* an (Annual Report 1924, B.A.). Wegen des langen Anreiseweges und ihres Zerwürfnisses mit dem *Fon* von Ndu erhielten sie jedoch schon 1932 ihr eigenes Gericht (Annual Report 1933, B.A.).

58   Den Kolonialakten ist nicht zu entnehmen, um welche Kritik es sich genau handelte. Die Klagen müssen jedoch derart gewesen sein, daß auch die Verwaltung zwischenzeitlich zweifelte, ob der *Fon* von Ndu überhaupt als Oberhaupt der Wiya akzeptiert werden könnte. "Numerous complaints have been lodged against Nfo, Chief of Ndu, who is the head of the Ya-family and a member of the Native Authority. While several of these are in respect of events which occured many years ago, it is clear, as the result of an administrative visit paid to the Area at the end of the year, that this Chief does not enjoy the confidence of his people, who accuse him of an autocratic and intolerant attitude towards them, and avari-ciousness. It was thought possible until recently that he was not the recognised head of the family, but of this there now appears to be no doubt" (Annual Report, Bamenda Division, 1933: 15, B.A.).

59   Zur Bedeutung der Missionare bei der Kolonisierung durch die Einführung von Schrift vgl. Probst (1992: 86-107). Auf Betreiben der lokalen Bildungselite entstanden später weitere Schulen sowohl auf Privatbasis, als auch auf Staatskosten. Die Primary *Government School* soll durch einen gebildeten, politisch engagierten Bruder des *Fon* nach Ndu gebracht worden sein. Den wirtschaftlichen Aufschwung von Ndu führen die Wiya auf die Anlage der Teeplantage im Jahre 1957 zurück. Ihre Einführung sei neben dem Engagement des *Fon* auch anderen Gebildeten zu verdanken, die im Dienst der Kolonialbehörden standen und, wie der Bruder des *Fon*, J. Nsame, über ihr

politisches Engagement große Einflußmöglichkeiten besaßen (Nsame 22.5.86, Sayani 22.11.85, Shey Nformi 25.1.86). Der Entwicklung sei aber auch der schlechte Ruf zugute gekommen, den die königlichen *ndfung* wegen ihrer kriegerischen Aggressionen bei ihren Nachbarn genossen. So wollte die britische Teegesellschaft die Plantage zuerst in Nkambe anlegen. Da die dort siedelnden Leute den Nutzen einer solchen Plantage jedoch nicht verstanden und dahinter eine böse Absicht der *ndfung* vermuteten, weigerten sie sich schon in der ersten Planungsphase vehement, Land für die Plantage zur Verfügung zu stellen: "Der inzwischen verstorbene John Ndi von Tabeken hat die Europäer zuerst nach Nkambe geführt. Sie waren begeistert von den Berghängen und fanden den Ort ideal für den Anbau von Tee. Um alles weitere zu besprechen, besuchten sie den dortigen *Chief*. Die Bevölkerung aber war rasend vor Zorn. Sie fragten: 'Warum behalten die *ndfung* den Tee denn nicht in Ndu, wenn er so gut ist. Warum bringen sie ihn extra hoch nach Nkambe?' In ihrer blinden Wut schlugen sie ihrem *Chief* mit einem Stock den Schädel ein und jagten die Europäer zusammen mit den Übersetzern hinaus in den Regen. Gefolgt von den aufgebrachten Leuten flohen die Teespezialisten dann im strömenden Regen zurück nach Ndu. Als sie den Palast des *Fon* erreichten, war es vier Uhr nachmittags an einem *ntala*. Alle wichtigen Leute waren versammelt. Mr. Barabel berichtete dem *Fon* dann ausführlich, wie sie aus Nkambe mit Stöcken vertrieben worden waren. Daraufhin beschlossen die Wiya, es mit dem Tee einmal selbst zu versuchen. Der *Fon* delegierte einige Leute, um die Demarkationen im Einvernehmen aller vornehmen zu lassen. Die, die das Land dafür zur Verfügung stellten, waren: Fai Njilalormbu, Fai Nganjong, Fai Ndzishotu, der *Chief* von Wowo und ich selbst ... Heute bereuen die Leute von Nkambe ihr Mißtrauen sehr. Mit allen Mitteln versuchen sie nun die Teegesellschaft zu überreden, doch wenigstens eine Zweigstelle in Nkambe aufzumachen" (Fai Ndzitonga 22.1.86). Mit der Lohnarbeit auf der Plantage entwickelte sich Ndu allmählich zum städtischen Zentrum. Es entstanden Kleinbetriebe, Nahrungsmittel wurden vermarktet und die Siedlungsstruktur verändert. Aus den entfernteren Orten zogen die Arbeiter von ihren heimatlichen *compounds* in ein Haus nach Ndu, um in der Nähe der Plantage oder ihres Geschäfts zu wohnen. Nähere Angaben zu den sozioökonomischen Folgen der Teeplantage für die Wiya finden sich in: Ndoumbe-Manga (1976) und Njilah (1983).

60   In vielen Nachbarkönigtümern (wie z.B. in Nso') basierte das Besteuerungsverfahren auf alten Tributverpflichtungen. Dieses System führte jedoch wiederum zu anderen Problemen, da das ehemalige Gleichgewicht des Gebens und Nehmens nicht mehr eingehalten werden konnte und die enttäuschten Erwartungen das Verhältnis der Gruppen zueinander veränderten (Chilver und Kabberry 1960).

61   Aber auch gegen den Beschluß des Rates protestierten die *subchiefs* entschieden und versuchten 1943 erneut, ihre Anerkennung auf Gleichrangigkeit mit dem *Fon* von Ndu durchzusetzen. In einem Brief an den *District Officer* erläuterten die Oberhäupter von Mbipgo, Wowo und Njimnkang darum selbst ihre historische Unabhängigkeit gegenüber Ndu. Bei ihrer Niederlassung sei das Land unbewohnt gewesen und der *Fon* von Ndu wäre nicht vor, sondern erst nach ihnen eingewandert. Zu einer Verbindung mit Ndu wäre es dann überhaupt erst zur Zeit der Fulbe-Überfälle gekommen. Da sich der *Fon* von Ndu aufgrund seiner Sprachkenntnisse mit den Fulbe verständigen konnte, hätten auch sie ihren Tribut an die Fulbe über ihn gezahlt. Der *Fon* hätte also als Vermittler, der seinen eigenen Anteil ebenfalls entrichten mußte, agiert und wäre nicht etwa selbst Empfänger von Tributzahlungen gewesen. Die

Deutschen hätten dann dieses System für ihre Verwaltung übernommen, so daß der *Fon* sich weiterhin als Vermittler hervortuen konnte. Eine Vormachtstellung des *Fon* von Ndu sei also historisch nicht legitimiert, und ihre Anerkennung als gleichgestellte *Chiefs* verstünde sich daher von selbst. Niemals würden sie freiwillig auf althergebrachte Rechte verzichten und sich wie gewöhnliche Personen auf Bambushocker setzen (Reports on Ndu Group Native Court, Nsungli Area, Bamenda Division, 1935/43, B.A.).

62   Ende der vierziger Jahre wählte man ihn zum Mitglied des Cameroon Provincial Meeting und in der Folge zum Mitglied im Bamenda Provincial Development Meeting. 1954 übernahm er die Position als Repräsentant der Donga-Mantung Division im Southern Cameroon House of Assembly. 1957 war er zum Empfang der Königin Elizabeth II nach Lagos eingeladen und erhielt dort als Auszeichnung die *Queen's Medal*. Diese biographischen Daten sind dem Programm zu den Beerdigungsfeierlichkeiten des *Fon* entnommen (Funeral Manifestations o.J.).

63   Näheres dazu vgl. Kap. IV, Analyse: Geschichte und Geschichten.

64   Vgl. allerdings Geschiere (1993), der die parteipolitische Funktionalisierung von *chiefs* in Kamerun problematisiert.

65   Nkwi und Warnier (1982: 85) bestätigen Carpenters Ermittlungen über die Allianz der Wiya mit den Fulbe. Ihrer Meinung nach muß es in den 1880er Jahren gewesen sein, als der Vertrag zwischen dem Ardo von Banyo und dem Fulbe-sprechenden Wiya-König zustande kam.

66   Andere Versionen der Geschichte finden sich bei Kaberry (1959: 368f.), Chilver und Kaberry (1970: 253f.) sowie Mzeka (1980: 11). Nach Nkwi und Warnier (1982: 133f.) wurde Kovifem sogar zweimal erobert. Gegen Ende des 18. Jahrhunderts überfielen Chamba-Räuber die alte Hauptstadt zum ersten Mal, so daß der damalige *Fon* von Nso' nach Tavisa flüchtete. Kurze Zeit später kehrte er wieder nach Kovifem zurück, bis er 1820 von aus dem Norden einfallenden Kriegern erneut vertrieben wurde und seinen Palast endgültig in die heutige Hauptstadt Kumbo verlegte.

67   Vgl. die graphische Darstellung der Genealogie im Anhang (Skizze 1).

68   Um die genealogische Beziehung zwischen den beiden Königshäusern Ntem und Ndu gab es heftige Auseinandersetzungen (vgl. Jeffreys 1961/62, 1962a), die bis heute noch nicht beigelegt sind.

69   Vor dem Hintergrund der unten (Kap. 4) zitierten Geschichten ließe sich jedoch auch argumentieren, daß sich Carpenters Gewährsleute bei ihrer Erzählung über die mit dem Ndu-König verwandten, aus Kimi eingewanderten *ya*-Gruppen nicht auf die *yamba*, sondern auf die landbesitzenden *yaku* bezogen. Aufgrund gleicher Namensgebung identifizierte er diese *yaku*-Lineages unwissentlich nur immer wieder mit den *yamba*.

70   Zu der von Jeffreys ausgegebenen Genealogie der Ndu-Könige vgl. folgendes Beispiel.

III   ETABLIERUNG SOZIALER INSTITUTIONEN

Die kolonialen Erfahrungen und die daraus resultierende Unsicherheit über die möglichen politischen Konsequenzen von Geschichtserzählungen sind nicht die einzigen Kräfte, die auf die mündlichen Überlieferungen heute einwirken. Wesentlich beeinflußt sind die Geschichten durch den modernen, von Missionaren über die Schulbildung eingeleiteten Transformationsprozeß moralischer Werte. Überdies führte die kurz vor der Unabhängigkeit im Forschungsgebiet angelegte Teeplantage durch Lohnarbeit und nachfolgende Monetarisierung sozialer Beziehungen zu starken Veränderungen in der Wiya-Gesellschaft. Ökonomische Probleme prägen den Alltag der Wiya heute und bilden, wie in den acht Fallbeispielen dieser Arbeit zu sehen sein wird, den häufigsten Hintergrund für Veränderungen überlieferter Inhalte von Geschichten. Es geht nicht mehr allein um Status und Prestige von Lineages, sondern in den meisten Fällen um den Anspruch auf ökonomische Ressourcen und deren Verteidigung. Solche Geschichten können durchaus auch innerhalb einzelner Lineages zu Konflikten führen. So haben beispielsweise die mit dem Rekurs auf Geschichte geführten Aushandlungsprozesse um das Territorium bei der gegenwärtigen Landknappheit in Ndu existentielle Bedeutung. Der Streit um Land kann einen Erzähler zu Verfälschungen von Geschichten veranlassen. Darüber macht er auf seinen Konflikt aufmerksam und bezieht weitere Personen mit ein, die - von den "Lügen" (*mdi'*) nunmehr selbst betroffen - auf die Klärung des ursächlichen Problems drängen (vgl. Fallbeispiel 1). Solche Geschichten und der darüber artikulierte Konflikt kann neue Geschichten und neue Auseinandersetzungen hervorrufen, die ihrerseits wiederum nicht ohne Wirkung auf die sozialen Institutionen bleiben (vgl. Fallbeispiel 2).

Trotz der schnell fortschreitenden modernen Entwicklung haben Titel und Ämter sowie die damit verbundenen Bünde und Gottesplätze bei den Wiya letztlich nicht an Prestige verloren. Sicher findet man bei denjenigen, die etwa als Geschäftsleute, Händler oder Staatsbedienstete einer modernen Erwerbstätigkeit nachgehen, häufig Unsicherheit und Unkenntnis hinsichtlich der Geschichtserzählungen sowie der Ausgestaltung und Bedeutung sozialer Institutionen. Dennoch streben auch diese Berufstätigen nach Titel und Amt in einem Bund, um nicht wegen fehlender Initiation weiterhin von gesellschaftlich verantwortungsvollen Aufgaben ausgeschlossen zu werden. Neben dem Verlangen nach Respekt unter den Angehörigen geht es ihnen aber auch darum, sich vor den destruktiven Kräften von Neidern zu schützen. Sind sie nämlich in einen Bund initiiert, verschaffen sich darüber den Ruf von Großzügigkeit und Geselligkeit und genießen vielleicht auch irgendwann die persönliche Bekanntschaft des *Fon*, werden sie weniger leicht in einen Hexereifall verwickelt werden können. So ist man der Meinung, daß die zu Bünden und Gottesplätzen gehörige Medizin und die seherischen Fähigkeiten des *Fon* eine Hexe unweigerlich zur Aufdeckung bringen würde. Gleichzeitig soll der Umgang mit Medizin auch Schutz vor Hexenangriffen anderer bieten (wenngleich es dazu auch viele Gegenbeispiele gibt).

Die Berufstätigen werden heute bei der Auswahl der Kandidaten für ein "traditionelles" Amt gerne bevorzugt. Im Falle von Lineageoberhäuptern hat man sie in einigen Fällen sogar mit Gewalt auf den Thron gezwungen, da sie sich weigern, wegen starker persönlicher Einschränkungen ein solches Amt anzutreten.[71] Sowohl Lineageangehörige als auch Bundmitglieder versprechen sich ihrerseits von Berufstätigen nicht nur finanzielle Vorteile, sondern vor allem eine Verbindung zu einflußreichen Persönlichkeiten in der staatlichen Verwaltung, die für sie selbst eines Tages wichtig werden könnten. In der Aussicht darauf werden Unannehmlichkeiten durchaus bewußt in Kauf genommen. So sind Berufstätige zum einen weniger gesellig, können häufig nicht an den wöchentlichen Treffen der Bundmitglieder teilnehmen und beteiligen sich dementsprechend auch nicht an den regelmäßigen rituellen Aufgaben. Da sie selten zugegen sind, verfügen sie zum anderen über wenig Wissen. Die über die Initiation vermittelten Grundkenntnisse reichen allein nicht aus, um sich am Ritual und am Diskurs über Geschichte verantwortlich beteiligen zu können.

Möglichkeiten, sich "traditionell" zu engagieren, gibt es viele, denn das Königtum, Ndu, besitzt eine große Anzahl sozialer Institutionen, die eine Vielfalt von "Geheimbünden" und Gottesplätzen umfassen. Wie aus der Übersicht (im Anhang) zu ersehen ist, lassen sich die Einrichtungen in drei Kategorien unterteilen. Die erste beinhaltet die Palastinstitutionen mit dem königlichen Rat (*traditional council*), dem Prinzenbund (*ngirri*) und der Polizeigesellschaft (*nwarrong*). Der Besitz dieser Einrichtungen ist das Privileg der *ndfung*, weshalb ihre "Clubhäuser" auch nur im Palastbezirk zu finden sind. Im *ngirri*-Prinzenbund organisieren sich die "Söhne" des *Fon*, d.h. die patrilinearen männlichen Nachkommen der *Fons* bis zur vierten Generation (*bonkfu*) und die außerhalb des Palastbezirks siedelnden *yaku*-Erdherren. Darüber hinaus steht der Bund theoretisch auch allen *yamba* offen. In Erinnerung an die Unterwerfung der *yamba* durch die *ndfung* und der damit einhergehenden Annullierung ihres Rechts (*nshir*) auf eine *yamba*-eigene *ngirri* lassen die *yamba* mehrheitlich ihre Mitgliedschaft ruhen bzw. boykottieren den Bund der *ndfung* (vgl. Fallbeispiel 8). Die *nwarrong*-Palastpolizei rekrutiert ihre Mitglieder dagegen ausschließlich aus den Reihen der *mchindap* (der Schwestersöhne) des *Fon* und aus eingewanderten Fremden, die wie die *dogari*-Palastboten durch ihre Tätigkeiten eng mit dem Palast verbunden sind. Die über den *nwarrong*-Bund zu vergebenden Titel haben für die Mobilität innerhalb des Königtums nur untergeordnete Bedeutung, da ihr Zutritt nur einer ganz begrenzten Personengruppe offensteht.

Die zweite Kategorie bilden die Kriegs- (*nfuh*) und Jagdbünde (*samba*) sowie die Frauengesellschaften (*njuh* und *njang*) und der *pso'*-Bund, der früher einmal eine Art Initiationsbund für die Jungen darstellte. All diese Bünde lassen sich als sozial integrativ bezeichnen, da die Lineagezugehörigkeit ihrer Mitglieder ohne Bedeutung ist. Sie rekrutieren die Bundmitglieder auf Bezirksebene gleichermaßen bei den *yaku*, *yamba* und auch bei den hinzugewanderten "fremden" Lineages. Ihre "Clubhäuser" gibt es in allen Bezirken, d.h. jeder Bezirk hat entweder *nfuh* oder *samba* für die Männer, *njuh* oder *njang* für die Frauen und fast immer auch *pso'*, der von Männern sowie von Jungen ab sechs Jahren aufgesucht werden kann. Ist man einmal in einen Bund aufgenommen, hat man in alle "Clubhäuser" desselben Bundes Zutritt, d.h. man kann auch die Bundmitglieder anderer Bezirke, einschließlich die des Palastes, besuchen. Bis auf *pso'* haben alle diese Bünde nicht-erbliche Titel von hohem Prestige zu vergeben, die zur eigenen Distinktion sehr begehrt sind. Ebenso wie die Palastinstitutionen *nwarrong* und *ngirri* besitzen sie bundeigene Masken und geheime Instrumente, deren Geräusche im öffentlichen Maskentanz zum Einsatz kommen. Mit Ausnahme der Frauengesellschaften ist die Medizin ein Grundbestandteil aller Bünde, deren Kraft zu jeder "Sitzung" aufgeladen wird.

Medizin ist der wesentlichste Bestandteil der sakralen Institutionen, die die dritte Kategorie ausmachen. Sie sind das Privileg der *yamba*, auch wenn sie, wie im Fall des Bundes der Kriegsmedizin (*nkong*: Speer) und des Medizingartens der Regenpriester (*tu'*: Kopf), ebenso am Palast zu finden sind. Da die *ndfung* jedoch keine Erdherren sind, soll ihre Medizin im Vergleich zu der der *yamba* nur einen Bruchteil ihrer eigentlichen Kraft besitzen. Die bedeutendsten von den *yamba* dominierten Institutionen, wie die Gottesplätze von *nyuu ngong* (wörtl.: Gott der Welt), das *ndamngong* (wörtl.: Haus der Welt) sowie *shiringong* (wörtl.: Verschließer der Welt), sind ausschließlich im Besitz der Erdherren. *Nyuu ngong* wird im allgemeinen als die am höchsten stehende Gottheit beschrieben, die über die ganze Welt und das ganze Land wacht. Auf seinem Platz (*nzu nyuu*) versammeln sich Vertreter aller in einem bestimmten Bezirk lebenden Lineages, um unter Leitung des Erdherrn (*nwä nzu*) ein Opfer zu bringen. Das Opfer ist lineageübergreifend und steht in seiner Bedeutung daher über den Opfern auf *nyuu la'*, dem Gottesplatz der Lineageahnen. *Nyuu la'* (wörtl.: Gott des *compounds*, der Lineage) kann jede Lineage etablieren, unabhängig davon, ob sie Land besitzt oder nicht.[72] Das *ndamngong*-Gotteshaus ist eine Art Zusatzeinrichtung von *nyuu ngong* auf Klanebene. Es enthält zwar keinen höheren Gott als *nyuu ngong*, steht aber in der Hierarchie über seinen Plätzen, da es ein Ort ist, an dem sich die Vertreter aller *yamba*-Lineages versammeln und in dem auch ihre Ahnen als Transformationen in Erscheinung treten können.[73] Hier wie im weiter unten beschriebenen *shiringong*-Bund werden die wichtigsten Handlungen bei der Pflege der Beziehung zu den Ahnen und der Medizin von den Oberhäuptern bestimmter Lineages ausgeführt. Die Ämter sind erblich. Für die soziale Mobilität einzelner haben die sakralen Institutionen des Königtums damit nur ganz untergeordnete Bedeutung. Wichtig sind sie jedoch für das Prestige der Lineages und ihrer Oberhäupter. Konzentrieren sich nämlich viele Bünde und Gottesplätze in einer Lineage, wird sie als besonders alt und bedeutend eingeschätzt.

Erwartet man nun im Rahmen der Konstruktion einer "Wiya-Geschichte", über die Erzählungen zur Etablierung solcher sozialen Institutionen Genaueres über die Genese des Königtums zu erfahren, wird man enttäuscht. Ihre Geschichten sind mindestens ebenso widersprüchlich wie die Erzählungen, die die Entstehung des Königtums explizit zum Inhalt haben (Kap. 4). Aus der Verteilung der Bünde und Gottesplätze unter den Bevölkerungsgruppen läßt sich jedoch erkennen, daß die *yamba* oder zumindest einer der *yamba*-Klans als autochthon anzusehen sind. Damit entsprechen wohl auch die Behauptungen der *yamba*, einstmals (bis auf die *nwarrong*-Palastpolizei der *ndfung*) alle Bünde und Gottesplätze zuerst besessen und an die später einwandernden *yaku* und *ndfung* weitergegeben zu haben, noch am ehesten der historischen Realität.

Die Schwierigkeiten bei der Rekonstruktion der Vergangenheit gehen auf den Umstand zurück, daß sowohl die Bünde als auch die Gottesplätze bei den Wiya - wie auch in anderen Gesellschaften des Kameruner Graslandes - käuflich sind.[74] Hat man das anerkannte Recht (*nshir*) auf eine bestimmte Institution, spielt es für die Statusfrage keine Rolle, ob sie tatsächlich eingeführt wurde oder nicht. Ist eine Institution jedoch einmal etabliert, wird eifersüchtig über ihr Senioritätsverhältnis gegenüber dem Bund oder dem Gottesplatz gleicher Art und Ausstattung gewacht. Bei Einrichtungen, die früher einmal von weit her importiert wurden, bedeutet das lediglich, daß zu Beginn wichtiger, geheimer Zeremonien der Herkunftsort genannt werden sollte. Bei Verbreitungen innerhalb des Wiya-Königtums dagegen erwartet man, daß das Senioritätsverhältnis von den Mitgliedern des "zweitklassigen" Bundes nicht nur öffentlich zugegeben, sondern immer wieder bekräftigt wird. Oft bleibt diese Erwartung jedoch unerfüllt oder ihr wird sogar widersprochen, wenn diejenigen, die die Institution eben erst kopierten, einfach die Überlegenheit der eigenen Institution postulieren. Wo und wann bestimmte Bünde oder Gottesplätze zuerst existierten, ist also zwischen den *yaku* und *yamba* sowie auch unter den *yamba* selbst stark umstritten, denn beweisen läßt sich die Seniorität der eigenen Institution im nachhinein nur noch schwer.[75] Nur selten gibt es Indizien oder bestimmte Regelungen, die als Verweise dienen können. Im allgemeinen steht einfach Aussage gegen Aussage.

Gleiches gilt auch für die Geschichten über die mit den Bünden und Gottesplätzen direkt verbundenen Lineageoberhäupter. So geben etwa die Erzählungen über das Entstehen ihrer Titel keinen Aufschluß über historische Zusammenhänge oder interne politische Strukturen, da die Angaben dazu viel zu umstritten sind. Die Geschichtserzählungen lassen auch hier eher Rückschlüsse auf die jeweiligen Erzähler als auf die Genese des Königtums zu. Sogar die

Namen der Titel, durch die man auf die Entstehung derselben schließt, sind oft umstritten. Ob es also um den eigenen Titel, einen Bund oder Gottesplatz geht, seine Einführung und Etablierung projizieren die Erzähler möglichst weit in die Vergangenheit (bis nach Kimi) zurück, um von der Seniorität der eigenen Lineage gegenüber einer anderen zu überzeugen. Da der Status eines anderen dabei zwangsläufig erniedrigt wird, kommt es zum Streit, der seinerseits wiederum nicht ohne Auswirkung auf die entsprechende soziale Institution bleibt.

Um diese Dynamik (das Verhältnis von Geschichtserzählung - Konflikt - institutionelle Veränderung) etwas genauer zu veranschaulichen, habe ich im folgenden zwei Beispiele herausgegriffen. Bezogen auf den Identifikationsgrad der *yaku* und *yamba* sind die Beispiele entgegengesetzt und stehen gewissermaßen in Opposition zueinander. So ist für die *ndfung* und auch die landbesitzenden *yaku* die *nwarrong*-Palastpolizei die Institution mit dem höchsten Prestige. Als wichtigste Institution für die *yamba* bezeichnen die *yamba* von Klan A und auch von Klan B den *shiringong*-Bund. Wenngleich lediglich Klan A im Besitz von *shiringong* ist und nur seine Lineages die mit ihm verbundenen Aufgaben wahrnehmen, gilt er auch unter den Lineages von Klan B als Garant für die Erstbesiedlung des Landes durch die *yamba* und des damit verbundenen Rechts auf größtmögliche Autonomie innerhalb des Königtums.

Der Grad der Identifikation der *yamba* ist - anders gesagt - mit dem *nwarrong*-Bund (der *ndfung*) also am niedrigsten. Ebensowenig identifizieren sich die *yaku/ndfung* mit dem *shiringong*-Bund der *yamba*. Folglich gibt es hier keine gruppenübergreifenden Widersprüche in den Geschichtserzählungen, denn niemand erhebt Anspruch auf den Bund der jeweils anderen Gruppe. Debatten über den Ursprung und die Seniorität von *nwarrong* und *shiringong* existieren nur innerhalb des eigenen "Klans". Sie werden von diesem im Hinblick auf den jeweils anderen als äußerst unangenehm empfunden, da Uneinigkeit ein Zeichen von Schwäche und die eigene Schwäche letztlich die Stärke des anderen ist.

Der *nwarrong*-Bund

Nwarrong ist ein in mehrere Logen unterteilter Männerbund, dessen interne Schichtung durch die bauliche Anordnung seines innerhalb des Palastes gelegenen "*compounds*" deutlichen Ausdruck findet. Die zentrale Versammlungshalle (*ma nwarrong*: Mutter von *nwarrong*) steht allen initiierten Mitgliedern, also auch den zuunterst rangierenden *bo-nwarrong* (den Kindern von *nwarrong*) offen. Hier trifft man sich zu lockerem Gespräch sowie zu den *nwarrong*-internen Gerichtsterminen, bei denen Verstöße gegen *nwarrong*, d.h. zumeist gegen die gesetzten Tabus wie das *nkeng* oder das *lang-nwarrong*, verhandelt werden. Die einzelnen Logenhäuser dienen zur Aufbewahrung des logeneigenen *jujus* (der Medizin, der Masken und Kostüme). Eingang in eine Loge finden die *bo-nwarrong* erst nach Entrichtung einer neuerlichen Aufnahmegebühr und nach Absolvierung eines Initiationsrituals. Die höchste Loge (*ye-nwarrong*) ist dem *Fon* und den Hütern des königlichen Heiligtums vorbehalten. In dieser etwa einen Meter großen eisernen Doppelglocke (*kung nking*) soll sich die königliche Autorität manifestieren, weshalb ihr bei der Inthronisation des *Fon* besondere Bedeutung zukommt und ihre Konfiszierung bei der Unterwerfung der Unterkönigtümer neben der *kabra* (dem königlichen Thron) als unumgänglich erachtet wurde.

Die Wiya bezeichnen die *nwarrong*-Mitglieder gern als "Polizisten" oder "Soldaten des *Fon*", womit sie die von außen erkennbare Weisungsgebundenheit ihrer exekutiven Aufgaben zum Ausdruck bringen sowie auf ihre Loyalität gegenüber dem *Fon* als ihrem Mutterbruder verweisen. Von innen gesehen genießen die Bundmitglieder, von der königlichen Nachfolge ausgeschlossen, die Nähe und das Vertrauen des *Fon*. In der Abgeschiedenheit des *nwarrong-compounds* gilt der *Fon* zwar nicht ganz als gleicher unter gleichen, aber die Statusunterschiede zählen hier weniger als das persönliche Profil.

Als exekutive Kraft ist der Bund also eng mit den *ndfung* und im besonderen mit dem *Fon* und seinen *mchindap*-Schwestersöhnen verbunden. Widersprüchliche Geschichtserzählungen dazu sind für die Wiya eigentlich undenkbar. Aufgrund von Gewalttätigkeiten in der Vergangenheit und der anhaltenden Bedrohung, die von der *nwarrong*-Gesellschaft auch noch in der Gegenwart ausgeht, wollen weder die *yamba* noch die *yaku*-Erdherren mit dem Bund identifiziert werden. Aufgrund dessen erheben sie keinerlei Besitzansprüche und verfügen bezüglich seiner Anschaffung über keine eigenen Geschichten. Nach dem Verständnis der Wiya deutet ein Widerspruch, der von den *ndfung* selbst formuliert ist, auf eine tiefgreifende Krise innerhalb des Königshauses hin. Dies gilt erst recht, wenn ein solcher Widerspruch ausgerechnet aus den Reihen der getreuen *mchindap*, vom Hüter des *nwarrong*-Bundes selbst, kommt. Anhand des Fallbeispiels 1 werden die von Gewährsleuten angegebenen Erklärungen für die Hintergründe dieser als Skandal empfundenen Behauptung zu erläutern versucht. Es wird sich zeigen, daß dem eigentlichen Auslöser ein jahrelanger Konflikt vorausging. Der angestaute Ärger macht sich indirekt über den Umweg einer Geschichtserzählung Luft. Damit gibt diese Erzählung gleichsam ein Beispiel dafür, daß eine Geschichte bei den Wiya durchaus die Form einer spontanen, gefühlsbetonten Aussage annehmen kann, die über die Dauer eines persönlichen Streits keinen Bestand hat.

Mündliche Überlieferungen

Nach Aussage der *yamba* ist die *nwarrong*-Gesellschaft überhaupt der einzige Bund, den die *ndfung* nicht von den *yamba* übernahmen, sondern vor noch nicht allzu langer Zeit selbst anschafften.[76] Mit Ausnahme von *nwarrong* hätten die *ndfung* alle anderen am Palast eingeführten Institutionen, seien es nun die Prinzengesellschaft, die Kriegs- und Medizinbünde oder die Frauengesellschaften, von den *yamba* und von den landbesitzenden *yaku* kopiert.

Die Mehrzahl der *yaku* sind dagegen der Meinung, alle Bünde seien einst durch den *Fon* aus Kimi eingeführt worden. Nur im Falle der *nwarrong*-Palastpolizei räumen sie ein, daß ihre Anschaffung jüngeren Datums sein müsse.

Bis auf eine einzelne Gegenstimme sind sich auch die *ndfung* einig, daß die Initiative dafür vom *Fon* ausging. Eines Tages hätte er einen zuverlässigen *nshindap* beauftragt, sie aus Nso' zu holen. Welcher Ort es genau war, ist unklar. Die einen geben das Königtum Mbiame, die anderen Njottin an. Ausgerechnet der Amtsnachfolger dieses *nshindap*, Fai Ndziforba, bestreitet aber, vom *Fon* beauftragt worden zu sein. Sein "Vater" sei indessen - mit *nwarrong* im Gepäck - aus eigenen Stücken von Njottin ausgezogen und hätte sich unter den Wiya niedergelassen:

Fai Ndziforba: "Mein Vater brachte *nwarrong* aus Njottin mit, als er von dort auszog. Njottin ist ein kleiner Ort bei Kumbo mit einem eigenen *Fon*. Er kommt aus unserer Familie. (Er holt einen Stapel Fotos hervor und zeigt ein Bild dieses *Fon*. B.B.) ... Als vor langer Zeit ein neuer *Fon* in Njottin gekrönt wurde, gab es einen großen Streit. Mein Vater verließ den Ort, nahm den *juju* mit und ließ sich unter den Wiya nieder. Aus Dankbarkeit, hier bei ihnen wohnen zu dürfen, schenkte er seinen *juju* dem *Fon* von Ndu. Der *Fon* war sehr froh über das Geschenk und setzte meinen Vater dann als Verwalter von *nwarrong* ein. Schließlich war er ja auch der einzige, der mit den *jujus* umzugehen wußte."

B.B.: "Wo übergab er dem *Fon* denn den *juju*? Lebte der *Fon* zu der Zeit noch in Manji oder in Mbandfung oder schon hier in Siringwa?"

Fai Ndziforba: "Das ist zu lange her. Das kann ich nicht mehr sagen. Es war an irgendeinem dieser Orte. Bis heute bezeichnen wir uns jedenfalls noch als Leute von Njottin. Daher heißt auch unser *compound* Njottin. So bleibt es immer in Erinnerung, daß wir von woanders herkommen."

B.B.: "Seid Ihr dann also Fremde hier in Ndu?"

Fai Ndziforba: (Nach längerer Überlegung antwortet er:) "Ja, vielleicht kann man das so sagen. Allerdings gehen wir nie mehr nach Njottin zurück, auch nicht zu größeren Festen. Als mein Vater mit seinen Leuten den Ort verließ, schwor er, daß er nie mehr zurückkehren würde. Sicher hatte das mit dem Streit bei der Thronfolge zu tun, aber genau weiß ich das nicht. Jedenfalls besaß er diesen wichtigen *juju* und hätte eigentlich sein eigenes Königreich gründen können, wenn er mehr Leute gehabt hätte. So aber schloß er sich dem *Fon* von Ndu an. Dieser *Fon* war gerade dabei, sein Königreich aufzubauen und besaß dafür noch keine *nwarrong*. Als mein Vater ihm dann die *nwarrong*-Gegenstände schenkte, krönte ihn der *Fon* zum *fai* und unterstellte ihm den *nwarrong*-Bund zur Aufsicht." (24.10.85)

Erst während eines späteren Interviews gab es zur Frage des Zeitpunktes der Übergabe der *nwarrong*-Attribute doch noch einen genaueren Hinweis.

Fai Ndziforba: "Ich weiß nicht, wie viele vor mir schon in meinem Amt waren. Ich kann mich nur an den Namen des Vaters erinnern, der von Njottin hierherkam. Er hieß Kimbang Nji. Dieser Mann übergab die *nwarrong* dem *Fon*."

B.B.: "Deutet der Name nicht darauf hin, daß es zu seiner Zeit schon Kontakte zu Weißen gegeben hat? Kann es nicht sein, daß man ihn Kimbang (*lb.*: Weißer) nannte, weil zur Zeit seiner Geburt vielleicht die ersten Weißen hierher kamen?"

Fai Ndziforba: (Lachen) "Das habe ich mir noch nicht überlegt. (Pause) Aber das könnte tatsächlich so gewesen sein." (9.11.85)

Bei der Überprüfung der Aussage von Fai Ndziforba reagierten die Befragten zum Teil sehr ärgerlich. Sie wollten unbedingt wissen, wer mir denn solch eine ungeheuerliche Lüge erzählt hätte. *Nwarrong* wäre eine Gesellschaft des *Fon*, daran gebe es überhaupt nichts zu deuteln:

"Das ist eine Lüge! Eine große Lüge! Fai Ndziforba ist ein echter *yaku* und wer etwas anderes behauptet, ist ein großer Lügner. *Fai* siedelte längere Zeit in Njottin, um *nwarrong* für den *Fon* zu holen. Als er zurückkam, war er im Besitz von sehr starker Medizin und konnte deshalb nicht mehr am selben Ort wie der *Fon* wohnen. Aus diesem Grund siedelt er auch noch heute jenseits des kleinen Wassers in Njifa." (Ta Shey Noa, 14.1.86)

Erläuterungen

Der Besitz des *nwarrong*-Polizeibundes ist in den Erzählungen der Wiya ein unumstrittenes Recht (*nshir*) der *ndfung*. Weder die *yamba* noch die landbesitzenden *yaku* melden hier irgendwelche Urheberrechte oder Ansprüche an, sondern akzeptieren die Behauptungen der *ndfung*, *nwarrong* aus eigenen Motiven und eigenen Mitteln angeschafft und eingerichtet zu haben. Es gibt aus historischer Perspektive keinen Grund, an diesen einstimmigen Angaben zu zweifeln. Gleichermaßen scheint die Vermutung, der Bund könnte frühestens zur Zeit der deutschen Kolonialzeit erworben worden sein, durchaus der historischen Realität zu entsprechen. Denn erst zu jener Zeit nahmen die Kriege ein Ende und die Etablierung von Königtümern wurde möglich. An nahezu allen Palästen der Umgebung sowie bei einflußreichen Oberhäuptern großer Lineages führte man jetzt den Polizeibund ein. Bald wurde er neben der *ngirri*-Prinzengesellschaft zu einem Hauptmerkmal königlicher Würde und Autorität.

Nach Aussagen der *yamba* beabsichtigten die *ndfung* gleich zu Beginn der Einführung von *nwarrong*, ganz bewußt Ängste vor der Institution zu schüren und ihr damit Respekt zu verschaffen. So sorgten sie angeblich für die Verbreitung von Nachrichten aus Nachbarkönigtümern, wonach es bei der Einführung der bundeigenen Medizin zu einem regelrechten Massensterben unter der jeweiligen Bevölkerung kam.[77] In Ndu geschah das zwar nicht, aber auch hier bedienten sich die *ndfung* eines Menschenopfers, um dem Heiligtum der Gesellschaft (*nking*, Doppelglocke) mit dem Blut eines Sklaven Kraft zu verleihen (Fai Ndimbie, 6.12.85). Auch heute ist man noch der Meinung, daß Furcht immer eine notwendige Voraussetzung für Respekt ist, und die *nwarrong*-Gesellschaft nur gefürchtet werden kann, wenn sie von einem Geheimnis umgeben ist. Darum halten die *ndfung* nicht nur alle internen Vorgänge der *nwarrong* streng geheim, sondern verbergen im Unterschied zu anderen Königtümern des Graslandes sogar die Gebäude des Bundes hinter den öffentlichen Anlagen des Palastes. Ebenfalls versteckt ist die Identität ihrer "Polizisten". Ihre Bereitschaft zur Gewalt demonstriert die uniforme Maskierung, die das Tragen von Knüppeln und Peitschen vorschreibt.[78] Aber auch die Methoden, mit denen die Maskierten vorgehen, empfinden die Wiya als äußerst bedrohlich. Unnachgiebig und mitleidslos läßt sich das Verhalten der Maskierten beschreiben, wenn sie zum Beispiel Kompensation in einem Streitschlichtungsverfahren fordern oder Drückeberger zu Gemeinschaftsarbeiten zwingen.

Der anhaltende Respekt der Wiya vor diesem Bund begründet sich also zum einen über seine sakrale Autorität. Die Anonymität der Maskenträger unterstreicht den religiösen Charakter der Masken, die, "aufgeladen" durch Medizin, nunmehr eine eigene Persona besitzen. Gleichzeitig ist die Furcht vor den Masken auch sehr konkret, da man sich noch lebhaft an zahlreiche gewalttätige Übergriffe erinnert. Sogar die *nwarrong*-Mitglieder selbst leugnen die einstmalige Bedrohung des Bundes für die Bevölkerung nicht grundsätzlich. Sogar einer der höchsten *nwarrong*-Mitglieder, Ta Shey Noa (14.1.86), räumt ein, daß es beispielsweise Beschlagnahmungen gegeben habe, und sich die *nwarrong* gleichzeitig vorbehielt, sehr streng gegen Gesetzesbrecher vorzugehen. Nicht nur Hexerei, sondern auch Diebstahl wurden mit dem Tod bestraft. Im Laufe der Zeit wuchs die Furcht der Wiya vor den *ndfung* derart, daß sie schworen, niemanden mehr von ihnen zu heiraten. Man hoffte nicht nur, kleinere Straftaten auf diese Weise vor den *ndfung* und damit vor *nwarrong* besser geheimhalten zu können. Es gab darüber hinaus auch ein Gesetz unter den Wimbum, das die Ehe zwischen verfeindeten Gruppen, die einander einmal getötet hatten, verbietet.[79] Da die *ndfung* beinahe mit allen Nachbarvölkern Kriege geführt

hatten, bedeutete dieser vor allem von den *yamba* getroffene Entschluß, daß
die *ndfung* ihre Ehefrauen praktisch nur noch von den *yaku* beziehen konnten.
Das behinderte die Bevölkerungsentwicklung am Palast beträchtlich. Schon
bald gab es viele Junggesellen unter den *ndfung,* und auch der *Fon* hatte einen
Mangel an Ehefrauen. Angesichts solcher Probleme bediente sich der *Fon* der
nwarrong-Gesellschaft, um Frauen mit Gewalt herbeizuschaffen. Aus Angst vor
Mädchenentführungen hielten nun auch die *yaku* ihre Töchter vor den *ndfung*
versteckt und versuchten sie oftmals mit Hilfe einer List vor ihrem Zugriff zu
bewahren.

Dennoch führte der Frauenmangel am Palast im Laufe der Zeit zu solch
einem Bevölkerungsverlust, daß die königliche Lineage Macht und Ansehen
unter den anderen Wiya-Gruppen und den Nachbarkönigtümern nur noch
schwer behaupten konnte.[80] In ihrer Not führten die *ndfung* Heiratsregeln ein,
die es ihnen erlaubten, untereinander zu heiraten. Ihre Töchter mußten auf die
Ehe außerhalb der eigenen Lineage verzichten, um die Lineage der *ndfung* zu
vergrößern. Andernfalls, nach Zahlung eines Brautpreises, hätten ihre Kinder -
gemäß patrilinearer Erbfolgeregelung - der Lineage ihrer Väter angehört.
Dank einer Medizin, die erst der jüngst verstorbene *Fon* aus Ntem eingeführt
haben soll, konnten die Junggesellen der *ndfung* endlich Ehen mit verfeindeten
Gruppen schließen (Ta Shey Noa, 14.1.86). In jedem Einzelfall muß aber bis
heute ein Opfer (*tangshir*) zum Schutz der Gesundheit der Kinder dargebracht
werden. Wird beispielsweise eine Heirat in eine Lineage der *yamba* beschlossen, enthält die Opferzeremonie das Versprechen der *ndfung*-Ältesten, daß
nwarrong nicht mehr tötet und die *yamba* ab sofort wie ihre eigenen Leute
behandelt.[81]

Der *nwarrong*-Bund ist also deutlich an die Autorität des *Fon* geknüpft. Es
ist der Bund der *ndfung* bzw. der Schwestersöhne (*mchindap*) des *Fon*. Die
Söhne des *Fon* (*bonkfu*) und deren Nachkommen haben hier keinen Zugang,
sie sind *ngirri*-Mitglieder. Die in der *nwarrong*-Gesellschaft organisierten *mchindap* sind von der Nachfolge auf das königliche Amt selbst ausgeschlossen,
wählen aber den Erben aus und inthronisieren ihn. Aus ihrer Mitte sucht sich
der *Fon* seine engsten Berater, denn von ihnen hat er keine nervenaufreiben-
den Intrigen und Konkurrenzkämpfe zu erwarten. Die *mchindap* sind seine
treuesten Untergebenen, da sie als vaterlose Söhne seiner Schwestern zu ihm
zählen wie seine eigenen. So wie der *Fon* persönliche Aufopferung von den
mchindap verlangen kann, ist ihnen umgekehrt seine Fürsorge sicher, die in
einigen Fällen auch ihre vollständige finanzielle Versorgung umfaßt. Die am
engsten mit dem *Fon* und der *nwarrong*-Gesellschaft verbundenen Titel sind
shey nwarrong und Fai Ndizforba. Der *shey*, ein *nchindap*, wird bereits im Alter
von etwa fünf Jahren für mindestens sieben Jahre zum Dienst an den Palast
geholt, lebt während dieser Zeit innerhalb der Palastumzäunung und darf nur

unter einer Maskierung herauskommen, die seinen Körper vollständig ver-
deckt.[82] Auch Fai Ndziforba, der zweite Titel, hat in der Öffentlichkeit hohes
Ansehen. Er verbringt zwar seine Kindheit zu Hause und nicht auf dem *nwarrong*-Gelände, ist aber dafür nach der Übernahme des Titels für den Rest
seines Lebens dem Palast verpflichtet. In allen die *nwarrong* betreffenden
Fragen wendet man sich an ihn, da er kraft seines Amtes der Hüter des Bundes ist und nach Meinung der *yaku* auch derjenige war, den der *Fon* früher
einmal ausschickte, um die *nwarrong*-Gesellschaft aus Mbiame oder Njottin
nach Ndu zu importieren. Daß der Herkunftsort umstritten ist, mag zum einen
dadurch begründet sein, daß die bundeigenen Instrumente tatsächlich aus
unterschiedlichen Ortschaften stammen. So stockte man bei der Inthronisation
des gegenwärtig regierenden *Fon* die Bestände mit Schnitzereien aus Babungo
weiter auf. Zum anderen ist es aber auch gut möglich, daß vielen der Herkunftsort wegen der strengen Geheimhaltung aller *nwarrong* betreffenden
Angelegenheiten einfach unbekannt ist. Sie assoziieren ihn infolgedessen
einfach mit dem Namen des Gehöfts von Fai Ndziforba.

Unwissenheit ist jedoch im Falle von Fai Ndziforba sicher nicht der Hintergrund für dessen eigene Aussage. Wie oben zitiert, gibt auch er Njottin als
Herkunftsort von *nwarrong* an und behauptet darüber hinaus sogar, daß seinem
angeblich aus Njottin stammenden Amtsvorgänger der Bund ursprünglich allein
gehört hätte. Wenn dessen Gefolgschaft damals größer gewesen wäre, hätte er
damit sogar ein eigenes Königreich gründen können. In diesem Fall hätte es
keinen Anlaß gegeben, den Bund, d.h. die Utensilien und das Wissen des
Bundes, dem *Fon* von Ndu zu übergeben.

Um zu verstehen, was Fai Ndziforba zu dieser allen *yaku* und *yamba* widersprechenden Auskunft motiviert haben könnte, besprach ich seine Stellungnahme mit drei vertrauten Gewährsleuten, deren Einsicht mich schon des öfteren
vor falschen Schlüssen bewahrt hatte. Unabhängig voneinander warnten sie
davor, anderen in Ndu von den "haarsträubenden" Behauptungen des *fai* zu
erzählen, da dies zu unnötigen Mißverständnissen führen würde. Die Aussage
des *fai* sei keineswegs wörtlich zu nehmen und in dieser Weise vom *fai* selbst
auch gar nicht ernst gemeint. Statt dessen müsse sie als eine spontane, gefühlsbetonte Äußerung verstanden werden, die er selbst mit Sicherheit entschieden
bestreiten würde, sobald sein momentaner Konflikt mit dem *Fon* beigelegt
wäre. Fai Ndziforba wäre seit seiner Jugend, als er den Thron vor nunmehr
dreißig Jahren bestieg, einer der wichtigsten "Pfeiler" des Palastes und hätte
seine Pflichterfüllung gegenüber dem *Fon* immer über seine persönlichen
Bedürfnisse gestellt. Es könne also gar keine Rede davon sein, daß er die
Macht des *Fon* in irgendeiner Weise in Frage stellen wolle, wie manche es
angesichts seiner jüngsten Behauptungen vielleicht annehmen könnten.

Die folgenden Ausführungen versuchen die Erklärungen der Gewährsleute
zu erläutern und dementsprechend nachvollziehbar zu machen. Sie geben ein
Beispiel dafür, daß es ganz spontane, gefühlsbetonte Veränderungen von
Geschichten bei den Wiya gibt. Um solche emotional bestimmten, bewußt
provokanten Geschichten nachzuvollziehen, reicht es nicht aus, allein den aus-
lösenden Konflikt zu beschreiben. Es ist vielmehr auch der Hintergrund zu
beleuchten, auf den der konkrete Anlaß fiel. Im Falle der kühnen Behauptung
von Fai Ndziforba, einst alleiniger Eigentümer von *nwarrong* gewesen zu sein,
bedeutet dies, sein Verhältnis zum *Fon* zumindest ansatzweise zu untersuchen
und jene zum Konflikt führende Vorgeschichte aufzuzeigen, die ihren Anfang
schon vor den Krönungsfeierlichkeiten des Königs nahm.

Fallbeispiel 1: Fai Ndizforba und der Streit um die Modernisierung der Palast-
verwaltung

Fai Ndziforba steht dem *nwarrong*-Bund seit nunmehr dreißig Jahren vor. Man
sagt, er sei öfter am Palast als der *Fon* selbst. Früher soll seine "Dienstzeit"
bereits um sechs Uhr begonnen und erst nach Sonnenuntergang, wenn die
letzten Besucher gegangen waren, geendet haben. Heute ist er wegen des deutlich reduzierten sozialen Lebens am Palast nicht mehr ganz so eingespannt,
doch betrachtet er sein Engagement für den *Fon* noch immer als Lebensaufgabe. Regelmäßig ist er beim *traditional council* zugegen und gehört auch
meistens der Gruppe an, die einen Streitfall gegebenenfalls vor Ort untersucht.
Solche Expeditionen unternimmt er zumeist in Begleitung einiger *bo-nwarrong*,
wenn sie im Rat beschlossen oder vom *Fon* befohlen wurden. Anlässe dafür sind
vor allem größere Diebstähle, Hexereifälle oder andere plötzlich aufgetretene
Vorkommnisse, die zur Beruhigung der Bevölkerung die Präsenz von *nwarrong*
notwendig machen.[83] Eine Expedition führt *nwarrong* auch dann durch, wenn
Gesetze und bestimmte im Rat diskutierte Beschlüsse erzwungen werden
müssen. Auch hier ist es Fai Ndziforba, der sich um die größtenteils wenig
angenehme Durchführung des Unternehmens zu kümmern hat.

Abgesehen von dem Respekt, den die Wiya ihm aufgrund seiner Stellung
entgegenbringen, erhält er für seinen Einsatz jedoch keine direkte Entlohnung
vom Palast. Um sich erkenntlich zu zeigen, steckt ihm der *Fon* Geschenke
unbestimmter Größe zu. Geldgeschenke gibt es nur selten und unregelmäßig, so
daß z.B. das Schulgeld für die Kinder nicht aufgebracht werden kann. Eine Art
Bezahlung gibt es nur von außerhalb, wenn für bestimmte Lineages Leistungen
erbracht werden. So erhält der *nwarrong*-Bund für einen Eingriff zur Durchsetzung des Erbrechts etwa eine Ziege, ein Huhn und mehrere Kalebassen
Raffiawein. Dieser Ertrag wird im *nwarrong*-Gehöft unter den an der Expedition Beteiligten aufgeteilt, wobei der *Fon* und andere anwesende Mitglieder
ebenfalls Anteile erhalten.

Seit der Amtsübernahme des gegenwärtigen *Fon* im Jahre 1982 sieht sich Fai Ndziforba - ebenso wie alle anderen Amtsinhaber am Palast - mit einem Regierungsstil konfrontiert, der bereits zahlreiche Konflikte verursachte und sein persönliches Verhältnis zum regierenden *Fon* beständig eintrübte. Die durch die Berufstätigkeit hervorgerufene Doppelbelastung des *Fon* führte zu einer Reihe negativer Begleiterscheinungen, wobei die wohl unangenehmste Folge war, daß er traditionelle Aufgaben wie das Abhalten von Audienzen heute praktisch nur noch zu Schulferienzeiten wahrnehmen kann. Nach und nach führte seine häufige Abwesenheit schließlich dazu, daß der Palast seine Bedeutung als Nachrichten- und Kommunikationszentrum einbüßte.

Um ein effektiveres und weniger zeitaufwendiges Arbeiten bei den Regierungsgeschäften zu ermöglichen, "modernisierte" er soziale Institutionen wie das *traditional council* und das *Ndu-Town Development Committee*. Besonders mit der Umstrukturierung des *traditional council* schränkte sich die soziale Kommunikation unter den Ältesten der Wiya immer weiter ein. So erinnert diese Einrichtung heute weniger an einen traditionellen Rat als an ein Palast-Gericht, was von den Wiya zunehmend als Verlust empfunden wird. Seine Entstehung geht auf die britische Kolonialzeit zurück und entwickelte sich zu einem sozialen Ereignis für die dem *Fon* direkt unterstellten Wiya-Gruppen. Jedermann hatte Zugang und Mitspracherecht. In der Praxis zeigte sich aber bald, daß durch die Vielzahl divergierender Meinungen einmütige Lösungen nur schwer zu erzielen waren. Um Abhilfe zu schaffen, ordnete der gegenwärtige *Fon* bald nach seiner Amtsübernahme im Einvernehmen mit der Mehrzahl der Wiya eine Neuorganisation des Rates an und führte ein Rotationsverfahren der Räte ein.

Um den "sozialen Wandel" so schnell wie möglich voranzutreiben, geht der *Fon* nun seit geraumer Zeit dazu über, die Ältesten (*fais*, *kibais*), die Palastbediensteten und andere Titelträger, die vormals die Elite des Königtums bildeten, bei der Planung einfach zu übergehen. Für ehrgeizige Vorhaben wie die Etablierung verschiedener Entwicklungsprojekte benötigt er Leute mit "modernen Qualitäten". Gemeint sind die sogenannten *modern elites*, d.h. solche Wiya, die über Bildung, berufliche Stellung und über persönliche Kontakte zu modernen Institutionen oder zu entsprechenden "Schlüsselpersönlichkeiten" verfügen. Allein von diesen verspricht er sich Erleichterungen zum beschleunigten Wandel. Das unter dem alten *Fon*, Nformi, gegründete *Ndu-Town Development Committee*, das sowohl von Geschäftsleuten und Staatsdienern als auch von "traditionellen" Oberhäuptern wie Fai Ndziforba gebildet wurde, hatte die Aufgabe, die mit bestimmten Einzelprojekten (z.B. Straßenbau, Hausbau, Markt, Schule, Wasser etc.) betrauten Arbeitsgruppen zu koordinieren. Der *Fon* hielt das Komitee mit seinen zahlreichen Mitgliedern unterschiedlicher sozialer Herkunft für allzu unflexibel. Folglich beruft er es einfach nicht mehr ein. Übriggeblieben sind lediglich die Arbeitsgruppen, die jedoch heute nicht mehr an das Komitee, sondern nur noch direkt an den *Fon* weisungsgebunden sind.

Auch diese Umstrukturierung zieht eine Reihe von Konsequenzen nach sich. Abgesehen von der nunmehr fehlenden "Stadtplanung" veränderte sich das soziale Klima unter den Wiya. Dadurch nämlich, daß es jetzt nur der "modernen

Elite" vorbehalten ist, die Entwicklung des Landes zu verwirklichen, vergrößert sich die Kluft zwischen der "modernen" und der "traditionellen" Elite auch innerhalb der *ndfung* immer mehr. Ehemals wichtigste Assistenten des *Fon* wie Fai Ndziforba verlieren zunehmend an Einfluß und Bedeutung. Andere wie eine Reihe von Lehrern, Geschäftsleuten, Parteigängern und Regierungsbeamten, die traditionell nur untergeordneten Status besitzen, steigen auf, wenn sie den *Fon* davon überzeugen, nützlich und effektiv für den Fortschritt zu sein. Von außen betrachtet fällt die sich daraus ergebende neue Machtverteilung kaum auf, erhalten doch jetzt auch die "Modernen" nach und nach lokale Titel und Ämter, die vor allem in den zahlreichen Kriegs- und Jagdbünden (*nfuh* und *samba*) erworben werden können.

Die Einführung solch neuer Kriterien ist für die zu *fai* gekrönten Familienväter der *ndfung*, die beispielsweise wie Fai Ndziforba nahezu alle Analphabeten sind, besonders bitter. Schließlich speist sich ihre Autorität gegenüber den *yamba* und landbesitzenden *yaku* aus ihrer Zugehörigkeit zum Palast und dem daraus zu erwartenden politischen Einfluß. Der Anteil an der Macht war es auch, aus dem sie ihre Selbstachtung bezogen, denn im Unterschied zu den Lineageoberhäuptern der *yamba* und *yaku* sind sie in rechtlicher und ritueller Hinsicht dem *Fon*, ihrem Lineageoberhaupt, unterstellt. Anders als früher, als sie die Gelegenheit hatten, sich im Krieg zu bewähren und zusammen mit dem *Fon* die Regierungsgeschäfte des Königtums erledigten, ist ihre Funktion heute eher auf die eines Dieners reduziert. Ihre Kinder gehören dem *Fon*, womit das lineageinterne Autoritätsverhältnis eindeutig ausgedrückt ist. Wenn die *yamba*- und *yaku*-Lineageoberhäupter - wie sie es häufig tun - ihren Status gerade wegen dieser mangelnden Autorität bestreiten und ihnen allenfalls einräumen, nach dem Status eines *kibai* und dem eines gewöhnlichen Lineage-oberhaupts höchstens ein drittklassiger *fai* zu sein, ist das heute wohl sehr verletzend. Böse Zungen behaupten sogar, daß zum Erben eines *fai*-Titels bei den *ndfung* heute nur noch diejenigen ausgewählt werden, die es aufgrund mangelnder Bildung und persönlicher Schwäche außerhalb des Palastes ohnehin zu nichts gebracht hätten. Kein Wunder, so die Meinung mancher aus dem modernen Lager aufgestiegenen königlichen Ratgeber, daß der *Fon* solche Leute, für die das Beschaffen von *mimbo* (Pidgin: alkoholische Getränke) von primärem Interesse ist, nicht ernsthaft an der Macht beteiligen kann!

Natürlich gelten nicht alle Titelträger bei den *ndfung* als derart schwach oder resigniert. Es gibt auch noch andere, die versuchen, sich zu behaupten, und aufgrund gegensätzlicher Ansichten im Streit mit dem *Fon* und dessen Fürsprechern liegen. Die Kritik an den Modernisierungen richtet sich nicht prinzipiell gegen die Pläne des *Fon*, sondern gegen die Härte und Ausschließlichkeit, mit der er diese verfolgt.

Die Sanktionen des *Fon* im Umgang mit seinen Widersachern bekommen erstmals auch die *mshindap* zu spüren. Auch Fai Ndizforba traf eine von den *ndfung* als schwere Kränkung empfundene Behandlung, die den konkreten Anlaß für sein Zerwürfnis mit dem *Fon* bildet. Der Grund ist ein Landkonflikt. Wie in Kapitel 4 noch genauer ausgeführt, verfügen die *ndfung* in Ndu über kein eigenes Land. Darüber hinaus ist das Gebiet, das ihnen von mehreren *landlords* zur Verfügung gestellt wurde, derart klein, daß sie sich zur Feldarbeit bis nach Masu, an den äußersten Rand des Königtums, begeben müssen. Das Gehöft von Fai Ndziforba befindet sich in der Nähe des Palastes auf dem Land des *yamba*-Erdherrn Fai Njiladumbi (Njifa), der auch das direkt angrenzende Gelände der alten Koranschule zur Verfügung stellte. Inzwischen ist die Schule jedoch auf ein größeres Gebiet umgezogen und das Grundstück zur weiteren Nutzung frei geworden. Fai Ndziforba spekuliert schon seit langem damit, das Land seinem eigenen zuzuschlagen und das Gehöft auf diese Weise erweitern zu können. Der *Fon* hat dagegen den Plan, das Land dem ebenfalls angrenzenden *health center* zur Verfügung zu stellen. Über diesen Interessenskonflikt kam es zum Streit, woraufhin der *Fon* das Land mit einer *nkeng*-Pflanze tabuisieren ließ.[84] Es gab wohl niemanden, der das Erstaunen und die Empörung des *fai* nicht hätte nachvollziehen können. Schließlich ist doch dieser *fai* selbst derjenige, der als Hüter des *nwarrong*-Bundes die Einhaltung von Gesetzen erzwingt und auch entsprechende Maßnahmen ergreift, wenn gegen das *nkeng*-Tabu verstoßen wird. In einem solchen Fall präpariert er das sogenannte *lam nwarrong* mit starker, angeblich tödlicher Medizin und pflanzt es anstelle des *nkeng* auf. Abgesehen davon, daß es demnach absurd erscheint, ein *nkeng* gegen Fai Ndziforba einzusetzen, hält man es für unfair, daß sich der *Fon* eines solchen Mittels bedient. Schließlich ist er doch selbst in den Konflikt verwickelt. Für Fai Ndziforba war diese neuerliche Mißachtung der Tradition jedenfalls Anlaß genug, den *Fon* einmal zur Rede zu stellen. So soll es einen heftigen Streit zwischen den beiden im *nwarrong-compound* gegeben haben.[85] Nach Aussage mehrerer Augenzeugen gipfelten die gegenseitigen Beschimpfungen darin, daß Fai Ndziforba dem *Fon* angedroht haben soll, den Palast zusammen mit den *nwarrong*-Attributen zu verlassen und sich irgendwo anders niederzulassen. Dem soll der *Fon* entgegnet haben, daß er das gar nicht könne, da die Übergabe von *nwarrong* ein Pakt zwischen den Vätern gewesen wäre und dem *fai* nichts als die Aufsicht darüber geblieben sei.

Die eingangs hinterfragte Aussage von Fai Ndziforba, einst alleiniger Besitzer von *nwarrong* gewesen zu sein, ist daher aus der Perspektive dieser gegenseitigen Anpassungsschwierigkeiten zu betrachten. Der Ärger über das *nkeng*, das der *Fon* im Streit mit ihm errichtet hatte, brachte sozusagen das "Faß zum Überlaufen". Genau in diese Zeit der offenen Auseinandersetzung fiel zufällig auch der Termin des Interviews mit Fai Ndziforba. In einer Stimmung größter Empörung distanzierte sich der *fai* vom *Fon*, der ihm plötzlich als sein persönlicher Widersacher erschien.

Die Ansicht der Gewährsleute, daß seine kühne, allen Wiya widersprechende Behauptung über den Ursprung von *nwarrong* in dieser Situation bewußt provozieren sollte und demzufolge nur als spontane, vorübergehende Gefühlsäußerung zu werten ist, erscheint nunmehr nachvollziehbar. Ihrer Meinung nach ist es undenkbar, daß der *fai* über den aktuellen Streit hinaus auf seiner Äußerung beharrt. Es sei vielmehr anzunehmen, daß er diese Aussage eines Tages - mit der Beilegung des Konflikts - dementieren werde.

Die "mündlichen Überlieferungen" der Wiya sind inhaltlich also durchaus von aktuellen Konflikten und spontanen Gefühlen des Erzählers abhängig. Ist der Ärger verflogen, der Konflikt beigelegt, wird auch der Widerspruch zurückgenommen und der Erzähler verteidigt wieder die Interessen seiner Gruppe. Fraglich ist allerdings, welche Spuren die Erzählungen bis dahin hinterlassen, d.h. zu welchen Auswirkungen sie führen und welche Geschichten sie ihrerseits wiederum verändern.

Der Wandel des sozialen Lebens bleibt nicht ohne Folgen für die Erzähler und ihre Geschichten. Hier sind die Erzählungen, wie letztlich alle in den Fallbeispielen aufgegriffenen individuell veränderten Geschichten, abgesehen von ihrer Wirkung, die der Erzähler beim Gesprächspartner beabsichtigt, selbst eine Folge bestimmter Entwicklungen und Konflikte. Fraglich ist, ob solche Geschichtserzählungen tatsächlich etwas bewirken, d.h. ob sie ihrerseits die soziale Ordnung und ihre Institutionen wirklich spürbar verändern.

Der *shiringong*-Bund

Shiringong bedeutet in Limbum: die Welt verschließen. Anders als bei den meisten Bünden der Wiya wird der Name *shiringong* für die ganze Breite der Erscheinungsformen genutzt. So ist *shiringong* für die Wiya ein Bund, eine Medizin, ein *juju* (alle verwendeten Utensilien) und eine streng geheime Zeremonie. Von außen betrachtet stellt er jedoch zuerst einmal einen Geheimbund dar, der mit Hilfe von *bad medicine (nshep)* und einem *bad juju (mshep,* pl. von *nshep)* Hexerei unter den Wiya bekämpft und die Grenzen zu den Nachbarkönigtümern so verschließt, daß nichts Schlechtes von außen eindringen kann.[86]

Shiringong gibt es bei den *yamba* in zwei verschiedenen Bezirken: in Ngojirt *(yamba)* und Njifa *(yamba)*. Beide *shiringong*-Orte der *yamba* gehören einem Bund von sieben ausgewählten Männern dreier Lineages des autochthonen *yamba*-Klans (A). Maßgeblich ist zwar der jeweilige Landesherr der Orte, jedoch "trinken" bzw. besuchen die Bundmitglieder die heiligen Orte vorzugsweise gemeinsam. Innerhalb des Bundes bilden die Mitgliedergruppen eine Hierarchie. Die höchsten unter ihnen sind die Oberhäupter der drei Lineages: Fai Ngakfumbe (Ngojirt), Fai Njiladumbi (Njifa) und Fai Njilanjeng (Mukop).[87] Trotz der Sitzordnung im "heiligen Hain" als sichtbares und unverrückbares Zeichen ihrer Gleichrangigkeit ist gerade ihre Rangordnung, wie unten zitiert, heftig umstritten.

Voraussetzung für die Aufnahme bei *shiringong* ist eine langjährige Mitgliedschaft bei *pso'*, einem Bund, der früher einmal die Funktion gehabt haben soll, Knaben zu initiieren. Die heiligen Instrumente und die Medizin von *pso'* werden in einem Haus oder einer Art Stauraum namens *nko'* aufbewahrt. Dort befindet sich in Ngojirt und Njifa auch der *juju* von *shiringong* - hinter einem Bambusvorhang vor den Augen Nicht-Initiierter versteckt. Die Mitglieder, die sich allwöchentlich treffen, um *pso'* und *shiringong* zu "trinken", versammeln sich nicht im *nko'* selbst, sondern auf einem davor gelegenen, hinter Büschen versteckten Platz im heiligen Hain (*kop nyuu*).

Im Unterschied zu anderen Bünden, deren *jujus* zu bestimmten Zeiten in der Öffentlichkeit präsentiert werden, bleiben die Attribute von *shiringong* immer im Verborgenen. Lediglich die zurückgelassene Medizin, die noch Wochen später an bestimmten Wegekreuzungen zu finden ist, zeugt von seinen nächtlichen Umzügen. Der Zeitpunkt eines solchen Umzugs wird durch den Palast von Ndu verkündet, und gleichzeitig wird eine Ausgangssperre über den gesamten Ort verhängt. Durch lautes Rufen wird die Prozession von einem *shiringong*-Priester angekündigt. Man warnt die Leute davor, in dieser Nacht auszugehen, denn derjenige, der *shiringong* den Weg kreuzt, muß unweigerlich sterben.[88] Die Kraft von *shiringong* sei so gewaltig, daß drei ganze Wochen nach den Umzügen keine Feldarbeit geleistet werden darf. Der Boden ist sozusagen wund und braucht einige Zeit, um sich zu regenerieren. Dennoch werden die Arbeiten auf den Feldern durch *shiringong* nur unwesentlich gestört. In der Regel finden die Umzüge nur einmal im Jahr ungefähr Mitte März nach der Aussaat und dem Pflanzen statt. Zu dieser Zeit sollen besonders viele Hexen versuchen, die Saat zu verderben. Ein zweites Mal kommt *shiringong* nur auf Verlangen des *Fon* und der Bevölkerung heraus. Dies geschieht zumeist in der Regenzeit, wenn die Hexen besonders aktiv sind und es die meisten Krankheiten gibt. Hexen sind für die Wiya eine alltägliche Realität und die größte Bedrohung in ihrem Leben überhaupt. Ihrer Ansicht nach lauern sie überall, stets bereit, sich auf ihre Opfer zu stürzen, wenn diese irgendwelche moralischen Fehler (*faa*) begehen. Beinahe noch gefährlicher als die individuellen Hexen sind die sogenannten *kupe*-Gesellschaften, die wahllos die Verwandten ihrer Mitglieder in Ziegen verwandeln und als Festschmaus verspeisen. Ebenso unberechenbar sind jene Hexen, die, in starke Winde transformiert, vom Hexenmarkt (*ntatfu*) des Njinjong-Berges fliehen. Sie reißen die Dächer von den Häusern, entwurzeln größere Pflanzungen oder erschlagen gar Menschen mit Ästen. Solchen unabsehbaren Gefahren vorzubeugen, ist nur mit *shiringong* möglich, denn sich individuell mit Medizin zu schützen, hält man für äußerst riskant. Schließlich könnte sich eine Hexe derart über die Medizin ärgern, daß sie einen erst recht als Opfer auswählt. Gegen *shiringong* jedoch kann auch die stärkste Hexe nichts mehr ausrichten. Darum hält man *shiringong* für den Friedensbringer schlechthin. Erst wenn sein bezirksübergreifender Umzug beendet ist, können sich auch die übrigen Erdherren herauswagen und zur völligen Verwirrung der Hexen einige Tage später ihre eigene Medizin auf dem Land verteilen.

Anhand widersprüchlicher Geschichtsversionen geht es im folgenden um den Streit über die Rangordnung der den Bund besitzenden Lineages. Es wird untersucht, wie und warum vor allem zwei der den Bund besitzenden Lineages miteinander und untereinander um die Seniorität und bestimmte Aufgabenfelder des Bundes derart streiten, daß *shiringong* seine rituelle Arbeit bis auf weiteres einstellen mußte. Welchen Anteil die Erzählungen in diesem Konflikt haben, und inwieweit eine Wechselwirkung zwischen Geschichten, Streit und sozialer Institution besteht, die schließlich zu ihrem Niedergang führte, wird im Fallbeispiel 2 hinterfragt.

Mündliche Überlieferungen

Die *yamba* betonen, daß dem *Fon* alle Bünde und Gottesplätze auf Wiya-Gebiet unterstehen.[89] Trotz der Bedeutung, die *shiringong* für die *yamba* hat, gestehen sie dem *Fon* auch hierüber eine Art Schirmherrschaft zu:

> "The tradition - according to tradition - is under him (dem *Fon*, B.B.). All and everything is under the *Fon*. He gives an order and people go out to fix the country. When something is affected on the ground, they will now come to call the Wifa Njiladumbi, say: 'Alright, you come and the *fai* of Siringwa, you come. What is wrong here (im Palast, B.B.), you treat'. Alright, they treat - but they cannot just do anything, when the order is not given. Except you are only doing what we call 'traditional performances for good' (einfache Trankopfer mit Raffiawein, B.B.). When the country (Wiya-Gebiet, B.B.) is bad, the *Fon* now gives an order through the market. Somebody goes there with a lifestock (dem Stab einer langen *nkeng*-Pflanze, B.B.). Say: 'All people gather, all people gather!' They gather. Say: 'Alright, the whole country is spoiled. It is bad. Somebody should fix it. If somebody is there from Njifa, he should fix it. Small children, if they are there, they should be sent away. Fix ground all!' This is how they use to talk according to culture ... The seat for the *Fon* is in (im "heiligen Hain", wo die Eingeweihten *pso'* und *shi-ringong* "trinken", B.B.). But, by the time, we go out, he is not concerned (mit dem *shiring-ong* herausgehen, kann er jedoch nicht, B.B.). When we drink like that, we can give him some mimbo (Raffiawein, B.B.). Say: 'Well, we are still in' ... And at last he is going to provide also, though he is not participating oftenly. But he is got to do that, because he is a member. And that's why, when he was crowned, he had to come. He has to be blessed by the medicines there, treated well, so that nobody can claim on him. This is a very strong position ... Now, if he sleep and does not sleep fine, he will send a report, he will give an alarm ... we will go round with the *shiringong*

> ... Those people who are actually disturbing will go back. Some of them
> die off, if they are still out." (Shey Marassis, 2.2.86)

Während die Rolle des *Fon* als Schirmherr über den *shiringong*-Bund von der
Mehrheit der *yamba* bestätigt wird, ist die Aussage bezogen auf die behaupteten Privilegien des *shiringong* von Njifa und der leitenden Position von Fai
Njiladumbi jedoch stark umstritten. Die im folgenden aufgeführten Auseinandersetzungen beziehen sich damit auf die Lineages und Lineagefraktionen
des als autochthon definierten *yamba*-Klans A. Wie eingangs angedeutet, geht
es um die Frage der Seniorität der Lineages und der beiden *shiringong*-Bünde
oder Bundsegmente. Das heißt, die Mitglieder der beiden sich komplementär
ergänzenden Bünde streiten darüber, wer die Medizin und den *juju* zuerst
eingeführt, wer als erster die bezirksübergreifenden Grenzen der Wiya gesichert hat und welcher Bund das Privileg besitzt, mit seinem *shiringong* an den
Palast zu ziehen und ihn von Hexerei zu reinigen:

Fai Ngakfumbe: "Mein Vater brachte *shiringong* aus Kimi mit hierher. Schon in
    Kimi war es seine Aufgabe, die Grenzen zu sichern. So ist es bis heute.
    Mein Vater war einer der ersten, der aus Kimi direkt hierhin kam. Nach
    und nach folgten dann auch die anderen *yamba*. Um all ihre Siedlungen
    lief mein Vater mit dem *juju* herum. Heute sichert *shiringong* die Grenzen
    von ganz Wiya und geht auch an den Palast, um dort das *nwa* (Medizin
    gegen Hexerei, B.B.) niederzulegen. Er ist damit der einzige, der Böses
    aus dem Palast fernhalten oder vertreiben kann."
B.B.: "Und Fai Njiladumbi?"
Fai Ngakfumbe: "Die Leute von Njifa trinken nur *pso'*. *Shiringong* gibt es dort
    nicht."
B:B.: "Und was ist mit dem *yaku*, Fai Ndzibambo? Ich dachte, es wäre immer
    der Grundbesitzer (des Palastes), der das *nwa* legen muß."
Fai Ngakfumbe: "Ja. Ndzibambo tut das ja auch, aber nicht mit *shiringong*. Er
    kann das *nwa* höchstens mit seinem *pso'*-juju aufladen. Den *shiringong*
    haben nur wir in Ngojirt ... Fast jeder *landlord* besitzt heute das *nwa* und
    darf die Grenzen seines eigenen Bezirks sichern. Er verteilt also das *nwa*
    mit einigen ausgewählten Begleitern in seinem Bezirk und kommt auf
    seinem Weg auch an den Palast. Aber seine Medizin ist lange nicht so
    wirksam wie die unsere. Er hat das *nwa* erst später von den *yamba* erworben, und außerdem besitzt er *shiringong* nicht."
B.B.: "Gibt es eine Geschichte darüber, wie Dein Vater zu *shiringong* kam?"
Fai Ngakfumbe bespricht die Frage mit den anwesenden Ältesten. Nach einer
    lebhaften Diskussion kommen sie überein, daß sie dazu keine Aussage
    machen wollen. So antwortet Fai Ngakfumbe schließlich: "Darüber wurde
    uns nichts erzählt. Jedenfalls können wir uns an keine Geschichte erinnern. Wir wissen nur, daß er schon immer da war. Möglich, daß es Gott
    war, der meinem Vater diesen *juju* gab. Genauso ist es ja auch mit der
    Medizin. Anfangs kommt sie immer von Gott und wird dann von den

Vätern an die Söhne weitergegeben. Wenn jemand behauptet, selbst auf eine Medizin gekommen zu sein, der lügt ... Gibt man eine Medizin an andere Verwandte weiter, ist es bei der ganz gefährlichen Medizin immer so, daß der ursprüngliche Besitzer anwesend sein muß, wenn sie benutzt werden soll. Er achtet darauf, daß alle Regeln genau eingehalten werden, damit sie sich nicht gegen die Besitzer selbst wenden kann. Darum gehe ich jede Woche nach Njifa. Immer wenn dort *pso'* getrunken wird, muß ich anwesend sein, um die Mitglieder anzuleiten. Dadurch, daß alle Medizin unserer Familie (des *yamba*-Klans A, B.B.) hier aus Ngojirt kommt und wir als einzige unter den Wiya den höchsten *juju* mit seiner tödlichen Medizin besitzen, habe ich alle anderen anzuleiten." (Fai Ngakfumbe, 2.8.85)

Da ich während meines Aufenthaltes in Jirt im *compound* von Fai Ngakfumbe wohne, fürchten die Lineagemitglieder von Njifa, aus Gründen der Solidarität gegenüber diesem Gastgeber übergangen zu werden. Sie bitten daher mehrmals nachdrücklich um ein Interview und erklären die Rangordnung der Lineages von Njifa und Ngojirt aus ihrer eigenen Sicht. Auch sie hätten einen *shiringong*, der an Bedeutung sogar über dem von Ngojirt stehe. Der dritte *shiringong* auf Wiya-Gebiet sei von dem Streit ausgenommen, da er im Besitz von "Fremden" sei und praktisch auch nur deren eigene Grenzen sichere.[90]

"Bestimmt hat dir Ngakfumbe erzählt, daß er der einzige ist, der mit *shiringong* umhergeht. Er ist ein großer Lügner, glaube mir. Wir haben zur Zeit einen sehr ernsten Streit deswegen ... In Ndu gibt es den *shiringong* dreimal. Wir haben ihn hier in Njifa, in Mbanshi und in Ngojirt. Niemand würde es schaffen, in einer Nacht unbemerkt alle Grenzen abzulaufen und an allen vorgeschriebenen Orten die Medizin zu plazieren. Darum teilen wir uns die Arbeit ... Als wir unseren *shiringong* nicht mehr herausnehmen konnten, nahmen sich die Leute von Ngojirt einfach das Recht heraus, auch den Palast und den Markt zu reinigen ... Wenn Dir der *shufai* von Fukop erzählt hat, daß sich die Tang und War den *juju* von den *yámbá* (in der Nwa-Division, B.B.) holten, wird das schon stimmen. Ich kann nur von uns reden. Wir bekamen den *juju* auch daher und zwar - genauer gesagt - aus Nkot. Niemand kann das vergessen, denn bevor wir mit *shiringong* herausgehen, müssen wir den Namen Mbitfu rufen. Es ist das Quarter von Nkot, von dem wir den *juju* bezogen. Das ist eines der Gesetze, die im Umgang mit *shiringong* beachtet werden müssen." (Fai Njiladumbi, 13.12.85)[91]

Shey Merassis: "The one (*shiringong, B.B.*) of Ngojirt is from Njifa. Then Mbanshi, the one from Mbanshi is said to be from Nso' or from a different area. I don't have a good history about it, but it is not given from Njifa. That which was given from Njifa, is only Ngojirt, because they came out as bro-thers ... We have family-relation to Nkot. A man from Njifa came from Nkot. That is, traditionally, if anything is to be treated, they bring

now from Nkot. This one (*shiringong*, B.B.) was brought from Nkot ...
Makar (ein Bezirk von Nkot, B.B.) is our place. They were more or less
like brothers. When they came (von Kimi, B.B.), they separated. When
they separated ... they had to help each other like us in Njifa, who have
helped the Ngojirt-man to handle the *shiringong* too. That's how we got it
from Nkot. That's how we got it from Nkot. (Pause) When we reach here
too now, we say: how? If it is so, we were all brother now, the man of
Ngojirt now is up. He has a good number of people there. Therefore we
have to help that place with this medicines."
B.B.: "Because you didn't like to travel all the way down to Ngojirt each time?"
Fai Njiladumbi: "Exactly, because the place was a distance for us to go through.
So we have to give chance to him to handle that. Then we call him: you
are Ngakfumbe ..."
B.B.: "Is it why he comes here to drink *shiringong* every week?"
Shey Merassis: "Correct! And the man of Mukop comes. But Ngakfumbe for
now is not coming. You know, that place is bad. The moment he comes -
I swear -he will be affected ..." (2.2.86)

Trotz eines großen Streits innerhalb der Lineage von Fai Ngakfumbe bestätigt
die verfeindete Fraktion die Version ihres eigenen Lineageoberhauptes. Die
Verteidigung des Status der Lineage hat gegenüber den persönlichen Abnei-
gungen damit eindeutigen Vorrang.

"Nein, der (*shiringong*, B.B.) von Ngojirt ist der erste überhaupt in ganz
Wiya. Er kommt direkt aus Kimi, Tikari. Alle anderen von Njifa, Mbanshi
und Njimnkang sind erst später dazu gekommen.[92] Möglich, daß sie aus
Koffa-Land (von den *yámbá*, B.B.) stammen. Für Ngojirt gilt das aber
nicht. Früher, als es den *shiringong* nur in Ngojirt gab, ging er bis zur
Grenze nach Tatum. Er reinigte auf seinem Weg vor allem den Palast und
den Markt. Zwei Nächte war er dafür unterwegs. Dann teilte man sich die
Arbeit mit Njifa und Mbanshi." (Aristos Tandap, 22.2.86)

Gleichermaßen umstritten sind auch die Statusangaben der mit *shiringong* verbundenen Lineageoberhäupter. So behauptet beispielsweise Fai Ngakfumbe,
aufgrund seiner starken Medizin schon in Kimi zum *fai* gekrönt gewesen zu
sein:

"Mein Vater brachte die "*bad medicine*" (Medizin, die Hexen töten soll,
B.B.) direkt aus Kimi mit. Schon in Kimi war er der einzige, der die
Grenzen sichern konnte. Nur er hatte *shiringong*. Deshalb war er auch
schon damals ein *fai* ... Zusammen mit Fai Boyar (Fai Nganwenfu, B.B.)
verließ er Kimi. Mein Vater, dem ich direkt nachfolge, hieß Nsharnji.
Davor war ... (Pause. Nach längerem Nachdenken fragt er einige anwesende Älteste, ob sie sich noch an die Namen der Väter erinnern könnten,
aber auch sie haben sie vergessen. B.B.) Wir können uns nur noch an die
Namen der beiden ersten *fais* erinnern. Der erste war Tamfor und der

zweite Nfornu Ngala. Dann folgten eine Reihe anderer *fais* und der letzte war mein eigener Vater. Wenn wir rüber zum alten compound gehen, kannst du die Gräber sehen. Es sind viele. Ich wurde schon als kleiner Junge gekrönt, deshalb habe ich nur die drei Namen behalten. Alle sind hier beerdigt, weil sie von Kimi direkt hierher kamen und den langen Umweg des *Fon* nicht mitmachten. (Pause) Vielleicht sind auch einige auf dem Weg gestorben, ich weiß es nicht so genau." (Fai Ngakfumbe, 8.8.85)

Wie bei den meisten anderen *yamba*-Lineageoberhäuptern sind es auch im Fall von Fai Ngakfumbe die Gruppenmitglieder des eigenen *yamba*-Klans, die den Statusangaben heftig widersprechen. So bestreitet die Lineage von Fai Njiladumbi nicht nur die Herkunft des Titels Ngakfumbe aus Kimi. Sie behauptet sogar, ähnlich einer Lineagespaltung diesem *fai* selbst die Macht gegeben zu haben und ihm darum an Alter und Bedeutung überlegen zu sein:

"From Kimi - how? This man is a liar! This is, what I am telling you today, Bridget. Ask his brother, Aristos, he will give you correct history! (Äußerst verärgert fährt er fort:) He is not allowed to enter even his own *juju*-place, he is not allowed! Every week, every *ngang*, when they are drinking there, he is not allowed to enter, he remains in the house like a women, because he is talking lie! This man is a big problem! ... Did he tell you the meaning of his name? (Er zeigt auf zwei Steine:) Look at this stones, they are very important. Let's say, (er fährt mit gedämpfter Stimme fort:) when *shiringong* comes out to fix the country so that no bad comes into the country, these are carried out ... This is *lo'*. *Lo'* is the red type. This is white and is called *kfumbe* ... Now, I talk of Fai Ngakfumbe, as we have called him. He was crowned because of this. We used to have more white stones like this in Ngojirt, than the red type. Now, when he was reporting here in Njifa, Njilandumbi saw that he has been very good and he brings out this things for traditional performances. Than he was crowned to remain there, in Ngojirt ... So he was given the name: Ngakfumbe: 'You go and sit down there now. We will give you the power. You begin to control that side down, because you've brought all this *kfumbe* for traditional issus. So you are Ngakfumbe.' Then he was crowned to remain there. His title is not an old one. His father was the first to be crowned and he himself is second." (Ta Shey Marassis von Njifa, 2.2.86)

Erläuterungen

Die oben angeführten Zitate zur Entstehung des Titels Fai Ngakfumbe belegen beispielhaft, daß sich die Genese sozialer Institutionen nicht über die mit ihnen verbundenen Titel von Lineageoberhäuptern erhellen läßt. Dies gilt auch, wenn sich der Name des Titels wie im Fall von Fai Ngakfumbe eindeutig auf den ihm zugeordneten Bund bezieht. In den Erzählungen der Wiya gibt es zur Vergabe von Titeln an Lineageoberhäupter eine Fülle von Widersprüchen. Für die *yamba* läßt sich sogar sagen, daß zu jeder Titel- und Statusbeschreibung mindestens eine Gegenbehauptung existiert. Im Fall von *shiringong* bedeutet dies, daß der Bund zwar wahrscheinlich schon vor der Vergabe des Titels an das Lineageoberhaupt in Ngojirt existierte; schließlich benannte man ihn ja nach einem von *shiringong* verwendeten Mahlstein (*kfumbe*). Welche *yamba*-Lineage ihn jedoch zuerst einführte und damit Seniorität beanspruchen kann, ist nicht zu rekonstruieren. Vor dem Hintergrund der Gleichrangigkeit der *yamba*-Lineages kann allerdings angenommen werden, daß, wenn die *jujus* nicht überhaupt ganz und gar zeitgleich eingeführt wurden, alle betroffenen Lineages des autochthonen *yamba*-Klan A doch zumindest gleichermaßen ein Recht (*nshir*) auf den Bund beanspruchen konnten. Das Recht auf einen Bund ist in seiner Bedeutung dem konkreten Besitz seiner Instrumente und Medizin vorangestellt.[93]

Wie gesagt identifizieren sich die *yamba* mit dem *shiringong*-Bund am stärksten. Dies gilt auch für die Lineages, die nicht zu den oben genannten drei höchsten Mitgliedern des Bundes (den Lineages des *yamba*-Klans A) gehören, die als die eigentlichen Besitzer den Bund betreiben und seine Medizin pflegen. Mit *shiringong* haben die *yamba* das Recht und die Fähigkeit, das Land, das sie mit den *yaku* und einigen Lineages fremder Abstammung teilen, gegen böse Einflüsse zu verschließen. Nicht nur, daß ihnen dieses Vorrecht Macht verleiht, sie führen es auch als Beweis ihrer Behauptungen an, die sie als erste Siedler im Territorium des Königtums beschreiben. *Shiringong* ist damit eine Art "Faustpfand", das ihnen zumindest einen Restteil der Autonomie ihrer Lineages gegenüber dem Königshaus garantiert.

Trotz der starken Identifikation mit dieser Institution räumen die *yamba* dem *Fon* auch bei *shiringong* das Recht ein, eine Art Schirmherrschaft über den Bund auszuüben. Es wird sogar ausdrücklich erklärt, daß der *Fon* zwar keine aktive Rolle bei den Zeremonien übernimmt und auch *shiringong* bei seinen nächtlichen Umzügen nicht begleiten darf, aber dennoch ein Mitglied des Bundes ist. Darüber hinaus versichert jeder, daß *shiringong* überhaupt nur auf Befehl des *Fon* herauskommen kann und bei jeder Gelegenheit eng mit dem Palast zusammenarbeitet. Der Hintergrund dieser Aussage ist nicht etwa als eine Art vorauseilender Gehorsam zu verstehen, sondern als ein rhetorischer "Umweg", der nicht wirklich das Verhältnis der *yamba* zum *Fon* oder den *ndfung* betrifft. Vielmehr hat die Aussage die Konkurrenz und den Streit der *yamba*-Lineages, die *shiringong* besitzen, zum Inhalt. So versuchen die Mitglieder der beiden Bünde über die Nähe zum *Fon* und eine enge Zusammenarbeit mit dem Palast die Überlegenheit des eigenen Bundes zu beweisen und als Lineage an Prestige zu gewinnen. Fai Ngakfumbe projiziert die Herkunft seines Titels und den Besitz des Bundes dementsprechend bis nach Kimi zurück, was die Überlegenheit des *shiringong* und die Seniorität seiner eigenen Lineage außer Frage stellen soll. Die Gegenpartei, d.h. die Lineage von Fai Njiladumbi, reagiert auf diese schwer zu entkräftende Behauptung nicht mit demselben Argument. Vielmehr versucht sie ihrerseits an Glaubwürdigkeit für die Präzedenz des eigenen Bundes zu gewinnen, indem sie die verbreitete Vermutung von Nicht-Initiierten, der Bund sei erst nach der Einwanderung aller Wiya-Gruppen und der dichteren Besiedlung des Landes eingeführt worden, bestätigen.

Das politische Bestreben der *yamba*-Lineages besteht darin, den bis heute verbliebenen Rest eigener Autonomie innerhalb der bestehenden Ordnung beizubehalten. Diese Grundhaltung bezieht sich nicht allein auf das Hegemoniestreben der *ndfung*, sondern auf ihre einzelnen Lineages. Jede Lineage versucht, ihre eigenen Rechte und Privilegien selbständig zu verteidigen, und jedes Lineageoberhaupt bemüht sich, den eigenen Titel als besonders bedeutend herauszustellen. Solche Selbsterhöhungen des eigenen Status geschehen auf vielerlei Weisen. Unabhängig davon, ob historisch wahr oder falsch, behaupten beispielsweise die Oberhäupter beider *yamba*-Klans (Fai Nganwenfu und Fai Ndzitonga), mit der Etablierung königlicher Macht erheblich an Status verloren zu haben. Damit wollen sie deutlich machen, daß ihnen das Recht auf Autonomie und eigentlich ein weitaus höheres Ansehen zusteht, als ihnen heute vom Palast eingeräumt wird.[94] Andere behaupten aus dem gleichen Grund, zu den allerersten Ernennungen zu gehören.[95] Um den Einspruch derjenigen zu entkräften, die angeben, als Augenzeugen die Neueinführung des Titels selbst erlebt zu haben, erklären sie etwa, daß der Thron der Lineage lange Zeit unbesetzt gewesen und seine Bedeutung darum in Vergessenheit geraten sei. Die meisten behaupten wie Fai Ngakfumbe, schon in Kimi denselben Status besessen zu haben. Da es bei den Wiya keine Vorstellung über Kimi hinaus gibt und alles, was mit Kimi in Verbindung steht, hohes Prestige besitzt, sollen solche Aussagen unmißverständlich den hohen Rang des Titels beweisen. In jedem Fall sind all diese Behauptungen durch den Verweis auf die lange zurückreichende Genealogie der eigenen Lineage begleitet, die die Bedeutung des Titels noch einmal unterstreicht.[96]

Es ist unschwer nachzuvollziehen, daß solche Erhöhungen der Titel auf Kritik von den jeweils anderen *yamba*-Lineages stößt. So bedeutet doch die Erhöhung vormals gleichgestellter Lineages automatisch die Erniedrigung der anderen. Erst recht wird kritisiert, wenn gerade abgespaltene Lineages ihre Abstammung verleugnen und statt dessen ihre Herkunft aus Kimi postulieren. Ihrem Status nach sind sie in den Augen der "Erzeugerlineage" weiter dem alten Lineageoberhaupt untergeordnet, was für ihn gleichzeitig ein bedeutender Prestigegewinn ist. Die Verleugnung der Tatsache, aus einer Lineage hervorgegangen zu sein, ist die gängige Praxis innerhalb der beiden exogamen *yamba-*

Klans, deren Lineages sich infolgedessen immer weiter entzweiten. Behauptung und Gegenbehauptung stehen sich gleichermaßen überzeugend gegenüber. Wer tatsächlich die ursprüngliche "Erzeugerlineage" war oder ob die Lineages alle von Anfang an gleichberechtigt gewesen sind, vermag heute niemand mehr (und erst recht keine Außenstehenden) zu entscheiden. Für die Angehörigen einer Lineage ist es daher nur wichtig, die Bedeutung der eigenen Abstammungsgruppe vor der anderen herauszustreichen, auch wenn dies wie im Fall von Fai Ngakfumbe auf Kosten des Ansehens der Lineage von Fai Njiladumbi oder umgekehrt geht. Vor diesem Hintergrund ist es nicht verwunderlich, daß die schärfste Kritik gerade aus dem eigenen *yamba*-Klan stammt, sind die einzelnen Lineages hier doch durch ihre verwandtschaftliche Nähe am engsten miteinander verbunden. Wie gesagt, bedeutet die Erhöhung der einen zwangsläufig die Erniedrigung der anderen, so daß der Streit um den Status eines Titels geradezu vorbestimmt ist.

Der Konflikt um die Rangordnung der beiden Lineages (Nganwenfu und Njifa) ist mit der Frage nach der Seniorität ihrer Bünde aufs engste verknüpft. Mit der Behauptung, in Kimi bereits zum *fai* gekrönt gewesen zu sein, bekräftigt Fai Ngakfumbe seine Aussage, *shiringong* schon dort, d.h. von Anfang an, besessen zu haben. Schließlich verweist der Name seines Titels auf eines der *shiringong*-Attribute. Fai Njiladumbi und seine Ältesten beeilen sich daher, in ihrer Geschichte eine Gegendarstellung zu geben. So bekräftigt Shey Marassis seine Aussage, Fai Njiladumbi habe den Bund als erster besessen, mit der Seniorität seines Titels. Demnach sei es sein eigenes Lineageoberhaupt, Fai Njiladumbi, gewesen, der noch vor nicht allzu langer Zeit maßgeblich die Krönung von Fai Ngakfumbe überhaupt erst bewirkte und ihm zu seinem Namen verhalf.

Für die rituelle Arbeit von *shiringong* ist dieser Streit um die Seniorität von Bund und Titeln ausgesprochen störend. So gemahnen die unverrückbaren Steinsitze in den beiden "heiligen" Hainen von *shiringong* nachdrücklich daran, daß die Lineages gleichrangig sind und *shiringong* an beiden Orten gemeinsam "trinken" sollten. Wegen seiner starken Medizin, die bei Unstimmigkeiten sogleich wirksam werden soll, ist das jedoch nicht durchführbar, will man kein Unglück riskieren. Noch verhängnisvoller für die Arbeit von *shiringong* sind allerdings die lineageinternen Konflikte. Wie in dem folgenden Fallbeispiel ausgeführt, haben sie bis zur Aussöhnung der Bundmitglieder die Stillegung des Bundes zur Konsequenz.

Vergegenwärtigt man sich die alltägliche Bedrohung der Wiya durch die Hexen und die Bedeutung von *shiringong*, ist es kaum vorstellbar, daß die große Zeremonie für den Frieden bei den Wiya gegenwärtig nun gar nicht mehr durchgeführt wird. Wie es dazu kam und welche Rolle die Geschichtserzählungen dabei spielen, wird nun im folgenden vorgestellt.

Fallbeispiel 2: Zur Dynamik konkurrierender Geschichtsversionen
in den Lineages von Fai Nganwenfu und Fai Njiladumbi

Der Niedergang von *shiringong* soll vor etwa drei Generationen bei einem Streit
in Njifa begonnen haben, dessen Auswirkungen noch heute zu spüren sind. Laut
Fai Ndjiladumbi (13.12.85) und Shey Marassis (2.2.86) war es eine heftige
Auseinandersetzung um die Nachfolge des Großvaters Nyawauwaa. Zu jener
Zeit sei die Lineage stark dezimiert worden. Viele Angehörige seien im Krieg
getötet oder verschleppt worden. Ein anderer Bruder, der mit Kolanüssen
handelte und sie in Nigeria verkaufte, sei auf seinem Weg dorthin im Regen
ertrunken. Als einziger Nachfolger sei schließlich nur Nganyuu in Frage gekommen. Sogar die damalige *makfu* (Lineagemutter) sei zu der Zeit gestorben.
Damit nicht auch Nganyuu ein Leid zustieße, versteckte man ihn in Mbipgo. Als
er dann schließlich gekrönt wurde, habe man *shiringong* nicht wieder aufleben
lassen. Erstens habe es ja keine Bundmitglieder außer Nganyuu mehr gegeben,
und deren Nachfolger wären für eine solche Aufgabe noch zu jung gewesen.
Zweitens habe man die entsetzliche Häufung der Todesfälle in der Lineage
diesem *juju* zugeschrieben.

Auch andere Befragte bestätigen, daß schon der heilige Hain, wo die Bundmitglieder sich treffen und trinken, ein gefährlicher Ort ist. Der Ort hat seine
eigenen Gesetze, die unbedingt befolgt werden müssen, will man nicht mit dem
Leben dafür bezahlen. Die erwähnten Gesetze sind ausschließlich moralischer
Natur. Bei seiner Initiation schwört man, immer gut zu den anderen zu sein,
nicht als Hexe herauszukommen, nichts zu stehlen und keinen Ehebruch mit der
Frau eines Bundmitgliedes zu begehen. Die üblichen Therapiemöglichkeiten
durch das *nshula'*-Opfer existieren hier nicht, da die Medizin von *shiringong*
dafür zu stark sein soll.

Man glaubt, daß die damaligen Brüder in Njifa gegen diese Gesetze verstoßen hätten und deswegen sterben mußten. Sie hätten zusammen Wein
getrunken und im nachhinein schlecht übereinander geredet. Das sei ihr Fehler
gewesen. Der Wein, den man an diesem Ort trinkt, wird aus einem besonderen
Topf entnommen, den man zuvor mit Medizin behandelt. Daher trinkt man also
mit jedem Schluck immer auch einen kleinen Teil der Medizin, die einen
angreift, wenn man einen dieser Fehler (*faa*) macht oder bereits begangen hat.
Da man keinen Ausweg aus dem Streit um den Thron gesehen habe und Nganyuu so beneidet worden sei, daß er schließlich doch noch an Hexerei sterben
mußte, habe sich lange Zeit niemand mehr an diesen Ort getraut. Nur das
Nötigste habe man erledigt, um die Medizin zu beruhigen. Erst jetzt sei man
wieder bereit, die alte Tradition aufleben zu lassen.

Das Vorhaben, sich wieder an den Umzügen zu beteiligen, bleibt jedoch
vorerst noch ein unerfüllbarer Wunsch. Der Grund dafür sind die bis heute
andauernden Nachfolgestreitigkeiten. Wie stark und wie aktuell die alten
Probleme auch heute noch sind, wurde an einem Konflikt deutlich, der Ndzi,
meinen Assistenten, mich selbst und meine Arbeit in eine äußerst unangenehme
Situation brachte. So verbreitete sich eines Tages (21.2.86) die Nachricht, Fai

Njiladumbi sei vergiftet worden. Als wir ihn dann am Palast trafen, sah der junge, gerade zwanzig Jahre alte *fai* tatsächlich sehr fahl und mitgenommen aus, war aber glücklicherweise schon wieder einigermaßen munter. Er berichtete, am Morgen in einer Weinstube des Marktes Raffiawein getrunken zu haben. Plötzlich sei ihm furchtbar schlecht und schwindelig geworden, er hätte sich übergeben müssen und kurz darauf das Bewußtsein verloren. Von dort sei er dann umgehend hierher zum Palast gelaufen und habe den *Fon* informiert, daß Angehörige seiner eigenen Lineage ihm nach dem Leben trachten. Wohl aus Angst vor weiteren Übergriffen sprach er diesmal in meiner Gegenwart erstmals von dem Streit in seiner Lineage und bat uns, doch so schnell wie möglich mit Pa Lamnfuh, dem Familienoberhaupt der verfeindeten Fraktion, einen eigenen Termin für ein Interview auszumachen.

Am nächsten Morgen kam Ndzi jedoch verwirrt und resigniert zu unserer Verabredung. Er erklärte, daß ihm die Arbeit zu viele Probleme bereite und er darum ab heute nicht mehr weitermachen könne. Folgendes war geschehen: Auf seinem Weg von zu Hause hatte er zufällig Pa Lamnfuh getroffen und einen Gespächstermin vereinbaren wollen. Dieser habe sich jedoch geweigert, mit ihm zu sprechen. Er habe ihn nur beschimpft und erklärt, daß es für ein Interview nun zu spät sei. Schon so oft hätte er ihn darum gebeten und jetzt, wo er bereits öffentlich verdächtigt würde, Gift zu besitzen, habe er daran kein Interesse mehr. Am Ende könnte "die Weiße" noch denken, daß er wirklich der Schuldige sei, wenn er nun über die Konflikte berichtete. Ndzi gab zu, daß ihn Pa Lamnfuh zuvor schon einige Male gebeten hatte, seine Version der Lineagegeschichte erläutern zu können. Er habe sein Anliegen aber nicht so ernst genommen, da es so viele Leute gäbe, die ihn darum bäten.

Der eigentliche Grund seiner glücklicherweise nur vorübergehenden Arbeitsniederlegung war jedoch der, daß Ndzi durch dieses Ereignis selbst in große Konflikte gestürzt worden war. Einerseits wußte er um den Familienstreit in Njifa und hätte Pa Lamnfuhs Bitte ernster nehmen müssen, d.h. er hätte über den Konflikt sprechen müssen, wie Lamnfuh es auch verlangt hatte. Andererseits aber fürchtete er diejenigen, die ihn um seinen Job bei der "Weißen" beneideten. Um ihren Vorwürfen zu begegnen, gegen Geld das Wissen über die Tradition zu verkaufen, hatte er es sich zum Prinzip gemacht, nur die notwendigsten Informationen aus eigenem Antrieb weiterzugeben. So konnte er ihnen entgegenhalten, lediglich eine Entlohnung für all die Assistenz zu verdienen, die er auch auf Wunsch der Interviewpartner leiste.

Jetzt, da das Drama des Lineagestreits von Njifa öffentlich diskutiert wurde, fanden sich auch nur wenige unbeteiligte Leute bereit, über die Hintergründe zu sprechen. Niemand wollte sich einmischen und etwa versehentlich jemanden in Verdacht bringen. Aus diesen Gründen können folgende Informationen nicht als "Lineagegeschichten" gewertet werden, wenngleich sie inhaltlich, nach Meinung zweier Gewährsleute, den Argumenten Pa Lamnfuhs entsprechen. So heißt es entgegen der Aussage von Fai Njiladumbi und Shey Merassis, daß damals doch noch ein Bruder von Nganyuu, dem Vorgänger des heutigen *fai*, überlebt habe. Er sei während des Krieges lediglich vorübergehend nach Nkot geflohen.

Als dieser dann zurückkehrte, fand er den Thron bereits besetzt vor. Man hatte den geflohenen Bruder einfach für tot erklärt, um ihn von der Nachfolge auszuschließen. Als der Zurückgekehrte das erfuhr, habe sich die Lineage endgültig in zwei verfeindete Fraktionen gespalten. Bis heute sei die eine Seite aus der Familie des heutigen *fai* gebildet, die andere sei die des zurückgekehrten Bruders und seiner Nachkommen. Erschwerend komme noch hinzu, daß der geflohene Bruder eigentlich derjenige gewesen sei, der den legitimen Anspruch auf den Thron gehabt habe. So sei nicht der *fai*, sondern der Nachfolger des Familienoberhauptes seines Bruders, Lamnfuh, bis heute der Besitzer des Landes in Njifa. Die aus diesem Tatbestand erfolgte Teilung der juristischen und rituellen Autorität auf nunmehr zwei Familienoberhäupter einer Lineage erfordert in fast allen Beschlüssen die Einholung der Zustimmung des anderen. Mit anderen Worten kann der heutige *fai* ohne das Einverständnis des Ältesten, Lamnfuh, weder Felder an Lineageangehörige verteilen noch - und schon gar nicht - *shiringong* wieder aufleben lassen. Soweit die Erklärungen von Nachbarn.

Wenn auch die Überlieferung der Lineagefraktion von Pa Lamnfuh nicht in Erfahrung gebracht werden konnte, so ist doch wohl eindeutig, daß der bis heute andauernde Konflikt bereits vor geraumer Zeit seinen Ursprung hatte. Dementsprechend kann es also noch während der Kriege gewesen sein, daß *shiringong*, wie oben geschildert, in Njifa aufgegeben wurde. Die Folge davon war, daß auch der Teil des Landes, den dieser *shiringong* zur Sicherung der Grenzen während seines nächtlichen Umzugs übernommen hatte, nun sich selbst überlassen blieb. Der egalitären Struktur der *yamba* entsprechend erscheinen daher die Behauptungen am glaubwürdigsten, die davon ausgehen, daß die Aufgaben der zwei *shiringong*-Gruppen ursprünglich gleichberechtigt unter den beiden Lineages verteilt waren (z.B. Shey Nfor, 10.12.85). Demnach sicherte der *shiringong* von Ngojirt die Grenzen zu den War und den *njila*-Königtümern Mbipgo und Njimnkang und reinigte das Land bis hinauf nach Kife. Der *shiringong* von Njifa übernahm die Sicherung der Grenzen zu den Tang (bei Mbiyeh), zu Njila und Wowo. Darüber hinaus reinigte er die gesamten hochgelegenen Bergsiedlungen von Kakar über Boyar bis Njiningo. Zu seiner Route gehören auch die beiden bedeutenden Plätze: der Palast und der Markt.[97]

Als der *shiringong* von Njifa nun aber wegen des Streits in der Lineage nicht mehr herausgeholt werden konnte, entstand für die auf den südlichen Berggipfeln lebenden Wiya eine außerordentlich bedrohliche Situation. So erachtete man doch die Reinigungszeremonie von *shiringong* für das Wohlergehen und sogar die Existenz der Menschen als unbedingt notwendig. Aus diesem Grund entschied man sich in Njifa, die eigenen Rechte bis zur Wiederaufnahme der Arbeit mit *shiringong* an die "Bruderlineage" in Ngojirt zu übertragen. Dieser Ausnahmezustand dauerte jedoch unversehens lange an und ist, wie oben gezeigt wurde, auch heute noch nicht wieder aufgehoben. Im Laufe der Zeit verfestigte sich darum das Bewußtsein in der Bevölkerung, daß es bei den *yamba* nur der *shiringong* von Ngojirt ist, der die Reinigungszeremonie auf dem Land der *yamba* und *yaku* vornehmen kann. Als die Bundmitglieder von Ngojirt schließlich die Geschichtserzählung zum Besitz von *shiringong* zu ihren Gunsten veränderten, gab es kaum Widerspruch. Bis heute behaupten sie, wie oben zitiert, daß sie es waren, die *shiringong* aus Kimi mitgebracht hätten. Der *shiringong* von Njifa wäre dagegen erst später eingeführt worden und hätte zur Erleichterung der Arbeit dann einen Teil der nächtlichen Reinigungsroute übernehmen dürfen (Aristos, 22.2.86). Fai Ngakfumbe behauptet sogar, daß der *shiringong* von Ngojirt überhaupt der einzige im ganzen Wiya-Gebiet ist. Kritik gab es an solchen Behauptungen - wenn überhaupt - nur von den betroffenen Lineages. Diese waren jedoch zu sehr in ihre eigenen Konflikte verstrickt, als daß sie die Kraft gehabt hätten, sich wirksam gegen solche Geschichten und die inzwischen verbreitete öffentliche Meinung durchzusetzen. Die breite Masse der Bevölkerung hielt (und hält zum Großteil bis heute) auch den Ausschließlichkeitsanspruch von Fai Ngakfumbe nicht für illegitim, weil er und die Bundmitglieder von Ngojirt tatsächlich lange Zeit die einzigen waren, die die Reinigungszeremonie auch praktisch durchführten.[98]

Im Jahre 1974 ereignete sich jedoch plötzlich etwas, was man bis dahin für ganz und gar undenkbar gehalten hatte. Zu dieser Zeit sollen überall im Grasland Leute unterwegs gewesen sein, die Kunstgegenstände (besonders Holzschnitzereien) aufkauften. Sie suchten alle traditionellen Plätze auf, sammelten die Kunstwerke ein und brachten sie zum Verkauf nach Bamenda, Foumban und Douala. So verschwanden z.B. Masken, Kostüme und Gegenstände von *wan mabu*, einem *juju* der *ngirri*-Gesellschaft am Palast. Und, man stelle sich vor, eines Tages war sogar der *shiringong-juju* aus dem *nko'*-Haus in Ngojirt verschwunden! Diese Nachricht verbreitete sich unter den Bundmitgliedern als eine wahre Schreckensmeldung. Aristos, ein Vaterbrudersohn von Fai Ngakfumbe, klagte *fai* an, den *juju* gestohlen und ihn irgendwo an "weiße" Kunsthändler gegen eine hohe Summe Geld verkauft zu haben. Der *fai* wies den Verdacht energisch zurück und behauptete, eher sterben zu wollen, als so etwas zu tun. Er schwor, nichts von dem Diebstahl gewußt zu haben und verwies auf die Möglichkeit, daß ihn irgendein Dieb des nachts aus dem Haus geholt haben könnte. Diese Version glaubten ihm Aristos und dessen Brüder jedoch nicht, denn niemand - außer den Bundmitgliedern selbst - könne wissen, was sich im *nko'*-Haus befand und wo es sei. Sie forderten den *fai* daher auf, so schnell wie möglich aus Ngojirt zu verschwinden, weil sie ihn in der Lineage nicht mehr gebrauchen könnten. Auch als sie dem *Fon* Bericht erstatteten, klagten sie den *fai* des Diebstahls an. Es folgte Anhörung auf Anhörung im *mto'si*, einer Art privaten traditionellen Rates, wo gewöhnlich Streitfälle innerhalb der königlichen Familie und von hochrangigen Titelträgern unter Ausschluß der Öffentlichkeit diskutiert werden. Jede Woche trafen sie sich hier mit dem damals noch amtierenden *Fon* Nformi, dem Amtsvorgänger des heutigen *Fon*. Trotz allen Bemühens, das Verschwinden des *juju* aufzuklären, verhärteten sich die Argumente der beiden inzwischen herausgebildeten Lineagefraktionen zusehends. Der alte *Fon* empfahl ihnen darum, die Angelegenheit auf traditionelle Weise aufzuklären, d.h. ein Opfer zu bringen und die Wahrheit zu beeiden. Man würde dann schon sehen, ob jemand davon erkrankte und wer die Schuld an dem Skandal zu tragen habe.

Der Eid wurde sogleich durchgeführt und bestand in mehreren Etappen. Alle Betreiber des *shiringong* von Ngojirt brachten Opfer auf die Gräber und Gottesplätze, luden die Medizin von *shiringong* auf und tranken sie. Sie opferten eine Ziege, leckten das auf dem Boden verspritzte Blut auf und beteuerten immer wieder die Wahrheit zu sprechen. Allen war klar, wer bei dieser aufwendigen Zeremonie gelogen hatte, den mußte die Medizin unweigerlich treffen. Er würde wie eine von *shiringong* geschlagene Hexe Blut spucken und sterben. Außerdem vertrieben sie den *fai* und seine Fraktion aus dem väterlichen *compound*. Bis heute wohnt er nun jenseits eines Baches, unweit vom alten Gehöft entfernt. Aristos und seine Brüder zogen ebenfalls fort, so daß die alten Häuser allmählich von wilden Pflanzen überwuchert und zerstört werden. Gepflegt wurden all die Jahre lediglich die sakralen Orte. Aristos und seine Fraktion treffen sich weiterhin allwöchentlich im heiligen Hain, um *pso'* und *shiringong* zu trinken. *Fai* und seinen Leuten war und ist es jedoch verboten, den Platz auch nur zu betreten. Ebensowenig erlaubten sie *fai*, in Zukunft an der Zeremonie von *shiringong* mitzuwirken.

Nachdem sie sich einen neuen *juju* von einem Schnitzer hatten anfertigen lassen, übernahm Aristos die Führung während des Rituals. Alle glaubten fest daran, daß sich während dieser Zeit der Neuregelung sozialer und sakraler Belange der Lineage die Wahrheit über das Verschwinden des *juju* zeigen müßte. Doch es geschah nichts. Niemand wurde krank. Immer wieder rief der alte *Fon* die beiden Fraktionen an den Palast und bat sie inständig, sich wieder zu versöhnen. Auch der gegenwärtige *Fon* versuchte bereits sein Bestes. Im Rahmen seiner Krönungszeremonie (1982) ging er hinunter nach Ngojirt und erreichte tatsächlich vorübergehend eine Einigung. Die verfeindeten Brüder sprachen sich aus, brachten ein Opfer und versprachen, von nun an wieder miteinander zu leben. Kaum aber war der *Fon* wieder abgereist, ging der Streit weiter. Nun ist man der Meinung, daß es jetzt kaum noch eine Chance zur Beilegung des Konflikts gibt. Der einzige, der hier vermitteln könnte, ist der *Fon*, doch wird er sich voraussichtlich kein zweites Mal dafür hergeben wollen.

Daß die Vermittlung des *Fon* mißglückte, kann nach Meinung der meisten Befragten nur an einer allzu oberflächlichen Auseinandersetzung und dem Verschweigen wahrer Gefühle gelegen haben. Vielleicht hätten Aristos und seine Brüder verschwiegen, daß sich hinter dem Vorwurf des Diebstahls in Wahrheit eine Unzufriedenheit verberge, die sich auf die Nachfolge dieses *fai* beziehe. Je länger der Eid zurückliegt, desto mehr sind die in den Skandal eingeweihten Leute geneigt, dem *fai* zu glauben. Hätte er tatsächlich gelogen, wäre er doch jetzt schon längst gestorben. So hält man es also inzwischen doch für gut möglich, daß der *juju* durch einen Unbekannten entwendet wurde und Aristos die Gelegenheit nutzten wollte, den *fai* zu stürzen. Dies hätte der *fai* bereits von Anfang an gesagt und immer wieder bekräftigt, daß Aristos ihn schon ablehnte, als noch sein Vater amtierte. Folglich beruht der Streit heute in Wahrheit vielleicht auf einem Familienproblem, weshalb der *Fon* Aristos' Bitte, den *fai* endlich abzusetzen, immer wieder ablehnt. Auch Aristos' eigene Fraktion begann nach und nach zu zerbröckeln, da einige Brüder inzwischen selbst an der

Schuld des *fai* zweifeln und sich mehr und mehr weigern, die Unnachgiebigkeit von Aristos zu unterstützen. Das auf diese Weise erweckte Mißtrauen führte schließlich auch in Ngojirt dazu, daß man aus Angst vor der Medizin darauf verzichtete, *shiringong* für die Reinigungszeremonie herauszutragen.

Demgegenüber einigte man sich in Njifa einige Jahre nach dem großen Skandal, trotz des immer noch anhaltenden Nachfolgekonflikts vorübergehend auf einen Kandidaten für das Amt des Lineageoberhauptes. Die Lineage hatte schon lange keinen *fai* mehr besessen und dadurch immer mehr an Status und Präsenz im politischen Geschehen des Königtums verloren. Obwohl sich die Ältesten bereits kurz nach dessen Krönung schon wieder zerstritten, kann die Lineage so doch wenigstens nach außen als politisches Gewicht wirken. Der Tradition gemäß rief man Fai Ngakfumbe, um den frisch gekrönten *fai* in die Geheimnisse von *shiringong* rituell einzuweisen. Ursprünglich waren die drei "Gründungsmitglieder" gleichberechtigte Partner, was durch eine gegenseitige Unterstützung bei der Besteigung des Steinsitzes im heiligen Hain und den damit verbundenen Aufgaben bekräftigt wurde. Das Einweisen in die Gesetze von *shiringong* kann damit keineswegs als Ausdruck einer Seniorität unter den drei "Brüdern" gewertet werden. Dennoch muß Fai Ngakfumbe sich während dieses Rituals in Njifa ausgesprochen überheblich verhalten haben. Er hätte sich benommen, als ob ihm der Platz allein gehöre, und steckte überdies noch den Hauptteil der Ziege ein, die zu diesem Ereignis geschlachtet worden war und gerecht hätte verteilt werden müssen. In der Überzeugung, daß sich der Ort schon von selbst dagegen wehren würde, ließ man ihn gewähren. Beim Hinausgehen stolperte Fai Ngakfumbe auch prompt und fiel zu Boden. Aus Angst, von der Medizin noch stärker angegriffen zu werden, blieb er seitdem von selbst auch dem heiligen Hain von Njifa fern (Shey Marassis, 2.2.86).

Nach Aussage von Fai Njiladumbi, dem *fai* von Njifa, und seiner Lineagefraktion geht das Verhalten von Fai Ngakfumbe auf eine allzu große Selbstüberschätzung zurück. Diese rühre daher, daß es niemanden gegeben hätte, der ihn in seine Schranken verwies, als er sich öffentlich als den größten und einzigartigen *shiringong*-Experten exponierte. Sie selbst hätten damals aufgrund der vielen Todesfälle nur über wenige Angehörige verfügt und darum nicht die notwendige Kraft besessen, solchen Entstellungen die "richtige Geschichte" überzeugend entgegenzusetzen. Dieser Selbstüberschätzung von Fai Ngakfumbe wäre auch der Diebstahl des *juju* zuzuschreiben, vorausgesetzt, er sei es doch gewesen, der ihn verkauft hätte. Dadurch, daß er lange Zeit tatsächlich als einziger einem intakten *shiringong*-Bund vorstand, habe er den *juju* möglicherweise als seinen Privatbesitz betrachtet (Fai Njiladumbi, 13.12.85). Aristos bewertet das Verhalten des *fai* während des Rituals in Njifa sogar als Beweis für seine Schuld an dem *juju* in Ngojirt. Seiner Meinung nach hat Fai Ngakfumbe völlig den Verstand verloren. Dies wäre das erste Zeichen für die Wirkung der Medizin. Weil ihm die Medizin trotz dreister Lügen bisher nichts körperlich Sichtbares antat, lebe er nun in dem Wahn, eine Art "super-power" zu besitzen, die über die Kraft von *shiringong* weit hinausgehe. Es sei nur eine Frage der Zeit, bis auch andere diese Krankheit erkennen würden (Aristos, 29.10.85).

Durch die allmählich wachsende Zahl der Lineagemitglieder und die Krönung von Fai Njiladumbi haben die Leute in Njifa wieder an Selbstbewußtsein gewonnen. In dem Wissen um die einstige Gleichrangigkeit der Lineages muß es für sie eine Art Schock gewesen sein, von Fai Ngakfumbe in dieser herabwürdigenden Weise behandelt zu werden. Auch aus Prestigegründen konnten sie es nicht länger akzeptieren, daß der *shiringong* von Ngojirt eines Tages vielleicht wirklich als der älteste oder gar als der einzige auf Wiya-Gebiet angesehen würde. Darum änderten jetzt auch sie ihre Geschichte. Von nun an bestreiten sie, wie oben zitiert, jemals ihre Rechte, den höher gelegenen Teil des Landes mit *shiringong* zu reinigen, auch nur vorübergehend an Ngojirt übertragen zu haben. Ohne Erlaubnis von seiten der Mitglieder in Njifa hätte Ngakfumbe die Gesetze übertreten und sei eigenmächtig zum Markt und zum Palast vorgedrungen. Zudem postulieren sie nun ihrerseits ihre Überlegenheit gegenüber Ngojirt. So erklärt Shey Marassis, daß sie selbst *shiringong* ursprünglich von ihren eigenen Familienmitgliedern in Nkot erworben hätten. Von dort hätten sie den *juju* bei den Wiya eingeführt und in der Folge auch die Leute von Ngojirt in das Wissen eingewiesen. Daher wäre der *shiringong* aus Njifa als der ältere und überlegenere anzusehen, auch wenn er jetzt lange Zeit nicht mehr aktiviert werden konnte. In diesem Zusammenhang ist, wie gesagt, auch die oben zitierte Kritik von Shey Marassis an Fai Ngakfumbes Erklärung zur Herkunft seines Titels zu sehen. Um der Gefahr zu begegnen, gegenüber Ngojirt weiter an Status zu verlieren, erklärt er die Lineage von Ngojirt als der seinigen untergeordnet. Die offene Ablehnung der Person Ngakfumbes ist jedoch eindeutig auf seine Verärgerung über dessen überhebliches Verhalten gegenüber den Bundmitgliedern von Njifa zurückzuführen.

Es kann damit festgehalten werden, daß zwischen Geschichtserzählungen und sozialen Institutionen bei den Wiya eine Wechselwirkung besteht. Vor dem Hintergrund teils politisch und teils wirtschaftlich bedingter Konflikte formuliert der Erzähler seine Geschichte, um auf den Streit einzuwirken, der seinerseits eine Institution und die damit verbundene Geschichtsversion verändert. Der Niedergang der ehemals bedeutenden Einrichtung der *yamba* ist also aus der Perspektive politischer oder wirtschaftlicher Veränderungen der Wiya-Gesellschaft nicht hinreichend zu erklären. Den dahinterstehenden Motor bilden Geschichtserzählungen, die als Verbindungsglieder zwischen Institution und Konflikt den gesellschaftlichen Transformationsprozeß herbeiführen.

Anmerkungen

71   Vgl. dazu beispielsweise den sich heftig wehrenden Fai Nganwenfu (Fallbeispiel 5).

72   Oft werden die Opfer an den unterschiedlichen Orten auch kombiniert, d.h. ihrer Hierarchie gemäß nacheinander aufgesucht. Befürchtet man beispielsweise eine schlechte Ernte, versammeln sich die Ältesten eines Bezirks bei *nyuu ngong*, um ein Ziegenopfer auf seinen Stein zu bringen. Hiernach suchen sie getrennt, je nach Lineagezugehörigkeit ihre jeweiligen *nyuu la'*-Plätze auf, um das weniger wertvolle Opfer eines Huhns auf den Stein zu bringen. Danach können die Familienoberhäupter auch noch ein Huhn auf ihrem jeweiligen *mbu* opfern, der sich als zweigeschlechtlicher Glücksbringer in vielen erweiterten Familienverbänden befindet. Damit das Glück einer einzelnen Gruppe niemandem im Bezirk schaden kann, steht das Opfer auf *mbu* unter dem von *nyuu la'* und dieses wiederum weit unter dem von *nyuu ngong*. Darüber hinaus gibt es noch eine Reihe weiterer Gottheiten wie *nyuu kfu* (Gott des Farmlandes), *nyuu roh* (Gott des Flusses), *nyuu kop* (Gott des Waldes). Sie besitzen jedoch keine eigenen Opferplätze und werden in der Regel für Transformationen von *nyuu ngong* oder von *nyuu la'* gehalten.

73   Das *ndamngong* soll eine permanente Unterkunft für die konkreten Erscheinungsformen der Ahnen sein. Es ließe sich interpretieren, daß *nyuu* in der Vorstellung der Wiya eine Konzentration von Ahnengeistern ist, die sich jedoch einzeln aus dieser Verdichtung herauslösen und, beispielsweise in der Gestalt einer Schlange oder einer Spinne transformiert, im *ndamngong* erscheinen. Vor allem Schlangen sollen sich früher hier im *ndamngong* aufgehalten haben und während großer Zeremonien sogar aus ihrem "Ruheraum" in den Versammlungsraum gekrochen sein. Ein hier aufgestellter kleiner Öltopf mußte von den Schlangen vollständig entleert werden, wenn das Ritual als erfolgreich gelten sollte. Früher trafen sich die *yamba* mindestens einmal im Jahr in den beiden *ndamngong*-Häusern, um Opfer für Fruchtbarkeit, Gesundheit und Wohlstand aller *yamba* (bzw. des jeweiligen *yamba*-Klans) darzubringen. Wenngleich diese Zeremonien aufgrund der Zerstrittenheit der *yamba* heute so nicht mehr durchgeführt werden können und das *ndamngong* von Fai Nganwenfu in der Folge bereits seit vielen Jahren verfallen ist, unterstreichen die *yamba* nach wie vor seine Bedeutung. Beide *yamba*-Gruppen behaupten einstimmig, daß das zentrale *ndamngong* im Besitz von Fai Nganwenfu ist, weil er es war, der es zuerst aus dem Nachbarkönigtum, Mbot, einführte und das Wissen an Fai Ngamala (von Kakar) selbst weitergab.

74   Möchte man beispielsweise einen Ort für *nyuu ngong* oder *nyuu la'* anlegen, benachrichtigt man einen Experten, der die entsprechende Medizin besorgt und einen in Umgang und Pflege des Ortes einweist. Die dabei entstehenden Kosten durch Opfertiere und Zahlungen an den Experten dienen offiziell dazu, die Medizin zu aktivieren und den Ort auch wirklich funktionstüchtig zu machen. In ähnlicher Weise werden auch Bünde mit ihren dazugehörigen Maskengruppen, Musikinstrumenten und Tänzen aus der Nachbarschaft oder manchmal sogar von weit her importiert. Überall ist das wichtigste Element die Medizin, die - einmal ordnungsgemäß übergeben - den Eingeweihten keinen Schaden mehr zufügen kann. Manche Bünde wie die *nwarrong*-Gesellschaft sind sehr populär und überall im Grasland unter den Namen *nwerrong, kwifon, ngumba* oder ähnlich verbreitet. Ist man einmal in solch einen Bund initiiert und mit seiner Medizin vertraut gemacht worden, ist es einem nach geheimen Erkennungszeichen gestattet, dem gleichen Bund in einer ganz anderen Region beizuwoh-

nen, auch wenn er sich in einigen Details von der eigenen Gesellschaft zu Hause unterscheidet.

75   Vgl. die Ausführungen zu *shiringong*.

76   Auch der für seine Kenntnisse hoch geschätzte Shufai Nditap von Taku/Fukop hält die *nwarrong* für eine erst kürzlich importierte Institution: "Nicht nur die *wi-ndfung*, sondern auch alle anderen *Chiefs* holten sich die *nwarrong* aus Njottin. Das geschah erst, als die Deutschen schon da gewesen waren. Man hörte davon sogar in Bamenda. Jedem war das bekannt. Bis heute holt man sich die Medizin und die Instrumente aus Njottin." (Shufai Tambah, 8.2.86)

77   Eine Bestätigung dieser Angabe findet sich bei Carpenter (1932: 60).

78   Die Knüppel sollen daran erinnern, daß diese *jujus* gewisse Straftäter wie Hexen früher nicht nur vertrieben, sondern auch töteten. War ein Hexer eines Vergehens mit Todesfolge überführt, wurde er von ihnen an einem Baum erhängt und mit den Knüppeln zu Tode geprügelt. Den Toten schnitten die *jujus* vom Baum und ließen ihn an Ort und Stelle liegen.

79   Bis heute ist man der Meinung, daß sich Kinder aus solchen Verbindungen nicht gesund entwickeln können. Während eine Ehe zwischen derart verfeindeten Parteien früher streng verboten war, gibt es heute die Möglichkeit zu einem *tangshir* (Opfer), das eine Heirat zu ehemaligen Kriegsgegnern zuläßt.

80   Ohnehin soll schon von Anfang an die Bevölkerungszahl der *ndfung* weit unter der anderer Wiya-Gruppen gelegen haben. Nach einer Geschichte der *yaku* benötigten sie unmittelbar nach ihrem Auszug aus Jirt nur ein sehr kleines Stück Land und lediglich drei Häuser, um sich das erste Mal vorübergehend in Siringwa einzurichten (Fai Ndzibambo, 22.2.86). Dementsprechend berichtet auch Carpenter (1934), daß die *ndfung* bei ihrer Einwanderung aus Kimi eine ungewöhnlich kleine Gruppe von Eroberern gewesen sind. Später, während der Kriege mit den Fulbe, wurden zudem sehr viele von ihnen als Sklaven verschleppt, so daß es bei der Neubesetzung des königlichen Amtes ernste Nachfolgeschwierigkeiten gab.

81   Um die Situation der *ndfung* besser zu veranschaulichen, möchte ich hier noch ein entsprechendes Zitat aus einem Interview mit Ta Shey Noa anfügen: "In alter Zeit konnten *yaku* und *yamba* ohne Probleme heiraten. Als der Palast dann aber die *nwarrong* bekam und die Leute, die etwas Unrechtes taten, töteten, wollten die *yamba* niemanden mehr von den *wi-ndfung* heiraten ... Deshalb ging der letzte *Fon* nach Ntem. Er konnte nicht einsehen, daß die Bevölkerung wegen dieser Furcht nicht prosperieren sollte. Es gab so viele unverheiratete Männer am Palast! (Pause) Man mußte unbedingt Frauen hierher holen, damit mehr Kinder geboren werden konnten. In Ntem erwarb der *Fon* also eine Medizin, die die Angst der *yamba* vor den *ndfung* ausräumte. Seitdem ist die Ehe zwischen den *ndfung* und den *yamba* durch das *tangshir* möglich und gehört bis heute zu den Heiratszeremonien. Der Mann bringt für das Opfer eine Ziege, zwei Hühner und Wein zu seinen Schwiegereltern. Während der Zeremonie werden diese Tiere getötet und man verspricht den *yamba*, daß die *nwarrong* nicht tötet und vor allen Dingen nicht die eigenen Leute ... Die *wi-ndfung* müssen praktisch bei jeder Ehe nach außen (außerhalb von den *yaku*, B.B.) dieses *tangshir* durchführen, da sie mit fast allen einmal Krieg geführt hatten." (14.1.86) Das *tangshir* ist nicht notwendig an die Zeremonie der Eheschließung gebunden, sondern kann auch Jahre später noch durchgeführt werden.

82 Zu seiner Familie hält er lediglich über dritte Kontakt und darf auch bei starkem Heimweh nur in dunkler Neumondnacht, begleitet von anderen *nwarrong*-Mitgliedern, seine Mutter besuchen. Seine wichtigste Aufgabe ist es, dem *Fon* das Essen zu kochen. Da Männer traditionsgemäß das Getreide weder anbauen noch zubereiten, geben die Ehefrauen des *Fon* zu den Soßen und Gemüsen lediglich den Maisfladen (*fufucorn*) dazu. Der *shey* ist auch eine Art Palastwächter, d.h. er kontrolliert, ob abends alle Türen verschlossen und alle Feuer gelöscht sind. Ist seine Dienstzeit als *shey nwarrong* beendet, erhält er zum Dank eine Frau und eine Berufsausbildung. Als eine gewisse Entschädigung für die geopferten Jahre kann auch das Prestige angesehen werden, das einem solchen *shey* nach seiner offiziellen Entlassung von der Öffentlichkeit entgegengebracht wird.

83 Unter "*nwarrong*" ist nicht immer die gesamte Polizeigesellschaft, d.h. die Anwesenheit aller Bundmitglieder zu verstehen. Einige Abgesandte reichen aus, um die Autorität von "*nwarrong*" und des *Fon* zu vertreten. Ihren Stellvertreterstatus machen sie symbolisch durch das Schlagen einer Doppelglocke (*nking*) deutlich, die ihrerseits eine verkleinerte Nachbildung des *nwarrong*-Heiligtums ist. Ein Beispiel für solch eine Expedition von *nwarrong* war auch der Hexereiskandal in der *Government School* (vgl. Fallbeispiel 3).

84 Das *nkeng* ist ein Herrschaftssymbol und dient als Mittel, Gesetze zu erzwingen. Wird die *nkeng*-Pflanze z.B. auf ein umstrittenes Feld gepflanzt, darf keiner der Streitparteien den Ort betreten, bis der Fall im *traditional council* beigelegt ist. Auch als Vorladung zum *traditional council* wird das *nkeng* benutzt. Will der *Fon* sicher gehen, daß ein Angeklagter tatsächlich vor dem Rat erscheint, beauftragt er einen *dogari* oder einen *nshindap*, ihm ein Blatt dieser Pflanze zu überreichen. Der Gebrauch des *nkeng* ist eine von allen akzeptierte und respektierte Praxis, die jedoch die *ndfung* bislang ausnahm. Schließlich sollten Lineagemitglieder untereinander alles bereden können, ohne daß das Oberhaupt seinen 'Kindern' gegenüber als Herrscher auftritt.

85 *Nwarrong* bezeichnet hier das aus mehreren Logenhäusern bestehende "Gehöft" des Bundes.

86 Unter *bad medicine* verstehen die Wiya Medizin, die ihre destruktiven Kräfte automatisch entwickeln kann. Ihre Handhabung und Zusammensetzung ist von strengen Regeln begleitet, damit sie sich nicht gegen einen selbst richten kann. Vgl. dazu die Beschreibung von *shirin-gong* im Fallbeispiel 8.

87 Letzterer besitzt keinen eigenen *juju* und "trinkt" *shiringong* darum im benachbarten Njifa. Dennoch gehört er zu den "Gründungsmitgliedern" und besitzt deshalb einen der drei unverrückbaren Steinsitze im "heiligen Hain" von Njifa. Bei der Erklärung dieser Sitzordnung spricht man von ihnen als einer Art paritätisches Trio. Ihre Gleichrangigkeit bezieht sich sowohl auf ihre durch ein strenges Heiratstabu ausgedrückte verwandtschaftliche Nähe als auch auf die Einführung des Bundes und des Status ihrer Lineages. Die in der internen *shiringong*-Hierarchie nächst niedrigeren Bundmitglieder sind vier Älteste, die aus den drei "Bruderlineages" der Gründungsmitglieder rekrutiert werden müssen. Die unterste Stufe bilden sodann Oberhäupter anderer Lineages, deren Anwesenheit für die Funktion des Bundes aber nicht notwendig zwingend ist. Man könnte sie daher als assoziierte Mitglieder bezeichnen.

88 Eine zufällige Begegnung mit ihm wird ausgeschlossen, da jeder, der *shiringong* sieht, zugleich als Hexe überführt ist. *Shiringong* - so lautet die Erklärung - ist für normale Menschen unsichtbar. Nur die Hexen, die andere Hexen sehen, können ihn erkennen. Die Bundmitglieder und bestimmte Lineageoberhäupter, die - ähnlich wie die Hexen -

selbst über ein starke Kraft (*tfu*) verfügen, können ihn sehen, ohne gleichzeitig Hexen zu sein. Diese Wissenden (*nwä fi*), die kraft ihres Amtes die Medizin verwalten, Opfer durchführen und gegen Hexen vorgehen, sehen wie die Hexen, nutzen ihre Fähigkeiten jedoch nur zum Wohle der Allgemeinheit und nicht zu ihrem Schaden (vgl. Probst & Bühler 1990).

89   Ihre konkreten Attribute kopierten die *ndfung* nach übereinstimmender Überzeugung der *yamba* jedoch von ihnen. Vor allem die für die sakralen Institutionen notwendige Medizin erhielten die landbesitzenden *yaku*-Lineages von den *yamba*. Der Grund, warum sie den *ndfung* die Medizin (im Fall der Institutionen *nkong* und *tu'*) nur zum Teil aushändigten, liegt am fehlenden Grundbesitz der *ndfung*. Aus dem gleichen Grund konnten die *ndfung* nach Ansicht der *yamba* bestimmte Institutionen erst gar nicht etablieren, auch wenn sie es gewollt hätten. Es blieb ihnen also damit gar nichts anderes übrig, als den *yaku*-Erdherren die Einrichtung und Pflege der wichtigen Medizinplätze zu überlassen. Im Fall von *shiringong* blieb der *Fon* jedoch auf die Zusammenarbeit mit den *yamba* angewiesen, da sie diesen wichtigsten Bund nicht an die *yaku* veräußerten.

90   Diese im Süden von Ndu siedelnden "Fremden" gehören abstammungsrechtlich zum benachbarten Nshi-Königtum. Auch ihre Lineages sind untereinander stark zerstritten, so daß Fai Njilajong, der eigentliche Besitzer des *shiringong*, den *juju* heute nicht mehr in Verwahrung hat und alle Rechte an Fai Njilankur abtreten mußte. Wegen dieses Streits haben auch hier die Bundmitglieder ihre rituelle Arbeit mit *shiringong* einstweilen eingestellt.

91   Bei den *yámbá* der Nwa-Division heißt der gleiche *juju: nwanta*.

92   Der *shiringong* von Njimnkang ist hier nicht weiter erwähnt, da er dem unterworfenen König von Njimnkang und nicht dem *Fon* von Ndu direkt untersteht.

93   Aus Protest über den mit der Herabstufung von Fai Nganwenfu einhergehenden Verlust des *ngirri*-Bundes boykottieren viele *yamba* bis heute den *ngirri*-Prinzenbund des Palastes, dem sie seitdem zugeordnet sind. De facto hatte Fai Nganwenfu die *ngirri*-Attribute niemals besessen und auch keine derartigen Treffen einberufen. Für die *yamba* ist jedoch viel bedeutsamer, daß er das Recht hatte, eine *ngirri* für die *yamba* einzuführen.

94   Vgl. dazu folgendes Zitat von Fai Ndzitonga: "Wie alle anderen *yamba* wanderte auch mein Vater unter der Leitung von Fai Nganwenfu aus Kimi ein. Das heißt aber nicht, daß er etwa einen niedrigeren Status als der *fai* gehabt hätte. Im Gegenteil - mein Vater war ein *chief* und er hätte der zweite *Fon* hier in dieser Gegend sein können. Als dann aber der *Fon* nachkam, waren plötzlich alle unabhängigen *chiefs* in seinem Einflußbereich verboten. Hätte sich mein Vater beispielsweise in die heutige Bui-Division oder einfach weiter weg zurückgezogen, wäre er weiterhin ein *chief* geblieben. Guck Dir doch Konshep, Sen, Luh, Ngulu und all die anderen an - sie alle haben ihren Status als *chief* beibehalten. (Pause) Uns dagegen blieb nur der *fai*. Der *Fon* ging sogar so weit, meinem Vater die *ngirri* (Prinzengesellschaft, B.B.) zu nehmen. Fai Nganwenfu hatte keinen *ngirri*-Bund, deshalb nahm der *Fon* ihm nur die *kabra (lb.:* den Thron) und die Tigerzahnkette. Der *Fon* nahm uns alles ab, um alleine herrschen zu können!" (22.1.86) Der behauptete Status von Fai Ndzitonga wird von dem Oberhaupt einer Lineage desselben *yamba*-Klans (B) jedoch energisch bestritten: "Fai Ndzitonga ist niemals ein *chief* gewesen. Wer das behauptet, der lügt! Er erhielt seine Auszeichnung, weil er dieses Haus vom *Fon* der Nso' erfolgreich verbrannte. Davor war er völlig bedeutungslos. Ursprünglich steht er im Rang sogar unter Fai Njilama-

lar. Früher mußte er Njilamalar sogar jedes Jahr Feuerholz bringen. Diese Sitte erinnerte immer wieder daran, daß Njilamalar ihm einst das Land gegeben hatte, worauf er jetzt siedelt. Heute verzichtet Njilamalar auf dieses Zeichen. Die ursprünglichen *nwe nsu* (Erdherren, B.B.) in Kakar sind nur Fai Njilalormbu und Fai Njilamalar. Fai Ndzitonga wurde erst im Krieg mit den Nso' aufgewertet und später sogar zum *kibai* ernannt. Es kann also gar keine Rede davon sein, daß Fai Ndzitonga einmal wie ein *chief* gewesen ist." (Fai Ngashembiri, 25.4.86)

95   "Nachdem sie den *Fon* aus der Gruppe der *yaku* gekrönt hatten, erhielten auch die *fais* ihre Titel. Der *Fon* zeigte auf die Leute und sagte: 'dies ist Fai Ngamalar, dies Fai Ngakfumbe, dies Fai Ndzitonga, dieser ist Fai Ndzishirnji' und so weiter. Das alles passierte hier in Jirt. Vorher gab es keine Titel. Danach wurden immer neue *fais* geschaffen. Je größer die Bevölkerung wurde, desto mehr *fais* gab es auch." (Fai Ngamalar, 16.8.85)

96   Da das Alter des Titels für seinen Status überaus entscheidend ist, befinden sich die Befragten in großer Verlegenheit, wenn sie spontan lediglich auf zwei oder gar nur auf einen Namen verstorbener Titelinhaber verweisen können. Sie suchen dann nach allerlei Erklärungen dafür und geben beispielsweise an, daß der Titel lange Zeit unbesetzt war, sie selbst erst kürzlich den Thron erbten oder die Namen einfach nicht überliefert wurden, weil man alle Anliegen schließlich auch über den jüngst verstorbenen *fai* an die älteren Ahnen ausrichten lassen könne. Oft fühlen sich die Befragten aber dennoch veranlaßt, die Anzahl verstorbener Titelträger in lang andauernder Diskussion mit anderen Ältesten der Lineage um fünf oder sechs Namen zu erweitern. Manche Gesprächspartner suchten mich auch noch Tage nach dem Interview eigens dafür auf, die Genealogie mit weiteren Namen anzureichern.

97   Die Grenze zu den Nso' sichert theoretisch der *shiringong* von Mbanshi. In der Praxis hat auch er seine rituelle Arbeit zur Zeit eingestellt.

98   Auch der *shiringong* von Mbanshi soll schon seit der Amtsübernahme von Fai Njilanjong, d.h. seit etwa dreißig Jahren, nicht mehr herausgenommen worden sein.

IV GESCHICHTEN ZUR ENTSTEHUNG DES KÖNIGTUMS

Unter den Eindrücken kolonialer Erfahrung und gegenwärtiger, oft ganz persönlicher Alltagsprobleme thematisieren die Erzähler je nach Gruppenzugehörigkeit den Zentralisierungsprozeß aller ehemaligen Kriegsverbündeten auf das königliche Amt von Ndu oder ihre bislang erfolgreich verteidigte Teilsouveränität. Im Sinne eines kolonialen *feedbacks* (Henige 1974) erweitern viele ihre Erzählungen etwa durch lange Reihen von Genealogien, um die Bedeutung der Dynastie des eigenen *chiefs* oder des Lineageoberhauptes zu erhöhen. Zudem sind die Erzählungen als solche für die Wiya seither doppeldeutig und dem lokalen Genre *nsung* nicht mehr eindeutig zuzuordnen, da jetzt mit ihrer Festschreibung und mit konkreten politisch-rechtlichen Konsequenzen gerechnet werden muß. Die Wiya haben also eine Ahnung, daß die Geschichten durch eine Instanz, eine Macht, über die sie selber nicht verfügen, zu *history* werden könnten. *Nsung* ist damit nicht mehr auf lokale Debatten beschränkt, sondern hat die Form eines Diskurses über die Vergangenheit und die Entstehung des Königtums angenommen. Die mit dem Rekurs auf Geschichte geführten Verhandlungen um ökonomische Ressourcen (wie vor allem um Landbesitz), um politischen Status und rituelle Vorrechte betreffen heute nicht länger allein Klans und Lineages. Es konkurrieren außerdem noch Lineagefraktionen und Einzelpersonen besonders um die immer knapper werdenden Ressourcen. Nicht selten gehen mit dem Streit um Anspruch und Recht Hexereianklagen einher, so daß sich die Konflikte sowie die Unsicherheit um die Zweideutigkeit von *nsung* verschärften.

Um jedoch die Dynamik zwischen *nsung* und *history* besser verständlich zu machen, werden im folgenden zunächst einige Geschichtserzählungen der Wiya vorgestellt, und es wird versucht, ihre eigenen Regeln, ihre Codes und ihre typische Performance, die sich von denen anderer lokaler Erzählgenres unterscheiden, herauszuarbeiten. Zugunsten größerer Detailgenauigkeit wird dabei nicht auf die fünf *subchiefdoms* von Ndu eingegangen, die abgesehen von ihrer Beziehung zum Königshaus von Ndu auch noch über interne Rivalitäten, Geschichten und Gegengeschichten bezüglich der Zentralisierung auf ihren eigenen *chief* verfügen. Statt dessen werden die Geschichten von Erzählern aus dem Kreise der Gruppen untersucht, die dem *Fon* von Ndu direkt unterstehen, also den eigentlichen Kern des Wiya-Königtums von Ndu bilden. Im Mittelpunkt dabei stehen der königliche *yaku*-Klan einschließlich der Lineage des *Fon* von Ndu (*ndfung*) und die in den Kolonialakten lediglich am Rande erwähnten, teilweise autochthonen *yamba*-Lineages. Ihre Geschichtserzählungen werden vorzugsweise in ihrem Schnittpunkt, der Etablierung des Königtums Ndu, betrachtet.

Wie eingangs erklärt, sind historische Themen im Alltag der Wiya allgegenwärtig. Zu beinahe allen Namen (Lineagenamen, persönlichen Namen oder Namen von Ortschaften) gibt es Geschichten, wie auch mit allen Orten (verlassenen Gehöften, Siedlungen, Schreinen, Grabstellen etc.) bestimmte Geschichten verbunden sind. Auch Geschichten zum Besitz bestimmter Medizin oder Bünde stellen immer den Bezug zu vergangenen Ereignissen her. Dennoch gibt es außer der schlichten Feststellung, alle Wiya seien zusammen mit ihrem König aus einem Ursprungsort namens Kimi in das heutige Siedlungsgebiet eingewandert, keine gemeinsam formulierte "Stammesgeschichte". Auch nach "außen" gibt es keine für alle Wiya verbindliche Geschichtsversion, keinen "Schlüsselmythos", auf den sich die Wiya etwa zur Demonstration innerer Zusammengehörigkeit geeinigt hätten. Statt dessen finden sich einzelne Erzählungen (*nsung*), deren wichtigste Funktion es zu sein scheint, politischen Status, rituelle Vorrechte sowie ökonomische Privilegien und Ansprüche von Gruppen und/oder Individuen historisch zu legitimieren. Inhaltliche Überschneidungen, die das Königtum als Ganzes betreffen, lassen sich, ihrer dualen Gesellschaftsstruktur entsprechend, grob auf zwei Geschichtsversionen reduzieren: die Versionen des herrschenden *yaku*-Klans einschließlich der königlichen Lineage (*ndfung*) sowie die Versionen der unterworfenen *yamba*-Lineages. Diese Einteilung der Geschichten in Gruppenversionen soll jedoch nicht darüber hinwegtäuschen, daß es zum Teil erhebliche Widersprüche zwischen den einzelnen Lineagegeschichten einer Gruppe gibt. Auch die Erzählungen einzelner Lineages sind oft nicht homogen, denn es existiert auch auf Lineageebene nicht "eine" bestimmte Geschichte, die etwa in der Form eines langen Monologs von einer einzigen Person rezitiert wird. Statt dessen "besitzen" die Lineages eine Vielzahl von Geschichten, die besonders im Falle von Uneinigkeit zwischen den Lineagefraktionen unterschiedlich stark variieren oder sogar von einzelnen Befragten abgeändert werden.

Die Performance der Geschichtserzählungen soll einmal stärker theatrale Züge gehabt haben. Heute gibt es unter den Wiya niemanden, der "Geschichte" bzw. Erzählungen über historische Themen, wie das der Entstehung des Königtums, vor einer größeren Öffentlichkeit freiwillig rezitiert. Stellt man sich beispielsweise vor, ein *yamba* würde öffentlich über die Machtergreifung der *ndfung* und die verpaßte Chance des eigenen *yamba*-Führers reflektieren, wäre dies eine offene Provokation für alle anwesenden *ndfung*. Ein fruchtloser Streit wäre die Folge, denn nach den Geschichten der *ndfung* hat es überhaupt keine Machtergreifung gegeben. Sie erzählen, der König sei schon immer der *Fon* von Ndu über alle Wiya gewesen, und die *yamba* hätten als Schwestersöhne in bezug auf die königliche Lineage wegen der patrilinearen Erbfolgeregelung nie einen Anspruch auf den Thron erheben können. Nach Aussage der *yamba* waren derartige Auseinandersetzungen in früheren Zeiten an der Tagesordnung. Heute jedoch hätten die *yamba* resigniert, denn die Etablierung eines *yamba*-Königreichs wäre nach allem, was inzwischen geschah, vollkommen ausgeschlossen. Wollen die Wiya also nicht ganz bewußt Streit mit der jeweils anderen Gruppe oder mit einer anderen Lineage provozieren, halten sie sich in der Öffentlichkeit mit historischen Bemerkungen zurück. Diejenigen, die etwa auf Festen historische Themen öffentlich ansprechen oder besingen, waren zur Zeit der Feldforschung ausschließlich "Fremde", d.h. aus den benachbarten Wimbum-Gruppen stammende Arbeitsmigranten der auf Wiya-Gebiet gelegenen Teeplantage oder geladene Gäste. Die Wiya selbst besingen Geschichten in ihren Kriegerbünden (*nfuh* und *samba*). Da diese Bünde den Männern aller Lineages offenstehen, haben deren Lieder vornehmlich siegreiche, gemeinschaftlich durchgeführte Kriege und unverfängliche Lobpreisungen an den König (*Fon* von Ndu) zum Inhalt. Alle anderen historischen Themen, an die bestimmte Vorrechte und Privilegien einzelner Gruppen geknüpft sind, brauchen einen Anlaß und eine eindeutig definierte soziale Umgebung, um besprochen zu werden.

Eine solche Gelegenheit ist heute zum Beispiel, wie eingangs bereits angedeutet, die Initiation eines Lineagemitgliedes zum Oberhaupt (lb. *wifa* oder ln. *fai*)[99], denn im Unterschied zu früher kann nicht immer vorausgesetzt werden, daß der Initiand bereits über ausreichende Kenntnis von den Erzählungen über die Vergangenheit der Lineage verfügt. Die rituellen Handlungen werden von den Ältesten der Lineage darum durch entsprechende Erläuterungen begleitet, die ihm quasi erste "Lektionen" über Geschichten der eigenen Lineage, die Beziehung der Gruppe zu anderen Lineages und dem Königtum als Ganzem vermitteln. Die geladenen Gäste, die Verteilung der Geschenke und der Grad der Aufwendung der Zeremonie insgesamt unterstreichen die von den Ältesten derart erteilten Lehren. Je nach Stand des Vorwissens, der persönlichen Aufnahmefähigkeit des Initianden und des Einsatzes der Ältesten wird eine solche Vermittlung noch über mehrere Monate fortgeführt. Die "Lehre" gilt als abgeschlossen, wenn das Lineageoberhaupt beginnt, durch den Austausch mit einem weiteren Personenkreis eine eigene Position zu beziehen und seine Unterweisung infolgedessen immer mehr die Form einer Debatte mit den Ältesten annimmt. Am Palast des Königs soll sich der *fai* aus den politischen Auseinandersetzungen so lange zurückhalten, bis er den Diskursen über die Vergangenheit wirklich folgen kann. Erst wenn er die Andeutungen anderer *fais* und Ältester auf bestimmte Geschichten, Neckereien oder Provokationen versteht, gewinnt er die notwendige Sicherheit, um erwartungsgemäß zu reagieren und sich auf der politischen Bühne des Königtums selbst einzubringen. Gelingt es ihm dann, bei Auseinandersetzungen öffentlich eigene Positionen zu beziehen und diese durch bestimmte Geschichten oder deren Interpretation einsichtig zu machen, verschafft ihm dies nicht nur Ansehen nach außen, sondern auch Respekt (*ni*) unter den eigenen Lineageangehörigen.

In einigen Fällen ist die Dauer der "Lehre" von Geschichtserzählungen jedoch über viele Jahre ausgedehnt. Die Gründe dafür sind zumeist mangelndes Interesse des Initianden und persönliche Abwehr gegen die mit dem Status verbundenen einengenden Regeln und Vorschriften. Besonders bei schulisch Gebildeten, die heute oftmals auch nach ihrer Initiation aus finanziellen Gründen berufstätig bleiben, stoßen die Ältesten mit ihren Geschichten und Ermahnungen über die statusgemäß einzuhaltenden Rechte und Pflichten auf Widerstand. Wie in Fallbeispiel 6 näher erläutert, wird hier der Stellenwert von Wissen über historische Geschichten im Alltag der Wiya besonders deutlich. Denn auch bei solchen im modernen Leben engagierten Lineageoberhäuptern erwartet man nach einem gewissen Zeitraum, daß sie die Geschichten ihrer Lineage kennen und sie im Interesse der Gruppe, gegebenenfalls der politischen oder wirtschaftlichen Situation entsprechend verändert, einsetzen können. Verfügen sie jedoch nicht über die dazu notwendige Sicherheit, brüskieren sie unwissentlich oder provozieren sie andere Lineagoberhäupter sogar ganz bewußt, verlieren sie an Ansehen und werden aus dem politisch-sozialen Geschehen weitgehend ausgeschlossen. Die dadurch in Mitleidenschaft gezogene Lineage wendet sich infolgedessen ebenfalls mehr und mehr von ihm ab. Die Ältesten fühlen sich um ihren Vertrauensvorschuß, ausgerechnet diesen aus ihrer Mitte zum Oberhaupt und Repräsentanten erwählt zu haben, betrogen. Sie entwickeln sich entweder selbst zu Konkurrenten oder favorisieren ganz offen seinen Austausch gegen einen dritten. In jedem Fall aber scheint es eine Spaltung der Lineage in Fraktionen zu geben. Gegenseitige Verdächtigungen, aus egoistischen Machtinteressen mit Hilfe von Hexerei die Regierungsfähigkeit des *fai* zu stören, verhärten sodann in vielen Fällen die Fronten auf lange Zeit.

Thematisierung von Geschichten geschieht aber auch bei der Neuaufnahme von Initianden in einen "Geheimbund". Hier ist es nicht nur der Status der mit dem Bund verknüpften Lineages, der über Geschichtserzählungen vermittelt wird. Erlernt werden während der Einweisung auch Geschichten über die Herkunft (den Einkaufsort) des Bundes, den Umgang mit seinen Instrumenten und der Medizin sowie Erzählungen über den Ursprung gewisser ritueller Abläufe. Die Benennung des Herkunftortes wird oftmals zur Aktivierung der bundeigenen Medizin für unbedingt notwendig gehalten und ist damit fortan als ritueller Bestandteil der Zeremonien von dem Initianden unbedingt zu memorieren. In den Bünden gibt es ebenfalls Fraktionierungen zumeist aus wirtschaftlichen Gründen und nicht etwa infolge einer Weigerung, sich bestimmte Geschichten zu eigen zu machen. Geschichten, die den Bund umgeben, seine Regeln und Gesetze, werden im Gegenteil gerne erlernt. Die Mitgliedschaft in einem Bund ist entweder erbrechtlich festgelegt oder kann freiwillig erworben werden. In jedem Fall aber ist sie ein Status- und Prestigegewinn ohne gleichzeitigen Verlust persönlicher Bewegungsfreiheit. Dennoch kann die Zerstrittenheit der Mitglieder, wie in Fallbeispiel 2 bereits beschrieben, bis zur zeitweiligen Stillegung der Bünde führen. Fraktionsbildungen sind hier auf machtpolitische und nicht zuletzt auch auf wirtschaftliche Interessen zurückzuführen. Bundmitglieder werden beschuldigt, Geschichten des Bundes zu verfälschen, um die Vorherrschaft innerhalb der Gemeinschaft zu übernehmen und nach außen einen Statusgewinn zu erreichen. Infolgedessen beanspruchen sie den größten Teil des Opferfleisches und glauben, das alleinige Verfügungsrecht über die an den Bund gegebenen Geschenke und Abgaben zu besitzen. Ein solches Verhalten kann zum Ausschluß eines solchen Mitgliedes und letztlich zur zeitweiligen Auflösung des Bundes führen, wenn die Anwesenheit aller Initiierten rituell notwendig ist.

Das Erzählen von Geschichten bedarf jedoch nicht unbedingt solch ritueller Anlässe. Jeder, ein Mitglied der eigenen Lineage, ein persönlicher Freund oder auch ein geladener Fremder (wie ein Ethnograph), kann mit seiner Frage zu einem Anlaß werden. Erzählt werden die Geschichten dann unter vier Augen oder in einer Gruppe übereinstimmender Lineageangehöriger und befreundeter Gleichgesinnter im Versammlungshaus der Lineage, das in der Regel mit dem Privathaus des Lineageoberhauptes identisch ist. Im Unterschied zu Märchen und Fabeln (*rghàghár*: Erstaunliches), die zumeist abends in der Küche erzählt werden, redet man über Geschichte meistens nur tagsüber, wenn die Besucher kommen oder ein Problem mit den Ältesten beredet wird. Während Märchen aus längeren Monologen und Gesangseinlagen bestehen, sind Geschichten vom Genre *nsung* kürzere Erzählungen oder einfach nur Andeutungen. Genauere Ausführungen werden im Dialog erfragt und erst im Laufe von teilweise stundenlangen Gesprächen preisgegeben. *Nsung* ist also keine Erzählung, die etwa auf Abruf bereitläge. Details werden erst allmählich im Gespräch entfaltet, wobei es nicht nur vom Erzähler, sondern entscheidend vom Zuhörer/Gesprächspartner abhängt, was und wieviel er erfährt. Mit seinen Fragen ist er es selbst, der den Verlauf der Unterhaltung bestimmt. Der Grad der Offenheit des Erzählers wird von vielen Faktoren bestimmt, wie dem Status des Zuhörers, seiner sozialen Einbindung, seinem offenbarten und vermuteten Interesse an der Geschichte des Erzählers, seiner persönlichen Vertrauenswürdigkeit, der Anwesenheit weiterer Zuhörer etc.

Wie oben bereits herausgestellt, gibt es bei den Wiya weder professionelle Geschichtenerzähler, noch ist die Weitergabe des Wissens auf bestimmte Personen beschränkt. Jeder kann befragt werden und darf auch Antwort geben; es gibt wohl niemanden, der nicht wenigstens eine Geschichte zu irgendeinem Namen, einem Ort oder einem Ereignis erzählen kann. Gemäß der Hochschätzung solcher Geschichten und ihrer politisch-wirtschaftlichen Relevanz sollte jedoch das Lineage-oberhaupt, wenn nicht aus Gründen notwendig umfangreicheren Wissens, so doch zumindest höflichkeitshalber an längeren Besprechungen teilnehmen.

Ist die Lineage zerstritten, ist die Unsicherheit einzelner Lineageangehöriger über die Formulierung bestimmter Geschichten bei einer offiziell anmutenden Befragung durch einen gewünschten Vermittler zwischen den Fraktionen oder auch durch einen Fremden oftmals groß. In solchen Fällen ist die Anwesenheit des *fai* (Lineageoberhauptes) erforderlich, wie entsprechend auch bei der

Gegenfraktion die Lineageangehörigen nur zusammen mit ihrem Anführer auftreten. Lineageübergreifender Streit ist überhaupt der einzige Anlaß, währenddessen die Wiya gezwungen sind, auch öffentlich über Geschichten zu diskutieren. So beziehen die Kontrahenten auch Unbeteiligte in ihren Streit ein, beispielsweise um Landbesitz oder -nutzungsrechte, um die eigene Position, die eigenen Vorrechte zu erläutern und etwaigen Verunglimpfungen des Streitgegners zuvorzukommen. Kann der Konflikt auch durch die von den Streitparteien selbst bestimmten Vermittler über mehrere Jahre nicht beigelegt werden, sollte der Fall vor den Rat im königlichen Palast kommen. Es ist zwar nicht die gerichtliche Institution des *ndapsa'*, in der vor aller Öffentlichkeit Recht gesprochen wird, sondern die privatere Institution *mto'si*, zu der neben den Betroffenen lediglich besonders hochrangige Lineageoberhäupter (*kibais*)[100] der Wiya sowie die Palastältesten Zutritt haben. Hier können die Streitparteien auch innerhalb der königlichen Lineage unter Aufsicht des Königs und hochrangiger Räte ihre Positionen verdeutlichen und ihre Rechte durch das Erzählen von Geschichten "traditionell" legitimieren. Widersprüche zwischen den Argumenten werden sodann auf verdeckte Interessen oder persönliche Hintergründe untersucht, und es wird mit Nachdruck versucht, Lösungen herbeizuführen. In der Praxis kann die Anhörung durch diesen Rat jedoch nur selten tatsächlich etwas bewirken. Zum einen ist in einem Streitfall ein eindeutig Schuldiger nur selten auszumachen. Dies gilt besonders in Fällen von Hexerei, wenn der Verdächtigte die Schuld bestreitet und nicht, wie es unter Druck der Anhörung ebenfalls geschehen kann, die Schuld zugibt. Zum anderen hat der Rat keine Möglichkeit, langfristig auf die Streitgegner einzuwirken. Selbst wenn es zu einer Einigung in Anwesenheit der Räte und des *Fon* gekommen ist und alle Beteiligten mit guten Vorsätzen nach Hause gehen, heißt das nicht, daß die gegenseitigen Beschuldigungen nicht wieder aufflammen können, wie es in Fallbeispiel 2 bereits beschrieben ist. In der Praxis sind zudem - wenn überhaupt - nur solche Lineages zur Anhörung geladen, die einen besonders hohen Rang im Königtum haben, mit wichtigen Aufgaben oder der Durchführung wesentlicher Rituale betraut sind. Alle anderen bleiben im Konflikt sich selbst überlassen, legen dem *Fon* ihre Probleme oftmals brieflich vor und leben mit der Hoffnung, doch vielleicht irgendwann einmal vorgeladen zu werden. Der überaus dicht gedrängte Terminkalender des *Fon*, der zugleich als Lehrer in benachbarten Ortschaften tätig ist, läßt eine breitere Beschäftigung mit den internen Problemen seiner Untergebenen nicht zu, wie er selbst und seine Vertrauten beteuern. Von der breiten Masse der Bevölkerung wird sein Verhalten jedoch oftmals als Desinteresse ausgelegt. Wie weiter unten noch weiter thematisiert, führte dieser Konflikt zur Zeit der Feldforschung zu einer immer größer werdenden Unzufriedenheit auf beiden Seiten. Schließlich erfaßte sie auch engste Vertraute und hat, wie im nachhinein brieflich mitgeteilt, sogar eine politische Isolierung seiner Person zum vorläufigen Ergebnis.

Im Konflikt innerhalb der Lineages, zwischen den Lineages und zwischen den Lineagegruppen (*yaku* und *yamba*) der Wiya spielen Erzählungen über historische Themen also eine bedeutende Rolle. Zwar sind sie im Streit um den Besitz von Bünden und rituellen Gegenständen oder im Konflikt um die Nutzungsrechte von Land nicht immer die direkten Auslöser der Auseinandersetzungen. Aber sie werden im wechselseitigen Versuch, die eigenen Ansprüche zu legitimieren, artikuliert und im gegenseitigen Vorwurf, zu lügen (*la mdi'*) und die Geschichten im eigenen Interesse verfälscht zu haben, verschärft. In dieser Weise spitzen die Erzähler den Konflikt zwischen Gruppen und Individuen mit ihren Geschichten mitunter derart zu, daß alle Versöhnungsversuche scheitern und die Streitparteien soziale Konsequenzen, wie Lineagespaltungen, Aufgabe des gemeinsamen Siedlungsortes oder Stillegung von Bünden, treffen müssen. Auch diese Ereignisse werden von Erzählern aufgegriffen und ziehen ihrerseits Konflikte und gesellschaftliche Veränderungen nach sich.

Die Dynamik zwischen sozialer Ordnung und Geschichtserzählungen zeigt sich besonders deutlich in den acht Fallbeispielen, die meines Erachtens den Schlüssel zur Bedeutung der Geschichten bei den Wiya darstellen. Diese Beispiele greifen bestimmte Geschichten auf, die der Version der Gruppe des Erzählers deutlich widersprechen. Das heißt, sie unterscheiden sich von den Geschichten, die mehrheitlich von den *yaku* und *yamba* als Gruppenversionen vertreten werden und ihrerseits wohl kaum zu sozialen Veränderungen führen. Die dem königlichen *yaku*-Klan untergeordneten, teilweise autochthonen *yamba*-Lineages beklagen zwar die Situation, keinen eigenen *yamba-chief* zu besitzen und von der heutigen königlichen Lineage (*ndfung* der *yaku*) einst unterworfen worden zu sein, formulieren daraus aber keine einheitliche "Gegenideologie". Aufgrund ihrer internen Zerstrittenheit, so ihre beständig wiederholte Selbstkritik, seien sie zu einem politischen Widerstand heute noch weniger als damals (zur Zeit der Machtübernahme der *ndfung*) fähig. Schon immer seien sie derart uneins gewesen, daß sie sich nicht auf einen eigenen *chief* hätten einigen und sich dann auch nicht gegen die Vorherrschaft der *ndfung* hätten durchsetzen können. Die von den *yamba*-Erzählern mehrheitlich vertretene Geschichtsversion ist zwar in gewisser Weise identitätsstiftend für die Lineages, die sich vor dem Hintergrund ihrer "Verliererposition" zu einer heterogenen *yamba*-Gruppe zusammengeschlossen haben. Den die Gesellschaft bewegenden Motor zur Überwindung des *status quo*, der ihr nach dem strukturfunktionalistischen Interpretationsmodell der sozialen Charta zugesprochen werden könnte, besitzt ihre "Gruppenversion" jedoch nicht. Verändernd wirken vielmehr die von der "Gruppenversion" abweichenden Geschichten einzelner Erzähler.

Nach Meinung der Wiya "lügen" (*la mdi'*) die Erzähler mit solchen widersprüchlichen Geschichtserzählungen zumeist ganz bewußt, um über die verfälschte Geschichtsversion ihre eigenen, oftmals ganz egoistischen Interessen durchzusetzen. Sie nutzen also den Rekurs auf vergangene Ereignisse dazu, um über diesen (Um)Weg eine individuelle Botschaft kundzutun. In dieser Weise lassen sich solche Geschichten ganz offensichtlich keinem gängigen Interpretationsmodell, keiner der bislang verbreiteten historischen Imaginationen eindeutig zuordnen. Weder haben die Erzähler im Sinn, die soziale Charta ihrer Gruppe abzubilden, einen Beitrag zur Konstruktion einer einheitlichen Gruppenversion zu leisten, noch und schon gar nicht eine chronologische Geschichte zu beschreiben. Vor dem Hintergrund eines neueren Ansatzes, der den Erzähler im Sinne einer "social history" (Comaroff 1992: 37) als Akteur (*agency*) begreift, erscheinen ihre Geschichten als Strategien. Mehr noch, diese von einzelnen Erzählern praktizierte rhetorische Taktik offenbart die für das Genre *nsung* charakteristische Redekunst: eine Kunst des Sprechens, die zugleich eine Kunst des Handelns ist. Mit dem Umweg über etwas Vergangenes ergreift der Erzähler die Gelegenheit, seinen "coup" zu landen und einen Gleichgewichtszustand überraschend zu verändern:

> "Der Diskurs wird hier eher durch die Art und Weise, *wie er praktiziert wird*, bestimmt als durch das, was er zeigt. Daher muß man etwas anderes verstehen können, als das, was er sagt. Er erzeugt somit Wirkungen und keine Gegenstände; er ist Erzählung (Narration) und keine Beschreibung."
> (de Certeau 1988: 158)

In der Tat versteht der Zuhörer, das Wiya-Publikum, eine solche Erzählung als "textuelle Handlungsweise" (ebenda). Man weiß um den *Coup*, auch wenn es manchmal einiger Überlegungen von seiten der Zuhörer bedarf, um zu verstehen und zu entscheiden, welches Interesse der Erzähler wohl verfolgt und welche Reaktionen er seinerseits darauf erwartet. Mit sechs weiteren Fallbeispielen werden im folgenden solche Erwägungen und Beurteilungen des eigentlichen Inhalts bestimmter Narrationen aufgegriffen, und es wird versucht, anhand von ethnographischen Daten und aktuellen Bezügen den *Coup* des Erzählers in den sozialen Kontext der Wiya heute zu stellen.

Wenn es sich bei den Diskursreferenten solch auffällig widersprüchlicher Erzählungen also um (Um)wege handelt, die eigentlichen Handlungen taktisch zu plazieren, um beim Publikum bestimmte Wirkungen zu erzielen, stellt sich die Frage, in welcher Beziehung dazu denn die anderen, weniger auffälligen, aber ebenfalls narrativ gehaltenen Geschichten stehen. Deren Inhalte scheinen die Interpretation als soziale Charta der beiden Kerngruppen des Königtums (*yaku* und *yamba*) zunächst geradezu nahezulegen. Als Erzählungen lassen sie sich aber zutreffender mit dem integrativen, bewußt auf Dynamik ausgerichteten handlungstheoretischen Ansatz Giddens' (1982, 1988) interpretieren. Giddens (1988: 417) selbst legt eine solche Übertragung nahe, da die Hauptaspekte narrativer Geschichtsschreibung auf dieselbe Entwicklung des Dualismus von Handlung und Struktur verweisen wie in den Sozialwissenschaften. Jene Historiker, die die narrative gegenüber der analytischen Geschichtsschreibung bevorzugen, verwehren sich seiner Meinung nach zu Recht gegen die Annahme, die menschliches Verhalten auf soziale Ursachen zurückführt, die außerhalb des Einflusses der beteiligten Akteure liegen. "Denn in die Geschichtswissenschaft Theoriestile einzubringen, die von Grund auf fehlerhaft sind, ist wahrscheinlich von sehr geringem Nutzen." (1988: 417)

Eine überzeugende Geschichte bedarf nicht nur der Kohärenz der Schilderung, es müssen auch ihr Handlungsbezugsrahmen, die Umstände und Triebfedern des Handelns verständlich gemacht werden. Die Erzählung ist damit als textuelle soziale Handlung mit dem von Giddens herausgearbeiteten Prozeß der Strukturbildung und seiner Idee des doppelten Charakters von Strukturen (*duality of structure*) zu verbinden. Strukturmomente sozialer Systeme (wie im Modell der sozialen Charta ausgedrückt) werden hiernach rekursiv sowohl als Medium und Ermöglichung wie als Restriktion und Ergebnis von Praxis begriffen.

> "Struktur ist den Individuen nicht 'äußerlich': In der Form von Erinnerungsspuren und als in sozialen Praktiken verwirklicht, ist sie in gewissem Sinne ihren Aktivitäten eher 'inwendig' als ein - im Sinne Durkheims - außerhalb dieser Aktivitäten existierendes Phänomen." (Giddens 1988: 77-78)

Demnach gibt es also keine abstrakte, universale Realität, nach der einzelne Handlungen ausgewählt und geplant oder Geschichten erfunden und erzählt werden können. Ebensowenig gibt es, wie das Modell der sozialen Charta vorgibt, kulturelle Prinzipien, die quasi als unverrückbare Meßlatten Handlungen und Erzählungsinhalte bestimmen. Strukturen haben vielmehr eine eher abstrakte Existenz, deren Konturen erst durch Handlungen bzw. Erzählungen deutlich werden, in die sie eingegangen sind. Demzufolge basiert eine Erzählung auf einer Art reflexiver Beobachtung und Rationalisierung des fortwährenden Erzähl- und Verhaltensflusses, indem sich die Praxis als dialektisches Verhältnis zwischen den agierenden Erzählern und dem umgebenden Rahmen ihrer Geschichten darstellt. Der Erzähler bewegt sich in einem *Spielraum* kultureller Wertmaßstäbe und rahmenbildender Kräfte, die seine eigene Geschichte durchdringen.

Die Mehrheit der Geschichten der *yaku* und *yamba*, die - von außen betrachtet - im Sinne von Malinowski als Charta-Mythen erscheinen, bezeichnen nunmehr einen Handlungs- oder Erzählspielraum. Hier plaziert der Erzähler seine Geschichte, durchdrungen von der "Charta-Version" der Gruppe, ganz unauffällig, wenn keine aktuellen Konflikte vorliegen, oder er darauf nicht reagieren will. Innerhalb dieses Spielraums befindet sich also seine von internen Konflikten abstrahierte, kohärente "Lineagegeschichte", deren Besonderheiten und Details der Gruppenversion nicht widersprechen und daher niemanden erstaunen. Widersprüche ergeben sich lediglich bezüglich der Version der jeweils anderen Gruppe (der *yaku* bzw. *yamba*) die den Zuhörern jedoch bekannt sind und aufgrund ihrer größeren Dauerhaftigkeit einkalkuliert werden. Solche Widersprüche und Ungereimtheiten befinden sich also innerhalb eines erwarteten Spielraums von Erzählinhalten und sind damit im Vergleich zu den in den Fallbeispielen erläuterten, unerwarteten *Coups*, die außerhalb eines solchen Spielraums landen, unauffällig, kalkulierbar und mit wenig verändernder Wirkung im Alltag der Wiya. Die Grenzen zwischen diesen beiden Erzählarten sind jedoch fließend und die Unterschiede eher graduell, denn erstens kann der Erzähler jederzeit seinen Spielraum verlassen, zweitens ist er für seine eigene narrative Darstellung immer selbst verantwortlich, das heißt, er kann sich im Streitfall nicht darauf zurückziehen, lediglich eine Gruppen- oder Lineageversion wiedergegeben zu haben. Drittens ist es letztlich der Zuhörer, der eine Provokation ignorieren, darauf reagieren oder eine "unauffällige" Erzählung zum Streitpunkt erheben kann, wenn es zu seinem eigenen *coup* gehört.

Um die Dialogform und die als kurze Antworten formulierten Erzählungen sowie die Vielfalt und Widersprüchlichkeit der Meinungen deutlich zu machen, werden die mündlichen Überlieferungen im folgenden zunächst ohne nähere Erklärungen und Kommentare wiedergegeben. Die Auflistung der Zitate ist jedoch zweifach sortiert: nach Themen, die - wenn es eine längere Geschichtserzählung der Wiya gäbe - wohl die einzelnen Episoden ausmachten, und nach Gruppenversionen. Die sogenannten "offiziellen Versionen" beinhalten Erzählungen des eingewanderten, herrschenden *yaku*-Klans einschließlich der Geschichten der königlichen Lineage (*ndfung*). Die "inoffiziellen Versionen" sind dagegen im wesentlichen Aussagen der größtenteils autochthonen, ehemals akephalen *yamba*-Lineages. Räumlich werden die "offiziellen" Geschichtserzählungen am Palast von Ndu und von der in unmittelbarer Nähe zum Palast wohnenden königlichen Lineage (*ndfung*) vertreten. Mit unterschiedlich starken Abweichungen findet man diese "offiziellen Versionen" auch bei den anderen Lineages des königlichen Klans (*yaku*), die räumlich und abstammungsrechtlich vergleichsweise weit vom Palast entfernt sind. Die Oberhäupter solcher Lineages sind Nachfahren ehemaliger Söhne (*bonkfu*) oder Schwestersöhne (*bonjar*) des *Fon* von Ndu. Erst in vierter Generation können sie sich von den *ndfung* abspalten und eine neue Lineage gründen.

Demgegenüber beinhalten die "inoffiziellen Versionen" die Erzählungen der *yamba*, d.h. der Lineagegruppen, die bis heute das meiste Land besitzen und die von der Nachfolge auf das königliche Amt ausgeschlossen sind. In Ausnahmefällen finden sich als "inoffizielle Versionen" auch Aussagen von Lineages "fremder" Abstammung, die in der Vergangenheit aus anderen Regionen emigrierten, sich den Wiya-Gruppen anschlossen und freiwillig dem *Fon* von Ndu unterwarfen. Beide Gruppenversionen sind jedoch nur grobe Einteilungen. Zu bestimmten Themen finden sich tatsächlich Übereinstimmungen; zu anderen Fragestellungen gibt es dagegen starke Abweichungen und Widersprüche innerhalb der Gruppenversionen, die mit der anschließenden Analyse der Geschichten zu erklären versucht werden.

Die Analyse findet auf drei sich ergänzenden Ebenen statt. Die erste ist der Versuch einer Rekonstruktion bzw. der Konstruktion einer linearen Geschichte. Diese von den Wiya selbst nicht formulierte Geschichtskonstruktion macht die Folie transparent, auf der die anschließenden Deutungen der Erzählungen als textuelle Handlungen fußen. Schließlich basiert der Versuch der Konstruktion einer systematischen Wiya-Geschichte auf der Interpretation historischer und ethnographischer Daten. Außerdem lassen sich erst vor dem Hintergrund dieser Konstruktionen die eigenen Regeln der Wiya-Erzählungen sichtbar machen.

Die zweite Ebene beinhaltet die Ausdeutung der Geschichten innerhalb der unterschiedlichen Erzählspielräume der beiden gegensätzlichen Gruppenversionen als Handlungen und Handlungsanweisungen bzw. -orientierungen. Die Erzählungen lassen inhaltlich konträre Interessen erkennen. Während Erzähler des königlichen *yaku*-Klans den Zentralismus auf das Königshaus (der *ndfung*) zu fördern versuchen, sind die *yamba* bemüht, dem entgegenzuwirken und eine größtmögliche Autonomie zu behaupten.

Diesen Geschichtsversionen wird jedoch auch oft widersprochen. Einzelne versuchen, ihre Interessen durchzusetzen und ihren *Coup* zu landen, indem sie ihre Geschichten situationsbedingt zumeist ganz bewußt außerhalb des Erzählspielraums, der Handlungsorientierung der eigenen Gruppe plazieren. Anhand von sechs weiteren Fallbeispielen wird auf der dritten Ebene der Analyse den möglichen Hintergründen und Motiven solcher Aussagen nachgegangen. Die Untersuchung stützt sich dabei auf interpretative Aussagen beteiligter Zuhörer und vertrauter Gewährsleute aus dem Kreise der Assistenten und Besucher, die sich zu einer Art "informeller Arbeitsgruppe" einfanden.

Die folgenden Zitate sind den Interviews entnommen, die vorzugsweise im heimatlichen Gehöft einer Lineage (lb.: *la*; pd. engl.: *compound*) durchgeführt wurden, um den einzelnen Gesprächspartnern die Möglichkeit einzuräumen, zur Unterstützung und zur Absicherung der eigenen Geschichtsversion andere Älteste hinzuzuziehen. Trotz Vorankündigung erschienen zum vereinbarten Termin neben dem *fai* jedoch oft nur wenige Älteste. Die einen ließen ihr Bedauern über die Terminschwierigkeiten ausrichten, andere in Opposition zum amtierenden *fai* stehende "Brüder" blieben aus Protest bewußt unentschuldigt fern oder wurden vom *fai* erst gar nicht eingeladen. Aufgrund lange bestehender Konflikte wohnten die zerstrittenen Lineagefraktionen häufig gar nicht mehr im väterlichen *compound*, sondern hielten sich bei Verwandten mütterlicherseits oder an einem "neutralen Ort" in Ndu-Stadt auf. Ebenso gab es Fälle von *fais*, die sich nach ihrer Vertreibung aus dem *compound* auf einem anderen Grundstück der Lineage oder in Ndu-Stadt niederließen.

Die Aussagen in Englisch oder im Pidgin-Englisch wurden nicht ins Deutsche übersetzt. Häufig handelte es sich auch um eine Mischung zwischen den beiden Sprachen, da der Befragte als Entgegenkommen versuchte, möglichst englisch zu sprechen, oder umgekehrt, im Laufe des Interviews mehr und mehr ins Pidgin-Englisch verfiel. Solche Sprachmischungen gab es auch zwischen dem einheimischen Limbum und dem Pidgin-Englisch oder Englisch. Um den Wechsel der Sprachen innerhalb der Zitate zu vermeiden, sind solche Beiträge wie auch die Aussagen im reinen Limbum hier auf Deutsch wiedergegeben. Die Limbum-Beiträge übertrug der begleitende Übersetzer noch während der Interviews ins Englische. Anhand der Aufzeichnungen des Kassettenrekorders überprüfte und verbesserte er später die Übersetzungen, so daß sie transkribiert werden konnten. Besonders wichtige Passagen wurden einem zweiten Übersetzer vorgelegt und in unklaren Fällen bei dem jeweiligen Interviewpartner erneut hinterfragt.

Um die Veränderbarkeit, die Situations- und Kontextabhängigkeit der Erzählungen zu unterstreichen, sind die Zitate mit dem Datum des Interviews versehen. Sie sind also quasi Momentaufnahmen bestimmter Geschichten, deren Inhalte und Intentionen theoretisch bereits nach Ende des Interviews widerrufen oder erst nach Jahrzehnten verändert werden können. Dies gilt besonders für die von den Fallbeispielen aufgegriffenen Zitate, die, bezogen auf eine persönliche Lebenssituation, auf bestimmte Konflikte oder auf spontane Gefühle, persönliche Interessen verfolgen und daher äußerst flexibel sind.

Zum Verhältnis der *ya*-Gruppen

Das Verhältnis der beiden *ya*-Gruppen, die als *yaku* und *yamba* den Kern des Wiya-Königtums ausmachen, ist nicht eindeutig definiert. Es kann jedoch aus den Erzählungen zum Ursprung, aus den Behauptungen über ihre genealogische Beziehung sowie aus den Geschichten zur Wanderung und Siedlung interpretiert werden. Bei genauerer Betrachtung zerfällt die duale Struktur der Gesellschaft (*yaku* und *yamba*) in weit mehr Elemente und erscheint als eine von den betroffenen Gruppen entworfene Konfiguration.

Wie viele andere Königtümer im Kameruner Grasland geben die Wimbum und die Wiya übereinstimmend Kimi als den Ort ihres Ursprungs an. Keine Gruppe versucht, ihre Herkunft noch weiter zurückzuverfolgen oder ist in der Lage, irgendwelche konkreten Angaben über Kimi zu geben. Eine der wenigen ausführlicheren Erklärungen lautet beispielsweise:

"Our Pa told us that we came from Tikari, Kimi. Tikari and Kimi is the
same place. Kimi, Tikari. But when you go like Banso, Ndop - they will
tell you of Tikari. They will not know Kimi. But our own people with their
own talk, they know. That is to say: Tikari is the whole place like this.
Then Kimi is a town in Tikari, where all this people migrated - begin to
come, begin to come in those old old days." (Simon Dshang, 22.2.86)

Sowohl die *yaku* als auch die *yamba* erzählen in der Regel von der Existenz
eines Königshauses in Kimi, welches sie vage mit der königlichen Dynastie des
heutigen im frankophonen Teil Kameruns gelegenen Ortes Bankim in Verbindung bringen. Über die Gründe der Auswanderung ist man sich ebenfalls nicht
so recht im klaren. Die Mehrzahl der befragten *yaku* nimmt jedoch an, daß es
Landknappheit gewesen sein könnte, die sie zum Auszug aus Kimi veranlaßte
(Fai Ndzishotu, 8.6.85). Die *yamba* vermuten dagegen zumeist Streitigkeiten bei
der Nachfolge um den Thron des Königs von Kimi (z.B. Fai Nganwenfu, 4.6.85
oder Fai Ndzitonga, 8.7.85).

"Der *Fon* von Kimi hatte viele Prinzen, die um die Nachfolge konkurrier-
ten. Als nun endlich einer ausgewählt und gekrönt wurde, waren die
anderen verärgert. Sie verließen mit ihrer Gefolgschaft den Ort der Väter." (James Yengong, 21.7.85)

Vielerorts wird als Grund auch die Angst vor den kriegerischen Überfällen der
Fulbe angegeben:

Fai Ndzifufi: "All people came from Kimi, all - the same is known for places
like Foumban, Babanki, Bangangté - all people migrated from Kimi.
There was nobody here - until they migrated because of war. They fled.
They fled from Kimi because of war."
B.B.: "It is difficult to imagine that so many people came from such a small place."
Fai Ndzifufi: "Today there (in Kimi, B.B.) is nobody, because people fled from
Fulani-war." (25.7.85)

Mit solchen Behauptungen hält sich der *Fon* von Ndu dagegen zurück. Während keiner seiner Untergebenen einen Zweifel an der Herkunft aus Kimi hat,
distanziert sich der *Fon* mit Bezug auf seine Kenntnis ethnographischer Schriften über das Grasland als einziger davon entschieden:

"Yes, yes, I know - people believe in Kimi. It is their place of origin. But -
for me -I've done with that. (Pause) Years ago I went there because I
was curious to see the place." (Lachen) Ok, I travelled to Bankim ... People there, were very friendly. But there was nothing, nothing familiar. I
felt like a stranger. At the palace - we even had to converse in French!
... No, I think Kimi is a mythical place. It is just like Ethiopia for the Ra-
stas!" (*Fon* von Ndu, 13.7.85)

Während die Aussagen der Wiya zu Kimi als Herkunftsort - abgesehen von der Stellungnahme des Königs - keine gravierenden Widersprüche enthalten, wird die Beziehung und das Verhältnis zwischen den Lineagegruppen (*yaku* und *yamba*) sowie ihre Einwanderung und Niederlassung äußerst kontrovers wiedergegeben.

Offizielle Versionen

Die Aussagen der *yaku* über ihr Verhältnis zu den *yamba* sind sehr homogen. Ähnlich wie bei den Stellungnahmen zum Ursprungsort Kimi ist es allein der *Fon*, der eine abweichende Antwort gibt:

> "*Yaku, yamba - yamba, yaku* - I can't tell the difference. It must be something which is not important anymore." (*Fon* von Ndu, 13.7.85)

Alle anderen Befragten nehmen die Unterscheidung der beiden Wiya-Gruppen sehr wichtig und halten die *yamba* übereinstimmend für Schwestersöhne des *Fon*. Manche erklären, daß die *yaku* der Bauch des *Fon*, d.h. die echten Kinder des *Fon* seien, während die *yamba* den Rücken, d.h. die Schwestersöhne bildeten (Fai Ngayindu, 10.7.85).

> "Die *wi-yaku* wurden von einem echten Prinzen des *Fon* von Kimi angeführt. Die *wi-yamba* dagegen stammen von einer Tochter dieses *Fon* ab - von der *yaah* (Königinmutter, B.B.). Zu den *wi-yaku* stehen die *wi-yamba* also wie Schwestersöhne. Demnach haben die *yamba* keinen Anspruch auf den Thron ... Den Thron erben kann immer nur ein Sohn. *Yamba* bedeutet also: die Kinder der Frau, der *yaah*. *Yaku* sind die Kinder des Mannes: *chief*." (Fai Ndzishirnji, 22.7.85)

In ihrer Darstellung über die Auswanderung aus Kimi treffen die *yaku* keine Unterscheidung zwischen *yaku* und *yamba*. Nach ihren Aussagen war der *Fon* selbstverständlich der Anführer aller Gruppen. Im allgemeinen beschränken sich die Erzählungen zudem auf die einfache Aufzählung ehemaliger Siedlungsorte, ohne die einzelnen Stationen mit bestimmten Vorkommnissen auszuschmücken:

> "Von Kimi ging der *Fon* nach Adamaua. Von dort führte er uns nach Ndu Yaji, dann nach Ndunda, Kwati und Mbandfung im Mbembe-Land. Von Mbandfung ging es nach Konshep, von Konshep nach Yamba (Mbot), von Yamba nach Jirt, von Jirt nach Fuh, von Fuh nach Mbasu und wieder nach Jirt. Von Jirt zog er dann weiter zum heutigen Mbandfung, das hinter Kakar liegt. Von dort ging es wieder zurück nach Mbasu, von Mbasu nach Rokop, dann wieder nach Mbandfung und zurück nach Mbasu bis sich der *Fon* endlich am heutigen Ort (Njimto') niederließ. Ich

weiß nicht genau, wie oft der *Fon* wirklich in Mbasɯ und Mbandfung war. Er pendelte zwischen den Palästen mehrmals hin und her." (Fai Ndzishirnji, 22.7.85)

Viele der in solchen Aufzählungen erwähnten Ortschaften sind heute nicht mehr zu lokalisieren oder werden von anderen Mitgliedern des *yaku*-Klans überhaupt erst gar nicht erwähnt. Der oben zitierte Fai Ndzishirnji kann die angegebenen Orte Ndu Yaji, Ndunda und Kwati selbst nicht lokalisieren. Andere können sich an diese Namen überhaupt nicht mehr erinnern und erwähnen statt dessen neue, gleichermaßen unbestätigte Siedlungsorte.

Abgesehen von den Unsicherheiten im Detail ist man sich allerdings über die Richtung der Wanderung und einige begleitende Ereignisse sehr wohl einig. Beispielhaft gibt Ta Shey Noa (14.1.86) folgende Reiseroute an: Von Kimi führte der *Fon* die Wiya über Ntem in die nördlicheren Regionen der heutigen Mfumte und Mbembe. In Konshep (Mbembe) verstarb der König, so daß der neue *Fon* einen Teil der Gruppe, der sich später zur königlichen Lineage von Konshep entwickelte, zur Bewachung des Grabes zurückließ.[101] Von Konshep zogen sie nach Jirt, wo ein weiterer König gekrönt wurde. Der Palast befand sich damals an der Stelle des heutigen Gehöftes von Fai Ndzishirnji, einem Bruder des *Fon*, im *yaku*-Bezirk von Jirt. Während der *Fon* diesen Bruder hier zurückließ, zog er selbst wieder nach Norden in eine tiefer gelegene Region und baute einen neuen Palast in Mbasɯ. Dort überfielen ihn überraschend die Fulbe, und er folgte seiner als Sklaven verschleppten Familie nach Banjo. Seinen Nachfolger krönte man in Mbandfung, wo die Überreste des Palastes auch heute noch zu sehen sind. Um der Rekrutierung der Arbeiter für den Straßenbau der Deutschen aus dem Wege zu gehen, bezog dieser neue *Fon* mit seiner Gefolgschaft vorübergehend den Palast seines Vaters in Mbasɯ. Wieder zurückgekehrt verließ sein Erbe Mbandfung ein weiteres Mal, um nicht so dicht an der Grenze zu den Nso' als den alten Kriegsgegnern leben zu müssen. Diese neue Niederlassung im Bezirk Siringwa bezog er erst während britischer Kolonialzeit. Hier befindet sich der Palast (*njimto'*) auch heute noch.

Mit einer solchen Kurzfassung der Wanderungs- und Siedlungsgeschichte des *Fon* begann eine Reihe von Interviews. Bei dieser als "correct history" ausgegebenen Erzählung gibt es nur geringfügige Abweichungen zwischen den befragten *yaku*. Manche glauben damit sogar, der Bitte um die Erzählung der Geschichte Genüge getan zu haben, und beantworten weitere Fragen nur vorsichtig und zurückhaltend. Dieses Verhalten findet sich vor allem bei der Gruppe der *nshindap* (Schwestersöhne des *Fon*), die aufgrund ihrer familiären Bindung und ihres Status im Palast in starker Abhängigkeit zum *Fon* stehen.

Die Mehrheit der übrigen *yaku* gibt sich jedoch weitaus selbstbewußter. Für sie gilt das Resumé der "Wiya-history" gleichsam als offizielle Rede, bevor Fragen gestellt werden können, die nähere Informationen erbringen. Bei

solchen genaueren Auskünften stellen sich dann aber auch unter den *yaku*
Widersprüche in ihren Überlieferungen heraus. Besonders bei der Frage nach
der Reihenfolge der Besiedlung und der damit verbundenen Inbesitznahme des
Landes unterscheiden sich ihre Antworten deutlich. Damit können auch unter
den *yaku*, anstelle der beteuerten Homogenität ihrer Gruppe, heterogene
Interessen nachgewiesen werden. Gegensätzlich sind vor allem die Aussagen
der Königlichen (*wi-ndfung*) und der vom Palast abstammungsrechtlich weiter
entfernten Landbesitzer/Erdherren (lb.: *nwä nsʉ*; pd.engl.: *landlord*). Während
die *ndfung* behaupten, alle *yaku* seien gleichzeitig in das Siedlungsgebiet eingewandert, geben die Erdherren in der Regel an, sich lange vor dem *Fon* am
gegenwärtigen Ort niedergelassen zu haben:

> "They (die *ndfung*, B.B.) came from Kimi and settled at Ntem. They woke
> up from Ntem and went to Konshep. They woke up from Konshep and
> went to Njari. For that time they called the place: Ndfung. They woke up
> from Ndfung and reached here. They stayed at one place here they called
> Buyang ... They woke up from Buyang and went to one place they called
> Rokop - over there. And then from Rokop they came and settled at the
> present site ... My own father only came from Kimi and settled here. He
> didn't go for any place again ... he came here directly. Because when he
> would not have settled directly, others would occupy the place today. So,
> he came and settled for this place - for Siringwa." (Fai Ndzibambo,
> 10.6.85)

Manchmal bestätigen diese *landlords* die Aussage der *yamba*, daß die *yamba*
die ersten Siedler in dieser Region gewesen sind, während die *ndfung* als letzte
Gruppe immigrierten:

> "So now, they all never come in one day. As we are Wiya, *wi-yamba* come
> first, *yaku* second, *ndfung*, that is the palace, come third. Fai Nganwenfu
> said: 'I am the first man to come and settle after the market.' Say, he was
> the first man ... Second to that, *wi-yaku*. *Wi-yaku* means, I am concerned.
> The elder man of *wi-yaku* is at Jirt, Fai Ndzishirnji. He is the head of *wi-
> yaku*. As you come here, Ngwa is *wi-yaku* man, Njipkfu is *wi-yaku*. That is
> how *wi-yaku* are - with him in Njipjirt ... allright. Finally Ndu. The
> *ndfung* came behind us. When they came from that Tikari they came and
> settled at Lus ... From Konshep he (der *Fon*, B.B.) came here now and
> settled at Kwiyar. Kwiyar of Nganwenfu - with the Nganwenfu one place -
> are you hearing? We can go there, I show you the place where the *Fon*
> settled." (Simon Dshang, 22.2.86)

Die *ndfung* weisen diese Behauptung energisch zurück und bestehen ihrerseits
darauf, daß alle *yaku* und *yamba* gemeinsam mit dem *Fon* eingewandert sind:

"Es ist nicht richtig, daß die *yamba* vor uns hierher kamen. Der *Fon* war der Führer aller Wiya aus Kimi und Fai Nganwenfu folgte mit seiner Gruppe wie alle anderen es taten." (Fai Ndimbie, 5.9.85)[102]

Der *Fon* von Ndu selbst schließt sich dagegen weder der einen noch der anderen Version an. Er gesteht, gar nicht zu wissen, wer nun eigentlich von wo und mit wem zuerst eingewandert ist (*Fon* of Ndu, 13.7.85).

Inoffizielle Versionen

Die Definition der Beziehung zwischen den *yaku* und *yamba* fällt den *yamba* vergleichsweise sehr viel schwerer als den *yaku*. Beinahe jeder hat dazu seine eigene Version. Übereinstimmung besteht jedoch in drei Punkten. Erstens ist die Mehrheit der *yamba* sicher, daß eine genealogische Beziehung zu den *yaku* existiert. Zweitens weisen sie die Behauptung der *yaku*, daß die *yamba* lediglich Schwestersöhne des *Fon* seien, entschieden zurück und bestehen zumindest auf Gleichrangigkeit. Drittens erkennen die *yamba*, bis auf wenige Ausnahmen, Fai Nganwenfu als Oberhaupt aller *yamba* an. Über dessen Beziehung zum *Fon* von Ndu bestehen jedoch unterschiedliche Ansichten. Viele versuchen eine genaue Stellungnahme zu umgehen und erklären, daß die Aufspaltung der Wiya in *yamba* und *yaku* erst später erfolgte. Die genealogische Beziehung zwischen den beiden Anführern ließe sich darum heute nicht mehr bestimmen:

"At first Wiya-people were one, one person. Later on, they split. They became *yamba* and *yaku*." (Fai Njilanjeng, 17.7.85)

Einige behaupten, daß die *yaku* die Schwestersöhne und die *yamba* damit eigentlich sogar höheren Status als die *yaku* seien. Die Erklärungen dazu sind aber oft sehr unsicher formuliert:

"...they were just one person. One was, let's say a woman, one was a man. When you talk say: *yaku*, *yaku* must have been a woman or *yamba* must have been a man. The separation from there now - or let's say: I have a sister who is married there and is forming quite a different family now. I remain here. The *yamba*-man was remaining here. He was a man, as I learned. Then be-cause of a sister from the *yamba*-man, who get married to *yaku*, she was forming quite a different family now. That was just the beginning of *yamba* and *yaku*. That is the information I heard." (Shey Njifa, 2.2.86)

Ähnlich erklärt Fai Njilamalar (7.7.85), daß die *yamba* in Kimi so etwas wie ein *subchiefdom* gehabt hätten. Fai Nganwenfu wäre das Oberhaupt gewesen und hätte sie als Leiter von dort weggeführt. Darum würde auch heute noch

der *ngirri*-Prinzenbund von den *yamba* gestellt, während die *nwarrong*-Palast-
polizei von den Schwestersöhnen (*mchindap*) des *Fon* gebildet sei.

Andere nehmen ein ganz enges Verwandtschaftsverhältnis zwischen dem
Fon und Fai Nganwenfu an:

> "The leaders of the two groups were brothers. They were brothers: one
> father, one mother." (James Yengong, 21.7.85)

Fai Nganwenfu (4.6.85) ist zunächst selbst der Meinung, daß sein Vater und
der *Fon* zu jener Zeit Brüder waren. Die Ältesten seiner Lineage widersprechen ihm jedoch energisch. Einer behauptet, die beiden seien Cousins gewesen.
Der *Fon* von Kimi hätte zwei Söhne gehabt, und deren Söhne seien später die
Leiter der beiden Gruppen geworden. Ta Ngwang, ein weiterer Ältester in der
Gesprächsrunde, unterbricht und erklärt ganz entschieden, daß die beiden zwar
irgendwie verwwandt, aber zu ganz unterschiedlichen *mndap* (wörtl.: Häusern,
Abstammungsgruppen) gehörten. Sie hätten sowohl verschiedene Mütter als
auch andere Väter gehabt. Der Fon von Kimi sei das Oberhaupt von allen
gewesen. Bei der Auswanderung habe der heutige *Fon* die *yaku* und Fai Nganwenfu die *yamba* geführt. Der von seinen Ältesten derart zurechtgewiesene Fai
Nganwenfuversucht sodann, in einem späteren Interview seine eigene Aussage
über das Geschwisterverhältnis zwischen dem *Fon* und seinem eigenen Vorfahren zu relativieren:

> "You know with us, we think like that: all Europeans in Cameroon now -
> they are all brothers. When you talk about Africa, you mean Africans,
> when you talk about Europe, you mean Europeans. This is the reason for
> brothers. When you see any European here - he is your brother here in
> Cameroon, in Africa. He is your brother, not so?" (Fai Nganwenfu,
> 15.11.85)

Hinsichtlich ihrer Siedlungsgeschichte sind die *yamba* im großen und ganzen
einer Meinung. Ähnlich wie die landbesitzenden *yaku* argumentieren sie, zwar
zu der Gruppe des *Fon* zu gehören, sich aber schon lange vor diesem am
gegenwärtigen Ort niedergelassen zu haben:

> "Fai Nganwenfu and the *Fon* separated in Ntem. Fai took off first and
> moved directly to this place. He was the first to settle in Kwiyar. The *Fon*
> came from behind. He first slept in Konshep, after Konshep - Fʉh, after
> Fʉh he came up. - This is how it was." (Tamfuh von Boyar, 12.12.85)

Nach einiger Zeit wäre der *Fon* ihnen nachgezogen, um sich mit seiner Gruppe
wieder zu vereinigen - ein Umstand, der durchaus im Sinne der *yamba* gewesen
sei. Laut Fai Ngamalar (16.8.85) waren die *yamba* immer schon die Vorhut des
Fon. Sie kundschafteten die Beschaffenheit der Region aus, bevor der *Fon*
nachzog. Während also der *Fon* in Konshep siedelte, hatten sich die *yamba* in

der Zwischenzeit in Jirt niedergelassen. Der Ort war unbesiedelt und fruchtbar. Diese Nachricht sandten sie dem *Fon* nach Konshep und forderten ihn auf, nachzukommen. Es gab damals genug Land, warum sollte man dann soweit voneinander entfernt bleiben? Ähnlichen Inhalts ist auch die Aussage von Fai Nganwenfu:

> "Als sie von Kimi kamen, waren sie eins. Mein Vater führte seine Leute, die *yamba*, und der *Fon* die seinen: *yaku*. Sie reisten auf unterschiedlichen Wegen, bevor sie sich wieder vereinigten ... Als sie von Kimi kamen, zogen sie bis nach Ntem mit der Gruppe des *Fon*, danach teilten sie sich. Mein Vater kam direkt nach hier, während der *Fon* einen anderen Weg ging. Der *Fon* fand es nach einiger Zeit nicht gut, seinen Bruder allein zu lassen, deshalb kam er dann auch hierher." (4.6.85)

Bei dieser durch die *yamba*-Lineages allgemein akzeptierten Version fand sich jedoch auch eine deutliche Abweichung. So gibt es nach der Behauptung von James Yengong gar keinen Anführer, der die *yamba* von Kimi herleitete. Wenngleich er zu Beginn desselben Interviews (wie oben zitiert) noch von einem Leiter der *yamba* sprach, der ein direkter Bruder des *Fon* gewesen sei, besteht er wenig später auf einer ursprünglichen Gleichrangigkeit der *yamba*:

> "Als erstes ließen sich die *yamba* in Ngojirt (einem Bezirk in Jirt, B.B.) nieder. Dann zogen sie nach Yamba (ebenfalls in Jirt, B.B.). Man muß sich das immer so vorstellen: Wenn eine Gruppe sich niederließ, zogen andere weiter, da nicht genug Platz für alle an einem Ort war. Verließen sie also Ngojirt, erhielt der Älteste zur Regierung der anderen einen Fai-Titel. Der erste, der sich so in Jirt niederließ, war Fai Ngakfumbe, der zweite Ngamalar und erst der dritte Fai Nganwenfu. Er kam also nicht zuerst, sondern machte den Titel des *nkwi-wiya* (König der Wiya, B.B.) dem Fai Ngakfumbe streitig. Auch mein Vater kam auf diese Weise aus Jirt. Er führte die Familie über Njifa, wo wieder einige zurückblieben, nach Njiptop. Nachdem sie ihn hier gekrönt hatten, zog eine Gruppe weiter nach Mukop und die andere nach Kakar." (J.Yengong, 21.7.85)

Analyse

Konstruktion einer Geschichte

Versucht man der historischen Wahrheit der oben aufgeführten Geschichten nachzuspüren und unter Hinzuziehung weiterer ethnographischer Daten die Geschichte der Wiya zu rekonstruieren, ergibt sich nur die Konstruktion einer lediglich als wahrscheinlich erachteten Nachzeichnung der Vergangenheit. Die folgenden Hypothesen stimmen darüber hinaus oft gar nicht mit den oben zitierten Erzählungen überein:

Erstens sind die Geschichten zu "Kimi" wie in anderen Königtümern des Graslandes nach Chilver und Kaberry (1971) nicht als reale Herkunftsaussagen, sondern als *social charter* zu interpretieren.

Zweitens gibt es keine genealogische Beziehung zwischen den *yaku-* und *yamba-*Gruppen.

Drittens handelt es sich bei den *ya-*Gruppen nicht um eine einfache duale Gesellschaftsform, gebildet aus *yaku-* und *yamba-*Lineages. Vielmehr zerfällt der *yaku-*Klan in das machtbesitzende Königshaus (*ndfung*) und in landbesitzende *yaku-*Lineages. Die *yamba* teilen sich ihrerseits in drei Lineagegruppen auf. Fünf ihrer Lineages sind entgegen ihren eigenen Aussagen höchst wahrscheinlich autochthon und bilden den ersten *yamba-*Klan (Klan A). Sieben Lineages bilden einen zweiten Klan (Klan B), dessen Vorfahren höchstwahrscheinlich aus der näheren Umgebung einwanderten. Die dritte Gruppe ist die ebenfalls hinzugezogene Lineage von Fai Nganwenfu.

Viertens war die Siedlungsreihenfolge vermutlich die, daß sich *yamba-*Klan B als erster in der Nachbarschaft der autochthonen Lineages niederließ. Es folgte ihm die Lineage von Fai Nganwenfu. Möglicherweise zeitgleich kamen die heutigen Erdherren der *yaku* und erst später die Vorfahren der königlichen Lineage *ndfung*.

Im folgenden möchte ich etwas genauer erläutern, welche Überlegungen zur Aufstellung der genannten Hypothesen führen. Eine genealogische Verbindung zwischen den *yaku* und *yamba* ist historisch aus zwei Gründen nicht gegeben. Zum einen sind die Aussagen dazu meines Erachtens von vornherein nicht auf ein tatsächliches Abstammungsverhältnis, sondern auf den politisch-rechtlichen Status der Gruppen bezogen. Im Kontext der Untersuchung der Geschichte erweisen sich die mündlichen Angaben zur Frage der Abstammung ihrer einzelnen Gruppen im allgemeinen als politische Äußerungen.

Zu vermerken ist in diesem Zusammenhang die Bedeutung des Limbum-Begriffs *ndap*. Die Vokabel ist mehrdeutig, bezeichnet sie doch sowohl Haus, in des Wortes physisch-materiellem Sinn, als auch Familie bzw. Lineage. In dieser zweiten, metaphorischen Bedeutung besitzt der Begriff *ndap* auch eine genealogische Dimension. Das heißt, zu welcher Familie bzw. Lineage jemand gehört, kann in weiterem Sinn auch eine Frage nach der Beziehung der Lineage des Gefragten zu anderen Lineages sein und damit auch eine Frage nach dem genealogischem Status der Gruppe, der der Gefragte angehört. Wenn nun die *yaku* behaupten, die *yamba* seien ihre Schwestersöhne (*bonjar*), ist dies eine Beschreibung von gleichzeitiger Nähe und Distanz. Das Mutterbruder-Schwestersohn Verhältnis ist bei den Wiya eine Beziehung, geprägt durch Vertrauen und gegenseitigen Schutz, der beispielsweise das Vorkommen von Hexereifällen ausschließt. Sie halten sich gegenseitig, wie man auch im Deutschen sagt, den "Rücken" frei, stellen weder Bedrohung durch Hexerei dar, noch zählen sie im Kampf um die Nachfolge zu den Konkurrenten. Ein *munjar* (Schwestersohn) kann die Erbfolge des Mutterbruders oder des Oberhaupts seiner Lineage erst in dem seltenen Fall antreten, wenn kein agnatischer Erbe, also weder ein Sohn, noch ein Bruder des Amtsvorgängers zur Verfügung steht. Die Zuschreibung eines Mutterbruder-Schwestersohn-Verhältnisses impliziert also von seiten der *yaku* sowohl Zusammengehörigkeit und Unterstützung ihrer nach außen gerichteten Interessen von Vorherrschaft wie etwa gegenüber den fünf Unterkönigtümern (Mbipgo, Wowo, Njimnkang, Njila und Sen). Sie beinhaltet aber auch den Hinweis auf den Ausschluß der Thronnachfolge für die *yamba*, wie Fai Ndzishirnji, einer der bedeutendsten *yaku*, oben ja sogar selbst ganz offen betont.

Es gibt jedoch noch einen weiteren Grund, warum eine tatsächliche genealogische Verbindung zwischen den *yaku* und *yamba* ausgeschlossen werden kann. Zur Erklärung dafür sind aber Vorgriffe auf die folgenden Kapitel notwendig. Die Vorwegnahme erscheint an dieser Stelle gleichwohl gerechtfertigt, da sie auch die Einordnung der vielen Namen und das Verständnis für Detailangaben erleichtert.

Der zweite Grund also liegt bei den *yamba* selbst. Die Festlegung auf ein bestimmtes Abstammungsverhältnis zu den *yaku* hat von seiten der *yamba* schließlich zur Voraussetzung, daß ihre Beziehungen untereinander eindeutig geklärt sind. Dies ist aber ganz und gar nicht der Fall. Der Versuch, eine Genealogie des *yamba*-Klans zu entwerfen, scheitert immer wieder an den politischen Erwägungen der Befragten. Heißt es beispielsweise, wie im nächsten Kapitel weiter ausgeführt, Fai Nganwenfu sei der "Vater" von Fai Ndzitonga, war damit nicht eine genealogische Beziehung ihrer Lineages gemeint, sondern ihre politische Hierarchie, die von weiteren Befragten aus aktuellem Anlaß wieder ganz anders eingeschätzt werden konnte. Der im Fallbeispiel 4 beschriebene Streit um den Titel und die Person von Fai Nganwenfu wird weiter unten noch ein Beispiel für die Konkurrenz unter den *yamba* geben.

Da die Lineages sich jedoch an exogamen Heiratsregeln orientieren, können die *yamba* zumindest in zwei exogame Gruppen oder Klans unterteilt werden. Die erste Gruppe (Klan A) bildet die intern in einem umstrittenen Hierarchieverhältnis stehenden, nach außen aber politisch gleichrangigen Lineages folgender Oberhäupter:

    Fai Ngakfumbe
    Fai Njilasang
    Fai Njiladumbi
    Fai Njilanjeng
    Fai Njilalormbu

Bei der zweiten Gruppe (Klan B) können Lineageabspaltungen festgehalten werden, weil sie erst vergleichsweise kürzlich geschehen sind und beinahe übereinstimmend als solche erklärt wurden. Die Vertreter der Betroffenen, angeblich neu gegründeten Lineages, bestreiten dies jedoch heftig, so daß auch diese Angaben nicht ganz gesichert sind. Die Lineages von Klan B werden von folgenden Oberhäuptern angeführt:

Fai Ndzitonga
Fai Njilamalar
Fai Ngashembiri   -> Fai Ndzimasi
                     -> Fai Njilangeh
Fai Ngalormbu   -> Fai Ngamalar

Zu keiner Gruppe gehört die Lineage von Fai Ngawenfu, obwohl er gemeinhin als Oberhaupt, Vater oder Leiter der *yamba* bezeichnet wird. Es stellt sich also die Frage, wer Fai Nganwenfu, dessen Titel (*nwä* = Mensch und *nfu* = fremd) ausgerechnet "Fremder" bedeutet, überhaupt ist. An dieser Stelle mag es genügen, darauf zu verweisen, daß er ebenso wie Fai Ndzitonga vom *yamba*-Klan B ursprünglich kein Erdherr (*nwä nsu*) war und erst einwanderte, als die Siedler, wie Fai Ndzibambo es oben beschribt, das Land unter sich schon aufgeteilt hatten. Er ließ sich dennoch am gegenwärtigen Ort nieder, da er möglicherweise bereits eine gewisse Vormachtstellung unter den *yamba* errungen hatte, und diese ihm auch die vollen rituellen Rechte über das ihm zur Verfügung gestellte Siedlungsgebiet übertrugen.

Für die Siedlungsreihenfolge der *yamba* ist es unter dem Aspekt des Landbesitzes also denkbar, daß Klan A, entgegen den Aussagen seiner eigenen Mitglieder, die autochthone Bevölkerung der Wiya bildet. Seine Lineages sind ausschließlich Erdherren, und sie besitzen, wie oben bereits ausgeführt, den *shiringong*-Bund mit der mächtigsten Medizin zur rituellen Reinigung des gesamten Siedlungsgebietes von *yamba* und *yaku*.

Die ersten Einwanderer können demgegenüber mit dem *yamba*-Klan B identifiziert werden. Seine Lineages sind mit Ausnahme der erst kürzlichen Abspaltungen und der Lineage von Fai Ndzitonga alle Erdherren, die jedoch zum *shiringong*-Bund des Klan A offiziell keinen Zutritt haben. Möglicherweise hatte Fai Ndzitonga innerhalb dieses B-Klans bereits eine derartige Vormachtstellung, die es ihm erlaubte, sich auch auf "geborgtem" Land niederzulassen. Seine heutige Anerkennung als *kibai* (lb.: *wifa gogor*) des Königtums bedeutet nicht, daß er (wie Fai Nganwenfu) inzwischen auch die vollen Rechte als Erdherr besitzt. Sie geht eher auf seine Vormachtstellung innerhalb des *yamba*-Klans B zur Zeit der Einwanderung und auf eine Heldentat während des Krieges mit den Nso' zurück.

Da die Lineages der autochthonen Bevölkerung von Klan A streng über ihre politische Gleichrangigkeit wachen und durch den *shiringong*-Bund - wie wir gesehen haben - auch daran gebunden sind, war es ihnen unmöglich, zu jener Zeit selbst ein Gegengewicht zum Status von Fai Ndzitonga (des B-Klans) zu schaffen. Darum begrüßten sie die Einwanderung der anderswo herstammenden Fremden (*mnwenfu*). Sie machten die fremde Lineage quasi zu ihrer eigenen, indem sie das Landrecht übertrugen und ihr Oberhaupt, Fai Nganwenfu, als Anführer ihres eigenen A-Klans anerkannten. Anerkannt als *ndap yamba* (*yamba*-Haus, -Familie, -Lineage) sind sich die Angehörigen des Klan A, wie unten ausgeführt, heute manchmal sogar unsicher, ob zur Lineage von Fai Nganwenfu ein Exogamiegebot besteht oder nicht.

Anstelle der *ndfung* war es die Lineage von Fai Nganwenfu, die die *yamba* (Klan A) zum Nachzug und zur Ansiedlung aufforderten. Wenn Fai Nganwenfu entgegen allen anderslautenden Aussagen der *yamba*, von seiner Abstammung her ursprünglich ein War ist, wie Mafiamba (1969: 70) behauptet, wird er dem *yamba*- Klan A als Oberhaupt einer autochthonen Lineage der benachbarten War bekannt gewesen sein. Aus irgendwelchen Gründen (vielleicht wegen der Einwanderung und Eroberung der königlichen Lineage von Mbot?) zur Neuansiedlung gezwungen, nahm er das Angebot zur Niederlassung unter den *yamba* des Klan A an und übernahm, im Gegenzug zur Herstellung eines politischen Gleichgewichts gegenüber Klan B, auch die Position des Anführers von Klan A. Die Rivalität der beiden *yamba*-Klans sowie der einzelnen Lineages untereinander verhinderte jedoch die geplante Gründung eines *yamba*-Königtums und die Fai Nganwenfu zugedachte Stellung als König. Wie in den nächsten Kapiteln noch zu sehen sein wird, ist es heute tatsächlich auch eine der größten Klagen der *yamba*, daß ihnen die *yaku* dabei zuvorkamen.

Vor dem Hintergrund der These von der Aufteilung der *yamba* in autochthone und eingewanderte Gruppen erscheint auch die in Kapitel 2 erläuterte widersprüchliche Angabe des Kolonialbeamten Carpenter bezüglich der *ya*-Gruppen in einem neuen Licht. So erklärt sich der Widerspruch nicht durch die oben vermutete Verwechslung der später unter *yamba* bekannten *ya*-Gruppen mit den *yaku*. Vielmehr geht die Konfusion auf die Existenz dreier Lineagegruppen der *yamba* zurück, die zu jener Zeit womöglich noch uneinheitliche Ursprungsversionen überlieferten. Die Angabe Carpenters (1936: 15), daß die *ya*-Gruppen ohne königliche Abstammung autochthone, durch den *Fon* von Ndu unterworfene Bevölkerungsgruppen seien, kann damit als Bestätigung der oben entwickelten These von den *yamba* als einer zumindest zum Teil autochthonen Bevölkerung gewertet werden.

Die von Jeffreys (1962: 177) behauptete Zuordnung betreffender *ya*-Oberhäupter als Söhne bestimmter Könige der *ndfung* steht dazu im deutlichen Widerspruch. Da seine Behauptung weder einen sinnvollen Beitrag zur Rekonstruktion der Vergangenheit noch ihren Niederschlag in heutigen Erzählungen findet, ist sie, wie oben bereits erläutert, selbst eine strategische Aussage, ein *Coup* mit eindeutig politischem Hintergrund. Die Einverleibung der *yamba* in den königlichen Klan ist einer Absicht zuzuschreiben, die Jeffreys aufgrund seiner Position als *Senior District Officer* verfolgte. Aus verwaltungspolitischen Gründen war er daran interessiert, die von ihm und seinem Informanten Fai Ndimbie als "Wiya-tribe" bezeichnete Bevölkerung möglichst homogen erscheinen zu lassen und interne Auseinandersetzungen zu ignorieren.

Bezogen auf die Niederlassung der *yaku* entsprechen die Aussagen der *yamba* und zum Teil auch der Erdherren der *yaku* dem tatsächlich Vergangenen. Mit Hilfe weiterer ethnographischer Daten wie der bis heute bestehenden Landbesitzverhältnisse und der Verteilung ritueller Aufgaben, die in den nächsten Kapiteln noch ausführlicher dargelegt werden, läßt sich die Reihenfolge von *yamba, yaku* und *ndfung* bei der Besiedlung des Landes auch nachweisen. So sind es die *yamba*, die das meiste Land und die bedeutendste Medizin besitzen. Auf sie geht die Einführung der Kriegerbünde und der sakralen Institutionen zurück. Die von den *ndfung* genealogisch weiter entfernten *yaku*-Lineages haben in der Mehrheit ebenfalls Landbesitz vorzuweisen. Medizin und Bünde übernahmen sie von den *yamba*. Die *ndfung* sind keine Erdherren und haben soziale Institutionen wie Medizin- und Palastbünde erst vor relativ kurzer Zeit eingeführt. Ihre Behauptung, alle Wiya seien im Gefolge des *Fon* aus Kimi eingewandert, kann folglich historisch als widerlegt betrachtet werden.

Geht man weiter davon aus, daß die mit den *ndfung* verwandten und ehemals vereinten Erdherren der *yaku* sich auf ihrer Wanderung von den *ndfung* abspalteten und vor ihnen in das *yamba*-Gebiet zogen, waren es diese *yaku*-Erdherren, die die *ndfung* nach ihrer Niederlassung aufforderten, nachzuziehen und sich mit ihnen wieder zu vereinen. Schließlich hatten sie viel eher als die nicht-verwandten *yamba* auch ein Motiv dazu. Denn es ist denkbar, daß sich die beiden *yamba*-Klans angesichts der neuerlich eingewanderten *yaku* verbündet und zu der Identität "*yamba*" zusammengeschlossen hatten. Im Vergleich zu den bevölkerungsreicheren und rituell besser ausgestatteten Lineages der einheimischen *yamba* ist es gut möglich, daß die *yaku* versuchten, die Situation zu ihren eigenen Gunsten zu verändern. Vielleicht befürchteten sie sogar, endgültig unter deren Vorherrschaft zu geraten, vorausgesetzt, es gab solche angeblichen Zentralisierungsabsichten bei den *yamba* überhaupt. Die Hypothese, daß die landbesitzenden *yaku*-Lineages die *ndfung* quasi als Verstärkung zum Nachkommen bewegten, scheint daher der Vergangenheit zu entsprechen.

Geschichten als Gruppenversionen

Bei dem oben entwickelten Versuch einer an historischen Tatsachen orientierten Konstruktion von Geschichte stellen sich in nahezu allen Punkten deutliche Widersprüche zu den erzählten Geschichten heraus. Die Erzählungen können daher keineswegs, auch wenn sie in ihrer interpretierten Form für die Rekonstruktion der Vergangenheit sehr wohl von Nutzen waren, als Fragmente einer systematischen Geschichte angesehen werden, wie es in den Untersuchungen zur Geschichte des Graslandes bislang fast durchweg geschah. Ebensowenig sind die Erzählungen Deformationen eines "Ur-Textes", wie stark der Überlieferungsprozeß die Geschichten auch immer verändert haben mag. Für die Wiya bezwecken die Erzählungen ohnehin etwas ganz anderes als "die Geschichte" zu "überliefern". Durchdrungen vom gegenwärtig geltenden politischen, wirtschaftlichen und sozialen Interesse der Gruppe, bringt der Erzähler einen bestimmten Anspruch oder einen besonderen Aspekt zum Ausdruck. Unter Einbeziehung ihrer Veränderbarkeit lassen sich die Erzählungen, wie oben erläutert, darum treffender als Narrationen bezeichnen, deren Inhalt, anders als bei den davon abweichenden Fallbeispielen, das aktuelle Gruppeninteresse artikuliert.

Die Behauptung, aus Kimi zu stammen, kann von allen Wiya-Gruppen im Sinne Chilvers und Kaberrys (1971) als soziale Charta gedeutet werden. Nicht nur die *yaku*, sondern auch die *yamba* leiten ihren Ursprung von Kimi her. Mit ihrer Aussage legitimieren die Wiya (gegenüber den Nachbarkönigtümern) ihren Anspruch auf eine im Grasland verbreitete Staatsform sakraler Königtümer. Diese beinhaltet wiederum das Recht (*nshir*), bestimmte soziale Institutionen, wie den *ngirri*-Prinzenbund und die *nwarrong*-Polizeigesellschaft, zu besitzen sowie die damit verbundenen sakralen Instrumente zum Einsatz zu bringen. Ihr Vorrecht auf das königliche Amt rechtfertigen die *yaku* mit dem Verweis auf die Prinzenschaft des *Fon* zu einem König in Kimi. Die Zuschreibung des Status als Schwestersöhne räumt den *yamba* hingegen eine Nähe zum königlichen Klan ein, ohne ihnen freilich die Möglichkeit zur Erbfolge zu geben. Warum sie den *yamba* eine solche Nähe überhaupt zugestehen, läßt sich mit der Verfolgung eigener Gruppeninteressen erklären. So vergrößert die Einverleibung der im Vergleich zu den *yaku* weitaus zahlreicheren *yamba* die dem *Fon* von Ndu direkt unterstellte Bevölkerung erheblich. Weiter versprechen sich die *yaku* von einem Zusammengehen mit den *yamba* deren Fürsprache und Unterstützung bei den Hegemoniebestrebungen des *Fon* gegenüber den fünf *subchiefdoms*.

Daß die *yaku* mehrheitlich als Grund für ihren Auszug aus Kimi Landknappheit angeben, ist in der von Fai Ndzibambo beschriebenen Situation bei ihrer Einwanderung begründet. So haben sich die *yaku* ja beeilen müssen, um in dem bereits von den *yamba* besiedelten Gebiet noch Land einzunehmen. In der

Hauptsache reflektiert die Aussage aber ihren von den *yamba* immer wieder aufgerührten "wunden Punkt". Dieser bezieht sich auf die Tatsache, daß die *ndfung* als königliche Lineage kein eigenes Land besitzen und damit auch über keine rituelle Autonomie verfügen.

Die Behauptung der *ndfung*, alle Wiya - ohne Unterschied von *yaku* oder *yamba* - seien im Gefolge des *Fon* in das heutige Siedlungsgebiet eingewandert, ist darum nicht allein als historische Legitimation im nachhinein, als Rückprojektion ihrer Vorherrschaft in die ferne Vergangenheit, zu interpretieren. Sie zielt vielmehr darauf ab, die Aussagen der *yamba* und auch der *yaku*-Erdherren zur Siedlungsreihenfolge zu widerlegen und die Zentralisierung des Königtums voranzutreiben. Sind nämlich die *yamba*, den Überlieferungen der *ndfung* entsprechend, unter der Führung des *Fon* aus Kimi eingewandert, gibt es nicht den geringsten Zweifel an der Konzentration aller Macht auf das königliche Amt. Die *ndfung* haben nach dieser Version das Land als erste besiedelt, was sie dem Rechtsverständnis der Wimbum zufolge nicht nur zur Herrschaft über die *yamba*- und *yaku*-Gruppen, sondern über alle nachkommenden Siedler unbestreitbar berechtigt. Wie wichtig man die Reihenfolge der Einwanderung in das heutige Siedlungsgebiet nimmt und welche Bedeutung sie für die politische Hierarchie bei den Wiya hat, wurde in Kapitel 2 am Beispiel der Unterkönigtümer bereits angesprochen. Den untergeordneten Status dieser Königtümer begründen die *ndfung* allein mit ihrer angeblich späteren Einwanderung, die ihnen nur die Möglichkeit ließ, sich dem bereits als König etablierten *Fon* der *ndfung* zu unterwerfen. Bis heute werden diese Unterkönigtümer darum auch *njela* genannt (Kurzform von *njee vu la*: Klan, der hinterherkam). Wenngleich diese Bezeichnung "*njela*" nur noch in Ausnahmefällen bewußt abwertend gemeint ist, empfinden sie jene Unterkönigtümer noch immer als Beschimpfung, eben weil ihnen aufgrund einer angeblich späteren Einwanderung ihre politische Autonomie abgesprochen wird.

Die Behauptungen der *yamba* und der landbesitzenden *yaku*, sich längst vor dem Eintreffen des *Fon* am gegenwärtigen Ort niedergelassen zu haben, werden von den *ndfung* dementsprechend entschieden zurückgewiesen. Welche Erklärung die *ndfung* für den fehlenden Grundbesitz selbst anführen, wird im nächsten Kapitel weiter ausgeführt. Hier ist lediglich festzuhalten, daß die Erdherren trotz aller Proteste von seiten der *ndfung* auf ihren Geschichtsversionen beharren und zum Beweis auf die tatsächlich bestehenden Landbesitzverhältnisse verweisen. Sowohl den *yamba* als auch den landbesitzenden *yaku* geht es dabei um die Zentralisierungsbemühungen des *Fon*, denen entgegenzuwirken ihre Sorge gilt. Bei allen Zugeständnissen an die *ndfung* sind sie nicht bereit, die politische Autonomie der eigenen Lineages über das notwendige Maß aufzugeben. Größtmögliche Selbstbestimmung in allen sie selbst betreffenden Angelegenheiten ist ihr Anliegen, welches in dem Beharren auf die Reihenfolge der Besiedlung ihren Ausdruck findet.

Mit der auf den König bezogenen Wanderungs- und Siedlungsgeschichte betonen die *yamba* selbst ihre Zusammengehörigkeit mit dem *Fon*. Die Tatsache, daß sie keine genealogische Beziehung zu ihm haben, ist dabei unwichtig. Keiner der Befragten bestätigt die These, die die *yamba* zumindest zum Teil als autochthone Gruppe identifiziert. Es ist zu vermuten, daß die *yamba* die Erinnerung daran bewußt ausklammern. So ist der *Fon* aus der Perspektive der Autochthonen (Klan A) und der später ebenfalls unter dem Namen *yamba* bekannten ersten Einwanderern (Klan B) ein fremder Neuankömmling gewesen, der die beiden Klans, einschließlich der mit Klan A assoziierten Lineage von Fai Nganwenfu, bei seiner Niederlassung unterwarf. Wie unten noch genauer erläutert, war die Machtergreifung durch die *ndfung* ein geradezu traumatisches Erlebnis, an das man sich heute nur noch sehr ungern erinnert, geschweige denn davon erzählt. Einen direkten Hinweis auf das Ereignis findet man in den Erzählungen allenfalls in der Begründung für ihren Auszug aus Kimi. Hier geben die *yamba* ohne Umschweife Dynastiestreitigkeiten an, während die Geschichten über ihre eigene Unterwerfung durch die *ndfung* überhaupt erst nach längerer Bekanntschaft preisgegeben werden. Sind die *yamba* dann bereit, darüber zu sprechen, geraten sie beim Erzählen in eine derartige Wut, daß man glauben könnte, die Unterwerfung wäre eben erst geschehen. Unter dem Eindruck dieser Erinnerung behaupten sie dann manchmal auch, eigentlich einen höheren Status als die *ndfung* zu haben, und bezeichnen diese - quasi als Retourkutsche - als ihre eigenen Schwestersöhne.

Wenn die *yamba* die Machtergreifung der *ndfung* bis heute als derartige Verletzung empfinden, ist es nicht verwunderlich, daß sie die Tatsache der Fremdheit dieser Eroberer aus ihren Erzählungen vollständig negieren. Stellvertretend für ihr eigenes Verhältnis zu den *ndfung* konstruieren sie eine genealogische oder verwandtschaftliche Beziehung zwischen den Anführern der beiden Gruppen, dem *Fon* und Fai Nganwenfu. Wie die einzelnen Erzähler dieses Verhältnis definieren, ist im Vergleich zu der Behauptung, daß es überhaupt existiert, nebensächlich. Seine Definition ist nicht etwa im Sinne eines *workshop history* unter den *yamba* verabredet, sondern quasi als Ornament des eigentlichen Inhalts jedem einzelnen selbst überlassen. Aus der Widersprüchlichkeit der Angaben läßt sich allenfalls eine Reflexion auf die untereinander unklaren Beziehungen der *yamba*-Lineages heraushören.[103]

Zusammenfassend enthalten sowohl die offiziellen als auch die inoffiziellen "Überlieferungen" zur Einwanderung aus Kimi vorab einen Hinweis auf die Zusammengehörigkeit der *ya*-Gruppen und die Vorherrschaft des *Fon* (der damals ja schon ein König war). Dadurch wird offenbar, daß alle Erzähler eine einheitliche Grundaussage machen: Sie artikulieren ihr derzeitiges Einverständnis

mit der bestehenden sozialen Ordnung. Jener Grundaussage sind die gruppen-
internen Interessen, die die Erzähler über die Reihenfolge der Einwanderung
ausdrücken, untergeordnet. So akzeptieren die *yaku* wie auch die *yamba* den
Fon zwar als politische Zentralinstanz an der Spitze der Herrschaftspyramide,
wehren sich aber dagegen, ihm und den *ndfung* die gesamte Macht zu überlassen. Ihr "Hauptpfand" für den Erhalt ihrer Rechte ist der Verweis auf die
Erstbesiedlung. Der Besitz des Landes wird damit zu einem politischen Argument zwischen dem auf stärkere Zentralisierung drängenden Königshaus und
den an einer größtmöglichen Autonomie ihrer eigenen Lineages festhaltenden
Erdherren.

Fallbeispiel 3: James Yengong und die Form der indirekten Kritik an
der Abschaffung der *dogari*-Ämter

Wie aus den inoffiziellen Versionen hervorgeht, räumen die *yamba* dem Titel
Fai Nga-nwenfu eine zentrale historische Bedeutung bei ihrer Wanderung aus
Kimi ein. Aufgrund dessen gestehen ihm die meisten auch eine führende
politische Position zu, deren genauere Zusammenhänge jedoch erst weiter
unten ausgeführt werden können. Die dazu bislang einzige gegensätzliche
Behauptung ist die von J. Yengong. Dieser spricht Fai Nganwenfu seine Funktion als Anführer der *yamba* aus Kimi ab und konstruiert eine Zugehörigkeit
seiner eigenen Lineage zum Klan A der *yamba*.

Verschiedene Gewährsleute geben übereinstimmend zwei Erklärungen für
seine widersprüchliche Aussage und den Zweck, den Yengong mit seiner Geschichtsversion verfolgt. Seine "Überlieferung" erscheint danach in doppelter
Hinsicht als soziale, textuelle Handlung. Die erste bezieht sich auf seine durch
persönliche Spannungen mit dem *Fon* hervorgerufene Distanzierung von den
ndfung und den *yaku* allgemein. Die zweite betrifft die Untersuchung zur "Wiya-
Geschichte" selbst. J. Yengong soll aufgrund der Erfahrung mit dem Kolonialbeamten Jeffreys und der Bedeutung, die die Verschriftlichung der Geschichte
des damaligen Fai Ndimbie erlangt hat, großen Wert darauf legen, in dem
"neuen Buch" über die "Wiya-Geschichte" nicht als Fremder aufgeführt zu
werden. Schon seit längerem behaupte er, nicht anders als Fai Nganwenfu (der
ja ursprünglich ein Fremder war) ein *yamba* zu sein. Dabei seien seine Leute
vor längerer Zeit doch aus Mala eingewandert und gehörten infolgedessen also
weder zu den *yamba* noch zu den *yaku*. Ihren Status als Fremde empfänden sie
aber als Stigma und versuchten ihre wahre Herkunft vergessen zu machen.

Das Vergessen ihrer Herkunft ist inzwischen schon beinahe Realität, denn
viele *yamba* sind sich bereits unsicher, ob seine Abstammungsgruppe, die
Lineage von Fai Ngabingngu, nun zu den *yamba* gehört oder nicht. Erst nach
längerer Überprüfung der Exogamieregeln erinnern sie sich daran, daß sie ja
ursprünglich woanders her kamen. Durch ihren Status als "Fremde" haben
Yengong und seine Angehörigen bei den Wiya keine Nachteile. Sie werden in

keiner Weise ausgegrenzt, sondern sind politisch, militärisch und rituell vor allem mit den *yaku* verknüpft. Als Erdherren besitzen sie zwei wichtige Gottesplätze (*nyuu ngong* und *nyuu la'*). Sie opfern dort auch zum Wohle der *yaku*-Lineage von Fai Ngayindu, die über solche Plätze nicht verfügt. Zusammen mit diesen *yaku* feiern sie das Fest der Erstlingsfrüchte und schützen gemeinsam das Land vor Hexerei, indem sie eine Medizin (*nwa*) an die Landesgrenzen legen. Genauer gesagt, untersteht die rituelle Autorität der *yaku*-Lineage Ngayindu der von Fai Ngabingngu. Als es noch keine Militärgesellschaft (*nfuh*) am Palast gab, galt der *nfuh*-Bund von Fai Ngabingngu als Armee des *Fon*. Zu Kriegszeiten überbrachte der *Fon* ihm als erstem seine Pläne und verließ sich darauf, daß die Bundmitglieder sie schnell an alle *nfuh* des Landes verbreiteten. Daß die Lineage-Angehörigen von Fai Ngabingngu ihren Status als "Fremde" gleichwohl als belastend empfinden, liegt - so die Meinung der Gewährsleute - ganz allein bei ihnen selbst. Ohne die tatsächlichen Umstände ihrer Auswanderung zu kennen, vermuten sie, daß sie negativer Art gewesen sein müssen.

Tatsächlich geben ganze Lineages ihren Heimatort bis heute niemals aus freien Stücken auf. Besonders in früheren Zeiten waren es immer zwingende Gründe, die eine Lineage zum Aufbruch und zur Unterordnung in ein fremdes Königtum veranlaßten. War der Auszug in die Fremde etwa auf die Flucht vor den Raubüberfällen der Fulbe oder auf Mangel an bestellbarem Boden zurückzuführen, blieben rituelle und soziale Kontakte zu den Heimatdörfern in der Regel auch unter den Nachkommen weiter bestehen. Gibt es jedoch keinerlei Kontakte mehr (wie bei der Lineage von Fai Ngabingngu), sind sie im Laufe der Generationen entweder einfach aufgegeben worden, oder sie wurden ganz bewußt abrupt abgebrochen. Im letzteren Fall kann man von jahrzehntelangen Auseinandersetzungen in der Heimat ausgehen, die - verbunden mit wiederholten Hexereivorwürfen - zur Vertreibung der Beschuldigten führten. Eine solche Vertreibung, wie in anderen Fällen auch ihre Hinrichtung, wird von Maskierten des *nwarrong*-Polizeibundes durchgeführt und ist alles andere als eine diskrete Maßnahme. In aller Öffentlichkeit erniedrigt, werden sie von den Geschädigten mit Schimpf und Schande aus dem Heimatdorf vertrieben.

Im Fall der Lineage von Fai Ngabingngu ist nicht bekannt, ob Hexerei wirklich vorlag. Der wahre Hintergrund ihrer Auswanderung bleibt offen. Dennoch geht es Yengong als einem ihrer Ältesten wohl eindeutig um die Konstruktion einer "Wiya"-Identität für seine Gruppe. Die Aufnahme der Interviews mit ihm fiel zufällig in die Zeit kurz vor der Rückkehr des wegen interner Auseinandersetzungen jahrelang in Abwesenheit lebenden Lineageoberhauptes. Für Yengong war die Vermittlung seiner Geschichtsversion und ihre in Aussicht stehende Festschreibung eine der Gelegenheiten, seine eigenen Fähigkeiten als Oberhaupt der Lineage unter Beweis zu stellen. Schließlich ist - nach seiner festen Überzeugung - er es ja eigentlich gewesen, den der Vater als Lineageoberhaupt ausgewählt hatte. Da er sich jetzt aber mit dem gewählten Lineageoberhaupt ausgesöhnt hatte, wollte er ihm das Amt wohlgeordnet übergeben. Quasi als Begrüßungsgeschenk hatte er vor, ihm eine Landkarte zu überreichen, um deren Anfertigung er mich eindringlich bat. Der wesentlichste

Teil der Karte sollte die Markierung der Grenzen von Njiptop sein, dem von Fai Ngabingngu regierten Bezirk. Zu seinem Ärger hielt ich mich jedoch an diejenigen, die vor einem solchen Projekt nachdrücklich abrieten. Die Anfertigung einer solchen Skizze von Njiptop hätte demnach zur Folge gehabt, daß alle Leute die Untersuchung der Geschichte mit der Arbeit von Jeffreys assoziierten und die Festlegung der Bezirksgrenzen erwarteten. Da jedoch keiner der angrenzenden Bezirke über eine solche Karte verfüge, wären die Leute von Njiptop bei Streitigkeiten um Land einfach aufgrund der Tatsache solch eines schriftlichen Belegs zukünftig im Vorteil.

Die Widersprüchlichkeit der Aussagen von J. Yengong basiert nach Meinung der Zuhörer auf seiner gegenwärtigen Oppositionshaltung gegenüber dem *Fon* sowie zu Teilen der *ndfung* und *yaku*. Im folgenden möchte ich kurz die in seiner persönlichen Lebenssituation liegenden Gründe dafür skizzieren. Es geht darum nachzuvollziehen, warum Gewährsleute die Version seiner Geschichte als indirekte Kritik verstehen. Gleichzeitig gilt es, ihre subjektive Einschätzung zu hinterfragen, d.h. zu überprüfen, ob sie auch nach außen schlüssig erscheint.

In Ndu ist es allgemein bekannt, daß der neue *Fon*, der 1982 seinem Vater auf das königliche Amt nachfolgte, erstmals ein sehr strenges Regiment im Palast führt. Kaum an der Macht, hebt er zu einer Reihe von unpopulären Maßnahmen an, die die Opposition mobilisiert. Eines seiner Vorgehen ist, die *dogaris* stärker als bisher zu kontrollieren.[104] Angeblich haben sie dem alten *Fon* früher so viele Abgaben unterschlagen, daß er in Armut starb, während sie sich auf seine Kosten bereicherten.

Um zu verstehen, wie so etwas überhaupt möglich war, muß man wissen, daß Geschenke dem *Fon* nie persönlich ausgehändigt werden. Man überreicht sie in der Regel einem *dogari* (Boten) und bittet den *Fon* damit indirekt um eine Audienz oder übersendet irgendeine andere Nachricht. Diese Methode ist besonders sinnvoll, wenn man weit außerhalb wohnt und den langen, beschwerlichen Weg zum Palast scheut. In diesem Fall wartet man, bis ein *dogari* in der Nähe zu tun hat, ruft ihn zu sich und übergibt ihm Botschaft und Geschenk. Auf diese Weise wurde früher wohl eine Reihe von Gaben unterschlagen oder zumindest stark geschmälert. Das war geradezu ein offenes Geheimnis. Dennoch duldeten es alle mit mehr oder weniger großer Verärgerung. Man hoffte, der *dogari* würde beim *Fon* zumindest ein gutes Wort für einen einlegen, wenn man großzügig darüber hinwegsah. Als Diebstahl bezeichnete man die Unterschlagungen jedenfalls nicht, wußte doch jeder, daß ein *dogari* ehrenamtlich arbeitete und damit selbst auf Geschenke angewiesen war.

Die Frage der Entlohnung ist auch der wichtigste Grund für die zur Zeit der Feldforschung geführte Auseinandersetzung zwischen dem *Fon* und der Gruppe der *dogari* um J. Yengong. Der *Fon* steht auf dem Standpunkt, daß sie für ihre Arbeit genügend belohnt werden. Sie erhalten am Palast freies Essen und Trinken sowie auch ganz bestimmte Anteile von den eingesammelten Abgaben. Eine Selbstbedienung steht ihnen nicht zu, und mehr kann er ihnen nicht geben, will er die Einnahmen nicht ungerecht unter den Mitarbeitern des Palastes verteilen. Damit sind die *dogaris* jedoch nicht zufrieden. Sie verstehen zwar, welch großer finanzieller Aufwand allein schon dafür notwendig ist, die vielen im Palast lebenden Kinder zur Schule zu schicken. Sie finden es auch richtig und lobenswert, daß sich der *Fon*, im Gegensatz zu seinem Vater, erstmals derart für sie einsetzt. Doch wer bezahlt das Schulgeld ihrer eigenen Kinder?

Yengong, der etwa sechzig Jahre alt ist, erinnert sich, daß es früher einmal ein großes Privileg gewesen sei, am Palast zu arbeiten. Man hatte Prestige durch den engen Kontakt mit dem *Fon* und freute sich, wenn man mit einem Huhn und ein paar Eiern für einen besonders wichtigen Botengang entlohnt wurde. Doch was könne man heute schon mit solch kleinen und unregelmäßigen Zuwendungen anfangen? Geschäftsleute würden nur noch mitleidig auf einen *dogari* herabschauen, wüßten sie doch, mit wieviel weniger Einsatz sie selbst ein viel reicheres Leben führen. Ein *dogari* habe keine Dienstzeiten. Tag und Nacht stehe er dem *Fon* zur Verfügung. Darüber hinaus sei er verpflichtet, den *Fon* überall hin zu begleiten. Dies gelte sogar auch, wenn die Unternehmung gesetzeswidrig sei und man sich seiner Strafe ziemlich sicher sein könne. So wäre es beispielsweise 1966 bei den Grenzstreitigkeiten in Tudi (an der Grenze zur Nwa-Division) gewesen. Die Polizei von Nkambe hätte die *dogaris* zusammen mit anderen Leuten an der Grenze festgenommen, weil sie einen Kampf befürchteten. Neunzig Tage hätten sie dann im Gefängnis von Nkambe ausgeharrt, denn die 250 000 CFA Bürgschaft pro Person konnte der *Fon* beim besten Willen nicht aufbringen. Im Einklang mit meinem Begleiter, der ebenfalls zur Gruppe der *dogari* zählte, versichert er, daß er all dies für den alten *Fon* gerne getan hätte. Im Gegenzug hätten die *dogaris* nämlich auch immer auf seine Unterstützung und Fürsprache zählen können.

Yengong wie auch mein Begleiter Ndzi (ebenfalls ein *dogari*) sind sich darüber einig, daß das Verhältnis zum *Fon* im Vergleich dazu heute ganz anders geworden sei. Sie beklagen besonders die Unverhältnismäßigkeit der Strafen, derer sich der heutige *Fon* bediene. So seien sie kürzlich für eine kleinere Unregelmäßigkeit bei den Abgaben einfach aus dem Dienst des Palastes entlassen worden. Ähnliches sei nach und nach auch allen anderen *dogaris* widerfahren. Tatsächlich gibt es bei meiner Abreise aus Ndu überhaupt keinen dieser traditionellen Boten mehr am Palast.

Aus der Perspektive des *Fon* ist als Erklärung jedoch zu bedenken, daß er diese Entlassungen nicht allein wegen Bagatellvergehen durchsetzt. Vielmehr will er sich als junger König endlich Respekt gegenüber den altgedienten Boten seines Vaters verschaffen. Er kann es nicht länger dulden, daß sie gegen traditionale Gesetze verstoßen und sich außerhalb des Palastes einfach über seine Entscheidungen hinwegsetzen. So entfernten die *dogaris* beispielsweise das königliche Banner (*nkeng*) von einem Stück umstrittenen Landes, obwohl der Fall im Rat des *Fon* (*ndap sa'*) noch gar nicht entschieden war. Das *nkeng* dient als Zeichen dafür, daß das Land bis zur Klärung der Besitzverhältnisse von keinem der Streitparteien betreten, geschweige denn bearbeitet werden darf. Angeblich ohne zu zögern steckten die betreffenden *dogaris* das ihnen angebotene Bestechungsgeld und die für die Entfernung des *nkeng* übliche Gebühr in die eigene Tasche.

Für die *dogaris* bedeuten diese Entlassungen allerdings unverhältnismäßig große soziale Härten, auch wenn sie in ein paar Jahren vielleicht doch wieder in den Palastdienst zurückgerufen werden. Besonders den Alten unter ihnen, wie Yengong, scheint es kaum noch möglich zu sein, ihr Leben auf derart bescheidene Verhältnisse umzustellen und sich gänzlich in die wirtschaftliche Abhängigkeit ihrer Ackerbau betreibenden Frauen zu begeben. Im Unterschied zu anderen Bauern hatten sie aufgrund ihrer arbeitsreichen Tätigkeit für den Palast nicht die Zeit, sich Nebenverdienste wie Kaffeeplantagen, Raffiahaine u.a. anzulegen. Zudem konnte auch niemand von ihnen mit einer Entlassung aus dem Dienst des *dogari* rechnen. Bisher galt eine Beschäftigung am Palast immer für das ganze Leben. Aufgrund der Ehrenamtlichkeit ihrer Arbeit erhielten die *dogaris* innerhalb der *ndfung*-Lineage den Status eines *nchindap* (eines Schwestersohnes des *Fon*), d.h. der *Fon* hatte für sie wie ein Vater zu sorgen.[105]

Diese totale finanzielle Beschränkung nach der Entlassung führte bei Yengong schnell zum sozialen Abstieg in die Kriminalität. Schon bald wurde er in Ndu wegen Diebstahls aufgegriffen - ein Vergehen, das bei den Wiya zu den schlimmsten Verfehlungen zählt. Nicht genug damit, daß er sich von der Gendarmerie als ein alter Mann mit hohem traditionalen Status auf unwürdige Weise behandeln lassen mußte, beschämender war noch, daß sich die Nachricht von seinem Diebstahl in ganz Ndu wie ein Lauffeuer verbreitete. Er, der noch vor kurzem die Aufgabe hatte, Gesetzesbrecher vor den Rat des *Fon* zu laden, wurde nun selbst als Dieb bezeichnet. Verständlich, wenn er im Gefühl der Demütigung demjenigen zürnt, den er für seine Lage verantwortlich hält. Begreiflich auch, daß er aufgrund dessen jene oben zitierten Aussagen machte, in denen er sich, zurückgewiesen durch den *Fon*, von den *yaku* distanziert und den Status des *Fon* dem von Fai Nganwenfu gleichsetzt. Wie weiter unten noch zu sehen sein wird, geht er sogar so weit, die Herrschaft des *Fon* über die *yamba*, zu denen er sich selbst ja rechnet, in Frage zu stellen und auf den fehlenden Landbesitz als wichtigste Beschränkung seiner Machtfülle zu verweisen. Vor diesem Hintergrund ist es verständlich, warum jene Gewährsleute die Behauptungen Yengongs als indirekten Ausdruck seines gestörten Verhältnisses zur Person des *Fon* verstanden. Eine direkte Anklage des *Fon* hätte tatsächlich wohl nur zur Folge gehabt, sich den Ruf der Respektlosigkeit einzuhandeln und damit selbst die Entlassung aus dem Dienst des *dogari* zu rechtfertigen.

Yengongs Kritik am Verhalten des gegenwärtig regierenden *Fon* ist kein Einzelfall. Auch wenn sich die Älteren unter den Wiya noch gut an die in Kapitel II erwähnten Auflehnungsversuche des vorhergehenden *Fon* von Ndu (William Nformi) gegen die mit dem königlichen Thron verbundenen Vorschriften und persönlichen Beschränkungen erinnern, ist der Unmut in der Bevölkerung groß.[106] Manche argumentieren, man müsse nur Geduld haben, bis aus diesem jungen Mann einmal ein guter *Fon* würde. Anderen mangelt es genau an dieser Geduld, und sie haben nur noch wenig Hoffnung auf ein baldiges Einlenken. Zum Verständnis sei noch einmal auf die Gründe der Kritik an dem gegenwärtig regierenden *Fon* verwiesen. Sie geben zugleich Aufschluß über die Motive des *Fon* selbst bei seinen Äußerungen, die der offiziellen Geschichtsversion deutlich widersprechen.

Fallbeispiel 4: Der Fon und sein Bemühen um öffentliche Anerkennung als moderner *Chief*

Die Kritik an der Person des regierenden *Fon* richtet sich vornehmlich gegen seine in aller Offenheit betriebene Distanzierung zum größten Teil der Bevölkerung. Engagiert als Lehrer unterrichtet der *Fon* in Schulen der näheren und weiteren Umgebung. Die verbleibende Tageszeit ist er mit Unterrichtsvorbereitungen beschäftigt, so daß er sich den Regierungsgeschäften des Königtums allenfalls in den Schulferien widmen kann. Seine häufige Abwesenheit aus dem Palast oder der Umstand, daß er, zurückgezogen in seinen Privatgemächern, nicht gestört werden darf, ist die Hauptursache für alle bis in die Gegenwart reichenden Unstimmigkeiten. Besucher, wie die Lineageoberhäupter, die in der Vergangenheit täglich zum Palast zu kommen pflegten und den *Fon* wie auch die anderen Ältesten der *ndfung* mit Informationen über alle Regionen des Königtums versorgten, scheuen heute den oftmals stundenlangen Fußmarsch zum Palast und bleiben lieber zu Hause. Allzu oft waren sie schon vergeblich gekommen. Sie hatten den *Fon* nicht sprechen können, mußten sich mit einem seiner Ratgeber begnügen und trafen auch nur noch selten auf Gleichgestellte, mit denen sie den Gedankenaustausch hätten pflegen können. Statt dessen versuchen sie heute, lokale Angelegenheiten selbst zu regeln und auch bei wichtigen Entscheidungen die Rücksprache mit dem Palast zu umgehen. Für den Palast bedeutet dies, daß er auf diese Weise seine vormals herausragende Position als Kommunikations- und Nachrichtenzentrum nach und nach verlor. Abgesehen von außerordentlichen Ereignissen, wie dem Markttag *ntala*, wenn die Räte im *ndap sa'* zu Gericht sitzen und die palasteigenen Häuser der Männerbünde aufgesucht werden, wirkt der Palast wie verlassen. Finden sich außerhalb solcher Zusammenkünfte dennoch vereinzelte Besucher auf dem sonst menschenleeren Palastvorplatz ein, dauert es eine geraume Zeit, bis zufällig jemand erscheint, der ihre Anwesenheit anmelden könnte. Meine Idee, dem *Fon* darum das Anbringen einer Klingel vorzuschlagen, wie es etwa am Palast von Bali-Nyonga bereits geschah, wiesen vertraute Gewährsleute entschieden zurück. Ein solcher Vorschlag gebe unweigerlich denjenigen unter den *ndfung* Auftrieb, die ohnehin in Opposition zum *Fon* stünden und in der Isolierung des Palastes den Verlust von Einfluß und Macht sähen. Die diesbezüglich geführten internen Auseinandersetzungen hätten die *ndfung* bereits in verschiedene Lager gespalten, und eine Lösung des Konfliktes sei nicht in Sicht.

Die ständigen Auseinandersetzungen und zermürbenden Streitereien führten auf seiten des *Fon* zu einer immer größer werdenden Distanzierung von denjenigen, die wegen mangelnder oder ganz und gar fehlender Schulbildung auch nicht in der Lage seien, seine Situation zu verstehen. Bei den Gesprächen und Interviews beklagt er dementsprechend immer wieder ihren nachlässigen Umgang mit persönlichen Briefen und wichtigen Dokumenten sowie ihre andauernden Störungen, die ihn am konzentrierten Arbeiten hindern. Fällt die Unterhaltung auf lokale Glaubensvorstellungen, ist er es, der sich davon deutlich distanziert und die Situation betont rational erklärt. Um ein Beispiel dafür zu geben, sei von einem Mann erzählt, der 1986 von einem Blitz getroffen wurde. Zusammen mit anderen Bundmitgliedern hatte er im Haus des Kriegerbundes *nfuh* gesessen, als das Gewitter hereinbrach und den Rücken des Mannes stark verbrannte. Die anderen Anwesenden sowie das aus Bambus errichtete *nfuh*-Haus blieben unversehrt.

Für niemanden gibt es einen Zweifel daran, daß der schwer verletzte Mann einem anderen Geld schuldig geblieben ist. Um ihn zur Rückgabe der seit langem ausstehenden Summe zu zwingen, habe der Gläubiger die entsprechende "Donnermedizin" aktiviert oder durch einen Heilkundigen aktivieren lassen. Lediglich der *Fon* verwirft eine solche Erklärung als Aberglaube. Als studierter Geograph wisse er nur allzu gut, daß es erstens nicht der Donner sei, der die Brandwunden verursacht hätte, und daß man zweitens keinen Donner einfach schicken könne. Vielmehr sei Manji, der Ort des Unglücks, aufgrund seiner geographischen Lage bei Gewittern äußerst gefährdet. Beinahe jedes Jahr käme es dort zu Einschlägen.

Die Distanz geht einher mit der Abkehr von den traditionellen Geschäften, die ihrerseits an jene konfliktbeladenen Beziehungen geknüpft sind. Nach Meinung des *Fon* treten die illiteralen Bauern mit ihren Problemen von jeher auf der Stelle. Eine nähere Beschäftigung mit ihren zahlreichen lineageinternen Streitereien sei geradezu sinnlos, da sie ohnehin nie beendet werden könnten. Ein Befassen damit sei Zeitverschwendung und stünde der Entwicklung des Landes eher entgegen. Zusammen mit einer kleineren Gruppe gleichermaßen Gebildeter zieht er es darum vor, die Modernisierung von Ndu und Umgebung zu planen und entsprechende Entwicklungsprojekte zu initiieren. Die diesbezüglichen Anstrengungen werden von einem Ehrgeiz getrieben, der auf eine angestrebte politische Karriere gerichtet ist. Nach seiner eigenen Erklärung erwägt die Zentralregierung in Yaoundé schon seit geraumer Zeit, einen der drei führenden Wimbum-*chiefs*, der sogenannten *clan-heads*, zum *First Class Chief* zu befördern. Dies bedeutet nicht nur eine Erhöhung des Status, der dem der fünf größten *Fons* des Graslandes gleichkommt. Es stehen auch deutliche finanzielle Verbesserungen in Aussicht, da die *Chiefs* der höchsten Klasse aus dem Etat der Zentralregierung unterstützt werden. Nach Aussage des *Fon* sind sein Ruf als Lehrer und mehr noch sein Engagement für die Modernisierung der ihm unterstellten Regionen wesentliche Kriterien, die neben den bereits anerkannten Leistungen seiner Amtsvorgänger den Ausschlag für die Beförderung geben könnten. Tatsächlich scheint der *Fon* von Ndu gute Chancen zu besitzen. Nicht selten hält ihn die Bevölkerung außerhalb der eigenen Donga-Mantung Division bereits für den obersten Chief aller Wimbum, was möglicherweise auf den überregionalen Bekanntheitsgrad der Teeplantage (Ndu Tea Estate) zurückzuführen ist.[107] Innerhalb der Division und besonders unter den einzelnen Wimbum-Gruppen sind diese Beförderungspläne jedoch ein stark umstrittenes Thema. Aufgrund der Rivalität der drei Gruppen Wiya, War und Tang und der in der Vergangenheit immer wieder durchgesetzten Gleichrangigkeit der drei führenden *Chiefs* schoben die Behörden einen entsprechenden Beschluß bis heute hinaus. Viele glauben inzwischen sogar, daß es zu einer Beförderung gar nicht mehr kommt, da die verantwortlichen Stellen die zu erwartende Flut von Protesten und Petitionen scheuen.

Von solchem Gerede läßt sich der *Fon* von Ndu jedoch nicht irritieren. Weiter setzt er auf seinen guten Ruf bei den Politikern, der ihm, wenn schon keine Beförderung, so doch eine Parteikarriere ermöglichen könnte. Mehr als einmal äußerte er sein dringendes Bedürfnis, aus Ndu und dem Palast herauszukommen, sei es mit einem Stipendium nach Deutschland oder besser noch mit einem Posten, der ihm zumindest zeitweilige Aufenthalte in Yaoundé sichern würde. Viele seiner Probleme wären sodann gelöst. Er hätte die Chance, der Doppelbelastung als Lehrer und König zu entfliehen, seinen Widersachern den Rücken zu kehren und die Verantwortung für seine Ehefrauen (*winto*), Schwestersöhne (*mchindap*) und deren Familien wenigstens für einige Zeit hinter sich zu lassen. Heraus aus dem Palast mit seinen erdrückenden Reglementierungen und unerfüllbaren Erwartungen und hin zu mehr Respekt und Freiräumen ist sein erklärtes Ziel. Statt auf einem provinziellen Thron zu versauern, will er teilhaben am Leben, dort, wo Neues geschieht und seinesgleichen (moderne Intellektuelle) zu finden sind. Erreichen läßt sich dieser Wunsch, wie gesagt, entweder über eine Beförderung zum *First Class Chief* oder über eine Parteikarriere, die jedoch ihrerseits eine Demonstration von Rationalität und Weltoffenheit und nicht zuletzt auch die von vielen Wiya mißbilligte politische Gefügigkeit zur Voraussetzung hat.[108]

Die Unterhaltung mit europäischen Studenten ist nach Ansicht der Gewährsleute eine der Gelegenheiten, sich als moderner, weltoffener König bekanntzumachen. Es sei daran erinnert, daß der *Fon* in seinen Geschichtsdarstellungen als einziger Erzähler den Ursprung aus Kimi anzweifelt, angeblich von keiner Unterscheidung zwischen *yaku* und *yamba* weiß und auch keine Stellung zur Siedlungsreihenfolge der einzelnen Wiya-Lineages nimmt. Diese Geschichtsversion ist nicht allein seiner höheren Bildung zuzuschreiben, denn andere gleichen Bildungsstandes antworteten auf die Fragen im Sinne der offiziellen oder inoffiziellen Versionen. Viel eher zielen seine Geschichten darauf ab, seine persönliche Distanz zu jenen zu demonstrieren, die in alten Denkmustern verharren und für neue Ideen nur schwer zugänglich sind. Im Hinblick auf seine eigene Karriere und die zu erwartende Veröffentlichung und Verbreitung seiner Kommentare ist ihm daran gelegen, betont "rationale" und distanzierte Erklärungen abzugeben. Wie die Gewährsleute versichern, möchte er in dem "neuen Buch" über die Wiya-Geschichte nicht als ein in lokale Verhältnisse verstrickter "Provinz-*Chief*" erscheinen, sondern als Vorbild eines überlegenen und aufgeschlossenen *Fon* überzeugen. Zum anderen, so die Einschätzung der

Gewährsleute, gehe er davon aus, daß Studenten aus dem entfernten Europa über Kontakte zur Universität in Yaoundé und zu gewissen Behörden verfügen. Im Hinblick auf sein eigenes Fortkommen und den Wunsch nach Anknüpfung wolle er vor entsprechenden Leuten als modern denkender *Chief* dargestellt werden.

Als Bestätigung dieser Annahme läßt sich seine große Anteilnahme an allen diesbezüglichen Unternehmungen anführen. So greift er beispielsweise geradezu begeistert die Idee auf, an der in der Provinzhauptstadt geplanten Konferenz über königliche Inthronisationszeremonien persönlich teilzunehmen. Neben dem zu erwartenden internationalen Publikum interessieren ihn vor allem die Hochschullehrer aus Yaoundé, die ihm zumindest dem Namen nach bekannt sind. Die Konferenzleitung nimmt den Vorschlag ihrerseits ebenfalls mit Freude auf. Wenngleich der *Fon* zum eigentlichen Termin letztlich dann doch nicht erscheint, und die Vorlage seines Vortrags nicht den Erwartungen entspricht, wird der gute Wille und die geradezu vorbildliche Aufgeschlossenheit dieses traditionellen Herrschers ausdrücklich belobigt.

Vor dem Hintergrund der zahlreichen Widersprüche innerhalb der "Überlieferungen" der Wiya scheint dem Konsens bezüglich der Herkunftsangaben aller Gruppen eine besondere Bedeutung zuzukommen. Ob es richtig ist, sich diesbezüglich allein der Charta-Interpretation von Chilver und Kaberry anzuschließen und "Kimi" als Legitimation der Vorherrschaft und einer bestimmten im Grasland üblichen Form des (sakralen) Königtums anzusehen, ist erst im Anschluß an die noch folgenden Erzählungen zu entscheiden. An dieser Stelle läßt sich allenfalls fragen, ob die Erzähler wirklich Konsens bezüglich der Anerkennung der gegenwärtigen sozialen Ordnung demonstrieren wollen. Schießlich geben andere Aussagen zu erkennen, daß das "Seil" zwischen den *ya*-Gruppen, den königlichen *yaku* (einschließlich der *ndfung*), und den *yamba* - bildlich gesprochen - außerordentlich stark gespannt ist. Während die *ndfung* darauf abzielen, die Zentralisierung voranzutreiben, versuchen die *yamba* dem entgegenzuwirken und größtmögliche Autonomie zu behaupten. Die *yaku*-Erdherren unterstützen in ihrer Mittlerposition einerseits die Absichten der *ndfung* und bestätigen die untergeordnete Stellung der *yamba* (als "Schwestersöhne"). Andererseits wollen auch sie den *ndfung* nicht die Macht überlassen und streiten um ihre Rechte und ihre Teilsouveränität als Erdherren, indem sie sogar die "Siedlungsgeschichte" der *yamba* bestätigen.

Aus der Perspektive linearer Geschichte erscheint die Herkunftsaussage der *yamba*, deren Bevölkerung zumindest teilweise autochthon ist, als Verdrängung der Machtübernahme durch die fremden *ndfung*. Nicht, daß ich die traumatische Erfahrung in Abrede stellen möchte. Aber sie erklärt nicht hinreichend, warum Kimi als Ursprungsort nicht in den Diskurs über die Vergangenheit der Wiya einbezogen wird, zumal sich die Verdrängung doch viel eher in der Behauptung der Zusammengehörigkeit der beiden Gruppen niederschlägt.

Darüber hinaus gibt es, wie in den vier ersten und noch folgenden Fallbeispielen festzustellen, auch noch die "Seiltänzer", d.h. die Erzähler, die sich nicht um die Version der Überlieferung ihrer Gruppe scheren. In vollem Bewußtsein der Interessen der eigenen Gruppenangehörigen (*yamba* bzw. *yaku*) plazieren sie ihren ganz persönlichen *Coup* und realisieren ihre "egoistische" Handlung, wenn auch indirekt, über den Umweg der Überlieferung. Sie üben herbe Kritik und handeln auf Kosten allgemein akzeptierter "Konventionen", d.h. Gruppenversionen. Daß auch diese Solisten mit Außnahme des *Fon*, der ja aus den oben genannten Gründen eine betont "rationale" Haltung vertritt, an dem "Ursprungsmythos", Kimi, festhalten, bestärkt den Zweifel, ob es wirklich der allem Streit zugrundeliegende Konsens über die "heilige" Ordnung ist, der ausgerechnet den Ursprung dem Diskurs enthebt.

Im Streit um die Macht

Die Geschichten und Auseinandersetzungen über die Machtverteilung im Königtum beziehen sich auf zwei etwa einhundert Jahre auseinanderliegende Zeiträume: die Einwanderung der *ndfung* (ca. 1920)[109] und die britische Kolonialzeit. Es geht um die Stellung zweier politischer Gegenspieler: *Fon* und Fai Nganwenfu.

Über den eigentlichen Vorgang bei der Machtübernahme des *Fon*, die sehr bald nach dem Zuzug der *ndfung* stattgefunden haben soll, ist weder bei den *yaku* noch bei den *yamba* etwas zu erfahren. Angehörige beider Gruppen behaupten, daß die *ndfung* zu jener Zeit sehr gefürchtet waren und die *yamba* wohl aus Angst vor Repressionen ihre Vorherrschaft akzeptierten. Abgesehen von einer (sagenhaften) Geschichte über das Pflanzen zweier Bäume gibt es keine Erzählung darüber, wie die Unterwerfung in dieser frühen Phase des Aufeinandertreffens der beiden Gruppen im einzelnen etwa vor sich ging. Die *ndfung* geben an, keine Geschichte dazu zu kennen, weil es eine regelrechte Unterwerfung der *yamba* nie gegeben habe. Schließlich besäße der *Fon* bereits seit Kimi das Recht auf Vorherrschaft. Die *yamba*, die, wie oben erläutert, ein Recht auf Selbstbestimmung beanspruchen, sprechen sehr wohl von einer Unterwerfung nach dem Zuzug der *ndfung*. Zur genaueren Beschreibung dieser Machtergreifung erzählen sie aber von der Degradierung ihres Anführers und potentiellen Königs, Fai Nganwenfu - eine Geschichte, die sich de facto erst zur Kolonialzeit ereignete.

Wenngleich die beiden Ereignisse chronologisch schätzungsweise etwa hundert Jahre auseinanderliegen, werden sie in den Erzählungen der *yamba* zur gegenseitigen Erläuterung - ohne Hinweis auf ihre zeitliche Distanz - direkt nebeneinandergestellt. So assoziieren die *yamba* beispielsweise mit der Einwanderung der *ndfung* die Zurückstufung ihres eignen Anführers. Zur Beschreibung dieser Degradierung erzählen sie von der gewaltsamen Beschlagnahmung der Königsattribute aus dem "Palast" von Fai Nganwenfu, die die *ndfung* nach anderen Überlieferungen aber erst vergleichsweise kürzlich, zur britischen Kolonialzeit, durchführten. Ebensogut greifen die *yamba* zur Erläuterung ihrer Auflehnung gegen die Degradierung auf die Siedlungsgeschichte beider Gruppen zurück. Dabei beginnen sie von dieser öffentlichen Erniedrigung des Status von Fai Nganwenfu zu erzählen und fahren im gleichen Atemzug fort, an die Einwanderung der *ndfung* zu erinnern, so als ob die beiden Ereignisse direkt miteinander verbunden wären. Auf genauere Nachfragen antworten die meisten Erzähler, daß eines dem anderen gleich sei. Das Ereignis der Degradierung des Ranges von Fai Nganwenfu falle mit der Machtergreifung des *Fon* zusammen.

Zur besseren Übersicht werden die beiden Ereignisse und die sie thematisierenden, äußerst widersprüchlichen Erzählungen im folgenden dennoch unterschieden und in zwei Kapiteln (Machtergreifung I und Machtergreifung II) chronologisch geordnet. Der Analyse ihrer Geschichten folgen Gedanken zur Aufhebung der Chronologie und die Frage nach Bedeutung und Konsequenz für Erzähler und Zuhörer.

Machtergreifung I

Die gegensätzlichen Interessen - Zentralisierung gegenüber größtmöglicher Autonomie einzelner Lineages - sind das Leitmotiv, das die Aussagen zur Machtergreifung des *Fon* prägt. Wenn die königliche Lineage *ndfung* in ihrer "offiziellen Geschichtsversion" jeden Konflikt mit den *yamba* um die Verteilung von Macht einfach leugnet und vorgibt, daß der *Fon* seit Kimi immer einem homogenen, alle Wiya-Gruppen integrierenden Königtum vorstand, will sie damit die Zentralisierung auf das königliche Amt fördern. Durch den Einspruch der *yamba*, festgehalten als "inoffizielle Versionen", sind die *ndfung* jedoch gezwungen, ihre Behauptungen zum Teil zu revidieren. Um zu zeigen, wie weit ihre Zugeständnisse an die *yamba* gehen und wie geschickt sie versuchen, die Argumentation der *yamba* zu entkräften, wird die Darstellung der Geschichten mit einer "erweiterten offiziellen Version" abgeschlossen.

Anstelle genauerer Beschreibungen debattieren die Erzähler in den Geschichten über die Einwanderung der *ndfung* und der damit einhergehenden Unterwerfung der *yamba* darüber, ob eine Machtergreifung des *Fon* überhaupt stattfand, und versuchen, der jeweiligen Argumentation entsprechend, möglichst überzeugende Belege anzuführen. Des weiteren geht es um die Frage, ob es bei der Einwanderung der *ndfung* einen königlichen Titel der *yamba* bereits gab und, wenn ja, wem er gehörte. Die Argumente zum Streitthema reichen bis in die britische Kolonialzeit. Solche Geschichten über die vergleichsweise kurz zurückliegende Vergangenheit sind jedoch erst im nächsten Kapitel (Machtergreifung II) aufgeführt.

Unter Berücksichtigung der Interpretationen des vorhergehenden Kapitels wird in der anschließenden Analyse zunächst einmal versucht, die tatsächlichen historischen Umstände beim Zusammentreffen der beiden Gruppen zu rekonstruieren. Die dieser Konstruktion widersprechenden Geschichtsversionen von *yaku* und *yamba* werden sodann hinsichtlich ihrer gruppenspezifischen Interessen untersucht und mit zweierlei Fragen konfrontiert. Welche der zitierten Widersprüche kann überhaupt die "Geschichtsversion" der jeweiligen Gruppe (*yaku* oder *yamba*) repräsentieren und welchen Zweck und welche Wirkung verfolgen die Gruppen, wenn sie die Vergangenheit auf diese oder jene Weise darstellen? Die in sich derart widersprüchlichen Versionen spiegeln die Heterogenität und Uneinigkeit innerhalb beider Gruppen wieder. Aufgrund der Vielfalt der Meinungen ist die zu interpretierende "Gruppenversion" nicht immer leicht von den aus persönlichen Hintergründen und Interessen formulierten Geschichten zu unterscheiden. Jene "persönlichen Versionen", die unerwarteten *Coups* im Sinne des oben angeführten Zitats von de Certeau (1988:158), vertreten nicht mehr das Interesse der gesamten Gruppe (*yamba*, *yaku* oder *ndfung*), sondern sind zumeist ganz bewußt aus familiären oder lineagebezogenen Anlässen motiviert, auf Veränderung eines Zustands gerichtet. Abschließend wird versucht, ihre Hintergründe und angestrebten Wirkungen anhand zweier Fallbeispiele nachzuzeichnen.

Offizielle Versionen

Nach Meinung der *yaku* hat eine Unterwerfung der *yamba* niemals stattgefunden, noch gab es jemals einen zweiten königlichen Titel, wie die *yamba* seit der Inthronisierung des *Fon* 1983 und der Umbenennung seines Titels von *nkwi ndfung* zu *nkwi wiya* vorgeben. Die Machtverhältnisse waren schon in Kimi endgültig festgelegt und werden deshalb bis heute von allen respektiert. Da die Wiya während ihrer Einwanderung immer zusammenblieben, gab es auch bei ihrer Niederlassung niemanden, der die Vorherrschaft des *Fon* jemals anzweifelte. Oftmals behaupten die *yaku* darüber hinaus, daß der Leiter der *yamba* gar nicht Fai Nga-nwenfu, sondern Fai Ndzitonga gewesen sei, der im vorhergehenden Kapitel als Oberhaupt des B-Klans der *yamba* vorgestellt wurde:

Fai Ndzishirnji: "Wir kamen alle zusammen. Fai Ngamalar zog dann in eine
    andere Richtung. Er gründete den Bezirk *yamba*, da er ja ein *yamba* ist.
    So teilten sich die beiden Gruppen ... Die *yamba* bildeten eine eigene

Gruppe. Sie folgten nicht dauernd dem *Fon*, sondern suchten selbst nach Land. Es war aber immer klar, daß nur der Leiter der *yaku*-Gruppe Anspruch auf die Herrschaft über die Wiya hatte. Deswegen gab es nie irgendwelche Probleme."

B.B.: "Hatte der Leiter der *yamba* bereits den Titel des *nkwi wiya*?"

Fai Ndzishirnji: "Den Titel *nkwi wiya* hat es damals überhaupt nicht gegeben. Außer dem *Fon* gab es keinen anderen *Chief* und der hatte den Titel *nkwi ndfung*. Der Titel des Leiters der *yamba* war Fai Ndzitonga. Fai Nganwenfu erhielt diesen Status erst viel später, als er den *Fon* während seiner Abwesenheit in Banyo zusammen mit der *Yaah* vertrat. Seinen Status erhielt er also vom *Fon*. Fai Ndzitonga sitzt im Palast bis heute vor Fai Nganwenfu. Das beweist, daß er einen höheren Status als Fai Nganwenfu hat." (22.7.85)

Der Titel *nkwi wiya* ist demnach also eine Neuschöpfung. Er soll überhaupt erst 1983 bei der Krönung des regierenden *Fon* von Ndu eingeführt worden sein (Fai Ndziforba, 6.12.85).

Ganz anders dagegen die Erzählung eines *yaku*, Simon Dshang. Seine Aussage ist äußerst widersprüchlich und stärkt viel eher die Argumentation der inoffiziellen Geschichtsversionen als die seiner eigenen Gruppe:

Pa Dshang: "That time when he (der *Fon*, B.B.) settled, he met Nganwenfu as a *Fon* too. He himself is a *Fon*. So now, they say how. How can two *Fon* be in a country? Two captain cannot control a ship. Then how are we going to do now - this case they begin to dispute. Say no, one man must be the *Fon*. Two *Fon* cannot be at a time. *Wi-yaku* and *wi-ya* now all join. They say alright, if it is the case, that Ndu came as *Fon*, you Nganwenfu, you shall be *Fon*, let us find for one *Fon*. Than they make meeting. They say alright, how are we going to trace out to get *Fon*? So from there now, the Ndu were very clever. They go plant two trees."

B.B.: "For market?"

Pa Dshang: "No, for corner. They go plant two trees. Ndu plant his own, Nganwenfu plant his own. They say alright, next time we will come and see. If it is Nganwenfu his own which grows quick, he will become *Fon*. If it is Ndu his own which grows quick, he will become *Fon*. Alright, Ndu-people were very clever - as I told you. When they go now, they come from behind, go put hot water for Nganwenfu his own. Go put hot water for Nganwenfu his own. Their own tree grows quick quick quick and they go see - ah, you are the *Fon*. The *Fon* of Ndu became chief, Nganwenfu became assistant, as well as other people. From there now, they stay stay." (22.2.86)

Inoffizielle Versionen

Einmütig und ohne Vorbehalte behaupten die *yamba*, daß der *Fon* sich erst nach seiner Einwanderung der Vorherrschaft bemächtigt habe. Sie räumen den *ndfung* zwar ein, daß dies theoretisch auch gerechtfertigt gewesen sei, weil er schon in Kimi ein König war und sie ursprünglich eine gemeinsame Gruppe bildeten. Praktisch hätten die *yamba* jedoch durch ihre eigenständige und erste Inbesitznahme des Landes ebenfalls ein Recht auf Selbstbestimmung erworben. Längst hätten sie sich in ihren Niederlassungen etabliert, als die *ndfung* dann viel später nachgezogen seien und den alten Anspruch auf Vorherrschaft plötzlich wieder durchgesetzt hätten. Der Ärger darüber hätte die Gruppe dann endgültig in *yamba* und *yaku* geteilt. Ob sie zu der Zeit bereits einen eigenen König hatten, bleibt jedoch ungewiß. Die Geschichten dazu sind äußerst widersprüchlich. Nur ganz wenige bejahten die Frage so spontan wie der beinahe achtzigjährige John Lamfuh. Er ist der älteste lebende Sohn des legendären Fai Nganwenfu:

> "Von Kimi brachen sie alle zusammen auf und in Ntem trennten sie sich dann. Mein Vater führte die *yamba* direkt hierhin. Er ging also nicht nach Konshep oder Mbandfung im Mbembe. Er wurde zum *chief* über die *yamba* gekrönt. Als der *Fon* hierher kam, entriß er ihm die Macht." (John Lamfuh, 23.7.85)

Andere *yamba* sind sich eher unsicher und diskutieren diese Frage eingehend mit ihren Ältesten. Fai Ngakfumbe (22.8.85) erinnert sich beispielsweise an eine Versammlung im benachbarten Königtum Binka zur Zeit der Anwesenheit des Kolonialbeamten Jeffreys. Er gibt an, damals noch ein Kind gewesen zu sein und die Tasche seines Vaters getragen zu haben, wenn dieser zu wichtigen Anlässen aufbrach. Als Begleitung seines Vaters sei er Augenzeuge zahlreicher Debatten und Ereignisse geworden, deren Inhalte er aber aufgrund seines kindlichen Alters nicht immer verstand. An jene Versammlung in Binka könne er sich aber noch gut entsinnen. So hätte Jeffreys gleich zu Beginn in die Runde der Anwesenden gefragt, wer denn der König der Wiya wäre. Fai Nganwenfu hätte daraufhin behauptet, derjenige zu sein, obwohl der *Fon* und andere *fais* ebenfalls anwesend gewesen wären. Zur Überprüfung der Antwort hätte Jeffreys sich dann an seinen Vater, Fai Ngakfumbe, gewandt. Dieser hätte sich sogleich erhoben und die Angabe mit lauter Stimme bestätigt.

Die Mehrheit der *yamba* bestreitet jedoch, damals schon einen König gehabt zu haben. Man hätte es angeblich nur geplant, Fai Nganwenfu als König zu krönen, da er die *yamba* aus Kimi nach Jirt, dem ersten Ort der neuen Siedlung, geführt hatte. Tatsächlich wäre es aber nie zu einer Krönung gekommen. Pa Lapsamba (22.8.85) gibt an, daß die *yamba* diesen Entschluß, Fai Nganwenfu zum *Chief* zu ernennen, allzu lange hinauszögerten. Wegen ihrer starken

Rivalität untereinander hatten sie sich lange Zeit nicht auf einen gemeinsamen Kandidaten einigen können. Als sie dann schließlich doch alle Vorbereitungen für die Krönung trafen, kam der *Fon*. Dieser *nkwi ndfung* wurde von allen Wiya als der rechtmäßige *Fon* anerkannt, weil er schon immer ein *Fon* war. Er übertrumpfte den Thronanwärter der *yamba*, und zum Zeichen, daß der *Fon* jetzt alle regierte, nannte man ihn bei seiner letzten Krönung nicht mehr *nkwi ndfung*, sondern *nkwi wiya*.

Auch der gegenwärtig regierende Fai Nganwenfu behauptet, daß es letztlich nie zu der Krönung seines Vaters gekommen sei. Wäre er gekrönt worden, hätte er jedoch den Titel *nkwi wiya* besessen. *Nkwi wiya* sei ein Titel der *yamba*, der nie vergeben wurde. Die *ndfung* hätten sich ihn später einfach angeeignet.

> "Mein Vater war immer schon wie ein *chief*. Er hatte die *kabra* (Thron, B.B.) und seine Frauen trugen das *mtitim* (eine Art Lendenschurz, B.B.). Er selbst ging immer unbekleidet. Manchmal trug er höchstens ein offenes Hemd. Er konnte unmöglich einfach zum Markt gehen. Sah man ihn trotzdem einmal dort, duckten sich die Frauen weg, und man wußte, er kommt zu einem bestimmten Zweck ... Früher hatten ihn die Wiya zum *Chief* krönen wollen, und sein Titel wäre *nkwi wiya* gewesen. Wiya war nämlich nur eine andere Bezeichnung für die *yamba*. Der *Fon* herrschte nur über die *ndfung* und nicht etwa über die *ya*. Dementsprechend war sein Titel *nkwi ndfung*. Als man nach den Tod des letzten *Fon* den Palast, wie es Tradition ist, neu errichten wollte, weigerten sich die Wiya. Sie hatten ja eigentlich mit dem Palast der *ndfung* nichts zu tun. Aus diesem Grund krönte man den *Fon* diesmal nicht mehr als *nkwi ndfung*, sondern als *nkwi wiya*. Sie nahmen uns also unseren Titel ... Zuerst kam es zu der Krönung meines Vaters nicht, weil die *yamba* sich verspätet hatten und von den *yaku* überrascht wurden. Später brachten sie es wegen ihrer Zerstrittenheit dann auch nie mehr zum *Chief*." (Fai Nganwenfu, 20.11.85)

Die Zerstrittenheit untereinander geben fast alle *yamba* als wichtigsten Grund für die verpaßte Chance an, einen eigenen König zu besitzen. Ihrer Uneinigkeit ist es zuzuschreiben, daß die *ndfung* ihnen von Anfang an zuvorkamen und ihre Position dann im Kontakt mit fremden Eroberern weiter festigen konnten. Diese Tatsache empfinden die meisten auch heute noch als großes Ärgernis, so daß sie die Erinnerungen daran in ziemlicher Aufregung mitteilen.

> "We talk of Nganwenfu as the leader. He was the leader from Tikari or Kimi coming to this place. Now, reaching here now, he had brothers. Each person separates, goes there, the other one goes there, the other one goes there and so on. They spread ... All were coming from Nganwenfu, all! ... We were said to have a *Chief*. He was supposed to be the *Chief* or the *Fon* of the *yamba*-people. But owing to the foolishness of the

yamba-people who are not cooperative - like today - we never got a *Chief*. This is just really what it was. So all these *yamba* were said to have a *Chief*. All this *yamba* down there should be under one *Chief*. You have *yamba* as a separate group. Let's say, when you talk of Njila or Ngulu, they have their own *Chief*. Now, when you come here, you see we talk of *wi-ndfung*. Alright, *ndfung* is the *Paramount Chief*. They have their own *Chief*. We are now involved with them. Don't you see? The *Fon* of Ndu control all, that is the *Paramount Chief*. When you go to Sen, they call that Sen-people *nwe ngang, nwe ngang, nwe ngang*. They have their own *Chief*. You go to Njimnkang, that is *nwe ngang*, they have their own *Chief*. Mbipgo, they have *Chiefs*! Now, only *yamba* who hasn't a *Chief*. And see the houses (Lineages, B.B.) - so many! But still, they haven't a *Chief*, because they were not cooperative. They would have had their own *Chief*, but they were not united. Now, the thing is, on the long run there have been a bit of struggle with Nganwenfu and the *Fon*. In the ancient days but not now - because of, let's say, cleverness. Because of the White and this Moslem-people from Banyo or as we used to call them *bjir nyabra*, those with horses, who came. When they came, the *Fon* was the very first one to greet and he stands as interpreter. He was the first to interprete. Because of this cleverness he became more important. Those people were seeing that he is able to control people. This is how the other one, Nganwenfu, was knocked down. They (die *ndfung*, B.B.) were with power, they took the *kabra* (den Thron von Nganwenfu, B.B.) by force. They used force and people feared them. They were only few of them and we were many. But they had power. They had the sense and the power. So they overthrowned that man up here. That's how the thing is. And this is why *yamba*-man hasn't got a *Chief*." (Shey Marassis, 2.2.86)[110]

Die Mehrzahl der *yamba* glaubt zwar, daß es Fai Nganwenfu gewesen sein muß, der für das königliche Amt der *yamba* vorgesehen war, es gibt aber auch andere Meinungen. Manche behaupten, daß er als Fremder (*nwenfu*) für so etwas gar nicht in Frage kommen konnte. Er hätte seinen Status erst viel später vom *Fon* erhalten, der ihm damit für seine Hilfe zur Zeit der Kriege mit den Fulbe dankte. Der König hätte dagegen Fai Ndzitonga sein sollen. Wieder andere werfen Fai Ndzitonga vor, so etwas zu propagieren, um seinen Status eigenmächtig zu erhöhen. Dabei hätte er seinen Titel erst zur Zeit der Kriege mit den Nso' erhalten. Er wäre vom *Fon* nur deshalb befördert worden, weil er ein wichtiges Vorrats- und Versammlungshaus (ln.: *ngei*) der Nso' in Brand gesteckt hatte. An jenes Ereignis erinnere auch der Name seines Titels: Ndzi-to-nga (lb.: *to* = verbrennen, lb.: *nga* = Vorratshaus).

Fai Ngashembiri: "Zuerst nannten sich alle Wiya, als sie von Kimi kamen. Anfangs siedelten sie in Jirt ... Der *Fon* war der Kopf von allen Wiya. Als sie nun Jirt erreichten, mußten sie sich wegen Platzmangels aufteilen. Ein Teil der Leute siedelte oben: *ku*. Der andere Teil blieb unten: *mba*. Dann

nannten sie sich dementsprechend: *ya-ku* und *ya-mba*. Beide zusammen
nennt man *kunomba*, was soviel heißt wie die Leute von oben und unten.
Da sie zu dieser Zeit auch einen *Fon* verloren hatten, berieten sie über
die Nachfolge, bis die Leute von oben ganz plötzlich einfach ihren eigenen *Fon* krönten. Die Leute unten, die *yamba*, waren natürlich sehr, sehr
wütend. Sie fühlten sich übergangen. Aber es war viel zu spät, noch irgend
etwas zu unternehmen. Ist der Thron einmal besetzt, muß man sich den
Gegebenheiten beugen. Dieser Vorfall teilte die Wiya jedoch in zwei
Gruppen, und sie gaben sich diese unterschiedlichen Namen. Das ereignete sich alles genau da, wo Fai Ndzishirnji heute residiert."

B.B.: "Wo starb der *Fon* und welcher war es? Ist sein Name bekannt?"

Fai Ngashembiri: "Er starb in Fuh. Seine Zeremonie wurde aber schon in Jirt
abgehalten, wo der compound von Fai Ndzishirnji heute ist. Dort wurde
der neue *Fon* dann auch gekrönt. Begraben ist er in Fuh. Dort befindet
sich auch das *fum*. Das Grab eines *Fon* nennen wir *fum*. Leider sagte mir
aber niemand, welcher *Fon* das genau war."

B.B.: "Waren die *yamba* so wütend, weil sie Fai Nganwenfu auf den Thron
setzen wollten?"

Fai Ngashembiri: "Ich weiß nicht, wen sie auf den Thron setzen wollten. Von
Nganwenfu weiß ich nichts. Der Rang, den er heute einnimmt, ist nicht
alt. Er wurde ihm später vom *Fon* für seine Hilfe zur Zeit der Deutschen
verliehen. Mein Vater kam vor Nganwenfu hierher. Weil er erst viel
später hinterhertrottete, riefen sie ihn: *nwenfu, nwenfu!* Das war sein
Spitzname. Er traf auf die *yamba* in Jirt. Das Kind, was er in seinen
Armen trug, starb in Jirt. Aus Angst vor einer schlimmen Krankheit und
weil sie nicht wußten, woher er eigentlich kam, verjagten ihn die Leute
aus Jirt. Man gab ihm dieses Land hier, wo er dann auch sein Kind
beerdigte. Das Land gehörte bis dahin Fai Njiladumbi von Njifa. Die eine
Seite von Boyar bekam also Nganwenfu und der andere Teil des Landes
gehörte schon immer meinem Vater." (Fai Ngashembiri, 5.6.85)

Auch die gemeinhin übliche Numerierung der *Fons* konnte diesmal keine eindeutige Antwort auf die Frage geben, welcher König nun eigentlich in Fuh
begraben ist. Nach eingehender Beratung mit meinem Begleiter bat Fai Ngashembiri mich um die Genealogie der *Fons*, die Jeffreys seinerzeit aufgeschrieben hatte. Daraufhin behauptete er schließlich, daß es *Nonebir* gewesen sein
müsse, der in Fuh begraben ist. Auf gleiche Weise kam James Yengong
(19.7.85) dazu, Nfortingo für den in Fuh beerdigten *Fon* zu halten, während
Mforambo angeblich derjenige war, der in Jirt gekrönt wurde. Im Gegensatz
dazu bestreiten die *yaku*, in Fuh überhaupt ein königliches Grab zu besitzen.
Fai Ngantu (24.8.85), der Quarterhead von Fuh, versicherte, nur von einem
hier beerdigten Bruder des *Fon* zu wissen. Der *Fon* (24.11.85) selbst glaubte
sogar, daß es sich nur um irgendeinen Mann aus dem Palast handeln könne. Pa
Garba (25.8.85), der in Vertretung von Fai Njingabu zur Zeit die Aufgabe hat,

die Grabstätte zu pflegen, behauptete zuerst, gar nichts darüber zu wissen. Nach langem Zögern gab er aber an, daß es Nforburi oder Nforkotu gewesen sein könnte. Später korrigiert er sich und erklärt, daß es sich nicht um einen König, sondern um einen Bruder handele. Die Erinnerung an den Besuch des *Fon* an diesem Grab hätte ihn verwirrt. Eigentlich würde der *Fon* nach seiner Krönung nämlich nur die königlichen Gräber besuchen.

Als Beweis für die Richtigkeit der Behauptung, daß die *yaku* erst nach den *yamba* eingewandert sind und die Macht ohne Absprache mit den *yamba* an sich gerissen haben, führen die *yamba* immer wieder die Landbesitzverhältnisse an. Das Argument lautet: Der *Fon* besitzt kein Land, weil er erst einwanderte, als das ganze Land schon aufgeteilt war. Auch wenn heute niemand mehr ernstlich die Vorherrschaft des *Fon* in Frage stellt, bestehen die *yamba* darauf, daß sie als Gründer der Siedlung ein Recht haben zu herrschen. Um es bei der Niederlassung der *ndfung* nicht zu gewalttätigen Auseinandersetzungen kommen zu lassen, verzichteten sie jedoch freiwillig auf diesen Anspruch:

> "Sie (beide Gruppen, B.B.) verließen Kimi, weil sie sich mit dem *Fon* von Kimi zerstritten hatten. Der Vater der späteren *yaku* war älter. Deshalb krönten sie ihn zum *Chief*. Als der *Fon* in Mbafuh starb, ging das Gerangel um den Titel los, denn die *yamba* fühlten sich nun nicht mehr als unterlegene Gruppe. Sie beanspruchten die Vorherrschaft nun für sich selbst, schließlich waren sie die Gründer der neuen Siedlung. Viele Leute wollten auch, daß jede Gruppe ihren eigenen *Chief* hat, aber mein Vater sprach sich entschieden dagegen aus. Er wollte das Land nicht teilen. Die *yaku* hatten nämlich zur Bedingung gemacht: Wenn Ihr den Titel an Euch nehmt, müßt Ihr uns die Hälfte des Landes geben. Die *yamba* sagten: Es ist wichtiger, Land und damit Essen zu haben, als den Titel eines *Fon*, der dauernd verteidigt werden muß. Die *wi-yaku* dachten umgekehrt, und so ist es bis heute. Deshalb gibt es nur einen *Chief* bei den Wiya und dieser *Chief* ist ohne Grundbesitz. Das Land der *yamba* erstreckt sich von Ngojirt über Boyar nach Kakar. Alles ist *yamba*. Die *yaku* dagegen besitzen fast kein Land. Guck Dir zum Beispiel Fai Ndzishirnji an. Er mußte in Mayo Binka um Land betteln, damit er farmen und seine Tiere halten kann. Hier, wo sein Vater herkommt, hat er nicht genug Platz dazu." (Fai Ngamalar, 16.8.85)

Der wesentliche Vorteil von Grundbesitzern (Erdherr: *nwä nsu*) gegenüber denen, die über kein eigenes Land verfügen, ist nicht nur die Sicherstellung von Subsistenzmitteln. Nur den Erdherren ist es, wie eingangs festgestellt, vorbehalten, Gottesplätze (*nsu nyuu*) einzurichten und zu unterhalten sowie selbständig Gehöft und Äcker vor Hexerei (*tfu*) zu schützen. Hat sich der Erdherr das Wissen um die dafür entsprechende Medizin (*nshep*) angeeignet, darf er sie pflanzen und benutzen, ohne vorab einen anderen konsultieren zu müssen. Durch den Besitz von Gottesplätzen und Medizin kann das jeweilige

Lineageoberhaupt, unabhängig von dem Interesse anderer, für das Wohlergehen seiner Gruppe sorgen. Um die dafür notwendigen Kräfte zu aktivieren,
müssen die heiligen Orte wie auch die Medizin Opfer erhalten. Der wichtigste
Bestandteil solcher Opfer ist der Wein (*mbro mwu*), der aus den lokalen
Raffiapalmen gewonnen wird. Lineages wie den *ndfung*, die in einen bestimmten Bezirk lediglich hinzugezogen sind, ist in der Regel aber ebenfalls eine
gewisse rituelle Autonomie gestattet. Es ist ihnen beispielsweise erlaubt, Wein
auf ihre Türschwellen zu schütten, um den Segen ihrer eigenen Ahnen zu
erbitten. Mit dem Zugeständnis solch einfacher Opfer werden die "Fremden"
in die Lage versetzt, leichte, nur die eigene Gruppe betreffende Probleme
selbständig zu bewältigen. Gleiches gilt auch für Medizinpflanzen, die über
Generationen vermittelt werden können. Medizin (*nshep*), die in ihrer Wirkung
vergleichsweise harmlos ist und die Pflanzen des Erdherren in ihrer Stärke
nicht übertrumpft, können nach vorheriger Absprache auch von den "Fremden"
gezogen und beopfert werden. Die *bad medicine* dagegen, die (beispielsweise
das *nwa*) wegen ihrer vernichtenden Kräfte sehr gefürchtet ist, bleibt nur den
Erdherren vorbehalten. Daß solche Regelungen auch den *Fon* und seine
Lineage betreffen, betont J. Yengong ausdrücklich. Tatsächlich befindet sich
der Palast nicht auf königlichem Grundbesitz, sondern in Siringwa, einem
Bezirk von Ndu. Der *landlord* (Erdherr) ist ein von den *ndfung* genealogisch
inzwischen weit entfernter *yaku*:

> "Der Titel des *nkwi ndfung* berechtigt nur über Leute zu herrschen, nicht
> über Land. Der Titel *nkwi wiya* zeigt den Bezug zum Land. Die *yamba*
> sind berechtigt, Wein auf den Boden zu schütten, die *wi-ndfung* dürfen
> das nicht. So ist es bis heute. Innerhalb des Palastes hat man es dem *Fon*
> allerdings erlaubt, Wein zu schütten. Der Landbesitzer ist aber noch
> immer Fai Ndzibambo, ein *yaku*. Daran hat sich nichts geändert. Deshalb
> kann auch nur Fai Ndzibambo seine Grenzen mit *nwa* (Medizin gegen
> Hexerei, B.B.) verschließen. Der *Fon* besitzt selbst keine Medizin dafür
> und dürfte sie ohne den *landlord* auch gar nicht auslegen ... Der *nkwi*
> *ndfung* nahm dem *nkwi wiya* auch königliche Zeichen wie das *nking*
> (Doppelglocke, B.B) und die Kalebasse, die mit dem *nkeng* (einer Pflanze,
> B.B.) verschlossen ist. Das Zeichen des *nkwi ndfung* ist nur das Hausa-
> Gewand." (James Yengong, 21.7.85)

Erweiterte offizielle Version

Konfrontiert mit der These der *yamba*, über Landbesitzverhältnisse historische
und politische Zusammenhänge herstellen zu können, verändern die *ndfung*
ihre Geschichten in einem Punkt. So stellen sie ihr Verhältnis zu den *yamba*
nicht mehr ganz so friedlich und harmonisch dar, wie sie es anfänglich gerne

glauben machen wollten. Dennoch unterlaufen sie die Argumentation der *yamba*, indem sie behaupten, ursprünglich alles Land besessen zu haben. Einzig und allein auf die Großzügigkeit des *Fon* bei der Verteilung der Bodennutzungsrechte wäre der heutige Grundbesitz der Lineages zurückzuführen:

Fai Ndimbie: "It's a lie! The *Fon* was first ..."

Ndzi als Übersetzer von Fai Ndimbie[111]: "He (Fai Ndimbie, B.B.) says according to the histories of his late fathers: The Fon was resting in Jirt first. And than, later on, Fai Nganwenfu came and met them (die *ndfung*, B.B.) in Jirt. And then he (Fai Nganwenfu, B.B.) was claiming to say, that he came first. This is why they name him a foreigner - that is the meaning of *nwenfu*. He is a foreigner, they don't know him. This is when they created his name: *nwenfu*."

B.B.: "Why is it then, that all the *yamba*-people have so much land and the *yaku*-people have compared to that so little?"

Ndzi übersetzt Fai Ndimbie: "The problem in it is that: Since the *Fon* came and then reach here, the *Fon* is in charge of all the people. He is owning all land. And when another title is given to any *fai* again and even if some man has a dog and they go out for hunting, and then the dog is running and loosing the small iron thing, they put on the neck of the dog - when they search and they find and see, they said, this land belongs to you."

Fai Ndimbie: "To the man of the dog."

Ndzi: "This was because of the power the *nwe-ndfung* had. At first, till today, they have power, so much - so they had to seize the land from the right man."

B.B.: "Who had to seize from whom?"

Ndzi: "The people of *nwe-ndfung* had to seize from the people of wiya. Because they had power even for war or to do anything."

Fai Ndimbie: "No, the *Fon* didn't seize from anybody! He is the one who rule all the people. So the land is by the *Fon*. The man who looses the thing there, will come to inform the *Fon*. The *Fon*, we talk say, is the one, who gets that land ... Now, you are asking: *yamba*, they get much land, then *yaku*, they don't have much land. First, *yaku*, they are the children of the *chief* (königliche Nachkommen, B.B.), no be so? They don't divide land, it's only the *chief*, who devides land, gives it to any man. The time they reach here he divided all land, also to the *yamba*-people, because they belonged to him. He told them: 'You throw mimbo, you go for here. You too throw mimbo, you go for here.' (Der *Fon* sagte solchen Leuten: Du hast - wegen des verlorenen Eisens - Wein geopfert, du kannst Dich dort niederlassen. Du hast ebenfalls Wein geopfert, Du siedelst jetzt dort, B.B.) That time there was only bush, there was plenty bush here. People used to say: 'Any iron lost you for bush -if iron enter for ground and is lost for there, the place is cut. You go throw mimbo, talk talk, throw mimbo - and then, you are the one, who get the land. What you get for

> your own is only the plot which god give you so. But the whole land is
> owned by the *chief*." (Fai Ndimbie, 6.12.85)

Kurz darauf kommt Fai Ndimbie (10.12.85) in Anwesenheit mehrerer anderer
Würdenträger der *ndfung* noch einmal auf die Landbesitzverhältnisse von *yaku*
und *yamba* zu sprechen. Er wiederholt, daß es in alter Zeit nur wenige Leute,
aber viel Land und viele Tiere gab. Der *Fon* verteilte das Land großzügig, da
es viel davon gab. Er hatte die Macht über alle Leute, und dementsprechend
mußte er sich auch um sie kümmern und ihnen Land geben. Der *Fon* verteilte
alles so großzügig, bis ihm selbst nichts mehr blieb. Ta Shey Noa bestätigt Fai
Ndimbies Ausführungen und ergänzt, daß der *Fon* absichtlich alles Land
verteilte, damit er sich nicht selbst um Opfer und andere Vorschriften bei der
Behandlung des Bodens kümmern müsse. Schließlich habe er mit den Regierungsgeschäften mehr als genug zu tun. Die anderen, ebenfalls anwesenden
ndfung pflichten den Erzählungen erfreut bei.

Fai Ndzishirnji, der zu Beginn seiner Erzählung (s.o.) das harmonische
Verhältnis von *yamba* und *yaku* zu jener Zeit betont, nimmt davon noch im
Laufe desselben Interviews mehr und mehr zurück. Schließlich, nach mehreren
Nachfragen, räumt er ein, daß es einen historischen Konflikt zwischen den
Gruppen gibt:

> "Erst hier in Jirt gaben sich die beiden Gruppen die Namen: *wi-yaku* und
> *wi-yamba*. Die *wi-yamba* konnten es nicht einsehen, daß nur die *yaku* ein
> Recht auf den Titel des *Chief* haben. Als man den *Fon* hier in Jirt krönte,
> waren die *yamba* mehr als wütend. Im Grunde sind sie bis heute ver-
> ärgert, daß sie an den Titel des *Chief* nicht heran können. Daher betonen
> sie immer so lautstark, daß ihnen das Land gehört. Es stimmt aber nicht,
> daß die *yaku* kein Land besitzen. So ist zum Beispiel Fai Ndzibambo ein
> *landlord* und *yaku*. Fai Nganti ist *landlord* und *yaku*. Auch ich bin *landlord*
> und *Subchief* über ganz Jirt. Ich habe zwölf Fais unter mir." (Fai Ndzis-
> hirnji, 22.7.85)

Analyse

Konstruktion einer Geschichte

Um den Standpunkt der *ndfung*, wonach es eine Unterwerfung der *yamba* nie
gegeben hat und der *Fon* schon immer der von allen anerkannte Herrscher
war, auf seinen historischen Wahrheitsgehalt zu überprüfen, wird versucht, die
politische Ordnung der einzelnen Gruppen vor der von den *yamba* angegebenen Machtergreifung zu rekonstruieren. Wenn es zu jener Zeit bereits einen
König der *ndfung* gab, erhärtet dies das Argument der *ndfung* und der Mehrzahl der *yaku*. Sollte es tatsächlich einen König der *yamba* gegeben haben,
spricht dies für die Version der *yamba*, wonach eine Unterwerfung stattfand.

Hatten die *yamba* jedoch keinen König, stimmt entweder die Version der *ndfung*, oder die *yamba* besaßen bis zu ihrer Konfrontation mit den *ndfung* eine akephale Gesellschaftsordnung. Auf ein unterworfenes Königtum deutet zunächst ein bei den Wimbum ganz ungewöhnlicher Brauch, das königliche Amt mit zwei Titeln zu benennen: *nkwi ndfung* (König der *ndfung*) und *nkwi wiya* (König der *wiya*). Dem Argument der *yamba* folgend, soll *wiya* ursprünglich ein Synonym für *yamba* gewesen sein, so daß auf die Existenz eines ehemaligen Königs der *yamba* geschlossen werden kann.

Für eine Unterwerfung der *yamba* spricht auch die Behauptung der *yamba* und der *yaku*-Erdherren, daß die *ndfung* als letzte Gruppe einwanderten. Da dies ihrer selbstentworfenen Legitimation auf Vorherrschaft sowohl über die *ya*-Gruppen als auch über die fünf Unterkönigtümer widerspricht, weisen die *ndfung* diese Behauptung in der erweiterten offiziellen Version jedoch heftig zurück. Um ihren Einspruch zu überprüfen, wird im folgenden die aktuelle Verteilung des Grundbesitzes einmal näher betrachtet.

Es ist unumstritten, daß es Erdherren auch unter den *yaku* gibt. Fai Ndzishirnji möchte im obigen Zitat glauben machen, daß es sehr viele sind. Tatsächlich gibt es aber im Vergleich zu den *yamba* nur wenige. Genaugenommen zählt er die drei wichtigsten Erdherren (von Siringwa, Njikfu und Jirt-yaku) bereits auf. Hinzurechnen kann man allenfalls noch die Bezirke Mbandfung und Fuh. Diese Siedlungen sind zwar von *yaku*-Erdherren gegründet, liegen jedoch bereits am äußersten Rand des Zentrums der Wiya (vgl. Karte 3). Dieses Zentrum, auf den Landkarten mit dem Namen "Ndu" versehen, besteht aus einer Vielzahl weit auseinanderliegender Bezirke, die zum Teil erst nach stundenlanger Wanderung auf bergigen Pfaden erreicht werden können. In der Hand der *yamba* sind folgende Bezirke: Boyar, Kakar, Mukop, Njifa, Njiningo, der größte Teil von Jirt (Yamba und Ngojirt) sowie mit Einschränkung auch Njiptop, dessen Bewohner, wie in Fallbeispiel 3 erläutert, zwar ursprünglich woanders herkamen, heute jedoch von den meisten mit den *yamba* assoziiert werden. Die südöstlich gelegenen Bezirke Njifor, Mbanshi und Mbadoh gehören abstammungsrechtlich zum benachbarten Königtum Nshi, das sich in der Bui-Division unter der Vorherrschaft des *Fon* von Nso' befindet. Für die *yamba* und *yaku* zählen sie deshalb als "Fremde". Der westliche Mbangu-Bezirk war dagegen, wie in Kapitel II bereits erwähnt, ursprünglich mit den königlichen Dynastien von Njila und Ngulu verbunden und gehört deswegen also auch nicht zu den *yaku*. Das Land in Mbah, von einer Gruppe späterer Einwanderer aus nördlich benachbarten Mbot besiedelt, ist zwischen drei Erdherren aufgeteilt, die in Jirt (*yamba*), Mbot (einem War-Königtum) und Mbipgo (einem der fünf Unterkönigtümer) leben. All diese Bezirke werden heute als das Zentrum der Wiya begriffen, da sie in der politisch-sozialen Ordnung des Königtums eng an den Palast gebunden sind. Ihr Name "Ndu", anfangs auch "Dum" oder "Ndum" genannt, entstand während deutscher Kolonialzeit, als man die Steuern in dieser Gegend durch den König der *ndfung* eintreiben ließ. Zur Vereinfachung der Aussprache und der Schreibweise bevorzugten die Briten den Begriff "Ndu" anstelle von *ndfung* und bezeichneten damit die ganze Region, die mit dem Palast des Königs verbunden war.

Weit außerhalb dieses Zentrums finden sich im Nordwesten weitere *yaku*-Niederlassungen. Da sie jedoch hier bei Ntamruh im politischen Leben von Ndu kaum noch eine Rolle spielen, sind sie als Erdherren für den *Fon* politisch nur von untergeordneter Bedeutung. Hier besitzen die *ndfung* Raffiahaine, die die ansässigen *yaku* pflegen und nutzen. Der daraus gewonnene Wein ist Eigentum des *Fon*, und die *yaku* sind besonders zu rituellen Anlässen verpflichtet, ihm den größten Teil davon nach Ndu zu transportieren. Der Palastbezirk von Ndu ist auch zum Betreiben von Landwirtschaft viel zu klein. Daher müssen die Ehefrauen (*ngwagu*) und Schwestern (*ngogu*) der *ndfung* zur Feldarbeit nach Ntamruh wandern. Nur die Ehefrauen des *Fon* (*winto*) sind davon ausgenommen. Ihnen wurde Ackerland in der Nähe des Palastes überlassen, weil es ihnen nicht erlaubt ist, eine Nacht außerhalb der Palastumzäunung zu verbringen. Die anderen Frauen bleiben dagegen manchmal wochenlang von zu Hause fort, wenn es die Feldarbeit erfordert. Eine tägliche Anreise zu den Feldern bei Ntamruh ist wegen der weiten Entfernung und des beschwerlichen Weges nicht möglich.

Wenngleich die *ndfung* also Bodennutzungsrechte bei Ntamruh besitzen, bedeutet das nicht, daß ihnen damit auch das Land gehört. So stand der ehemalige Palast von Manji (bei Ntamruh) auf dem Land eines *yaku*. Ebenso waren die *ndfung* beim Errichten der Paläste in Mbandfung und heute in Siringwa auf den Grundbesitz der *yaku* angewiesen. Auch dies dürfte die These der *yamba* von der späten Einwanderung der *ndfung* eindeutig bestärken. Auf der Suche nach freiem Land verließen sie ihr bescheidenes, später von Fai Ndzishirnji übernommenes Eigentum in Jirt, den ersten Ort ihrer Niederlassung im heutigen Ndu. Da jedoch das ganze Land bei ihrem Auszug aus Jirt bereits gänzlich unter den Siedlern aufgeteilt war, blieb ihnen nichts anderes übrig, als sich in die Abhängigkeit eines *yaku* zu begeben, wollten sie sich nicht irgendwo fernab niederlassen und selbst an politischem Gewicht verlieren.

Vor diesem Hintergrund erscheinen die Reaktionen der *ndfung* auf die Landbesitzverhältnisse in der "erweiterten offiziellen Version" als bloße Ausflüchte oder "Notlügen". Hätte dem *Fon* früher tatsächlich alles Land gehört, wie Fai Ndimbie oben behauptet, wäre er heute sicherlich nicht ohne Grundbesitz. Daß er alles verschenkte, ohne dabei seine eigene Lineage zu berücksichtigen, ist höchst unwahrscheinlich, schließlich bedeutet Erdherr zu sein, wie oben erläutert, sowohl Unabhängigkeit bei der Beschaffung von Subsistenzmitteln als auch Eigenständigkeit im rituellen Bereich.

Die oben konstruierte Siedlungsgeschichte findet hier also ihre Bestätigung. Historisch am wahrscheinlichsten ist, daß die *yaku* noch vor den *ndfung* bei ihrer Einwanderung auf die *yamba*, eine autochthone bzw. irgendwo aus dem Osten eingewanderte Bevölkerung, stießen. Weil ihnen die Umgebung geignet erschien und sie eine Vormachtstellung der *yamba* verhindern wollten, baten sie die *ndfung*, die zu jener Zeit noch in Konshep siedelten, ihnen nachzufolgen. Den als kriegerisch bekannten Klanangehörigen trauten sie eine erfolgreiche Eroberung viel eher zu als sich selbst. Aufgrund dessen spielten die *ndfung* gegenüber den *yaku* zu jener Zeit schon eine führende Rolle. Daß ihr Anführer bereits zum König gekrönt war, ist jedoch trotz allgemeiner Zustimmung aus mehreren Gründen unwahrscheinlich. Zum einen zeigt der Vergleich zu anderen Gesellschaften des Graslandes, daß sich Königtümer mit ihrer erforderlichen Administration immer erst nach einer längeren Phase der Niederlassung herausbildeten.[112] Zum anderen bestreitet man in Konshep die von den *ndfung* behauptete Vormachtstellung.[113] Des weiteren ist es höchst unwahrscheinlich, daß es sich bei dem Grab in Fʉh tatsächlich um eine königliche Grabstelle handelt. Königliche Gräber unterliegen bei den *yaku* nämlich einem strengen Tabu und können, wenn überhaupt, nur mit besonderen Vorkehrungen von einem Fremden besucht werden. Nur dem *Fon* und dem Hüter des jeweiligen Ortes ist es erlaubt, solche Grabstätten zu betreten.[114] Die Tatsache also, daß die Grabstelle in Fʉh für jedermann frei zugänglich ist, beweist wohl, daß sie nicht wirklich als königliches Grab anerkannt ist. Dennoch ist der *Fon* verpflichtet, auch hier nach seinem offiziellen Amtsantritt einen rituellen Besuch abzustatten. Wie es zu dieser Ausnahmeregelung kam, kann niemand erklären. Es ist jedoch denkbar, daß es sich bei diesem Toten um das Verbindungsglied der königlichen Dynastien von Konshep und Ndu handelt. Derjenige also, der die *ndfung* von Konshep in das heutige Siedlungsgebiet führte, verstarb in Fʉh. Sein Sohn oder sein Bruder war es aber erst, der später in Jirt zum König gekrönt wurde. Auch damals schon war es wohl notwendig, den Herrschaftsanspruch der *ndfung* genealogisch zu legitimieren. So verwiesen die *ndfung* auf ihre Abstammung von den königlichen Ahnen, deren Gräber in Konshep und anderswo verblieben waren. Dazu opferten sie an dem Grab ihres Anführers in Fʉh, das ja quasi ein königliches Grab ist.

Bis heute ist es allgemein üblich, daß ein Ältester, der in Vertretung eines gekrönten Lineageoberhauptes seiner Gruppe in rechtlichen und rituellen Angelegenheiten vorsteht, nach dem Tod in die Ahnenreihe aufgenommen wird.[115] Ohnehin unterliegt der Ahnenkult bei den Wiya keinen strengen Gesetzen. Die Opfergaben werden meist nicht an alle Gräber, sondern nur an ein Grab oder an einen anderen dafür vorgesehenen Ort gebracht, trotzdem aber alle Vorfahren angesprochen. Hat man die Namen der einzelnen Ahnen vergessen, reicht es, den Amtsvorgänger oder andere verstorbene Älteste anzusprechen. Ihnen trägt man dann einfach auf, alle anderen Verstorbenen zu benachrichtigen. Aufgrund solch lockerer Vereinbarungen bei der Verehrung der Ahnen glauben viele *yamba* und *yaku*, daß sich die ungewöhnliche Länge der Genealogie des *Fon* durch die Aufnahme weiterer Lineageältester erklären läßt, die jedoch nie zum König gekrönt wurden. Auch bei den *ndfung* wäre es früher durchaus zulässig gewesen, einen Bruder anstelle eines Sohnes zum Erben zu ernennen, so daß es immer eine große Anzahl potentieller Nachfolger für das königliche Amt gab.

Vor diesem Hintergrund lassen sich die Widersprüche um das Grab in Fuh mit der Unklarheit um den Beginn der königlichen Dynastie der *ndfung* erklären. Die Erinnerungen daran sind ja auch bewußt vernebelt, indem die *ndfung* die Einführung des königlichen Amtes in die mythische Vergangenheit bis nach Kimi zurückverlegen und ihre Genealogie mit den Namen anderer Lineagemitglieder erweitern. Der erste König der *ndfung* wurde also erst in Jirt gekrönt. Demnach bestand zu der Zeit noch kein ausgesprochenes Hierarchieverhältnis zwischen den *ndfung* und den anderen Lineages der *yaku*. Nachdem die *yaku* aber die *ndfung* um Unterstützung gegen die *yamba* gebeten hatten, wandten sie nach erfolgter Eroberung auch nichts mehr gegen ihre Vorherrschaft ein.

Da jedoch keinerlei Geschichten über die Ereignisse während dieser Eroberung erzählt werden, kann man ebensogut davon ausgehen, daß es eine solche tatsächlich nicht gegeben hat. Als die *ndfung* ihren *Chief* krönten, mußten die *yamba* nicht etwa kriegerisch unterworfen werden. Der Ruf der *ndfung* als beherzte Krieger reichte aus, daß die *yamba* es nicht wagten, sie daraufhin mit Gewalt zu stürzen oder zu vertreiben. Da ja noch gar nicht klar war, welche Rechte der *Chief* der *ndfung* überhaupt haben würde, und er ohnehin bald selbst aus Jirt auszog, um sich - vielleicht wegen des weiter unten näher erläuterten feindseligen Klimas in Jirt - vorübergehend im entfernten Masu (bei Ntamruh) niederzulassen, bestand für die *yamba* zunächst auch noch kein Handlungsbedarf. Vielleicht machten sie sich vor, daß ihnen theoretisch ja immer noch die Möglichkeit blieb, einen eigenen König krönen oder weiterhin auf einen solchen verzichten zu können. Äußere Umstände bestimmten jedoch bald danach das Machtverhältnis. So suchten die *yamba* vor den Überfällen der Fulbe Schutz bei den kriegserfahrenen *ndfung* und ließen sich von ihnen in eine Reihe von Kriegen gegen die umliegenden Königtümer verwickeln. Zu jener Zeit hatte der *Chief* der *ndfung* die Rolle des obersten Feldherrn, sein Palast rückte zum Nachrichtenzentrum all derer auf, die sich ihm zu Verteidigungszwecken selbst unterstellten. Dementsprechend kam auch der Palast räumlich von der Peripherie immer näher ins Zentrum der *ya*-Gruppen, bis er seinen gegenwärtigen Standort in Siringwa erreichte. Bis auf ein Grüppchen von ein paar hundert Leuten dezimiert, akzeptierten die *yamba* wie auch die fünf Unterkönigtümer, daß der *Chief* der *ndfung* übergangslos vom Feldherrn zum Repräsentanten wechselte. Noch immer im Kriegszustand verharrend, war es selbstverständlich, daß er es war, der mit den fremden Deutschen verhandelte, als diese plötzlich auftauchten und seine leitende Funktion als König über die ihm unterstellten Gruppen festschrieben.

Gehen wir zurück zur Phase der Einwanderung der *ndfung* und ihrer Niederlassung in Jirt. Vor dem Hintergrund der oben entwickelten Hypothese ist es gerechtfertigt, den Aussagen der *yamba*-Erzähler folgend, von einer Machtergreifung zu sprechen, als die *ndfung* ihren *Chief*, den *nkwi ndfung*, krönten. Schließlich hatten die *yamba* (ebenso wie einige *yaku*-Lineages) als Erdherren erst recht einen Anspruch auf Vormachtstellung. Ganz unwahrscheinlich ist es aber, daß es einen König der *yamba* (*nkwi wiya*) zu jener Zeit bereits gab. Die Zerstrittenheit der *yamba*, die die Erzähler als Grund für das Fehlen eines *yamba*-Königs angeben, verweist zumindest auf die akephale Struktur der *yamba*-Gruppe. So kann die Uneinigkeit der *yamba* mit der oben erwähnten Rivalität zwischen den beiden *yamba*-Klans erklärt werden. Wie aus den Erzählungen zu entnehmen ist, besteht eine solch latente Gegnerschaft zwischen den autochthonen *yamba* (Klan A) und den vormals eingewanderten *yamba* (Klan B) bis heute. Sogar Fai Ngashembiri (Mitglied von Klan B), der aus seiner persönlichen Antipathie gegen den gegenwärtigen Fai Ndzitonga keinen Hehl macht, räumt diesem als Oberhaupt des *yamba*-Klans B einen Status ein, der den mit Klan A assoziierten Fai Nganwenfu in den Schatten stellt. Möglich jedoch, daß die *yamba*-Gruppen zu jener Gründungszeit des Königtums wirklich gerade dabei waren, sich auf Fai Nganwenfu als Thronanwärter zu einigen. Jedenfalls hatte dieser gegenüber Fai Ndzitonga den Vorteil, abstammungsrechtlich keinem der beiden Klans anzugehören.[116]

Wie dem auch gewesen sei, zur Zeit der Einwanderung der *ndfung* hatten die Lineages der *yamba* und die *ndfung* noch den gleichen Status, d.h. keine Gruppe besaß bis dahin einen König. Auf ihre Gleichrangigkeit verweist im übrigen auch die sagenhafte Geschichte über das Wachstum der beiden Baumpflanzungen. Zwar werden die angeblichen Thronanwärter hier bereits als Könige definiert, eine Vorgabe, die sich - wie oben besprochen - mit der nachträglichen Legitimation des königlichen Amtes der *ndfung* erklären läßt. Wichtiger ist meines Erachtens jedoch die Botschaft der "Baumgeschichte", daß ursprünglich beide Gruppen den gleichen Rang besaßen und die *ndfung* erst durch ihre von den *yamba* als hinterhältig empfundene Schlauheit den Streit um die Vorherrschaft für sich entscheiden konnten. Dementsprechend betonen die *yamba* in ihren Geschichten ja auch immer wieder, daß der *Fon* sehr klug war, als er sich den fremden Eroberern gegenüber als Ansprechpartner zur Verfügung stellte. Da ihn nämlich die Fremden als Repräsentanten und somit auch als Herrscher über alle "Wiya"-Gruppen verstanden, festigte sich seine führende Position, die er seit der Machtergreifung in Jirt oft mit der Androhung von Gewalt hatte verteidigen müssen.

Zusammenfassend läßt sich also sagen, daß es entgegen allen Beteuerungen der Erzähler zur Zeit der Einwanderung der *ndfung* nach Jirt noch gar keinen "Wiya"-König gab - weder einen *nkwi ndfung* noch einen *nkwi wiya*. Anders als die Erzähler es glauben machen wollen, kann man außerdem weder davon ausgehen, daß die *ndfung* einen selbstverständlichen Anspruch auf die Besetzung des königlichen Amtes besaßen noch daß es eine gewaltsame Eroberung durch die *ndfung* gab, die etwa den Sturz eines Königs der *yamba* einschließt. Der historischen Wahrheit entsprechen allenfalls die Behauptungen der *yamba* (und der *yaku*-Erdherren), die sich auf den - mit den Landbesitzverhältnissen begründeten - verspäteten Nachzug der *ndfung* beziehen. Es stellt sich also auch hier nach der zugegebenermaßen lediglich vage konstruierten Geschichte wiederum die Frage, welchen Sinn die oben zitierten Geschichten haben, wenn sie augenscheinlich nicht von der Vergangenheit erzählen bzw. ihr sogar widersprechen.

Geschichten als Gruppenversionen

Wie im vorhergehenden Kapitel bereits festgestellt, verfolgen die Erzähler von *yaku* und *yamba* mehrheitlich ein Leitziel: Einfluß auf den gegenwärtigen politischen Alltag zu nehmen und Zusammengehörigkeit zu demonstrieren, ohne auf die größtmögliche Autonomie der einzelnen Lineages zu verzichten.

Wenngleich es also vor der Machtergreifung der *ndfung* noch keinen König unter den Wiya gab, behaupten die *yaku*, den *Fon* schon immer besessen zu haben. Als Hintergrund für ihre Behauptung läßt sich anführen, daß die *yaku* die Hegemonie des *Fon* gegenüber anderen Lineages legitimieren müssen. Um allen Anfeindungen vorzugreifen, projizieren die *ndfung* die Anfänge ihrer Dynastie in die ferne, mythische Vergangenheit bis nach Kimi und verlängern - quasi als Beweis -die Genealogie des *Fon* mit weiteren Namen. Je weiter nämlich die Gründung des Titels zurückliegt, desto unangefochtener ist seine Position im politischen Alltag. Um den Machtansprüchen der *yamba* zu begegnen, behaupten die *ndfung*, von den Erzählungen aller anderen Lineages sowie von der tatsächlichen Verteilung des Grundbesitzes gleichermaßen unberührt, daß der *Fon* bei seiner Einwanderung alle Wiya angeführt habe. Aus diesem Grund gäbe es weder eine von den *yamba* pro-pagierte Siedlungsreihenfolge noch hätte eine Eroberung oder Unterwerfung der *yamba* jemals stattgefunden. Um von der Richtigkeit dieser Angaben zu überzeugen und allen entgegenstehenden Tatsachen zu begegnen, sind geistreiche Ergänzungen und phantasievolle "Notlügen" anscheinend durchaus zulässig oder zum Zwecke der Unterhaltung sogar willkommen. So schütteln Gewährsleute der *yamba* zwar entschieden den Kopf, als sie von der oben unter "erweiterter offizieller Version" aufgeführten Aussage Fai Ndimbies und seiner Darstellung von der selbstlosen Landverteilung des *Fon* erfahren. Gleichzeitig lachen sie jedoch darüber und honorieren seine Geschichte als geradezu genialen Einfall. Ja, sie heben sogar an, seine Aussage zu rechtfertigen, indem sie bestätigen, daß es zu jener Zeit noch mehr als genug Ackerland für jede Familie gegeben habe. Im Unterschied zu heute sei damals Streit um Land noch nicht vorgekommen. Nichtsdestotrotz habe es aber immer schon bestimmte Erdherren gegeben, die die zum Gedeihen der Feldfrüchte und zum Wohlergehen der Siedler notwendige Medizin besessen und Gottesplätze gepflegt haben.

Im Unterschied dazu reagieren dieselben Gewährsleute auf die von Fai Ndzishirnji vorgetragene Antwort mit Verärgerung. Seine Aussage sei die bei den *ndfung* am meisten verbreitete Antwort auf nicht zu leugnende Landbesitzverhältnisse, die die von den *yamba* angegebene Siedlungsreihenfolge ja wohl eindeutig bewiesen. Zu seinem Versuch, die Landbesitzer unter den *yaku* zahlreicher erscheinen zu lassen als sie sind, gehöre auch seine Betonung, *subchief* über ganz Jirt zu sein. Ein *subchief* (lb.: *wifa gogor*, ln.: *kibai*) sei jedoch nicht identisch mit einem *land-lord* (lb.: *nwä nsu* = Erdherren), sondern bedeute vor allem, das Recht zu haben, Konflikte in einem bestimmten Bezirk beizulegen oder sie dem königlichen Rat vortragen zu können.[117]

Der Version der *ndfung* und ihren Zentralisierungsbestrebungen versuchen die *yamba* mit ihrer eigenen Geschichtsdarstellung zu begegnen. So unterstützen sie zwar die Rückführung des königlichen Titels bis nach Kimi und stellen damit auch nicht die Vorherrschaft des *Fon* in Frage. Sie bestehen aber innerhalb dieser Hierarchie auf ihrer politischen Eigenständigkeit, die sie - so das Argument - schließlich über die Erstbesiedlung des Landes erworben hätten. Nicht viel hätte angeblich gefehlt, und es hätte sogar einen König der *yamba* gegeben. Da die *yamba* heute dieses Recht auf Selbstbestimmung von der Gruppe des *Fon* nicht ausreichend respektiert finden, sind sie einerseits äußerst verärgert und aufgebracht, wenn die Geschichten über die Machtergreifung des *Fon* sich im Gespräch nicht länger vermeiden lassen. Andererseits betonen sie aber zur Demonstration ihrer politischen Zusammengehörigkeit mit dem Königshaus, daß sie die Vorherrschaft des *Fon* akzeptieren, da er ja schon in Kimi der König aller Wiya war. Mit dem Zugeständnis an die *ndfung*, vom Ursprung her das größere Recht auf Vorherrschaft zu besitzen, beabsichtigen die *yamba* auch, sich nicht weiter mit der traumatischen Niederlage, einst vor den *ndfung* kapituliert zu haben, belasten zu müssen. Zur Erhärtung dieses Eingeständnisses sind sie ganz besonders an einer möglichst lückenlosen Rückführung des königlichen Titels bis nach Kimi interessiert. Jedenfalls ist es auffällig, daß es mehrheitlich gerade die *yamba* sind, die das Grab in der

Ortschaft Fuh für das Grab eines Königs halten. Die *yaku* dagegen verneinen das, wobei sie ihre Ablehnung dadurch unterstreichen, daß sie die Grabstelle in Fuh ohne weiteres zugänglich machen.

Die widersprüchlichen Geschichtsversionen drücken also die entgegengesetzten Interessen der beiden politischen Gruppen aus. Während die *ndfung* zum Zweck einer stärkeren Zentralisierung des Königtums und einer damit verbundenen Erweiterung ihrer Macht die Rechte der *yamba* immer mehr beschneiden, verteidigen die *yamba* ihr Recht auf Selbstbestimmung.

Auf diese einfache Gegenüberstellung lassen sich nicht alle Geschichtsversionen der *yaku* und *yamba* reduzieren. Sowohl die offizielle als auch die inoffizielle Version enthalten Widersprüche, die mit einer einfachen Interpretation der Geschichten als "Gruppenaussagen" nicht erklärt werden können. Gemeint ist hier vor allem die Debatte um die angebliche Existenz eines Königs der *yamba*. In beiden "Gruppenversionen" findet sich die Behauptung, daß es einen König der *yamba* vor der Machtergreifung des *Fon* gegeben hat. Während es in der "offiziellen Version" lediglich einen solchen Widerspruch aus der Gruppe der landbesitzenden *yaku* (von S. Dshang) gibt, sind die Ungereimtheiten und Abweichungen unter den *yamba* so vielfältig, daß es einiger Überlegungen bedarf, um die "Gruppenversion", d.h. die mehrheitlich vertretene Version der *yamba* herauszufinden.

Dennoch ist es auch unter den *yamba* nur die Minderheit, die von der Existenz eines ehemaligen *yamba*-Königs ausgeht. Bei näherer Betrachtung gehören die Behauptungen zudem nicht etwa zur Ideologie eines revolutionären, gegen den *Fon* gerichteten Grüppchens unter den Wiya. Nach dem Verständnis der Wiya-Zuhörer zerfallen sie vielmehr in Einzelaussagen mit ganz persönlichen Hintergründen und Motiven.

Fallbeispiel 5: Die Herrschaftssymbole des Palastes und die
Mittel einer verdeckten Botschaft

Im Falle von J. Yengong heißt es, wie in Fallbeispiel 3 bereits erläutert, daß dieser *dogari* (königliche Bote) gegenwärtig einen starken Groll gegen den *Fon* hegt. Früher, noch zur Zeit des vorhergehenden *Fon*, galt Yengong dem Palast gegenüber als absolut loyal. Er bekleidete als ältester Bote (*dogari*) eine angesehene Position. Als ihm mit dem neuen Führungsstil des *Fon* sowohl sein Status als auch seine Einkommensquelle plötzlich entzogen wurden, wendete er sich innerlich vom *Fon* und vom Palast ab, so die übereinstimmenden Angaben seiner ehemaligen Kollegen, den inzwischen ebenfalls aus dem Dienst entlassenen Boten des *Fon*. Wenn Yengong nun die Existenz eines vormaligen *yamba*-Königs bejaht und, wie oben zitiert, als Beleg dafür auch noch die Übernahme der Symbole eines *nkwi wiya* durch den *nkwi ndfung* anführt, geht es ihm nicht um die Vertretung irgendeiner übergeordneten politischen Position. Vielmehr drückt er mit seiner Aussage, wenn auch nur indirekt, persönlich motivierte Kritik an der Person des *Fon* aus. Einige glauben sogar, daß Yengong, um auf sein persönliches Schicksal aufmerksam zu machen, seine Aussage bewußt auffällig verfälschte. Jedenfalls hätte es zuvor noch niemand gewagt, die königlichen Symbole den *yamba* zuzuordnen.

Da es sich bei J. Yengong um einen *dogari* (Boten) des *Fon* handelt, also um eine mit der königlichen Tradition eng verbundene Person, kann man in der Tat davon ausgehen, daß er die Symbole des Königs ganz genau kennt. Wenn er betont, daß das "Haussa-Gewand" ein besonders typisches Symbol des *nkwi ndfung* ist, ist dies sicherlich richtig. Es unterscheidet diesen *Fon* nicht nur von den *yamba*, sondern auch von allen anderen Wimbum-*chiefs* der näheren und weiteren Umgebung. Vor etwa fünfzig Jahren führten es die *ndfung* zusammen mit dem Koran aus Banyo ein.[118] Bis heute sind es beinahe ausschließlich nur die *ndfung*, die sich zum Islam bekennen und mit einem sogenannten Haussa-Gewand entsprechend kleiden. Die *yamba* dagegen sind, abgesehen von wenigen Ausnahmen, mehrheitlich Christen. Da sich die Hegemonie des *Fon* unter den Wiya erstmals im Kontakt mit den sogenannten Banyo-Fulani hatte festigen können, wurde das durch sie übermittelte Gewand zum königlichen Symbol.

Demgegenüber ist es unwahr, daß die *yamba* ursprünglich die mit der *nkeng*-Pflanze verschlossene Kalebasse sowie die *nking*-Doppelglocke besessen haben sollen. Das *nking* ist ein in den Königtümern des Graslandes weit verbreitetes Symbol für Macht und Autorität des Königs. Es gehört zum Instrumentarium der Polizeigesellschaften (*Ngumba*, *Nwerrong* oder *Nwarrong*). Vor der Einwanderung der *ndfung* und ihrer Machtergreifung hatte es einen solchen Bund bei den *yamba* mit großer Sicherheit noch nicht gegeben. Er geht viel eher auf eine vergleichsweise erst kürzliche Einführung der *ndfung* zurück.

Ist eine Kalebasse mit der *nkeng*-Pflanze verschlossen, bedeutet das, daß sie für den König bestimmt ist. Bringt man sie nicht wie vorgesehen zum Palast, sondern trinkt ihren Inhalt, den Raffiawein, unterwegs etwa selbst, wird man gehörig bestraft. Die *nkeng*-Pflanze ist ein Verbotszeichen, das ebenfalls dem Polizeibund (*nwarrong*) gehört. Das ist jedoch nicht das einzige Argument gegen die von Yengong aufgestellte These. Unvergleichlich wichtiger als das Verschließen von Kalebassen ist der Nutzen des *nkeng*-Tabus bei der Klärung von Landstreitigkeiten. Beanspruchen mehrere Parteien ein Stück Land, wie es wegen der stetig wachsenden Bevölkerung immer häufiger geschieht, tabuisiert es der *Fon* mit Hilfe dieser *nkeng*-Pflanze. Das umstrittene Land darf solange, bis der Fall im königlichen Rat entschieden ist, von niemandem bearbeitet werden. Aufgrund der Verknüpfung des *nkeng* mit dem *nwarrong*-Bund läßt sich nachweisen, daß die Pflanze kein Symbol der *yamba* ist. Die *yamba* verwenden bei Landstreitigkeiten bis heute das *ndang*, einen von seinen Blättern befreiten Raffiazweig. Ihn pfanzt der Erdherr auf die umstrittene Stelle, will er den Fall nicht direkt zum Rat des *Fon* bringen, sondern vorab versuchen, ihn selbst zu klären.

Da die Gegenargumente quasi auf der Hand liegen und nach einigen Überlegungen wohl von fast allen Wiya vorgebracht werden können, kann man voraussetzen, daß Yengong von seiner oben zitierten Aussage nicht wirklich überzeugt ist. Viel eher bestätigt sich die Vermutung der erwähnten Zuhörer, daß er selbst weder die *nkeng*-Pflanze noch die Doppelglocke für den Besitz eines angeblichen *yamba*-Königs hält und in einer anderen Situation wohl auch nicht behauptet hätte, daß es einen *nkwi wiya* für die *yamba* in der Vergangenheit tatsächlich gab.

Vor diesem Hintergrund läßt sich der Hinweis der Gewährsleute verstehen, die Yengongs Aussage spontan als bewußt auffällige Verfälschung interpretieren. Indirekt soll sie auf das persönliche Schicksal des entlassenen Königsboten aufmerksam machen. Da es Yengong, wie in Fallbeispiel 3 erläutert, nicht zusteht, direkt Kritik am gegenwärtig regierenden *Fon* zu üben, und er befürchten muß, daß ihm so etwas negativ ausgelegt wird, übt er indirekte Kritik durch bewußt irreführende Aussagen über vergangene Machtverhältnisse. Yengong kann davon ausgehen, daß seine Gesprächspartner den eigentlichen Inhalt, d.h. die Absicht hinter seiner Erzählung, verstehen. Schließlich hat er, der von den Wiya wegen seines Wissens über die Tradition hochgeschätzt ist, seine Behauptungen derart übertrieben, daß wohl niemand annimmt, er meine es ernst. Yengongs Erzählung über die historische Machtergreifung des *Fon* ist demnach eine bewußt übertriebene "Falschaussage".

Neben Yengong gibt es aber auch noch andere Erzähler unter den Wiya, die behaupten, daß vor dem *Fon* (*nkwi ndfung*) bereits ein König der *yamba* (*nkwi wiya*) existierte. Über deren Motive und Hintergründe machen die Gewährsleute ganz andere Andeutungen. Die beiden folgenden Fallbeispiele versuchen, auch diesen Hinweisen nachzugehen und zu erläutern.

Fallbeispiel 6: Simon Dshangs Einsatz bei der Aufklärung des Hexereiskandals an der *Government School*

Dieses Beispiel bezieht sich auf die Aussage des *yaku* Simon Dshang, der in seiner oben zitierten "Baumgeschichte" dem *yamba* Fai Nganwenfu ursprünglich denselben Status wie dem *Fon* zuerkennt. Hier sind die Zuhörer in ihrer Einschätzung der Erzählung uneins. Die einen glauben, daß es ihm gar nicht bewußt ist, der Geschichtsversion der *yaku* so deutlich zu widersprechen. Fast sein gesamtes Leben habe er weit außerhalb von Ndu verbracht und sei seit seiner erst kürzlichen Heimkehr beinahe ausschließlich in Gesellschaft seiner mütterlichen Verwandten anzutreffen. Ein heftiger Streit in der väterlichen *yaku*-Lineage sei der Grund dafür. Andere behaupten, daß ihn dieser Streit dazu geführt habe, sich innerlich von seinen väterlichen Verwandten abzuwenden. Seitdem ihn seine Familie mütterlicherseits in diesem Streit derart unterstützt hätte, vertrete er auch ganz bewußt deren Interessen.

Auch die anderen landbesitzenden *yaku* wissen zwar um die von Dshang erzählte orakelartige Geschichte, geben ihr aber einen wesentlich anderen Inhalt. So sprechen sie nicht von einem König der *yamba*, sondern nur von ihrem Anführer, der sich im Wettstreit um das Wachstum der Bäume nicht gegen den *Fon* behaupten konnte. Der damalige Sieg des *Fon* hätte keine neuen Erkenntnisse gebracht, sondern nur das alte Vorrecht der *ndfung* - auch über die *yamba* herrschen zu können - bestätigt. Allein Simon Dshang spricht von einem *yamba*-König, der auf hinterlistige Weise von den *ndfung* um sein Recht auf Herrschaft über seine eigene Gruppe gebracht worden sei.

Dshang glaubt selber, diese Version der "Baumgeschichte" vor langer Zeit einmal von seinem Großvater mütterlicherseits erfahren zu haben. Dieser sei seinerseits ein *yamba* aus Njiningo (einem Bezirk von Ndu). Solche Wege der Wissensvermittlung gibt es sicher sehr häufig bei den Wiya, dennoch bestimmen sie nur sehr selten den Inhalt von quasi offiziellen Erzählungen. Eine von der Lineage des Mutterbruders vermittelte Geschichtsversion wird - so wurde mir versichert - in der Regel nicht tradiert. Bei Widersprüchen kann man sie mit den eigenen Lineageangehörigen diskutieren und hält sich dann (im Regelfall) an die Version der Ältesten der Patrilineage.

Was war also der besondere Hintergrund für Dshang, die den *yaku* so wesentlich widersprechende Version der "Baumgeschichte" beizubehalten? Der Grund dafür scheint tatsächlich in seinem zuerst gänzlich fehlenden und später außerordentlich gestörten Kontakt zu der Lineage seines Vaters zu liegen. Wie er selbst bestätigt, kam er nie dazu, solche "großen Dinge" mit seinem Vater oder anderen Ältesten zu besprechen, da er schon in jungen Jahren nach Abschluß der Primarschule als einer der ersten aus beruflichen Gründen Ndu verließ. Im Staatsdienst beschäftigt, war er dann so sehr beansprucht, daß er nur alle paar Jahre für kurze Aufenthalte zurückkommen konnte. Nach dieser etwa dreißigjährigen Berufstätigkeit, fernab von seiner Heimat, kehrte er im Pensionsalter nach Ndu zurück, überwarf sich aber sehr bald mit seinem Cousin, der inzwischen zum Lineageoberhaupt gekrönt worden war. Ihn beschuldigt er bis heute offen der Hexerei, was zu einer Spaltung der Lineage in zwei Fraktionen führte. Aufgrund von Hexereivorfällen und zahlreichen Streitereien glaubt er, auch in seiner eigenen Fraktion niemandem mehr so recht vertrauen zu können, und befürchtet, eines Tages selbst ein Opfer der Hexerei zu werden. Daher wandte er sich von seinen patrilinearen Verwandten ab und orientierte sich fortan stark an seinen matrilinearen Verwandten, die ihm bis heute die nötige Rückendeckung im Streit mit seinem *yaku*-Lineageoberhaupt geben.

Allgemein bedeuten die Verwandten mütterlicherseits in der streng patrilinear orientierten Gesellschaft der Wiya ein zuverlässiger Zufluchtsort in allen Krisenzeiten. Auch wenn die eigene Mutter längst verstorben ist, bleibt man *munjar* (Schwestersohn oder -tochter) ihrer Lineage. Das Vertrauensverhältnis gründet sich ursächlich darauf, daß zwischen der Lineage des Mutterbruders und ihren *bonjar* (sing.: *munjar*) keine Hexerei möglich ist. Wird man also beispielsweise wegen einer Hexereianklage aus seiner eigenen Patrilineage vertrieben, liegt es nahe, sich zu den Verwandten mütterlicherseits zu flüchten, denn sie brauchen keine Angst vor Hexerei ihrer *bonjar* zu haben. Gleichermaßen helfen die matrilinearen Verwandten auch, wenn es wie im Falle Simon Dshangs darum geht, Hexerei zu Hause, in der eigenen Patrilineage aufzuklären. Sie machen Mut, das Risiko, von den Hexen vorzeitig entdeckt und bestraft zu werden, auf sich zu nehmen. Unterstützend bieten sie nicht selten ihr eigenes Geld an, um dem *munjar* zu einem anerkannten Wahrsager (*nwä säng*) und zu einer vor Hexen zuverlässig schützenden Medizin zu verhelfen.

Um Dshang zu unterstützen, mußte tief in den Geldbeutel gegriffen werden, da er in einen ganz besonders schweren Fall von Hexerei (*tfu*) verwickelt war. Angefangen hatte alles mit einem Problem, das im dicht besiedelten Ndu heute in beinahe jeder Lineage zu finden ist: dem Streit um die Bodennutzungsrechte. Diesen möchte ich im folgenden näher erläutern, um den Hinweis der Gewährsleute auf die Sprachlosigkeit und den fehlenden Kontakt Dshangs zu seiner Patrilineage besser nachvollziehbar zu machen.

Mit dem Einverständnis seines Cousins, Simon Dshang, hatte Fai Ndzibambo, das gewählte Oberhaupt von Dshangs Patrilineage, Mitte der siebziger Jahre dem Bau einer staatlichen Grundschule auf dem Land der Lineage zugestimmt. Bei seiner endgültigen Rückkehr nach Ndu, zwei Jahre später, fand Dshang das Schulgelände jedoch um beinahe die Hälfte seiner ursprünglich verabredeten Größe erweitert vor. Aus Angst, zu wenig Platz für den Haus- und Feldbau der Lineage zu behalten, ging er entschieden gegen diese Vergrößerung des Schulgeländes vor. Er bedrängte die dafür verantwortlichen traditionalen und staatlichen Autoritäten, bis das Gelände schließlich doch wieder auf seine ursprünglichen Ausmaße reduziert wurde. Hier, wie noch in einigen anderen Fällen von Landbesetzung, erwies sich der *fai* unfähig, das Lineageeigentum der Tradition entsprechend zu verteidigen. Dshang und die anderen Lineageältesten werfen ihm zudem vor, keinen Ratschlag von ihnen anzunehmen, obwohl sie als die viel älteren "Brüder" das Recht und die Pflicht hätten, das Verhalten und die Handlungen des *fai* zu dirigieren und zu kontrollieren. Anstatt sich um die Belange der Lineage zu kümmern, pflege dieser nur am Markt zu sitzen und Wein zu trinken.

Eines Tages verbreitete sich dann plötzlich das Gerücht, daß es Hexerei an der Schule gebe. Es hieß, ein fürchterlicher Sturm werde bald das Dach der Schule herunterreißen und 100 Schüler unter sich begraben. Aus Angst behielten die Eltern ihre Kinder zu Hause, und auch das Lehrpersonal weigerte sich, die Schule in der Regenzeit, der Zeit der Stürme, noch einmal zu betreten. Nach einer gründlichen Inspektion der Schule durch die Ältesten der grundbesitzenden Lineage, durch einen Abgesandten des *Fon* und einige Vertreter der modernen Elite von Ndu schlug Dshang vor, doch zu prüfen, ob tatsächlich Hexerei in der Schule vorläge. Möglicherweise hätte ja einer der Anwesenden gegen den damaligen Eid verstoßen und sein früheres Einverständnis zur Eingrenzung des Schulgeländes insgeheim zurückgezogen. Dieser jemand könnte auch zur Verwirklichung eigener Interessen seine Zustimmung nur vorgetäuscht haben, um sich unerkannt, ohne gleich verdächtigt zu werden, der Hexerei zuwenden zu können. Um die Leute in Ndu zu beruhigen, wurde der Vorschlag Dshangs, eine Prüfung über die Beteiligung von Hexerei abzuhalten, sofort angenommen. Man schaffte Raffiawein herbei, und jeder versicherte aufs neue, keine Hexerei gegen die Schule zu planen und es auch nie versucht zu haben.

Wird ein solcher ritueller Eid ordnungsgemäß, d.h. nach den überlieferten Regeln, durchgeführt, glaubt man, daß ein möglicher Hexer unter den Anwesenden innerhalb von sieben Tagen schwer erkranken oder sterben muß. Als nun Fai Ndzibambo, der zuständige *landlord*, das Trankopfer für die Ahnen schüttete, ertappte Dshang ihn dabei, das falsche Trinkhorn zu benutzen. Er forderte ihn auf, jenes Büffelhorn zu holen, das ihm speziell für solche das ganze Land betreffenden Anlässe von seinem Vater vererbt worden war. Das alltägliche Horn wirke nur innerhalb des eigenen Hauses und könne bei diesem Opfer keine Reaktion erzielen. Doch der *fai* weigerte sich, auf den Einwand Dshangs einzugehen, denn er hatte es satt, sich seit dessen Rückkehr ständig wie ein kleiner Junge behandeln und herumkommandieren zu lassen. Seine Verweigerung bestärkte Dshang jedoch in dem Verdacht, das Lineageoberhaupt selbst könnte der Hexer sein. Möglicherweise hatte der *fai* von einer Hexengesellschaft Geld oder andere Annehmlichkeiten erhalten, die als Gegenleistung jetzt die versprochenen Menschenleben forderten. Im allgemeinen stellt man sich die Hexen (*tfu*) bei den Wiya immer im Verbund mit einer Gruppe von Hexen vor, der man ebenfalls den Namen *tfu* oder, wie im ganzen Nordwesten Kameruns üblich, *kupe* gibt. Solche *kupe*-Gruppen versorgen die einzelne Hexe mit ersehnten materiellen Gütern oder mit persönlichen Fähigkeiten, die später in Form von Menschenleben abgezahlt werden müssen.[119] Dshang verdächtigte den *fai*, Mitglied einer solchen Gesellschaft von Hexen zu sein, der er das Leben vieler Schüler als Lohn für bestimmte Leistungen versprochen hatte. Allein aus diesem Grund hätte sich der *fai* geweigert, das Opfer mit dem entsprechenden Horn durchzuführen, da er wisse, daß der Wein auch ihn angreifen und verraten könne. Diesen schwerwiegenden Vorwurf äußerte Dshang vor allen Anwesenden und befahl dem *fai*, seinen Gegenbeweis anzutreten. Zur Veranschaulichung sei hier einmal das Versprechen zitiert, das der *fai* - laut Dshang - hätte unter Eid, d.h. mit anschließendem Opfer an die Ahnen, aussagen müssen:

> "I want do correct thing. If I de talk lie, make this lie catch me (Wenn ich gelogen habe, soll ich bestraft werden, B.B.). If me a de make witch for this place, make I die. (Wenn ich diesen Platz verhext habe, soll ich sterben, B.B.). If me a de school scatter, make I die. Seven days make I die. Seven days same no reach make I die (Innerhalb von sieben Tagen werde ich sterben, B.B.). Na we get this place. Me a de *fai*."

Da der *fai* sich weigerte, auch dieser Aufforderung nachzukommen, schüttete Dshang selbst ein Trankopfer an die Ahnen, um sie um Aufklärung der Situation und um eine gerechte Bestrafung des Schuldigen zu bitten. Hiernach legte sich die Aufregung der Leute in Ndu und der Alltag kehrte in die Schule zurück.

Kurz darauf geschah jedoch ein großes Unglück, das die Schule wiederum in den Mittelpunkt des Interesses aller Wiya rückte. Ganz in der Nähe der Schule, auf der Hauptstraße von Ndu nach Kumbo, gab es einen Autounfall. Zwei Schüler wurden überfahren und starben auf der Stelle. Nachdem die Inspektion der Schule sogar durch die *nwarrong*, die gefürchtete Polizeigesellschaft des Palastes, ergebnislos verlaufen war, drängten die Leute S. Dshang, sich erneut der Sache anzunehmen. Dieses Mal wandte sich Dshang jedoch an einen Wahrsager, der ihm die Zusammenhänge erklären und ihn gegebenenfalls über weitere Maßnahmen beraten sollte. Laut der Divination des Wahrsagers war es noch immer die Hexerei an der Schule, die zum Tod der beiden Kinder geführt hatte. Diese Gesellschaft der Hexen (*kupe*) wäre jedoch so stark, daß der erst kürzlich geleistete Eid nichts gegen sie hätte ausrichten können. Ihre Anführer wären niemand geringeres als der Direktor der Schule (J. Nsame) und der Besitzer des Landes (Fai Ndzibambo). Diese hätten der *kupe* nicht nur einen Großteil der Schüler zur Tilgung ihrer Schulden versprochen, sondern zur Vergrößerung der Mitgliederzahl ihrer Gruppe auch "Bonbons" an die Schüler verteilt. Gemäß der Vorstellung der Wiya über das Verhalten von Hexen brachten die Anführer unbescholtene Bürger und vor allem Kinder in die Abhängigkeit ihrer *kupe*, indem sie sie an ihrem Festmahl aus geopfertem Menschenfleisch teilhaben ließen. Solche Stückchen Menschenfleisch werden Menschen mit Hexereifähigkeiten gemeinhin als Rindfleisch oder "Bonbons" getarnt angeboten. Essen sie davon, nötigt sie die jeweilige *kupe*, das Fleischstück in Form eines eigenen Menschenopfers zurückzuzahlen. Nach Aussage des Wahrsagers wäre der Mitwirkung solcher "Novizen" aus der Schul-*kupe* auch eine Reihe früher ungeklärter Todesfälle zuzuschreiben. Er riet Dshang, so schnell wie möglich gegen diese *kupe* vorzugehen, um den Tod weiterer Menschen, darunter vieler Schüler, zu vermeiden. Der "Kochtopf" (*king*) der *kupe* wäre auf dem Gelände der Schule vergraben, jedoch müsse er sich einen angesehenen Experten suchen, um ihn zu heben. Das Unternehmen wäre gefährlich, könne aber gewagt werden, weil Dshang durch den guten Kontakt mit seinen Ahnen bereits einen gewissen Schutz gegen die Angriffe der Hexen mitbrächte.

Trotz der Empfehlung des Wahrsagers entschied sich Dshang aus Angst zuerst gegen eine solche Untersuchung. Er betont, daß er sich erst durch ein eigenes Mißgeschick, das ihm seine unausweichliche Verstrickung mit dem Fall offenbarte, schließlich doch noch eines Besseren besann. Ganz im Gegensatz zu seinen sonstigen Gewohnheiten wäre er nämlich am Tag der Rentenauszahlung nicht direkt nach Hause zurückgekehrt. Statt dessen ließ er sich - die Taschen voller Geld - in einem der zahlreichen Lokale von Ndu zu übermäßigem Alkoholgenuß verführen. Als er am nächsten Morgen wieder zu sich kam, war ihm von der Rente des Monats nichts als ein kleines Taschengeld geblieben. Entsetzt über diese Entgleisung bat er wiederum seinen Wahrsager um Ausdeutung. Dieser führte das Verhalten auf einen deutlichen Angriff der Schul-*kupe* zurück. Nur seinen Ahnen hätte er es zu verdanken, daß ihm nicht mehr zugestoßen sei. Wie lange sie ihn noch so erfolgreich gegen solche Attacken verteidigen könnten, wisse er jedoch nicht zu sagen. Damit war Dshang laut eigener Aussage plötzlich klar, daß ihm auch zu seiner eigenen Verteidigung nur noch die Zerschlagung der *kupe* blieb. Von Angst getrieben, suchte er noch am selben Tag einen der berühmtesten Magier (*nwä fü*) der Region auf und bat ihn um Unterstützung. Die Kosten für das Honorar und die Schutzmedizin übernahmen in der Not die matrilinearen Verwandten sowie ein Teil seiner eigenen Kinder. In Anwesenheit der Vertreter des *Fon* und Simon Dshangs entdeckte der Magier nach stundenlanger Suche tatsächlich den "Topf" der *kupe* und grub ihn aus. Seine Öffnung und die damit verbundene Zerschlagung der *kupe* erfolgte dann im Schutz des Palastes. Zum Vorschein kam eine Reihe von Gegenständen, die mit Hilfe des Magiers ausgedeutet werden mußten. So fand man beispielsweise Stoffstücke, die für die Kleidung der verstorbenen Opfer gehalten wurden. Man fand Haare von versprochenen Opfern, die bald getötet werden sollten, sowie Steine, die angeblich auf die Zerstörung der Schule hinwiesen. Die wichtigste Information war jedoch der Fundort des "Topfes". Laut Aussage des Magiers wäre der Treffpunkt der *kupe* und damit auch das Versteck des "Topfes" ursprünglich auf dem Schulgelände gewesen. Als die Hexen dann aber von dem Engagement Dshangs erfuhren, transferierten sie ihn unter die direkte Aufsicht ihres ersten Anführers, des "Kapitäns" der *kupe*. Deshalb hätte man den Topf nicht, wie ursprünglich angenommen, auf dem Schulgelände, sondern im Fischteich von J. Nsame, dem Direktor der Schule, gefunden. Dieser endgültige Fundort überführte den für Hexerei bereits seit langem berühmt-berüchtigten Nsame als Gründer der *kupe*, die er eingerichtet haben soll, um seinen Verpflichtungen gegenüber einer anderen, in Buea ansässigen Hexengesellschaft nachkommen zu können.

In den fünfziger und sechziger Jahren hatte Nsame im damaligen Parlament von West- Kamerun (West Cameroon House of Assembly) mit Sitz in Buea eine steile politische Karriere gemacht, die nach Ansicht der Wiya nur durch die Hilfe einer starken *kupe* überhaupt möglich gewesen war. Als eines der wichtigsten Mitglieder der KNDP (Kamerun National Democratic Party) war es ihm sogar gelungen, einen Ministerposten zu erringen. Nach der Auflösung der Partei und des Parlaments zugunsten der Zentralisierung Kameruns auf die Hauptstadt Yaoundé wurde seine Karriere jedoch jäh beendet. Wie allen derart exponierten Persönlichkeiten blieb ihm nur noch übrig, sich gänzlich aus dem politischen Leben in die Provinz zurückziehen. In Ndu bereitete man ihm aber alles andere als einen herzlichen Empfang. Viele Leute hatten Angst, und einige traten ihm sogar feindselig entgegen. Die offene Ablehnung beruhte auf gegensätzlichen politischen Einstellungen, die besonders deutlich zur Zeit des Volksentscheids zutage getreten waren.[120] Die Angst gründete sich dagegen auf die vermutete Mitgliedschaft Nsames in der *kupe* von Buea, die sie durch den Tod zweier Mädchen aus seiner Familie bestätigt sahen. Es hieß, er habe den Hexen dort viele Menschen versprochen, um trotz der Machtübernahme der CNU (Cameroon National Union) einen Posten in der Zentralregierung von Yaoundé zu erhalten. Auch wenn letzteres nicht geklappt hatte, wäre er doch einen Vertrag mit der *kupe* in Buea eingegangen, der ihn zur Auslieferung der Menschen verpflichtete. Eine Reihe von Unglücksfällen, in deren Zusammenhang immer wieder der Name Nsames fiel, wurde als Bestätigung dieses Verdachts aufgefaßt. So auch am Beispiel der staatlichen Grundschule - wiederum war man hier direkt auf Nsame gestoßen. Schon nach einem Jahr seiner Tätigkeit als Direktor dieser Schule war es zu dem Skandal gekommen. Bei der Öffnung des *kupe*-Topfes unter Leitung des Magiers zogen die Anwesenden deshalb auch folgende Schlußfolgerung: Als Nsame seine Stellung in Buea verlor, stand er unter dem Druck, den dortigen Hexen eine große Anzahl von Menschen zu schulden. Im allgemeinen suchen Hexen ihre Opfer vorzugsweise in ihrer eigenen Lineage. Gleiches hatte auch Nsame im Sinn, als er wieder nach Ndu zurückkehrte und trotz aller Anfeindungen versuchte, sich hier zu etablieren. Viele empfanden seine bloße Anwesenheit als große Bedrohung und vermieden so gut wie möglich jeden Kontakt mit ihm und seiner Familie. Auf diese Weise isoliert, konnte er sein Versprechen in Buea keinesfalls einlösen. Auf der Suche nach Freundschaften und Kontakten begann er sich nun jenen Leuten in Ndu anzuschließen, die ebenfalls etwas von Hexerei verstanden und ihm bei der Begleichung seiner Schuld behilflich sein konnten. So traf Nsame schließlich auf Fai Ndzibambo, der sich an der Verwirklichung seines teuflischen Plans interessiert zeigte. Er stellte Nsame das Baugelände zur Gründung einer Schule zur Verfügung, die gleichsam als Hauptquartier für eine in Kürze weitverzweigte *kupe* fungieren sollte. Bereits durch seine Mitwirkung erweiterte sich Nsames Zugriff auf die Personen der Lineage des *fai*, die teils als Opfer, teils als Mitglieder ihrer neu gegründeten *kupe* vorgesehen oder schon entsprechend eingesetzt worden waren. Die Väter der Lineage nutzten den Streit um die Erweiterung des Schulgeländes jedoch dazu, dem Treiben des *fai* ein Ende zu machen. Sie gaben Dshang, der trotz seiner langen Abwesenheit immer guten Kontakt zu ihnen gehalten hatte, ein Zeichen, den *fai* solcher Machenschaften zu verdächtigen.

Unabhängig davon, wie man die Vorgänge als Außenstehender auch bewertet, mögen sie doch als Hintergrundinformation für die oben erwähnte Distanzierung Dshangs von seiner Patrilineage genügen. Da es ihm nicht möglich war herauszufinden, wer nun an der *kupe* beteiligt war und wer nicht, entschied er, sich aus dieser Verunsicherung heraus anderen Verwandten zuzuwenden. Aus diesem Grund hat er seit seiner Rückkehr als Pensionär fast ausschließlich Kontakt zu den Lineages der *yamba*, so daß ihm der oben erwähnte Widerspruch seiner Version der "Baumgeschichte" zu der bei den *yaku* gemeinhin verbreiteten Überlieferung womöglich selbst gar nicht aufgefallen war oder er, wie einige Zuhörer meinen, aus Dankbarkeit gegenüber seinen maternalen Verwandten nunmehr deren Interessen vertritt.

Fallbeispiel 7: Der Streit um die Nachfolge von Fai Nganwenfu
und der Prestigeverlust seines Titels

Das nächste Beispiel ist der Lineage von Fai Nganwenfu, dem historischen Gegenspieler des *Fon*, entnommen. Anlaß dafür ist die oben zitierte Geschichte von John Lamfuh bezüglich der Existenz eines *nkwi wiya*. Lamfuh behauptet sogar, nicht nur von einem ehemaligen König der *yamba* zu wissen, sondern gibt unumwunden an, daß es sich dabei um den Vorfahren des später zum Fai Nganwenfu degradierten Lineageoberhauptes handele. Nach Einschätzung von Gewährsleuten ist der Hintergrund für diese Aussage in der Zerstrittenheit seiner Lineage zu suchen. Schmerzlich hätte Lamfuh mit ansehen müssen, wie die Nachkommen des alten *fai* sich - durch sein eigenes Mitverschulden - immer mehr überwarfen. Dem damit einhergehenden Statusverlust der Lineage und des Titels wolle Lamfuh mit seiner Aussage entgegentreten. Um diesen Hinweis nachvollziehen zu können, werden im folgenden die Ursachen und Kausalzusammenhänge des Konflikts innerhalb der Lineage von Fai Nganwenfu dargestellt.[121]

Lamfuh, der älteste lebende Sohn des verstorbenen Fai Nganwenfu, mußte erleben, wie der Titel und damit auch die gesamte Lineage seit dem Tod seines Vaters Ende der sechziger Jahre nach und nach an Status verlor. Wie die obigen Zitate belegen, ist Fai Nganwenfu schon längst nicht mehr das früher angeblich von allen akzeptierte Oberhaupt der *yamba*. An seiner Stelle erwähnt man heute nicht selten Fai Ndzitonga.[122] Für diesen Prestigeverlust macht man offen den gegenwärtig amtierenden Fai Nganwenfu verantwortlich. Dieser, so lautet die allgemeine Klage der *yamba*, könne den Titel seines Vaters nicht in Ehren halten. Er benehme sich wie ein "Cowboy". Täglich verstoße er gegen verbindliche Vorschriften, indem er beispielsweise jedem die Hand zum Gruß reiche und sich kleide wie ein Weißer. Als *fai* und erst recht als einer der sieben höchsten Bezirksvorsteher (*kibai*) habe er aber doch ein traditionelles Gewand anzulegen und nur denen die Hände zu schütteln, die den gleichen Status besäßen.

Die Klagen über Fai Nganwenfu sind vielfältig. Man erwartet von ihm ein Leben in Zurückgezogenheit, damit man ihn zu jeder Zeit in seinem Haus antreffen und über anstehende Probleme reden kann. Schließlich ist es doch die Hauptaufgabe eines *kibai*, sich über alle Geschehnisse auf dem laufenden zu halten und für ein friedliches Miteinander im Bezirk zu sorgen. Statt dessen sieht man ihn unentwegt andere Geschäfte verfolgend auf seinem Motorrad über die Berge entschwinden. Zu seinen Pflichten gehört es auch, sich so oft wie möglich am Palast des *Fon* zu zeigen, trägt er doch den Titel eines seiner wichtigsten Berater und hat die Interessen seiner Lineage dort zu vertreten. Nichtsdestotrotz meidet der gegenwärtige *fai* jeden Kontakt mit dem *Fon*. Ist seine Anwesenheit am Palast einmal unumgänglich, nimmt er nicht auf dem für ihn reservierten Steinsitz Platz, sondern setzt sich auf eine der für gewöhnliche Besucher vorgesehenen Holzbänke. Im Laufe der Zeit änderte sich dadurch die dem Rang entsprechende Sitzordnung der sieben *kibai*. So besetzten die *ndfung* sehr bald den ersten, eigentlich für ihn, Fai Nganwenfu, vorgesehenen Platz mit einem ihrer eigenen Titel (Fai Ndzishotu). Ihm folgt heute Fai Ndzitonga, weshalb inzwischen einige Leute der Meinung sind, daß er Fai Nganwenfu im Rang überlegen ist. Schon allein deswegen, so argumentieren viele *yamba*, müsse der *fai* unbedingt seine Haltung ändern, denn wie könne er seinen Status verteidigen, ohne selbst daran zu erinnern?[123]

Laut eigener Aussage drückt der *fai* mit diesem ungewöhnlichen Verhalten seine Weigerung aus, über Menschen zu regieren. Noch nie habe er den Ehrgeiz gehabt, ein *fai* zu sein, und erst recht nicht, wenn er den Großteil seiner eigenen Lineage gegen sich wisse. Um die Position des *fai* zu verstehen, muß man die Vorgeschichte kennen, wie sie sich aus seiner Sicht darstellt. Danach hatte man ihn trotz aller Abwehr eines Tages gezwungen, das Amt des *fai* anzutreten. Einige Familien, angeführt von seinem älteren Bruder John Lamfuh, waren aber von Anfang an gegen ihn. Dieser Bruder wollte seinen eigenen Sohn Nfor, den man übergangsweise zum *fai* gekrönt hatte, entgegen allen Vereinbarungen auf dem Thron belassen. Dabei war es nach vorheriger Absprache eindeutig klar, daß er nur so lange regieren durfte, bis ein rechtmäßiger Erbe gefunden war. Außerdem wäre Nfor für eine dauerhafte Nachfolge sowieso nicht in Frage gekommen, weil er ja kein Sohn, sondern nur ein Enkel des verstorbenen Fai Nganwenfu ist. Es gab also nie einen Zweifel, daß er den Thron eines Tages wieder würde räumen müssen. Als J. Lamfuh dann aber von den alten Abmachungen nichts mehr wissen wollte, zwangen ihn die anderen Ältesten, sein Wort zu halten. Ohne daß sich jemand etwa der Hexerei bedient hätte, wehrte der Thron den Bruch der Vereinbarungen ganz von allein ab und "verbrannte" den falschen Erben derart, daß Nfor 1979 schließlich aus eigenem Antrieb abdankte.[124] Als man den *fai* dann gegen seinen Willen auf den freigewordenen Stuhl setzte, war die Lineage durch den öffentlich geäußerten Verdacht, Nfor durch Hexerei verbrannt und lebensgefährlich verletzt zu haben, bereits tief gespalten. In der Folge wurde der Streit zwischen dem *fai* und Lamfuh unerträglich. Lamfuh behielt die Brautgeldkasse, was sein Mißtrauen dem *fai* gegenüber ausdrücken sollte.[125] Außerdem hatte er in einer *njangi* (lokalen Spargemein-schaft) öffentlich verkündet, daß er die Wahl seines Bruders zum Lineageoberhaupt für eine völlige Fehlbesetzung halte. Darum plane er nun, das Amt selbst zu übernehmen, um seinem allseits beliebten Sohn Nfor die Chance zu geben, als rechtmäßiger Nachfolger seinen bewährten Regierungsstil fortzusetzen. Als Nganwenfu diese Äußerungen Lamfuhs zugetragen wurden, packte er seine traditionellen Kleider in eine Truhe und beschloß, sich dem Amt so lange zu entziehen, bis die Familie wieder versöhnt sei und er endlich mit der Unterstützung aller rechnen könne.

Soweit die Version von Fai Nganwenfu zum Streit in seiner Lineage, den er als Grund für seine Ablehnung anführt, die Rolle des Oberhauptes wirklich anzunehmen. Nach der Meinung Shey Nfors und anderer Sympathisanten der Lineagefraktion J. Lamfuhs hat die Weigerung des *fai* allerdings noch weitere, tiefer gehende Gründe. Danach sei der Familienstreit mit seinem Bruder nur vorgeschoben, denn erst nach einem Versöhnungsversuch J. Lamfuhs sei es zu dem großen Bruch in der Lineage gekommen. Wäre der *fai* wirklich an der Zusammenführung der Parteien interessiert gewesen, hätte er seinen um Jahrzehnte älteren Bruder nicht zurückweisen dürfen. Alle hatten damals mit Empörung über dieses hartherzige Verhalten und die Respektlosigkeit gegenüber seinem so viel älteren Bruder reagiert, so daß sich sogar solche Familien auf die Seite J. Lamfuhs schlugen, die ihn bis dahin noch kritisiert hatten. Seitdem hätte der *fai* in der Tat den Großteil der Lineage gegen sich. Der wahre Hintergrund für seine Verweigerung könne also wohl kaum im Streit mit seinem Bruder zu finden sein. Viel eher - so vermutet man hier - müsse die Erklärung in seinem prekären Verhältnis zu einer dritten Fraktion der Lineage liegen. Diese Gruppe, angeführt von dem Ältesten Ta Ngwang, betreibe Hexerei. Jene Leute seien es auch gewesen, die Nfor durch Hexerei zur Aufgabe seines Amtes gezwungen hätten. Die Aktivierung solch gefürchteter Kräfte, deren Wirkung der jetzige *fai* ja schon bei seinem Neffen Nfor kennengelernt hätte, suche er durch sein oppositionelles Verhalten zu verhindern. Der Familienstreit komme ihm von daher gerade gelegen, um seine Weigerung, die Lineage zu regieren, nach außen zu begründen.

Diese Angst vor Hexerei hat folgende Vorgeschichte: Schon in seiner Jugend war der heute über siebzig Jahre alte Ta Ngwang wegen Hexerei aus seinem Bezirk vertrieben worden. Viele Jahre später durfte er wieder zurückkehren, weil er der Hexerei abgeschworen und alle notwendigen Versöhnungsopfer dargebracht hatte. Zurück blieb lediglich das Bewußtsein darüber, daß er über ein starkes *tfu* (lb.: Hexereianlage) verfügt, das aber auch zum Nutzen der Lineage eingesetzt werden kann. All das geschah noch zur Zeit des alten Fai Nganwenfu. Als dieser dann starb, wünschte er sich den gegenwärtig regierenden *fai* zum Nachfolger. Die Ältesten respektierten seinen Vorschlag. Der Erbe selbst aber wehrte sich mit allen Mitteln gegen diese Ernennung. Deshalb beschloß man, ihm Bedenkzeit einzuräumen und seine Krönung noch einige Jahre hinauszuzögern. In der Zwischenzeit sollte der Thron mit einem Übergangsregenten besetzt werden. Gleich von Anfang an galt es, einer Etablierung dieser provisorischen Thronbesetzung vorzubeugen. Die Hauptaufgaben des *fai* verteilten die Ältesten daher auf zwei Verwandte und verhinderten so die Konzentration der Macht in nur einer Familie. John Lamfuh sollte den Thron öffentlich besteigen und als *fai* durch Rechtsautorität der Lineage vorstehen. J. Lamfuh fühlte sich jedoch zu alt für diese Aufgabe und gab das Amt an seinen Sohn Nfor weiter. Die rituelle Autorität dagegen erhielt in Erinnerung seines starken *tfu* der Onkel Nfors Ta Ngwang.[126] Dementsprechend händigte man ihm auch das aus einem Büffelhorn bestehende "family cup" (*ndong*) aus, womit alle die gesamte Lineage betreffenden Trankopfer ausgeführt werden müssen. Als Nfor 1969 zum Fai Nganwenfu gekrönt wurde, besaß er also nur die halbe Macht seines Titels. Rituelle Maßnahmen konnten zwar von ihm angeordnet werden, für ihre Durchführung mußte er sich jedoch an seinen Onkel wenden.[127] Trotz dieser Einschränkung erfüllte er seine Pflichten sehr gewissenhaft und ließ auch - zur Überraschung aller - jede rituelle Aufgabe mit großer Sorgfalt angehen. Viel eher hatte man erwartet, daß er den Einfluß von Ta Ngwang durch eine größtmögliche Vernachlässigung ritueller Angelegenheiten einzuschränken versuchen würde. Statt dessen ließ er, wie zu den aktivsten Zeiten des alten Fai Nganwenfu, alte Opferplätze ausbessern und rief die mit diesen Orten jeweils betrauten Krieger- und Priesterbünde zu regelmäßigen Treffen zusammen. Alle waren von seinem selbstlosen Verhalten angetan, denn er zeigte damit, daß er Ta Ngwang nicht überging, sondern ihn in seiner Rolle respektierte. Dadurch hatte Nfor größere Konflikte in der Lineage vorausschauend vermieden. Ebenso konnte die Tradition seines "Palastes", zentraler Treffpunkt aller *yamba* zu sein, beinahe übergangslos fortgeführt werden. Nfor galt allgemein als idealer Nachfolger des alten Fai Nganwenfu. Er war nicht nur der Tradition zugetan, sondern hatte auch Schulbildung - eine Qualifikation, die heute bei der Übernahme traditionaler Titel gern gesehen ist. Darüber hinaus stand er schon seit vielen Jahren im Dienst weißer Entwicklungshelfer, die ihm viele als wichtig erachtete Einsichten in moderne, fremde Lebenswelten verschafft hatten.[128] Der enge Kontakt zu den Weißen machte Shey Nfor nicht nur als Mittelsmann zwischen der eigenen und der modernen Welt unentbehrlich, sondern brachte ihm auch den Ruf eines Mannes von besonders gutem Charakter ein. Auch diese Tatsache trug während seiner Zeit als Fai Nganwenfu noch zu seinem Ansehen bei. Es schien, als ob niemand jemals etwas gegen seine Person einwenden könnte. Doch die allgemeine Zufriedenheit sollte nicht lange währen.

Die Krise begann auf dem Höhepunkt von Nfors Beliebtheit. Dabei war es gerade das allgemeine Einvernehmen in bezug auf die persönlichen Vorzüge Nfors, das ihm zum Verhängnis werden sollte. Es verbreitete sich nämlich mehr und mehr die Meinung, daß man Nfor auf dem Thron belassen sollte, zumal der Wunschkandidat das Erbe doch ohnehin ablehne. Von allen Seiten bedrängte man die Ältesten, dem *fai* endlich alle Macht einzuräumen. Für Ta Ngwang hätte das aber bedeutet, das Opferhorn abgeben zu müssen und auf die einfache Beraterfunktion eines normalen Ältesten zurückgestuft zu werden. Solch einen Prestigeverlust wollte er jedoch nicht hinnehmen. Inzwischen hatte er sich nämlich gänzlich mit der Rolle des Priesters der Lineage identifiziert. Um allen zu beweisen, daß man ihn dieser Funktion nicht mehr entheben könnte, behandelte er das Opferhorn seiner Lineage wie seinen persönlichen Besitz. Wann immer er in eine der Weinstuben des Marktes ging, trank er den Raffiawein nicht aus einem Glas oder seinem Trinkhorn, sondern benutzte demonstrativ das "family cup" seiner Lineage. Diese Geste offenbarte den bis dahin unausgesprochenen Konflikt. Die meisten reagierten empört über diese Anmaßung, beschimpften seine Machtgier und forderten mit noch größerem Nachdruck, ihm nun endlich das Amt und damit auch diesen sakralen Gegenstand, den er nur zu entweihen wüßte, zu entreißen. Als Nfor dann so schwer erkrankte, daß ihm nur noch seine Abdankung das Leben retten konnte, beschuldigte ein Teil der Lineage Ta Ngwang, Nfor verhext zu haben.[129] Erneut hätte er seine destruktiven Kräfte zu persönlichem Vorteil genutzt, der diesmal darin bestand, das priesterliche Amt behalten zu können. Andere schlossen sich der Fraktion Ta Nwangs an und verteidigten ihn. Sie gaben zu bedenken, daß er mit diesem provokativem Verhalten doch nur versuche, der öffentlichen Meinung zu begegnen, die einen überhaupt nicht erbberechtigten *fai* auf dem Thron belassen wolle. Die Krankheit sei doch nur ein Beweis dafür, daß sich der Thron selbst zu wehren beginne. Wieder andere - die Fraktion des heutigen *fai* - hielten sich aus dem Streit heraus und gaben vor, unparteiisch zu sein.

Das jetzige Verhalten des *fai* zeigt, daß er wohl schon damals insgeheim der Meinung der Gegner Ta Ngwangs gewesen war. Interpretiert man nämlich seine Weigerung, das Amt des Lineageoberhauptes auszuüben, mit der Angst, selbst ein Opfer von Hexerei zu werden, muß er Ta Ngwang in der Tat der Hexerei verdächtigen. Der Thron selbst, d.h. die mit ihm verbundenen Ahnen und die Medizin, können ihm jedenfalls nichts anhaben, ist er doch nicht nur der rechtmäßige Erbe, sondern sogar auch der persönliche Wunschkandidat des verstorbenen *fai*. Würde er sich nun damit einverstanden erklären, das Amt in angemessener Weise auszuüben, müßte er die rituelle Autorität von Ta Ngwang zurückfordern. In diesem Fall hätte dieser dann auch nicht mehr das Recht, ihm das priesterliche Amt vorzuenthalten.

Bisher hatte Ta Ngwang immer noch genügend Gründe, auch diesem *fai* die Übergabe des Opferhorns zu verweigern. Eines seiner Argumente ist, daß der *fai* zuvor den Tod seines Vaters ehren müsse. Wirklich übel nimmt es dem *fai* zwar keiner, daß er bei den Beerdigungsfeierlichkeiten selbst nicht anwesend war. Jeder weiß, daß die *mbo ngirri*, eine Gruppe Maskierter der *ngirri*-Prinzengesellschaft, gerne eine solche Gelegenheit wahrnehmen, um Kandidaten, die das Erbe ablehnen und sich deshalb im Verborgenen halten, wenn nötig mit Gewalt rituell gefangenzunehmen und auf den Thron zu setzen. Aber man kritisiert, daß er es bisher noch an jeder rituellen Aufmerksamkeit fehlen ließ. Spätestens seit seiner Krönung hätte er wenigstens eine kleine Gedenkfeier für seinen Vater abhalten müssen, schon allein um all denen zu danken, die für die damalige Beerdigung große finanzielle Belastungen auf sich genommen hatten.[130] Zugleich erwartet man von ihm, daß er sich und seine Mutter rituell für ihr Verhalten vor dem Tod des *fai* entschuldigt. Beide hatten es versäumt, sich um den alten, kranken *fai* zu kümmern. Anstatt zu helfen, hatte sich seine Mutter von ihm abgewendet und sich in Mbot, dem Nachbarkönigtum von Ndu, ihrer vorehelichen Heimat, als Prostituierte niedergelassen.[131] Es war jedoch ihre Pflicht, zumindest bei seinem Tod in das Gehöft zurückzukehren und Manyeh, der einzigen ihm verbliebenen Frau, während der Totenklage und allen anfallenden Arbeiten beizustehen. Auch ihr Sohn, der Erbe des Throns, blieb bei seinen maternalen Verwandten in Mbot, ohne von den Ermahnungen der Patrilineage in Ndu irgendeine Notiz zu nehmen. Später, als ihr Sohn dann doch die Nachfolge des alten Fai Nganwenfu angetreten und auch seine Mutter wieder in das Gehöft zurückgeholt hatte, zerstritten sie sich beide heftig mit Manyeh. Zusammen mit ihrem Bruder, der sich wie sie selbst aufopfernd um den sterbenden *fai* gekümmert hatte, verließ sie das Gehöft und setzte sich in die Provinzhauptstadt Bamenda ab.

All diese Vorkommnisse werden nicht nur von der Lineage des *fai*, sondern auch von anderen *yamba* sehr mißbilligt. Vielen erscheint die Weigerung Ta Ngwangs, dem *fai* das Opferhorn auszuhändigen, deshalb nur folgerichtig, denn wie kann dieser *fai* seinen Ahnen überhaupt opfern, wenn er sich ihnen gegenüber ein derartiges Benehmen zuschulden kommen ließ?

Die volle Regierungsfähigkeit wird ihm aber auch noch aus einem anderen Grund abgesprochen. So unterließ er es bis heute, seine vom *Fon* von Mbot vorgenommene Krönung zum *fai* durch den *Fon* von Ndu ratifizieren zu lassen und dadurch dessen Vorherrschaft symbolisch anzuerkennen. Dieses Versäumnis führt er selbst auf sein schlechtes Verhältnis zum jüngst verstorbenen *Fon* von Ndu zurück. Er glaubt, von ihm persönlich nicht gemocht und als Nachfolger für das Amt des Fai Nganwenfu abgelehnt worden zu sein. Tatsächlich hatte der *Fon* die Lineageältesten des *fai* seinerzeit vor einer Ernennung dieses Kandidaten gewarnt. Zu dem Übergangsregenten Nfor empfand er dagegen väterliche Freundschaft und hätte lieber Nfor als ihn (Samuel Nfor) im Amt des *wifa gogor* (Bezirksvorsteher) an seiner Seite im Palast gesehen. Die Ablehnung basierte auf einer konkreten Erfahrung mit Samuel und den daraus erwachsenen, für den alten *Fon* recht unangenehmen Folgen. Als nämlich der ehemalige Fai Nganwenfu gestorben war, entschieden sich die Ältesten seiner Lineage, dem Testament des *fai* zu folgen und Samuel zum Nachfolger zu krönen. Wie es bei solchen Titeln üblich ist, teilten sie ihren Entschluß dem *Fon* mit und baten ihn, alle Maßnahmen für seine rituelle Gefangennahme zu treffen. Da Samuel sich jedoch in Mbot aufhielt und auch nicht zu den Beerdigungsfeierlichkeiten seines Vaters erschien, verkomplizierte sich dieses Vorhaben. Zuerst bat er den *Fon* von Mbot, Samuel nach Ndu zu schicken oder zumindest seine Festnahme durch die maskierten *mbo ngirri* aus dem Palast von Ndu in Mbot zuzulassen. Doch der *Fon* von Mbot lehnte ab, da Samuel genau aus diesem Grund Zuflucht bei ihm gesucht hatte. Traditionell war er als Mutterbruder verpflichtet, die persönlichen Interessen seines *munjar* (Schwestersohnes) auch gegen die Bedürfnisse von dessen Patrilineage zu schützen. Daher entschloß sich der *Fon* von Ndu, Samuel auch ohne seine Einwilligung aus Mbot zu entführen. Eines nachts schickte er eine mit Knüppeln bewaffnete *mbo-ngirri*-Truppe in Begleitung eines *fai* nach Mbot, um das Haus von Samuel Nfor zu umstellen. Sowie der *fai* an seine Tür klopfte und ihn bat, herauszukommen, schrie Samuel so laut er konnte, um die Nachbarn der Umgebung aufzuschrekken. Diese dachten, es wären Diebe und bewaffneten sich ihrerseits ebenfalls mit Stöcken und Peitschen. Als sie Samuel durch die *juju*-Schlägertruppe bedroht sahen, gab es einen heftigen Kampf, dem die Maskierten letztlich unterlagen. Sie zerrten sie aus ihren Kostümen und trieben sie an den Palast von Mbot. Laut Aussage aller Gewährsleute empfanden die Betroffenen ihre Demaskierung als große Beschämung. Jeder konnte nun sehen, wer unter den Masken versteckt und somit an der nächtlichen Aktion beteiligt gewesen war. Dem *Fon* von Mbot kam der Vorfall nicht ganz ungelegen, denn es gab ohnehin schon Landstreitigkeiten an der Grenze zu Ndu. Schon am folgenden Tag zeigte er deshalb den *Fon* von Ndu bei der Polizei in Nkambe an. Diese nahm den *Fon* von Ndu wegen Amtsmißbrauchs vorübergehend fest und brachte den Fall vor das Gericht. Der *Fon* verteidigte sich mit dem traditionalen Rechtsverständnis, das ihm vorschreibt, einen auserwählten Erben notfalls auch mit Gewalt festzuhalten und auf den Thron zu setzen. Auch ihn selbst habe man seinerzeit auf diese Weise zum Amtsantritt gezwungen. Der verstorbene Fai Nganwenfu hätte Samuel als Nachfolger auserwählt und ihn beauftragt, diesen auch gegen seinen Willen auf den Thron zu setzen. Er hätte ihn sogar gebeten, wenn nötig, Gewalt anzuwenden. Nach seinem Tode wären es dann die Ältesten dieser Lineage gewesen, die ihn erneut dazu aufgefordert hätten. So habe er sich zu einem Überraschungsangriff entschließen müssen, denn der *Fon* von Mbot sei ja zu keiner Kooperation bereit gewesen. Die moderne Gesetzgebung stand diesen Argumenten jedoch eindeutig entgegen. Hiernach hätte eine rituelle Gefangennahme zwar stattfinden dürfen, aber weder als nächtlicher Überfall noch ohne eine entsprechende Genehmigung des *Senior District Officers* in Nkambe. Dieser wiederum hätte selbst erst den *Fon* von Mbot um eine solche Erlaubnis bitten müssen. Mehrere Male mußte sich der alte *Fon* zu Verhandlungen nach Nkambe begeben. Der *Senior District Officer* und der *Commissioner of Police* legten den Fall erst bei, nachdem der *Fon* seine Entscheidung offiziell für gesetzeswidrig erklärt hatte und akzeptierte, den Kandidaten von nun an gewähren zu lassen.

Nicht nur der *Fon* selbst, sondern die meisten Leute in Ndu machten Samuel für die Mühen und die Erniedrigung, die der *Fon* seinetwegen in Nkambe erdulden mußte, persönlich verantwortlich. Mit Nachdruck empfahl man ihm, sich umgehend dafür zu entschuldigen. Außerdem hätte er die Kostüme der *mbo ngirri-jujus*, die im Palast von Mbot verblieben waren, so schnell wie möglich auslösen müssen. Doch bis heute zeigt er sich dazu nicht bereit.

Inzwischen ist es auch für ihn gar nicht mehr so einfach, die Kostüme aus Mbot überhaupt zurückzuerhalten. Schuld daran ist ein neuerlicher heftiger Streit, diesmal zwischen dem *Fon* von Mbot und seinem *munjar* (Schwestersohn) Samuel. Zu der Auseinandersetzung kam es, als der Übergangsregent Nfor, der nach dem mißglückten Krönungsversuch Samuels offiziell zum Fai Nganwenfu ernannt worden war, sechs Jahre später wieder abgedankt hatte. Hiernach ließ sich der *Fon* von Mbot doch zu einer Kooperation mit den Ältesten von Samuels Patrilineage überreden. Er hatte eingesehen, daß Samuel sich nun nicht länger vor den Pflichten gegenüber seiner Patrilineage drücken konnte. Schließlich hatten die Ältesten alles getan, einen anderen Kandidaten zu finden. Hilfe durch den *Fon* von Ndu konnten sie nicht mehr erwarten, da dieser sich einerseits den staatlichen Institutionen gegenüber verpflichtet hatte, Samuel in dieser Sache nicht mehr zu belästigen. Andererseits war er auch zu der Meinung gelangt, daß Samuel charakterlich für den Titel des Fai Nganwenfu gänzlich ungeeignet sei. Die Nachfolgeschwierigkeiten dieser bedeutenden Lineage konnten also nur noch von ihm, dem *Fon* von Mbot, gelöst werden. Dieser Verantwortung wollte er sich nun nicht länger entziehen. So ging er auf den Vorschlag der Ältesten ein, Samuel durch einen Trick selbst auf den Thron zu setzen. Zu dieser Zeit diente Samuel als eine Art *nchindap* am Palast von Mbot. Wie mit den Ältesten aus Samuels Patrilineage zuvor vereinbart, brach der *Fon* von Mbot eines morgens mit Samuel und einigen seiner *nchindap* zur Teeplantage nach Ndu auf. Er erklärte ihnen, dort irgendwelche Geldgeschäfte abwickeln zu müssen. Ohne Bedenken begleitete ihn Samuel auf diesem Weg, der notwendig auch durch Boyar, den Bezirk seiner Patrilineage führte. Da das Problem mit den *ngirri*-Kostümen noch nicht abgeschlossen war, glaubte er sich zu Recht in Sicherheit vor einem erneuten Überfall der *mbo-ngirri* von Ndu. Er

wurde noch nicht einmal mißtrauisch, als der *Fon* seinen Begleitern auf der
Straße nach Boyar plötzlich erklärte, einen kurzen Besuch bei einem Verwandten Samuels machen zu müssen. Ahnungslos blieb Samuel auch, als sich dann
mehr und mehr Verwandte in dem Haus dieses Ältesten einfanden, denn die
Versammlung aller männlichen Lineagemitglieder ist durchaus üblich, wenn
einem ein *Fon* schon einmal die Ehre seines Besuchs erweist. Viele Liter Wein
waren bereits ausgeschenkt, als der *Fon* Samuel anbot, Wein aus seinem persönlichen Trinkhorn anzunehmen. Samuel ging gerne darauf ein, um die Verbun-
denheit mit dem Mutterbruder gegenüber seinen patrilinearen Verwandten zu
demonstrieren. In der Demutshaltung eines *nchindap*, d.h. vor dem *Fon* stehend
und den Oberkörper nach vorne gebeugt, faltete er die Hände zu einer Art
Vase. In dieser Position verharrend, schüttete der *Fon* den Wein nun nicht wie
üblich in die Hände, sondern klatschte den gesamten Inhalt seines Trinkhorns
mit einem Ruck in Samuels Gesicht. Sofort stürzten sich jetzt die Versammelten
auf Samuel, schlugen ihn, wie es bei solchen Initiationen Sitte ist, und rissen
ihm die Alltagskleidung vom Körper. Schnell legten sie ihm die traditionalen
Tücher um und setzen ihm die Kappe (*ta wifa*) auf, die nur *fais* seines Ranges
vorbehalten ist. Hiernach führten ihn die Ältesten in das Haus seines Vaters,
von wo aus er in Abgeschiedenheit die Zeremonien seiner Initiation verfolgen
konnte.

Samuel fühlte sich überrumpelt und von allen verraten. Am meisten verletzte
ihn aber die Beteiligung seines Mutterbruders an der Verschwörung. Schon
einen Monat nach seiner öffentlichen Thronbesteigung versuchte er deshalb,
allein nach Nigeria zu fliehen. Als er aufgegriffen und mit Gewalt wieder in sein
Gehöft gebracht worden war, suchte ihn der *Fon* von Mbot zu einer Aussprache
auf. Doch der *fai* verweigerte sich und ließ den *Fon*, um ihm seinen Groll zu
zeigen, stundenlang in einem Versammlungsraum warten. Auch wenn es sein
Mutterbruder war, von dem man immer Verständnis erwarten kann, galt es
doch als höchst ungehörig, sich einem *Fon* gegenüber so zu verhalten. Erbost
über diese Respektlosigkeit verließ der *Fon* daher das Gehöft und ließ dem *fai*
ausrichten, daß er von nun an keine Hilfe mehr von Mbot zu erwarten hätte.

Es gab wohl niemanden in Ndu, der keinen Anteil an den Geschehnissen um
diesen *fai* und die mit ihm verbundenen Skandale genommen hatte. Alle waren
entsetzt über die Dickköpfigkeit dieses doch so bedeutenden Mannes und
bemitleideten ihn gleichzeitig, um den Verlust der Fürsprache durch seine
maternalen Verwandten. Welch ein Fehler, es sich ausgerechnet in solch einer
von allen Seiten angefeindeten Situation sogar noch mit denen zu verscherzen,
die ihm auch in größter Not beistehen könnten. Um ihm aus dieser persönlichen Isolation herauszuhelfen und ihn wenigstens mit dem *Fon* von Ndu
wieder zu versöhnen, beschlossen die Bewohner seines Bezirks (Boyar), Geld zu
sammeln. Mit diesem Geld wollten sie dem *Fon* die damals durch den *fai* entstandenen Fahrtkosten nach Nkambe und die Bußgeldzahlungen an die Polizei
zurückerstatten. Darüber hinaus hatten sie vor, eine Ziege zu kaufen, die als
Äquivalent oder Entschädigung für die verlorenen *mbo ngirri*-Kostüme dem *Fon*
überreicht werden sollte. Aber auch diesen Plan vereitelte der *fai*.

Seit diesen zur Zeit der Feldforschung etwa zehn Jahre zurückliegenden Ereignissen hat sich an der Einschätzung der Person des *fai* und der Zerstrittenheit der Lineage nicht viel verändert. Anstelle einer Abschwächung aufgebrachter Gefühle haben sich die gegensätzlichen Standpunkte aller in den Konflikt verwickelten Parteien eher noch verhärtet. Inzwischen weigern sich auch die meisten mit rituellen Ämtern betrauten Männer, das Gehöft dieses *fai* überhaupt zu betreten. Dies hat wiederum zur Folge, daß weder sein Bezirksrat tagt noch irgendeine andere traditionale Institution seines "Palastes" funktioniert. Auch die für die *yamba* zentralen Einrichtungen, wie das Gotteshaus *ndamngong*, wurden schon seit vielen Jahren nicht mehr betreten, und ihre ehemals sorgfältig gepflegten Häuser, wie das *ndamngong* selbst und das des *ndfuh*-Kriegerbundes, sind längst unter der Einwirkung der Witterung zerfallen.

Manchem in Ndu bleibt es völlig unerklärlich, warum der *fai* nicht zum Einlenken bereit ist, zumal die Alten sterben und die Versöhnung damit viel schwieriger und kostenaufwendiger wird. Unlängst starben ja schon die beiden mit dem *fai* schicksalhaft verbundenen *Fons*. Ein Teil der Öffentlichkeit unterstützt den bislang mit der rituellen Autorität seiner Lineage ausgestatteten Ältesten Ta Ngwang, der dem *fai* die volle Macht seines Titels unter diesen Unständen nicht zubilligen will. Andere glauben, daß der *fai* zur Aussöhnung generell nicht bereit ist, um die Hexereifähigkeiten (*tfu*) von Ta Ngwang, die ja den beliebten Übergangsregenten Nfor beinahe getötet hatten, nicht zu aktivieren. Deshalb ziehe der *fai* es vor, Ta Ngwangs priesterliche Position in der Lineage in keiner Weise zu bedrohen. Wieder andere sind sogar der Meinung, daß der *fai* sich nur so verhalten kann, weil er bereits selbst ein Opfer von Hexerei sei. Kein normaler Mensch sei so streitsüchtig und über eine so lange Zeit so konsequent in seiner Ablehnung. Ta Ngwang hätte all das zu verantworten. Er hätte sein *tfu* genutzt, um dem *fai* die volle Souveränität seines Amtes absprechen und das Opferhorn weiter behalten zu können. Es bliebe nichts anderes übrig, als seinen Tod abzuwarten, denn eine erneute Vertreibung von Ta Ngwang wegen Hexerei hätte einen einstimmigen Beschluß der Lineage zur Voraussetzung. Eine solche Übereinstimmung wäre aber mit den so tief zerstrittenen Fraktionen nicht zu erzielen.

Von einer Lösung des Konflikts in absehbarer Zeit kann also gar keine Rede sein. Auch wenn sich der *fai* eines Tages doch noch eines Besseren besinnt, wird es noch viele Jahre dauern, bis wirklich alle notwendigen Maßnahmen zur Aussöhnung lebender und inzwischen verstorbener Beteiligter durchgeführt sind.

In diesem Zusammenhang ist auch die oben zitierte Behauptung John Lamfuhs und der sie interpretierende Hinweis der Gewährsleute zu sehen. Es ist nunmehr durchaus nachvollziehbar, daß es sich bei der Aussage von Lamfuh um eine bewußte Überbewertung des Titels von Fai Nganwenfu handeln soll. Jedenfalls ist es durchaus einsehbar, wenn Lamfuh auf diese Weise der mit der Zerstrittenheit der Lineage einhergehenden Abwertung des Status von Fai Nganwenfu und des Ansehens seiner Lineage insgesamt entgegenzuwirken versucht. Gesetzt jedoch den Fall, er hätte ganz andere Motive für seine Aussage gehabt, bleibt doch immerhin die Feststellung, daß die Gewährsleute seine Behauptung in dieser Weise interpretieren. Keiner von ihnen kritisiert seine Aussage etwa als Verfälschung von *Geschichte*, vielmehr versuchen sie, seine Erzählung als *seine Geschichte* zu verstehen, dahinterliegende Hintergründe und Motive aufzudecken. Denkbar ist aber auch, daß dieselbe Aussage Lamfuhs zum Auslöser eines Streites werden könnte. Wird sie nämlich in Gegenwart politischer Gegner, die nicht allein unter den *ndfung*, sondern durchaus auch unter den *yamba* zu finden sind, geäußert, muß sie Widerspruch hervorrufen, gerade weil auch diesen die dahinterliegende Absicht Lamfuhs nicht verborgen bleibt.

Gleichermaßen erschließen sich auch die in sich komplexen Hintergründe widersprüchlicher Behauptungen der beiden vorhergehenden Beispiele von J. Yengong und S. Dshang aus der persönlichen Biographie und dem sozialen Umfeld der Befragten. Irreführend wäre es dagegen, grundsätzliche Kritik an der Konstruktion des Königtums an sich herauszuhören. Weder unter den *yaku* noch unter den *yamba* gibt es eine oppositionelle Gruppe, die durch die Annahme eines ehemaligen Königs der *yamba* etwa die Vorherrschaft des *Fon* bekämpft, und sei sie auch noch so klein. Die Erzählungen lassen sich nicht als "revolutionäre Ideologien" vereinnahmen. Sie bilden weder eine "Gegenideologie" als Gruppe, noch sind sie gegen eine bestimmte "Gruppenversion" gerichtet. Sie zerfallen vielmehr in Behauptungen einzelner Erzähler, die mit der Darstellung ihrer Geschichte eine bestimmte Wirkung im Eigeninteresse zu erzielen trachten.

Machtergreifung II

Die im folgenden aufgeführten Zitate betreffen die Herabstufung des Status von Fai Nganwenfu durch den *Fon* während der britischen Kolonialzeit. Im Unterschied zu den vorhergehenden Kapiteln sind die erzählten Geschichten über dieses Ereignis innerhalb der eigenen Gruppe der jeweiligen Erzähler (*yaku/ndfung* und *yamba*) vergleichsweise homogen. Die gegensätzlichen Positionen von *yaku* und *yamba* werden darum hier direkt gegenübergestellt und als eine Art Streitgespräch wiedergegeben. Inhaltlich geht es um die Frage nach der Legitimität der Degradierung und ihrer Rechtfertigung. Dementsprechend beinhaltet die Analyse die Untersuchung des Titels von Fai Nganwenfu und seine Erniedrigung durch den *Fon*. Es wird auch versucht nachzuvollziehen, warum die *yaku/ndfung* sich bei ihrer Rechtfertigungsrede nicht auf "reale Ereignisse" in der Vergangenheit berufen, die ihr Vorgehen aus der Perspektive neuzeitlichen Geschichtsbewußtseins gleichsam "selbstverständlich" legitimieren könnten. Statt dessen ziehen sie es vor, ihre Handlungen gegenüber den *yamba* mit a-historischen, bewußt provokativen Argumenten zu rechtfertigen.

Im Widerstreit der Meinungen

Bezogen auf die Beschlagnahmung und die Erniedrigung des Titels von Fai Nganwenfu zur Kolonialzeit betonen alle Befragten, daß dieses Vorgehen gegen den *fai* bei den *yamba* und bei den Lineages "fremder" Abstammung eine Welle der Empörung ausgelöst habe. Bis heute zeigen diese Leute offen ihre Verärgerung, wenn sie von entsprechenden Erinnerungen berichten:

Ndzi als Übersetzer von Fai Ndzifufi: "From Kimi - the leader for the *wiya*-people was Fai Nganwenfu ... he could be known as a chief for the *wiya*-people."

Fai Ndzifufi: "Yes! Correct!"

Ndzi als Übersetzer von Fai Ndzifufi: "By then the *nkwi ndfung* was already a chief, though Fai Nganwenfu was leading and planning to become a permanent chief. Since, you know that the *nwe ndfung* - in the history - had been somebody always for war ... When the *Fon* was coming, coming, coming - at the dispute in Jirt, he had to seize this power from Fai Nganwenfu. And Fai Ngawenfu remains same, a *fai* ... So, since he seized this power, they (die *ndfung*, B.B.) said: If anything (eine Verschwörung, B.B.) is around, and he comes out now, there will be severe punishment ... When the Germans came in now, they asked: Who is important, who is the head? They said: It is the *nkwi ndfung* now. Then they went to him. And then he (der *Fon*, B.B.) send the *dogaris* - like we here - to go out. And then they collect *fufu*-corn, collect eggs, collect some food for the Germans to give ..."

Fai Ndzifufi: "For the Germans!" (Lachen)

Ndzi als Übersetzer von Fai Ndzifufi: "From there his power was going down."

B.B.: "So, by then, he was still in power yet?"

Ndzi als Übersetzer: "No, when the Germans came in, the power was already seized. They (die *ndfung*, B.B.) took the power in Jirt ... If the people of the *nkwi ndfung* would have done right, they would have separated Fai Nganwe-nfu from all the other *fais* because he is just like a chief."

B.B.: "But how did they seize the power, what happened?"

Ndzi als Übersetzer von Fai Ndzifufi, der plötzlich sehr aufgebracht und laut fortfährt: "When they seized this power from him, they seized all these things (Königsattribute, B.B.). The *kabra* (!) and all these things. They carried it to the palace, they took all! ... He would have owned this things, but they took it! This is how they seized the power from him - that he will not be a chief. All the *kabras* were seized and they are in the palace now!" (Fai Ndzifufi, 25.7.85)

Die *ndfung* geben zu ihrer Verteidigung an, nicht anders haben handeln zu können, da der damalige Fai Nganwenfu seit der Regierungszeit der *yaah* den Thron eigenmächtig besetzen wollte. Diese *yaah* sei jene Königinmutter gewesen, die als Kind an der Seite von König Nforambo "regiert" hätte.[132] Als dieser von den Fulbe überfallen und gekidnappt wurde, war die *yaah* bereits erwachsen, einem *yaku*-Erdherrn (Fai Ngantu) zur Frau gegeben und ihres Amtes offiziell enthoben gewesen. Damit wären zu jener Zeit beide königlichen Throne unbesetzt gewesen. Einen Prinzen, den man zum König krönen konnte, gab es nicht, denn beinahe alle Mitglieder des Königshauses waren von den Fulbe getötet oder verschleppt worden. Der einzig in Frage kommende Nachfolger für den Thron war noch ein kleines Kind, so daß man sich entschied, die zuletzt amtierende *yaah* an den Palast zurückzuholen und als Interimskönigin einzusetzen. Dennoch blieb ein gewisses Machtvakuum, das es zu schützen galt. Die Bedrohung durch Fai Nganwenfu habe stetig zugenommen und sei unter dem letzten *Fon* dann so stark geworden, daß sie ihm, um den Frieden zu sichern, alle Möglichkeiten zur Selbsterhöhung hätten nehmen müssen (Fai Ndimbie, 6.12.85).

Ähnliche Angaben machen auch die *subchiefs* der Wiya, die zu jener Zeit ebenfalls degradiert wurden und bis heute um ihre Souveränität kämpfen:

> "Auch noch zur Zeit von Dr. Jeffreys versuchte Fai Nganwenfu ein *chief* zu sein. Er sagte, er ist der Kopf der Wiya, der *wi-yamba*. Wenn sie ihn Fai Boyar rufen, sagte er, ist er doch der Kopf von allen Wiya. Der *Fon* widersprach und sagte: "Nein, du bist nichts als ein *fai*, ein großer *fai*. Aber du kannst nicht behaupten, ein *chief* zu werden. Danach nahmen sie ihm einen Teil seines Besitzes. So gehörte das Land, wo der *Fon* gerade sein Gästehaus errichtet, früher ihm. Außerdem nahmen sie ihm seine *kabra* (Thron) und seine Halskette, um ihn zu erniedrigen. Von da an gab es große Probleme zwischen den beiden. Der *fai* behauptete, daß der *Fon* kein Recht dazu gehabt hätte, ihm die *chief*-Sachen zu nehmen. Dagegen konnte der *Fon* den Anspruch des *fai*, ein *chief* zu werden, nicht akzeptieren. Ohne die Sachen hat der *fai* nun auch keinen Zugang mehr auf einen *chief*-Titel." (*Fon* von Sen, 13.11.85)

Die *yamba* sind empört über diese Unterstellung und bestreiten entschieden, daß Fai Nganwenfu die Nachfolgeprobleme der *ndfung* ausnutzen wollte. Schließlich hätte er zur fraglichen Zeit den kleinen Prinzen unter seiner Obhut gehabt und ihn beschützt (J. Lamfuh, 23.7.85). Das hätte er ja wohl nicht getan, wenn er sich zum König hätte krönen lassen wollen. Manche behaupten sogar, daß der wahre Konkurrent zu jener Zeit gar nicht Fai Nganwenfu, sondern der Schwestersohn des *Fon*, Fai Ndimbie, gewesen wäre. Ihm hätten die *ndfung* in Vertretung des *Fon* alle rituellen Aufgaben übertragen, da die *yaah* aufgrund ihres Geschlechts keine rituelle Tätigkeit ausführen durfte. Hiernach wäre es Fai Ndimbies Bestreben gewesen, diesen Status auch auf die anderen Regierungsbereiche auszuweiten:

> "Es war Nforambo, der nach Banyo ging. Bis der rechtmäßige Nachfolger heranwuchs, herrschte die *yaah* zusammen mit Fai Ndimbie über alle

Wiya. Ndimbie war ein Bruder des alten *Fon*, ein *munjar* (Schwestersohn, B.B.). Fai Nganwenfu versorgte nur den kleinen Nachfolger Nfor. Schon damals gab es für Fai Nganwenfu keine Möglichkeit mehr, auf den Thron zu kommen ... Darum war es nicht Fai Nganwenfu, sondern Fai Ndimbie, der während der Herrschaft der *yaah* versuchte, die Macht an sich zu reißen." (James Yengong, 21.7.85)[133]

Einige *yamba* räumen zwar ein, daß Fai Nganwenfu später, zur Zeit der britischen Verwaltung, mit dem Gedanken gespielt hätte, König zu werden, doch wäre es dafür schon viel zu spät gewesen (Tamnfuh von Boyar, 12.12.85). Während der Regierungszeit der *yaah* hätte er jedoch den Erben beschützt. Damit wäre bewiesen, daß er nicht plante, die von den Fulbe zugefügte Schwächung der *ndfung* für seine Machtübernahme auszunutzen.

Diesen Einwand lassen die *ndfung* ihrerseits jedoch ebenfalls nicht gelten. Sie behaupten, Fai Nganwenfu hätte erst auf das Kind aufgepaßt, als es schon gekrönt worden war. Darum hätte er gegen seine Autorität gar nichts mehr ausrichten können:

Ndzi als Übersetzer von Fai Ndimbie: "When the other *Fon*, Mforambo, went to Banyo, they said, they wanted to seize the throne of the *Fon*. And then, by then, there was only the *yaah* and his father (Fai Ndimbie, B.B.) ruling the palace. There was no *Fon*, when they (die Fulbe, B.B.) took Mforambo to Banyo. The people wanted to seize the throne. So, his father and the *yaah* were ruling the palace ... And then his father was talking seriously to people that, when somebody will try ... and wants to take away everything (die Königsattribute, B.B.) and then create a different *Fon* - there is problem, there is war again ... The heir who was so young, they took him and then they were hiding him somewhere - at the side of Manji, before later on they were bringing him. He was still very very young ... Nevertheless, they knew that he was going to be the right man to succeed ... So they took that *Fon* and the mother, went and put them in hiding very far."

B.B.: "Who wanted to seize? Who wanted to take away the throne?"

Ndzi als Übersetzer von Fai Ndimbie: "So by then, their direct name was called: *nwe ndfung*. And then the *wiya* were the people of Fai Ngawnenfu. So, the *wiya*-people, which is the family of Fai Nganwenfu, they wanted to crown Fai Nganwenfu as the *Fon*."

Fai Ndimbie: "Fai Nganwenfu. The people of Fai Nganwenfu tried ..."

Ndzi: "By then his father (Fai Ndimbie, B.B.) was one of the strongest among all the people in Ndu."

Ndzi als Übersetzer von Fai Ndimbie: "The *Fon* was still a young child. They (die *ndfung*, B.B.) knew, where the *Fon* was hiding and they were prepared to crown him as soon as possible."

B.B.: "Somebody told me that it was Fai Nganwenfu who was caring for the child."

Fai Ndimbie: "Correct! This was after, after they had crowned him."
Ndzi als Übersetzer von Fai Ndimbie: "When he grew up, and then they saw, he
    was at the age, not up to the mature age, they crowned him. They took
    him and then they put him again into a hidden place, because the wars
    were passing and they were afraid that they (die Kriegsgegner, B.B.) could
    kill him. So they put him not right into Fai Nganwenfu's compound, but
    nearer to Fai Nganwenfu's compound ... And then he (Fai Nganwenfu,
    B.B.) had to come and care for him. By then the *yaah* and his father were
    ruling the Palace."
B.B.: "So they put the *Fon*, who was still young, close to Fai Nganwenfu's com-
    pound. Was it not dangerous to put him there - close to this man who
    wanted to take over?"
Fai Ndimbie: "He was not able to do anything again. Because, when they make
    swear, they force him and bring him (zu der Inthronisation, B.B.). He
    swore too and nothing he had to do again."
Ndzi: "And when there is a problem, he has to suffer. They finish him imme-
    diately. Since the people of *nwe ndfung* were stronger - right up to today!"
    (Fai Ndimbie, 6.12.85)

Darüber hinaus versuchen die *ndfung* die Erniedrigung von Fai Nganwenfu mit
dem Verweis auf die Vergangenheit zu rechtfertigen. Demnach hätte Fai
Nganwe-nfu nie einen *chief*-Status besessen. Es wäre erst der *Fon* selbst gewesen, der seinen Status für die Mühen während des Krieges aufgewertet hätte.
Eine solche Beförderung könne er aber auch ohne weiteres wieder rückgängig
machen. Genau das sei im Fall von Fai Nganwenfu geschehen (Fai Ndzishirnji,
22.7.85). Das heißt, die *yaku erklären* den hohen Status von Fai Nganwenfu mit
einer eigens durch den *Fon* vergebenen Belohnung, die er ihm einige Zeit
später wegen der angeblich von ihm ausgehenden Bedrohung wieder entzog.

   Demgegenüber nehmen viele *yamba* an, daß es die Briten waren, die dem
Fon nahelegten, dem *fai* endgültig jede Möglichkeit auf einen *chief*-Titel zu
nehmen. Ein *chief*, so hätten sie bestimmt, sei genug (J. Yengong, 21.7.85)[134].
Fai Nga-nwenfu selbst ist auch der Meinung, daß es nicht der *Fon* war, der
seine Entmachtung forderte, sondern es wären die *ndfung* seine Berater gewesen, die ihn dazu getrieben hätten:

> "The *Fon* took away a type of stools, a type of stools. By then, you know,
> I was not present ... but I know, it was the *kabra*! The *Fon* himself was
> not having the idea to seize this thing from us. When the people saw this,
> they said: 'If you do not seize all these things from him, then he will come
> to be more than you in future. He is a powerful man. He may say, I am
> the *Fon* in future. Because he is the one who came and settled here first.'
> So they had to seize." (Fai Nganwenfu, 15.11.85)

Auf die Frage, zu welcher Zeit dies etwa geschah und welcher *Fon* damals
regierte, wissen sowohl Fai Nganwenfu als auch die anderen anwesenden

Ältesten (u.a. Ta Ngwang) keine Antwort. Sie bitten mich um die von Jeffreys veröffentlichte Genealogie der *Fons* und beschließen nach langer Diskussion, daß es wohl Nonebirr, der Vater des ersten *Fon* (des jüngst verstorbenen Königs), gewesen sein muß. Bei einem weiteren Interview drei Tage später korrigiert sich Fai Nganwenfu und behauptet, die Degradierung sei zur Zeit des Nachfolgers, also zur Amtszeit des letzten Königs, *Fon* Nformi, geschehen.[135]

Im Einklang mit seinen Ältesten betont Fai Nganwenfu, daß sein Vater und der *Fon* bis zu jener Zeit in gutem Einvernehmen lebten. Sein Vater hätte ihn in vielen Bereichen unterstützt und vor allem seine Not an Lebensmitteln entscheidend gemildert. Zum Beispiel hätte er dem *Fon* zu Fleisch verholfen, indem er den *yamba* befahl, von jeder erjagten Antilope einen Schenkel am Palast abzugeben. Tatsächlich ist dies bis heute im ganzen Wiya-Land Gesetz. Verstößt jemand dagegen, wird er vor den Rat des *Fon* gerufen und muß eine Strafe zahlen. In ähnlicher Weise - so bestätigt die Mehrzahl der *yamba* - hätte sie der Vater des amtierenden Fai Nganwenfu angehalten, einmal im Jahr Feuerholz und einen Teil der Ernte zum Palast zu bringen. Aufgrund des Landmangels sei es um die Versorgung am Palast schon immer schlecht bestellt gewesen. Die wichtigste Unterstützung jedoch, die der *fai* dem *Fon* und dem Königshaus hätte zukommen lassen, sei eine Art Notverordnung gewesen, die nur auf sein eindringliches Betreiben hin zustande gekommen sei. Um nach der Dezimierung der *ndfung* durch die Fulbe den Fortbestand des Königshauses überhaupt noch zu ermöglichen und die politische Ordnung zu erhalten, hätten sich sowohl die *yamba* als auch die zahlreich eingewanderten Familien fremder Abstammung daraufhin verpflichtet, Töchter als Ehefrauen des *Fon* an den Palast zu geben:

> "Es gab einige, die gerne an die Stelle des Nachfolgers getreten wären. Um Probleme zu vermeiden, krönten sie den immer noch jungen Prinzen zum *Fon*. Und alle Leute riefen: 'Wie soll denn die Generation (im Palast, B.B.) überhaupt wieder aufgebaut werden?' Die meisten Leute vom Palast waren doch nach Banyo verschleppt worden. Sie antworteten: 'Jeder Mann hat dem *Fon* eine Tochter zu geben. Am Palast wird sie heranwachsen, den *Fon* heiraten und Kinder gebären. Diese Kinder werden wiederum Kinder haben, so daß der Palast zurückkommen wird.' Jeder gab kostenlos eine Tochter, ob er wollte oder nicht. Später zeugte der *Fon* dann tatsächlich viele Kinder und eine neue Generation war geboren. Der letzte *Fon* zeugte und zeugte, so daß der Palast größer wurde als je zuvor. Die Leute sagten nun, daß der *Fon* ihr Vater wäre, weil sie mit eigener Kraft die Generation am Palast wiederaufgebaut hatten. Die Fulani kamen und hatten alles zerstört. Durch ihre eigene Anstrengung war nun alles wieder wie vorher und sie akzeptierten den letzten *Fon* als ihren Vater." (Fai Njilangeh, 30.1.86)

Da Fai Nganwenfu den *Fon* in dieser Weise unterstützt hätte, sei die Behauptung der *ndfung*, er habe die Schwäche des Königshauses nutzen und sich selbst zum *chief* krönen lassen wollen, eine Lüge. Darüber sind sich die *yamba* einig und empfinden seine Entmachtung als ganz und gar ungerechtfertigt. Die Beschlagnahmung der Königsattribute hatte bürgerkriegsähnliche Zustände unter den Wiya ausgelöst und Fai Ngawenfu dazu veranlaßt, sich aus Protest neue Throne anfertigen zu lassen:

Fai Nganwenfu: "Ohne daß der *Fon* es wußte, kaufte mein Vater wieder neue
und ersetzte damit die alten. (Er läßt die neuen Throne mit den typischen
Leoparden- und Spinnenmotiven sowie einen Kinderthron, der von einer
Königinmutter genutzt werden könnte, vorführen, B.B.) Die Kinder-*kabra*
ist eine Neuanschaffung. Es hatte sie zuvor bei uns nicht gegeben. Alle
Throne sind wie die vorhergehenden mit Medizin und Rotholz (*camwood*)
behandelt. Setzt sich jemand unerlaubt darauf, brechen ihm die Arme und
Beine. Das ist auch bei der *kabra* des *Fon* so."
B.B.: "Wie konnte der *Fon* denn die *kabra* überhaupt beschlagnahmen?"
Fai Nganwenfu: "Ganz einfach - er schickte die *mbo-nwarrong*![136] ... Davor waren mein Vater und der *Fon* sehr gute Freunde. Er besuchte den *Fon*
beinahe täglich und begleitete ihn überall hin. Das war vor allem zur Zeit
des zweiten *Fon*, Nonebir. Der Streit fing erst mit seinem Nachfolger,
dem letzten *Fon*, an. Es gab Eifersucht, die sich zu einem Haß zwischen
yamba und *yaku* steigerte ... Die Geschichte mit der Beschlagnahmung der
kabra findet sich auch in einem Buch, aber leider haben wir es nicht hier.
Vielleicht hat es einer meiner älteren Brüder in Nkongsamba oder Lope.
Mit Sicherheit ist es aber am Palast." (18.11.85)

Der *Fon* verneint jedoch, ein solches Buch zu kennen, und lehnt es auch ab, in den vielen mit Akten angefüllten Kisten danach suchen zu lassen. Demgegenüber bestätigen einige *yamba* und auch *yaku*, von der Existenz eines solchen Buches zu wissen. Es wäre ein Schulbuch gewesen, verfaßt von dem damaligen Missionar Sieber. Dieser hätte seine Lehrer damit beauftragt, die Geschichte der Wiya über die Schüler in Erfahrung zu bringen. Nach diesen Erzählungen, die die Kinder von ihren Eltern erfragten, hätte er eine Geschichte aus der Perspektive der *yamba* niedergeschrieben. Einige Zeit wäre dieses Buch dann für den Unterricht in der Schule verwendet worden, dann aber sei es ganz plötzlich verschwunden. Man nimmt an, daß der *Fon* in der Zeit der Erniedrigung von Fai Nganwenfu seinen Gebrauch in der Schule verboten und das Buch eingezogen hat. Er hätte befürchtet, daß es die damaligen Auseinandersetzungen zwischen den *yamba* und den *ndfung* noch weiter schüren könnte (Aristos Ngakfumbe 24.3.86).

Tatsächlich muß der Aufruhr der *yamba* so heftig gewesen sein, daß der *Fon* aus Angst vor Gewalttätigkeiten den Palastbezirk pausenlos überwachen ließ. Bis heute sind die *Wiya* für ihre Schlägereien auch bei den Nachbarkönigtümern berüchtigt. Es soll lange gedauert haben, bis die *yamba* sich mit dieser Zurücksetzung, die indirekt sie alle betraf, arrangieren konnten:

> "The Wiya-people have a poor reputation in Donga-Mantung or even in the whole Northwest Province. People think, the Wiya are fond of fighting. They behave like wild bushmen, they are not yet civilized. This is because of the old dispute between the people down in the palace and the people up here in *kwiyar*. This is long ago but we still remember it. Every market day, on *ntala*, there was fighting, very serious fighting. Some guys were drunken, because of too much alcoholic drinks ... The *ndfung* from the palace pro-vocated our people from Boyar here, or maybe these men here provocated those from the palace - nobody knows. Anyway, some few started to make trouble and very soon twenty, thirty or even more people became involved. The fighting started at the market-place, moved down to Mbacourt or to the mission-compound and came back to the market-place. More and more people joined them and at the end there were also people from Wat, Wowo and Mbipgo who took part ... By then, there was one man, up here. He was well-known. His name was Ta Ndap and he was huge. He had his house up here, on top of the hill. Any time now, when he noticed some fighting down at the market-place, he went down to hit the quarrelers - on top of their heads." (Manshang Sayani, 31.5.86)[137]

Solche bürgerkriegsartigen Zustände herrschen heute zwischen den *yamba* und den *yaku* nicht mehr. Wenngleich es also wohl nicht mehr zu solchen Schlägereien kommt, vermeidet man auch jetzt noch ein Zusammentreffen der Gruppen in traditionellen Trinkhäusern wie dem der *ngirri*-Prinzengesellschaft.[138] Solche Plätze würden die alten Wunden nur unnötig wieder aufreißen, und mancher, der aufgrund des Genusses von allzuviel alkoholhaltigem Raffiawein seine Wut nicht bezähmen könne, würde neue Probleme schaffen, so die gängige Meinung der *yamba*.

Analyse: Geschichte und Geschichten

Geht es darum, aus den erzählten Geschichten die Ereignisse der Kolonialzeit zu rekonstruieren, so kann man davon ausgehen, daß die behauptete Rückstufung von Fai Nganwenfu und der damit verbundene Machtverlust der *yamba* der historischen Wahrheit entspricht. Die Erinnerungen daran sind noch frisch und basieren zum Teil sogar auf persönlichen Erlebnissen. Mischt man sich jedoch in den Streit zwischen den *yamba* und *yaku* ein und stellt die Frage nach der Legitimität dieser Erniedrigung, ist man wiederum auf seine eigenen Interpretationen und nicht zuletzt auf Geschichtskonstruktionen vorherge-

hender Zeiträume angewiesen. Es sei darum noch einmal an die Schlußfolge-
rungen der vorhergehenden Kapitel erinnert:
1. Als die landbesitzenden *yaku*-Lineages in ihr heutiges Siedlungsgebiet einwanderten, trafen sie auf autochthone *yamba* (Klan A) und auf eingewanderte *yamba*-Lineages (Klan B).
2. Trotz der Rivalität der beiden *yamba*-Klans befürchteten die *yaku*, daß
die *yamba* sich angesichts der zugewanderten *yaku* eines Tages doch auf die
Vormachtstellung einer *yamba*-Lineage einigen könnten.
3. Darum sandten sie nach ihren kriegerischen Verwandten (*ndfung*), die
dann auch prompt die Macht über die *yamba* und *yaku* übernahmen.
4. Bis dahin hatte es weder einen König der *yamba* noch einen der *yaku*
gegeben.
5. Die zuletzt eingewanderten *ndfung* konnten sodann während der Kriege
mit den Fulbe und den benachbarten Siedlern ihre Vormachtstellung über
die *ya*-Lineages festigen und ihren Einflußbereich auf jene autonomen
Gruppen ausdehnen, die sich ihnen zum Zwecke der besseren Verteidigung
freiwillig angeschlossen hatten. Die Kolonialbeamten begriffen den *nkwi
ndfung* sodann als König über alle *ya*-Gruppen und ehemaligen Kriegsverbündeten.

Vor diesem Hintergrund erscheint das Verhalten der *ndfung* gegenüber Fai
Nganwenfu durchaus legitim. Schließlich können die *yamba* schon seit der Einwanderung der *ndfung* nach Jirt, d.h. also noch vor dem Ausbruch der Kriege,
als eine durch die *ndfung* unterworfene Gruppe angesehen werden. Dennoch
bleibt es tatsächlich fraglich, warum der *Fon* nicht schon in Jirt, direkt nach
seiner Einwanderung, die Gelegenheit ergriff, den *fai* als den angeblich potentiellen *chief* der *yamba* zu entmachten. Dieses Versäumnis ist ein weiterer
Hinweis darauf, daß Fai Nganwenfu diese herausragende Stellung unter den
yamba noch gar nicht innehatte. Die *ndfung* hatten zu jener "Vorkriegszeit"
einfach noch keinen Anlaß, ihn als Bedrohung für ihre Vorherrschaft zu
empfinden. Womöglich entwickelte sich Fai Nganwenfu erst im Krieg zu einem
militärischen "Anführer" der *yamba* und gewann aufgrund dessen immer mehr
an Status. Seine Funktion als Befehlshaber der *yamba* veranlaßte den nach
Banyo entführten König Mforambo wohl auch, seinen zum Amtsnachfolger
bestimmten Sohn gerade diesem Lineageoberhaupt anzuvertrauen. Von ihm
konnte sich der durch die Fulbe überfallene König noch am ehesten größtmöglichen Schutz für den Erben des Throns versprechen. Schließlich war er -
wie mehrere Überlieferungen belegen - nicht nur vor einfallenden Kriegsgegnern, sondern auch vor den Ränkespielen der *ndfung* zu schützen. So
erscheint die Aussage der *yamba*, nach der Mforambo Fai Nganwenfu als
"Pflegevater" ausgewählt hatte, wahrscheinlich. Die Behauptung der *ndfung*, Fai
Nganwenfu hätte den bereits inthronisierten Erben in seiner Obhut gehabt,

wirkt dagegen fraglicher. Folgt man also der Aussage der *yamba*, ist es möglich, daß sich das königliche "Pflegekind" nach seiner Inthronisation in einer Bringeschuld gegenüber dem *fai* fühlte. Wie Fai Nganwenfu betont, galt sein Vater als der beste Freund des damaligen *Fon*, der auch Nonebirr genannt wurde. Dieser *Fon* Nfor ernannte ihn - wohl in Erinnerung an dessen Fürsorge - zu seinem engsten Vertrauten. In dieser Position gewann der Vater des regierenden Fai Nganwenfu auch unter den *yamba* weiter an Bedeutung und Ansehen.

Zur Zeit der Machtergreifung in Jirt war demnach von einem politischen Gegenspieler in Gestalt des Fai Nganwenfu noch gar nicht die Rede. Erstmals zur Kolonialzeit empfanden die *ndfung* ihn als gefährlichen Kontrahenten. Zu dieser Zeit hatte er in seiner Funktion als engster Vertrauter des *Fon* unter den *yamba* den Status erreicht, der ihn zum potentiellen *chief* der *yamba* qualifizierte. Nach dem Tod seines "Pflegekindes" *Fon* Nfor im Jahre 1934 genoß Fai Nganwenfu aufgrund seines Alters und seiner langjährigen Beraterfunktion nicht nur bei den *yamba*, sondern bei allen Wiya-Verbündeten ein unvergleichlich hohes Ansehen. Wahrscheinlich stellte seine Popularität die des jungen Thronnachfolgers bei weitem in den Schatten. So spielte Fai Nganwenfu zur Zeit des Regierungswechsels im damaligen *Ndu Council* und im *Native Court* eine sehr dominante Rolle, gegen die der eben erst gekrönte junge *Fon* Nformi noch gar nichts ausrichten konnte. Hinzu kam, daß die Kolonialbeamten durch zahlreiche Proteste von seiten ehemaliger Kriegsverbündeter bezüglich der Legitimität der Vorherrschaft des *Fon* von Ndu ohnehin verunsichert waren. Aufgrund dessen gewährten sie sowohl den untergeordneten Kleinkönigtümern als auch den *yamba* zeitweilig Steuersouveränität, die die Durchsetzungsfähigkeit des *Fon* von Ndu weiter schwächte. *Fon* Nformi, der anders als sein Vater keine direkte persönliche Loyalität gegenüber Fai Nganwenfu empfand, sah diesen folglich als Hindernis für seine eigene Profilierung.

Zutreffend wirkt auch die Aussage des heutigen Fai Nganwenfu, nach der es die *ndfung* waren, die den *Fon* gegen seinen Vater aufwiegelten. Nachdem nämlich die Ältesten der *ndfung* die bevorzugte Behandlung des *fai* jahrelang mitverfolgen mußten, sahen sie mit dem Regierungswechsel ihre Stunde gekommen. Um dem neuen *Fon* den "Lieblingsberater" seines Vaters auszureden, schürten sie seine wohl nicht ganz grundlose Sorge um die eigene Durchsetzungsmöglichkeit. Der Einfluß von Fai Nganwenfu zu jener Zeit war so groß, daß die *ndfung* befürchteten, er könnte sich eines Tages selbst zum König krönen lassen. Auch die *yamba* sahen das größte Hindernis für seine Machtübernahme gar nicht bei den Wiya, sondern bei der Kolonialverwaltung, die einen zweiten König nicht akzeptieren wollte.

Aus machtpolitischen Erwägungen blieb den *ndfung* demnach gar nichts anderes übrig, als den Status von Fai Nganwenfu auf ein niedrigeres Niveau zu reduzieren. Parallel dazu wurde vermutlich auch das von dem Missionar Sieber verfaßte "Buch", das über die Geschichte der Wiya aus der Perspektive der *yamba* Auskunft gegeben haben soll, vom Palast eingezogen. Leider ist es weder in Privathaushalten noch in den Archiven der Baptisten-Mission, für die Sieber gearbeitet hatte, auffindbar, so daß über Inhalt und Umfang keine Angaben gemacht werden können. Auch wenn die Gewährsleute, die das Vorhandensein eines solchen "Buches" beteuern, unabhängig voneinander zugeben mußten, daß sie es selbst nie in den Händen hielten, muß die Existenz eines solchen Schriftstücks darum nicht unbedingt bezweifelt werden. Gut möglich, daß es ein für den Schulgebrauch genutztes Manuskript war, dessen Inhalt dem Palast sehr mißfiel, weil es dem eben erniedrigten Fai Nganwenfu einen allzu hohen Stellenwert einräumte. Die *ndfung* mußten befürchten, daß mit der Verbreitung des hier dargelegten Standpunkts ihr Ansehen ausgerechnet bei denen Schaden nehmen könnte, die später als schulisch gebildete Einheimische in der Verwaltung der Kolonie eingesetzt werden sollten.

Das resolute Vorgehen gegen Fai Nganwenfu und gegen das von Sieber verfaßte "Buch" kann auch noch durch einen anderen Umstand erklärt werden, der in die Hauptstadt der benachbarten Nso', nach Kumbo, weist. Dort gibt es ein Lineage-oberhaupt, das mit der Stellung von Fai Nganwenfu vergleichbar ist. Der Betreffende, Fai Ndzendzef, stammt ursprünglich aus Mbot und gehört anders als der *Fon* von Nso' zu den ersten Siedlern von Kumbo. Mit einem häufig verbreiteten Motiv mündlicher Traditionen legitimiert er bis heute seine politische Bedeutung und seine besondere Beziehung zum königlichen Palast von Kumbo. Die Erzählung lautet, daß auch er (ähnlich wie Fai Nganwenfu) für die Kontinuität der königlichen Dynastie sorgte, indem er vor langer Zeit, als Händler nach Ndu kommend, den versklavten Prinzen entdeckte und an den Palast zurückbrachte. In der Folge gelang es Fai Ndzendzef, das Ansehen, das er seitdem genoß, zu mehren. Ähnlich wie in Ndu trug es sich auch hier zu, daß er zur Zeit des Regierungswechsels zweier kurz aufeinander folgender Könige zum höchsten Ratgeber am Palast von Nso' avancierte und man ihm größten Respekt zollte. Als wiederum die Krönung eines *Fon* bevorstand, verlangte Fai Ndzendzef ein Opfer am Grab seiner Väter und bestand darauf, daß die entscheidenden Krönungszeremonien nur er allein durchführen könne.[139] Die königliche Lineage widersetzte sich diesen Forderungen, woraufhin sich das Lager der Nso' in zwei verfeindete Fraktionen aufspaltete. Der Beginn dieses Konfliktes, der 1956 zu gewaltsamen Auseinandersetzungen führte, soll bereits auf 1926 zurückgehen. In allen Nachbarkönigtümern wurde die Zuspitzung dieses Streits mit Interesse verfolgt. Viele *yamba* bestätigen heute, daß die *ndfung* zu jener Zeit in ihrer Beziehung zu Fai Nganwenfu hier durchaus Parallelen entdeckten, die sie bestärkt hätten, alles gegen die privilegierte Position von Fai Nganwenfu unternehmen zu müssen.

Aus der Perspektive akademischer Geschichte läßt sich also feststellen, daß die *ndfung* in der Verteidigung ihrer Vorrangstellung gar nicht so unrecht hatten, wie es die *yamba* heute glauben machen wollen. Es spricht auch vieles dafür, das es der *Fon* tatsächlich selber war, der einst den Status von Fai Nganwenfu aufwertete. Vor diesem Hintergrund erscheint die Degradierung desselben *fais* also durchaus legitim und die Rebellion der *yamba* dagegen zwar verständlich, aber doch ungerechtfertigt. Wenn also die *ndfung* im Recht sind, stellt sich die Frage, warum sie zur Legitimation ihrer Ansprüche und Handlungen nicht einfach auf die Vergangenheit und die tatsächlich stattgefundenen Ereignisse verweisen. Statt dessen ziehen sie in ihren Geschichten Begründungen heran, deren offensichtliche Unrichtigkeit die Streitparteien verärgert und zu Widerspruch provoziert.

Es sind vor allem zwei Argumente der *ndfung*, die die *yamba* regelrecht empören. Das erste bezieht sich auf eine als ausgesprochen ungerecht empfundene Beschuldigung. So erheben die *ndfung*, um die Erniedrigung des Status von Fai Nganwenfu zu legitimieren, den Vorwurf, der *fai* hätte die von den Fulbe bewirkte Schwächung der *ndfung* ausnutzen und sich der Macht hinterhältig bedienen wollen. Aus der Perspektive der *yamba* ist es jedoch genau jener Fai Nganwenfu gewesen, der den Palast der *ndfung* nach dem Überfall durch die Fulbe am tatkräftigsten unterstützte. Nicht nur, daß er dem rechtmäßigen Erben zur Thronnachfolge verhalf, sondern er initiierte auch noch die Bereitstellung von Ehefrauen und die bis heute rituell beibehaltene Abgabenregelung von Nahrungsmitteln.

Das zweite, äußerst umstrittene Argument betrifft den Landbesitz, wodurch die *ndfung* - in den Augen der *yamba* - versuchen, den Status von Fai Nganwenfu grundlegend zu schwächen. Da sie (die *ndfung*) es gewesen wären, die die Wiya aus Kimi in das heutige Siedlungsgebiet geführt hätten, seien sie genau genommen die Eigentümer allen Landes. Fai Nganwenfu hätte darum nicht schon immer einen derart hohen Status gehabt. Es sei erst der *Fon* selbst gewesen, der ihn beförderte und darum auch das Recht hätte, seinen Einfluß jederzeit wieder auf Normalniveau zu reduzieren. Der Verweis auf die Erstbesiedlung des Landes steht im deutlichen Widerspruch zu allen anderen Wiya-Gruppen, und sogar die landbesitzenden Lineages der *yaku* bestätigen, daß es die *ndfung* waren, die als letzte Gruppe einwanderten und darum kein eigenes Land besitzen.

Die Angaben der *ndfung* zur Gebietshoheit sowie die Vorwürfe zum Verhalten von Fai Nganwenfu werden von den Streitpartnern als Lügen diffamiert und unschwer entlarvt. Auch aus der Perspektive der oben konstruierten Geschichte läßt sich sagen, daß sich die *ndfung* mit ihren Behauptungen letztlich selbst ins Unrecht setzen. Es fragt sich daher um so mehr, warum sie dieses aus historischem Blickwinkel unnötig erscheinende Verwirrspiel der Argumentation den tatsächlichen Begebenheiten vorziehen. Auf der Suche nach Erklärungen für die "unhistorische" Rechtfertigung ihrer politischen

Vorrangstellung und der Degradierung ihres politischen Rivalen (die die *ndfung*
ja auch mit Verweisen auf reale Ereignisse hätten belegen können) werden die
beiden wichtigsten "Falschdarstellungen" im folgenden näher untersucht.

Betrachten wir zunächst die Behauptung der *ndfung*, alles Land zu "besitzen", ein Argument, welches sie zur britischen Kolonialzeit sogar auf die
Regionen der fünf Unterkönigtümer ausweiteten. Unwidersprochen wäre eine
solche Angabe heute als wichtiger Beleg für den Hegemonieanspruch des *Fon*
aufzufassen, hat Grundbesitz doch durch die bedrängende Landknappheit in
fast allen Gebieten der Wiya eine existenzielle Bedeutung. Überall gibt es
Streit um Land, der meist sogar Fälle von Hexerei mit einschließt. Wäre der
Fon also tatsächlich der Besitzer allen Landes, würde ihn dieser Umstand
automatisch in eine deutlich herausragende Schlüsselstellung bringen. So
eindeutig ist die Aussage aber nicht zu interpretieren. Abgesehen davon, daß
die *yamba* und auch Teile der *yaku* dieser Behauptung vehement widersprechen, ist sie für die Wiya selbst lediglich in neuerer Zeit überhaupt von Relevanz. Erst seit den siebziger Jahren ist nach Auskunft der Wiya die Bevölkerung derart angewachsen, daß von Landmangel gesprochen werden kann.
Landbesitz hatte vor der Ankunft der Europäer lediglich rituelle Bedeutung.
Gerade nach der drastischen Reduzierung der Bevölkerung durch die Fulbe
gab es bei den Wiya Land in Hülle und Fülle. Die Ansiedlung fremder Lineage-
ges wurde begrüßt und nicht etwa an Bedingungen geknüpft. Man war froh
über die sozialen Erleichterungen, die mit der Belebung der Nachbarschaft zu
erwarten waren. Politisch-rechtliche Gewichtung erhielt der Landbesitz erst zur
Kolonialzeit, als sich die nomadisierenden Bororo-Gruppen im Land verteilten
und mit ihren Rinderherden Felder und Anpflanzungen zerstörten. Der britische Kolonialbeamte Jeffreys legte draufhin die Grenzen fest und verteilte
Grenzsteine an den markantesten Punkten (vgl. Kapitel II).

Landbesitz galt also im vorkolonialen Rechtsverständnis noch gar nicht als
Rechtfertigung eines Hegemonieanspruchs. Andernfalls hätten sich die tatsächlichen Landbesitzverhältnisse ja auch stärker auf die soziale Ordnung des
Königtums auswirken und den *yamba* größeres politisches Gewicht einräumen
müssen. Daß sich die *ndfung* dieser Begründung dennoch bereits zur Kolonialzeit bedienten, kann als Zugeständnis gegenüber der von Europäern geführten
Kolonialverwaltung gewertet werden. Schließlich sollten diese von ihrer Prävalenz überzeugt werden. So befürchteten die *ndfung* (wahrscheinlich zu Recht),
daß die Briten ihren Hegemonieanspruch über die Klein-Königtümer und
möglicherweise sogar auch über die *yamba* anders nicht akzeptiert oder nicht
als hinreichend angesehen hätten. Geht man außerdem davon aus, daß den
ndfung europäische Wertmaßstäbe zu dieser Zeit bereits geläufig waren,
können ihre "unhistorischen" Behauptungen als koloniales *feedback* (Henige
1974) interpretiert werden. Mit anderen Worten erfanden die *ndfung* eigenen
Landbesitz, um ihren Herrschaftsanspruch gegenüber den Europäern glaubhaft

zu legitimieren. Daß die Begründungen nicht den historischen Tatsachen entsprachen, schien dabei zunächst unwichtig, hatte die Behauptung nach dem Verständnis der Wiya doch noch keine politische Relevanz. An dem Hierarchieverhältnis zwischen dem *Fon* und seinen untergeordneten *chiefs* und *fais* änderte sich vorläufig deshalb nichts.

Wenn die *ndfung* bis heute auf ihrer Behauptung bestehen, ist dies der ungleich größeren Bedeutung zuzuschreiben, die Landbesitz gegenwärtig hat und in Zukunft wohl haben wird. Rückblickend veränderten sich also die äußeren Umstände, während sich die nach außen inzwischen wohl etablierte Erzählung gleichermaßen mit Inhalt füllte, d.h. die Aussage der *ndfung* entwickelte sich von einem kolonialen *feedback* zu einem internen politischen Argument. Eine eindeutig legitimierte Vorrangstellung gibt einem König eben das Recht, den Status eines *fai* auf- und gegebenenfalls auch wieder abzuwerten.

Diese Notwendigkeit, einen Status abwerten zu müssen, trat aus der Perspektive der *ndfung* - im Falle von Fai Ngawenfu - zur britischen Kolonialzeit ein. Nach dem gescheiterten Versuch, die Schwächung des Königshauses infolge des Fulbe-Überfalls auszunutzen, hatte der *fai* von dem Ansinnen, sich selbst zum König über die Wiya krönen zu lassen, nicht mehr abgelassen. Zur Kolonialzeit schließlich blieb ihnen daher gar nichts anderes übrig, als seinen Status wieder auf sein ursprüngliches Niveau abzuwerten - so das zweite, oben zitierte Hauptargument der *ndfung*. Nicht nur die Degradierung selbst, sondern gerade dieser Vorwurf, Fai Ngawenfu habe ihre Schwäche ausnutzen wollen, ruft bis heute Empörung unter den *yamba* hervor. Schließlich war es doch gerade jener *fai*, der das Königshaus in der schweren Phase des Wiederaufbaus am tatkräftigsten unterstützte. Es stellt sich also die Frage, warum die *ndfung* diesen Vorwurf überhaupt erheben, zumal es doch, wie oben erläutert, aus historischer Perspektive eigentlich gar nicht notwendig ist, die Degradierung und die Beschlagnahmung der Königsattribute auf diese allzu leicht widerlegbare Weise zu rechtfertigen.

Überlegungen dazu sollten nicht verschweigen, daß jener Vorwurf - wie auch das Ereignis der Beschlagnahmung von Fai Nganwenfus Königsattributen durch die *nwarrong* - in den Kolonialakten keine Erwähnung findet. Daraus läßt sich einerseits schließen, daß die *ndfung* die Rivalität zwischen den *ya*-Gruppen vor den Kolonialbeamten geschickt zu verdecken wußten. Wie in Kapitel II bereits erwähnt, erfanden Fai Ndimbie und Jeffreys Abstammungsverhältnisse, um ihre Vorherrschaft als Selbstverständlichkeit erscheinen zu lassen. Sie behaupteten schlicht, Fai Nganwenfu sei, wie alle anderen *yamba-fais*, ein Prinz aus der Dynastie des regierenden Königs. Andererseits erscheint es angesichts des lautstarken und anhaltenden Protestes der *yamba* eher unwahrscheinlich, daß den Kolonialbeamten die Degradierung des *fai* tatsächlich gänzlich entgangen sein soll. Man kann wohl eher davon ausgehen, daß sie solche Versuche, die Hegemonie des *Fon* eindeutig zu legitimieren, wegen ihrer eigenen Unsicherheit begrüßten und unterstützten. Schließlich hatten sie doch selbst auf den politischen Einfluß des *Fon* gesetzt und die Verwaltung dieses äußerst heterogenen Teils des Mandatsgebiets darauf aufgebaut. Die Abstammungsangaben der *ndfung* ersparten es ihnen im konkreten Fall also beispielsweise, auf die Auseinandersetzungen zwischen den *yaku* und *yamba* einzugehen. Der Vorfall ließ sich nunmehr bequem als "familieninterner" Streit übergehen.

Heute gibt es unter den *ndfung* niemanden mehr, der diese Geschichte von der königlichen Abstammung Fai Nganwenfus und anderer *yamba-fais* vertritt. Sie ruft im Gegenteil bei ihnen selbst äußerstes Befremden hervor und wird heftig bestritten.[140] Unter den *yamba* ist die Geschichte gänzlich unbekannt. Niemand kann sich daran erinnern, jemals von einer solch abwegigen Behauptung gehört zu haben. So ist die Geschichte wohl als ein Produkt derzeit maßgeblicher Vertreter der *ndfung* zu verstehen, das zu den Bemühungen gehört, im Einklang mit der Kolonialverwaltung ein Wiya-Königtum zu konstruieren.

Gegenüber den *yamba* hielten sich die *ndfung* mit solchen Äußerungen also zurück. Den ihnen gegenüber formulierten Vorwurf, Fai Nganwenfu habe die Schwäche des Königshauses nach dem Überfall der Fulbe ausnutzen wollen, trugen die *ndfung* wiederum nicht nach außen, d.h. zur Kolonialverwaltung. Demnach ist diese Vorhaltung weder eine an den Erwartungen der Europäer orientierte Behauptung, noch entspricht sie etwa der historischen Realität.

Damals wie heute ist der Vorwurf also an die Adresse der *yamba* gerichtet und hat vordergründig den Sinn, das Vorgehen der *ndfung* gegen den *fai* zu legitimieren. Eine Rechtfertigung mit wahren Begebenheiten hätte anstelle dieser Beschuldigung viel diplomatischer geklungen, geben doch einige *yamba* selber offen zu, daß es zur britischen Kolonialzeit tatsächlich Überlegungen zur Krönung von Fai Nganwenfu gegeben hatte. Auch wenn die *yamba* die Degradierung des *fai* darum sicher nicht gutgeheißen hätten, ist aber anzunehmen, daß sie schon damals zumindest Verständnis für die Reaktion der *ndfung* aufgebracht hätten. Wenigstens heute sind sich viele darüber einig, daß sich die *ndfung* gegen diese Gefahr zur Wehr setzen mußten, wollten sie nicht tatsächlich die Macht an die *yamba* verlieren. Würden die *ndfung* also ihr Vorgehen mit wahren historischen Tatsachen zur Kolonialzeit begründen, wären die *yamba* wegen der Erniedrigung des Status von Fai Nganwenfu bestimmt weniger aufgebracht, und es hätte in der Vergangenheit vielleicht auch keine derart lautstarke Reaktion darauf gegeben.

Das Motiv für die "unhistorische" Rechtfertigung der *ndfung* gegenüber den *yamba* ist vielschichtig. Zu erwähnen sind - meines Erachtens - jedoch vor allem drei mögliche Hintergründe. Während sich die beiden ersten auf die Kolonialzeit beziehen, gibt der letzte eine Erklärung aus heutiger Perspektive.

Der erste Grund für die "unwahre" Behauptung der *ndfung* geht auf die Zeit unmittelbar nach der Beschlagnahmung der Königsattribute zurück. Es galt, die Anfeindungen der *yamba* erfolgreich abzuwehren, ohne selbst dabei Schaden zu nehmen. Das Königshaus steckte in einer tiefen politischen Krise und wagte quasi die "Flucht nach vorne", um von den eigentlichen Problemen abzulenken. Dazu projizierten die *ndfung* die aus der aktuellen Krise resultierende Schwäche des Königshauses in die ferne Vergangenheit. Der Zorn der *yamba* sollte sich nicht allein auf die Degradierung richten, sondern zu einem Streit über die Bewältigung längst vergangener Probleme provozieren, aus der die *ndfung* nach der Dezimierung durch die Fulbe einst gestärkt hervorgingen. Die neuerlich als gefährliche Schwäche empfundene Krise des Königshauses hatte folgende Hintergründe.[141]

Das Königreich der *ndfung* besaß Mitte der zwanziger Jahre seine größte Ausdehnung, und die *ndfung* befanden sich auf dem Höhepunkt ihrer Macht. Die Vor-rangstellung von *Fon* Nfor war unter den *subchiefs* der Unterkönigtümer unbestritten, und die *yamba*-Lineages bildeten noch keine nennenswerte politische Kraft. Durch die Kriege und die Überfälle der Fulbe auf kleine, verschreckte Grüppchen reduziert, war es ihnen gerade recht, daß der *nkwi ndfung* nach seiner exponierten Rolle zur Zeit der Kriege auch zur Kolonialzeit wiederum die Führung übernahm und mit den fremden Weißen verhandelte. Durch einen glücklichen Zufall gerieten außerdem die Ntem und die yámbá-sprachige Bevölkerung der heutigen Nwa-Subdivision unter die Kontrolle der *ndfung*. Bei der Neuaufteilung der ehemals deutschen Kolonie fielen diese Gesellschaften, weil sie als Vasallen des Emirs von Banyo galten, zunächst der Yola-Provinz zu. Da sie jedoch der Vorherrschaft der Fulbe, unter deren Übergriffen sie Jahrzehnte gelitten hatten, entgehen wollten, beteuerten sie gegenüber der Kolonialverwaltung ihre Zugehörigkeit zum *Fon* von Ndu. 1924 wurden sie dann tatsächlich aus der Yola-Provinz ausgegliedert, und sie unterstellten sich freiwillig der Führung des *Fon* von Ndu. Aus der Sicht der Kolonialverwaltung war ihr Status zu jener Zeit mit dem der *subchiefs* von Ndu vergleichbar, so daß man den *Fon* von Ndu autorisierte, die Steuern auch von diesen Ortschaften einzuziehen und nach Bamenda abzuführen.

Die Prävalenz von Ndu in diesem Ausmaß war jedoch nur von kurzer Dauer. Schon bald bemühten sich die *yámbá* und vor allem auch der *Fon* von Ntem um Richtigstellung ihres Verhältnisses zu Ndu. Zwischen den untereinander verwandten Königen von Ndu und Ntem kam es sogar zu einem bis heute andauernden Streit, in dem jeder behauptete, einen höheren Status als der andere zu besitzen.[142] Infolge dieses Zerwürfnisses und der steten Weigerung aller yámbá-sprachigen Gesellschaften, die Vorherrschaft von Ndu anzuerkennen, gestatteten ihnen die Briten quasi als Anerkennung ihrer Souveränität, die Steuern direkt nach Bamenda abzuführen. Außerdem schieden sie 1932 aus dem *Nsungli Native Court* aus und erhielten ein eigenes Gericht (Annual Report 1933, B.A.). Damit hatten sie sich dem Einflußbereich der *ndfung* endgültig entzogen.

Diese erfolgreiche Auflehnung gegen die Vorherrschaft von Ndu sowie die jüngst gewährte, in Kapitel 2 erwähnte Steuersouveränität gaben auch den *subchiefs* erneuten Auftrieb, sich wiederum verstärkt für ihre eigene Autonomie einzusetzen. Dies war der Beginn eines jahrzehntelangen Streites, dessen Beilegung auch heute noch unmöglich scheint. In den letzten Regierungsjahren von *Fon* Nfor begann also der Einflußbereich der *ndfung* erheblich zu bröckeln. Den Höhepunkt der Krise leitete jedoch erst der Regierungswechsel ein, als der gänzlich unerfahrene *Fon* Nformi in seiner Autorität als königliches Oberhaupt noch von niemandem so recht ernst genommen wurde und verzweifelt versuchte, sich zu profilieren.

Vor diesem Hintergrund des sich in der Krise befindlichen Königshauses ist es gut nachvollziehbar, daß sich die *ndfung* und besonders der junge *Fon* Nformi durch den alten, inzwischen als *chief*-ähnlich respektierten Fai Nganwenfu ernstlich bedroht sahen. Hätte er sich eines Tages tatsächlich von den *yamba* zum König krönen lassen, wäre die Vorherrschaft der *ndfung* nicht nur über die *yamba*, sondern auch über die *subchiefs* endgültig zusammengebrochen. Der klägliche Rest der dem *Fon* direkt unterstellten Bevölkerung hätte als *yaku*-Königtum wohl kaum noch irgendeine nennenswerte politische Bedeutung gehabt. Es ist demnach sicher nicht übertrieben anzunehmen, daß sich die *ndfung* Mitte der dreißiger Jahre politisch außerordentlich bedroht und verunsichert fühlten. Um aus dieser Lage zu entkommen und das Vertrauen der Kolonialverwaltung sowie das Prestige, das durch das Zerwürfnis mit Ntem und den Streit mit den *subchiefs* bereits erheblich gelitten hatte, zurückzugewinnen, sahen die *ndfung* nur einen Ausweg: Fai Nganwenfu mußte seiner Macht, die er als einflußreichster Ratgeber des verstorbenen *Fon* Nfor hatte aufbauen können, beraubt werden.[143]

Rückblickend läßt sich also feststellen, daß die *ndfung* zur britischen Kolonialzeit Sorge hatten, Fai Nganwenfu könne die Macht übernehmen. Um sich nicht weiteren Anfeindungen wegen der unumgänglichen Degradierung dieses *fai* aussetzen zu müssen, lenkten sie von der aktuellen politischen Krise ab und projizierten die Hegemoniebestrebungen des *fai* mit ihrer "unhistorischen" Beschuldigung in eine Zeit, in der die königliche Lineage zahlenmäßig zwar schwach, aber durch die tatkräftige Unterstützung aller Kriegsverbündeten politisch stark gewesen war. Die Rechtfertigung für ihr Vorgehen gegen den *fai* hatte also so überzeugend wie möglich zu sein, ohne eine Diskussion über die aktuellen politischen Einflußmöglichkeiten des *Fon* zu entfachen.

Der zweite Hintergrund für den "unhistorischen" Vorwurf der *ndfung* gegenüber Fai Ngawenfu war möglicherweise eine bewußt einkalkulierte Provokation
der *yamba*. Der offensichtlich ungerechte Vorwurf, der Fai Nganwenfu Arglist
gegen die durch die Fulbe dezimierten, wehrlosen *ndfung* nachsagt, hatte
demnach den Sinn, Widerspruch und Aufruhr bei den *yamba* hervorzurufen.
Schließlich war eine selbstbewußt provozierte Rebellion besser zu kontrollieren
als eine überraschend und unvorbereitet auftretende Auflehnung. Durch ihre
Beschuldigung, die die *yamba* verletzen mußte, öffneten sie ein soziales Ventil,
dessen Risiko sie wegen der Unterstützung der Kolonialverwaltung nicht als
allzu groß einzuschätzen brauchten. In jedem Fall aber sahen die *ndfung* wohl
in einer kontrollierten Rebellion die langfristig größeren Chancen zur dauerhaften Stabilisierung der politischen Ordnung gesehen.

Wie erwartet, wirkte der Vorwurf der *ndfung* gegenüber Fai Nganwenfu bei
den *yamba* als tiefe Beleidigung. Bis heute fühlen sie sich von den *ndfung*
schwer gekränkt, denn ihre Solidarität gegenüber dem *Fon* während und nach
der Kriegszeit erfährt auf diese Weise weder politische noch moralische Würdi-
gung. Wie es die *yamba* selbst beschreiben, haben sie nach dem verheerenden
Überfall der Fulbe das Königshaus der *ndfung* unter Anleitung von Fai Nganwenfu mit eigener Kraft wiederaufgebaut. Aus ihrer Sicht würde das Vergessen
all der selbstlosen Opfer, die sie damals für die *ndfung* aufgebracht haben,
darum letztendlich auch bedeuten, die Bindung an den Palast aufzugeben. Daß
die *ndfung* damals diese mögliche Konsequenz der *yamba* riskierten und bis
heute mit ihrem unverändert provozierenden Vorwurf herausfordern, ist für die
yamba eine weitere Kränkung. Die Tatsache nämlich, daß sich die *yamba* nach
der Erniedrigung von Fai Nganwenfu zwar empört über die dreisten Behauptungen der *ndfung* zeigten, aber dennoch offensichtlich unfähig waren, ihre
eigenen Konseqenzen zu ziehen, ist bis heute ein wunder Punkt im Selbstbewußtsein der *yamba*-Identität. Wie bereits mehrfach angesprochen, richtet
sich die stete Klage der *yamba* darum auch gegen die Zerstrittenheit ihrer
Lineages, wodurch sie die Herausbildung eines eigenen Königtums selbst
vereitelten.

Die dritte mögliche Erklärung für die provozierende Beschuldigung gegenüber den *yamba* liegt - meines Erachtens - in der lokalen Eigenart, Geschichten zu erzählen. Wie besonders an der Verknüpfung der beiden Phasen der
Machtergreifung (I und II) zu erkennen ist, geben die Wiya mit ihren Erzählungen keine Geschichte wieder, die vergangene Ereignisse etwa nach einer
linearen Abfolge sortiert und miteinander in eine kausale Beziehung stellt.
Vielmehr vermitteln die Wiya über ihre Geschichten einen bestimmten Rechts-
anspruch, den es entweder zu wahren oder durchzusetzen gilt. Dabei ist es
durchaus üblich, daß der Erzähler in seiner Geschichte vergangene Ereignisse
aus ganz unterschiedlichen Zeiträumen heranzieht und zusammenstellt. Die

Geschichten über diese Ereignisse gelten als Belege, die den Zuhörer von der Legitimität des eigenen Rechtsanspruchs überzeugen sollen. Infolgedessen ordnet der Erzähler vergangene Begebenheiten thematisch und sinngemäß, nicht aber chronologisch. Es besteht keine Kontinuität zwischen den Ereignissen, sondern es ist der Erzähler, der ihre Kausalbeziehungen bestimmt und sie selbst mit Inhalt füllt.

Im Falle des Vorwurfs, Fai Ngawenfu habe nach den Überfällen der Fulbe die Schwäche der *ndfung* ausnutzen und sich selbst zum König krönen lassen wollen, bedeutet dies folgendes. Um von der Rechtmäßigkeit ihrer Handlung gegen den *fai* zu überzeugen, stellen die Erzähler der *ndfung* hier ebenfalls zwei aus ihrer Perspektive inhaltlich vergleichbare Ereignisse zusammen. So war das Königshaus nicht nur während der Kolonialzeit, sondern auch nach den Überfällen der Fulbe in einer solchen Krise, daß die Gefahr bestand, die Vorherrschaft an die *yamba* bzw. Fai Ngawenfu zu verlieren. In beiden Fällen empfanden sie das Königshaus als schwach. Um Fai Nganwenfu nun Hegemoniebestrebungen nachzuweisen, liegt es nahe, sie auf die erste längst überstandene Krise zurückzuprojizieren. Damit verleihen sie ihrer Beschuldigung ein bedeutend größeres Gewicht und vermeiden gleichzeitig, den Streit um ihre eigene, in der Kolonialzeit festgeschriebene Vormachtstellung wiederanzufachen, der - zumindest die fünf Unterkönigtümer betreffend - bis heute nicht beigelegt ist.

Folgt man dieser Interpretation, kann der Vorwurf von seiten der *yamba* nur als Unrecht empfunden werden. Aus ihrer Perspektive befanden sich nämlich die *ndfung* nach den Fulbe-Überfällen politisch in gar keiner Krise. Zwar gehen auch die *yamba* bereits zu jener Zeit von der Existenz eines sehr mächtigen Fai Ngawenfu aus, doch unterstützte dieser die *ndfung* mit allen ihm verfügbaren Kräften. Da auch alle anderen *yamba* sich dem Beispiel dieses *fai* angeschlossen und hinter den *Fon* gestellt hatten, war dieser machtpolitisch gesehen zu jener Zeit gar nicht schwach, sondern stark. Die beiden Ereignisse sind also nach Meinung der *yamba* inhaltlich ungleich und lassen sich gar nicht zusammenziehen. Wenn die *ndfung* dennoch von der Schwäche des Königshauses reden, bedeutet das in ihren Augen, daß sie ihrer Unterstützung mißtrauten und sie bis heute geringschätzen.

Mit diesem Versuch, eine Erklärung für die "unhistorische" Beschuldigung von Fai Ngawenfu zu finden, wird deutlich, auf welche Weise die beiden Gruppen eigentlich aneinander vorbeireden. Die einen (die *ndfung*) verknüpfen in ihren Erzählungen inhaltlich verwandte Begebenheiten miteinander und verleihen ihnen Kausalität. Die anderen (die *yamba*) bestreiten diese Kausalität, da sie keine thematische Übereinstimmung zwischen denselben Ereignissen erkennen.

Die Beobachtung, daß die Erzähler ungeachtet einer linearen Abfolge in ihren Geschichten vergangene Geschehnisse nach Themen sortiert miteinander verbinden, wird - wie gesagt - an der Verschmelzung der beiden zeitlich weit auseinanderliegenden Phasen der Machtergreifung besonders deutlich. Hier macht die Mehrzahl der *yamba* keinen Unterschied zwischen der Unterwerfung der *yamba* bei der Einwanderung der *ndfung* und der Degradierung von Fai Nganwenfu zur Kolonialzeit. Sie behaupten, die *ndfung* hätten den *fai* bereits bei ihrer Einwanderung degradiert. Den Verlust ihrer Souveränität assoziieren sie mit der Degradierung ihres "Anführers" Fai Nganwenfu.

Den zeitlich schätzungsweise etwa hundert Jahre auseinanderliegenden Ereignissen unterliegt die gleiche Sinnordnung, sie gehören nach dem Verständnis der *yamba* eben zu einem Thema: der Machtergreifung des *Fon*. So handelt es sich bei der "Rückprojektion" der Herabstufung weniger um eine Rückdatierung zu dem Zweck, der etwa die Beschwörung der Einigkeit der *yamba* zum Inhalt haben könnte. Schließlich bestehen die Erzähler bei genauerem Nachfragen ja nicht auf einem bestimmten Zeitpunkt und räumen sogar selbst ein, daß die Degradierung noch gar nicht so lange zurückliegt.[144] Es scheint vielmehr so zu sein, daß der Erzähler die beiden Geschichten zusammenstellt, um einfach das Ereignis der Unterwerfung der *yamba* zur Zeit der Einwanderung der *ndfung* zu veranschaulichen. Gleichzeitig schafft er damit auch eine Kausalität, einen Sinn und personifiziert das Schicksal der *yamba* mit dem Verlierer Fai Nganwenfu. Die Chronologie der Ereignisse ist für die Wiya sinnlos und bedeutet noch keinen Wert an sich. Erzähler beider Gruppen bevorzugen eine thematische Ordnung der Ereignisse, die den eigentlichen Inhalt ihrer Geschichte besser verdeutlicht·und das Argument mit einer größeren Wirkung versieht.

Das Gesetz von Jirt

Gelangt man nach einem anstrengenden Fußmarsch aus dem städtischen Zentrum von Ndu nach Jirt (Karte 3), kann man sich heute noch gut vorstellen, daß sich die frühen Siedler zu allererst hier, am Berghang von Jirt, niederließen. Landschaftlich gehört Jirt zu den schönsten Gegenden des Königreiches, und besonders "unten", dort wo die *yamba* (lb.: die *ya* von unten) leben, ist der Boden sehr ertrag- und wasserreich. Im Unterschied zum kargen Süden mit seinen kalten Höhenwinden ist es hier, in den nördlichen Niederungen, warm. In der üppigen, subtropischen Vegetation gedeihen auch die Raffiapalmen, aus denen Baumaterial und vor allem der beliebte, leicht alkoholische Wein gewonnen wird.

Die Wiya sprechen von Jirt als der "Altstadt" des Königtums. Immer wieder betonen sie, daß es im städtischen Zentrum von Ndu, in den Bezirken entlang der auf den Höhen angelegten Hauptstraße, früher einmal sehr kalt gewesen sei und sich darum dort keiner gerne aufhielt. Um sich aufzuwärmen, setzten sich die wenigen Leute, die hier leben mußten, ans Feuer. Kleidung gab es nicht - mit Ausnahme von ein paar Rindenstoffen, die die Frauen als Lendenschurz trugen. Ihre Haut sei darum so hart und runzelig wie die eines Büffels gewesen. Erst in den siebziger Jahren - so die einhellige Meinung der Wiya - ist das Leben auch oben auf den Berghöhen etwas leichter geworden. Entlang der Hauptstraße wurden mehr und mehr Häuser gebaut, Kleinbetriebe entstanden, und die Bevölkerungsdichte nahm rapide zu. Die dichtere Bebauung des Geländes hatte zur Folge, daß der kalte Wind besser abgehalten und es nach und nach wärmer wurde. In Jirt dagegen soll die Dichte der Siedlungen immer schon am größten gewesen sein.

Wie aus den Erzählungen der vorhergehenden Kapitel bereits zu entnehmen, war Jirt der Ort der "Wiedervereinigung" der beiden Gruppen bzw. der Schauplatz der Machtübernahme des *Fon*. In den folgenden Geschichten ist nun zu erfahren, daß ausgerechnet hier, am Gründungsort des Königtums, ein Gesetz existiert, das sowohl dem *Fon* als auch seinem *nwarrong*-Polizeibund verbietet, diesen Bezirk zu betreten. Die einzelnen Stellungnahmen dazu sind durch vorsichtige Zurückhaltung gekennzeichnet. Beinahe jeder Befragte weiß zwar zu berichten, daß in der Vergangenheit dort irgend etwas vorgefallen ist. Was es jedoch war, wird so lange verschwiegen, bis das Oberhaupt der durch die vergangenen Ereignisse direkt betroffenen Lineage die Angelegenheit im Gespräch selber preisgibt.

Die Überlieferungen zu den Ereignissen in Jirt machen besonders deutlich, wie sehr der Zuhörer den Erzählverlauf und den Inhalt der Geschichten beeinflussen kann. Erst nach wochenlangen Nachforschungen, nach genauerer Bekanntschaft mit dem Erzähler und nach Offenlegung des eigenen Wissensstandes können Geschichten zu den Hintergründen, die zu jenen Verboten führten, in Erfahrung gebracht werden. Die Analyse dieser wiederum in offizielle und inoffizielle Versionen sortierten Geschichten beinhaltet den Versuch einer Erklärung für die Sinnordnung der Ereignisse und für die Gründe der Zurückhaltung ihrer Erzählung. Die abschließenden Fallbeispiele erläutern das Motiv für die Diskretion bestimmter Erzähler. Im ersten Fall betrifft die Darstellung der Hintergründe eine Gruppe; im zweiten Fall basiert sie auf biographischen Notizen.

Offizielle Versionen

John Ngeh: "Der *Fon* kann Jirt bis heute nicht besuchen. Auch der *nwarrong* ist es verboten, nach Jirt zu gehen. Das ist ein Gesetz. Hast Du darüber schon etwas gehört?"

B.B.: "Ja, aber wie ist es denn zu diesen Verboten gekommen?"

John Ngeh: "Genau kann ich dir das nicht sagen. Es ist nicht gut, darüber zu sprechen. Außerdem weiß ich es auch gar nicht genau. Irgendetwas hat es jedenfalls mit Fai Ndzishirnji zu tun. Das ist sicher. Er ist ein großer *fai*. Er hat als einziger einen Rat, der nicht nur tagt, wenn es etwas zu bereden gibt. Die Sitzungen sind wöchentlich, wie beim Rat des *Fon*. Frag doch den *fai* nach dem Grund. Ich bezweifele aber, daß er davon erzählt ... In Jirt wirst du alles über die Wiya-Geschichte erfahren, nur darüber wird man nicht sprechen." (John Ngeh, 29.5.85)

J. Ngeh, ein Mitglied der Lineage Fai Ndzishirnjis, bleibt nicht der einzige, der mich für alle näheren Auskünfte an sein Lineageoberhaupt verweist. Da Geschichten in der Regel bestimmten Lineages "gehören", wollen es auch Mitglieder ganz anderer *yaku*-Lineages ausschließlich nur diesem *fai* überlassen, über die Hintergründe aufzuklären:

"I never heard that story. But there was something wrong. There was some dispute there. So *Fon* hardly goes to Jirt - or his *nwarrong*. There was something concerning that Ndzishirnji. That is why *Fon* cannot go there." (Simon Dshang, 22.2.86)

Die von mir geäußerte Vermutung, daß der *Fon* vielleicht wegen der Unterwerfung der *yamba* aus Jirt vertrieben wurde und bis heute nicht mehr zurückkehren darf, wird einhellig zurückgewiesen. Statt dessen gilt es als unumstritten, daß der Grund für das Verbot ein ganz privates Problem mit Fai Ndzishirnji gewesen ist. Außerdem heißt es, daß es der durch eine Latrine verursachte Gestank war, der den *Fon* veranlaßte, aus Jirt überhaupt fortzuziehen:

Fai Ngayindu: "Es ist richtig, daß die *yamba* wohl sehr wütend auf die *yaku* gewesen sind. Sie wollten sogar Gewalt anwenden, um ihren Kandidaten auf den Thron zu setzen. Bevor der *Fon* Jirt verließ, pflanzten die Streitpartner noch je einen Baum, den wir *gwu* nennen. Sie kamen überein, daß der Baum, der anwächst, ein Zeichen für die Rechtmäßigkeit des Herrschers sein würde. Der nächste Morgen bestätigte den *Fon*, da der Baum der *yaku* wuchs und der der *yamba* nicht ... Nein, wegen den *yamba* wollte der *Fon* Jirt nicht verlassen ... Der Grund war vielmehr eine Latrine. Du weißt doch, Jirt liegt am Hang. Weiter oben auf dem Berg, direkt über dem Palast, bauten die Leute eine Latrine. So passierte es eben, daß der ganze Unrat zum Palast hinfloß!" (Lachen)
B.B.: "Das hätten sie sich doch denken können!"
Fai Ngayindu: "Natürlich! Das hat der *Fon* auch gesagt. Das Ganze war sehr unangenehm, und der *Fon* war wütend über die Unachtsamkeit der Leute. Er wollte den Ort sofort verlassen, aber sein Bruder, Fai Ndzishirnji, hinderte ihn daran. Er blockierte den Weg mit *nkeng*-Stäben. Daran erinnert bis heute der Name des Fai, denn *shirn* bedeutet "verschließen" und *ji* ist der Weg in Limbum. Er zwang den *Fon* also zum Bleiben und versuchte, ihn wieder zu versöhnen, indem er die Latrine verlegen ließ.

> Letztlich gelang es dem *Fon* aber doch noch, Jirt zu verlassen. Er gab vor,
> zu bleiben, da vergaß sein Bruder nach einer Weile einfach, den Weg zu
> blockieren."
>
> B.B.: "Warum wollte er den *Fon* denn nicht ziehen lassen?"
> Fai Ngayindu: "Als Bruder hätte er den *Fon* begleiten müssen, aber er hatte es
> satt, dauernd weiterzuziehen. Schließlich waren sie ja seit Kimi immer auf
> Wanderschaft gewesen." (Fai Ngayindu, 10.6.85)

Fai Ndzishirnji selbst entzieht sich dieser Frage zunächst und behauptet
schlicht:

> "Mein Vater wollte den *Fon* nicht gehen lassen, weil er befürchtete, daß er
> anderswo schlecht behandelt werden könnte." (Fai Ndzishirnji, 22.7.85)

Diese und ähnlich offensichtlich ausweichenden Antworten Fai Ndzishirnjis
veranlassen mich dazu, noch in demselben Interview meine eigenen Schluß-
folgerungen, zu denen ich durch die strikte Zurückhaltung anderer Befragter
bereits gelangt war, offenzulegen. Mit der Bitte um weitere Stellungnahmen
frage ich also, ob es vielleicht zutrifft, daß der Vorfahre des heutigen Fai
Ndzishirnji möglicherweise selbst zum König gekrönt werden wollte oder er
vielleicht sogar der auserkorene Erbe des Lineageoberhauptes war, der in Fuh
begraben wurde. Da ihm sein Bruder jedoch durch ungeklärte Umstände zuvor
kam, wollte er ihn im Zorn wohl zuerst vertreiben und installierte eine Latrine.
Bei genauerer Überlegung wurde dem Vorfahren Fai Ndzishirnjis dann möglicherweise aber klar, daß er im Falle des Wegzugs seines Bruders gänzlich allen
politischen Einfluß einbüßen könnte. Darum versuchte er ihn schließlich mit
allen Mitteln zurückzuhalten.

Im Anschluß an diese Ausführungen beeilt sich Fai Ndzishirnji plötzlich,
seine eigenen Aussagen zu revidieren. Hiernach ist es nun doch die Furcht vor
der Rückeroberung der *yamba*, die seinen Vorfahren dazu veranlaßt hatte, den
Fon in Jirt zurückzuhalten:

> "... Umgekehrt ist es richtig: Wäre der *Fon* wirklich hier geblieben, hätte
> mein Vater keine Bedeutung gehabt. Er wollte ihn also gewiß nicht aus
> ehrgeizigen Gründen zurückhalten! Er wollte sich nicht von seinem Bru-
> der trennen, aber er wußte, daß er zurückbleiben mußte, wenn der *Fon*
> wirklich weiterzog. Andernfalls hätten die *yamba* ganz Jirt kontrolliert.
> Dann hätte der *Fon* keine Macht mehr gehabt (weil damals die meisten
> Leute in Jirt siedelten, B.B.). Deshalb verbrannte er ein Kind auf dem
> Weg (d.h. er blockierte den Weg mit Medizin, B.B.)." (Fai Ndzishirnji,
> 22.7.85)

In einem späteren Interview fand sich Fai Ndzishirnji (11.8.85) dann auch noch
bereit, über den Grund zu sprechen, der es dem *Fon* bis heute verbietet, den
oberen Teil von Jirt (das Viertel der *yaku*) zu betreten:

B.B.: "Warum dürfen der *Fon* und die *nwarrong* nicht nach Jirt? Und warum kann niemand aus Jirt bei *nwarrong* Mitglied werden?"

Fai Ndzishirnji: "Meine Familie geht sowieso nicht zu *nwarrong*. Mein Vater war schließlich ein Sohn des *Fon*. Außerdem ist der Eintritt zu *nwarrong* fürchterlich teuer. Der Eintrittspreis beträgt den Wert von sieben Menschen. Wir gehören zum *ngirri* (-Prinzenbund, B.B.) und keiner, der bei *ngirri* ist, kann *nwarrong* beitreten. Dies gilt jedoch nicht für alle in Jirt. Die Fremden, wie zum Beispiel Fai Ngaki, können *nwarrong* privat beitreten. Allerdings kann man *nwarrong* hier nicht trinken, da *nwarrong* Jirt nicht betreten darf. Ebenso darf der *Fon* nicht kommen, wie Du ja weißt. *Nwarrong* ist die Leibwache des *Fon*, und käme er, würden auch sie mitkommen. Deshalb ist beides verboten."

B.B.: "Ist es denn nicht so, daß die *nwarrong* in ganz Jirt verboten ist, während der *Fon* aber sehr wohl in die *yamba*-Bezirke von Jirt darf? Ich hörte, daß der *Fon* nach seiner Krönung zur Stärkung nach Ngojirt sogar gehen muß. Oder habe ich das falsch verstanden?"

Fai Ndzishirnji: "Natürlich ist das richtig. (Pause) Damals, nicht etwa heute, hatten mein Vater und der *Fon* einen heftigen Streit. Wie ich dir neulich schon sagte, drängte der *Fon* ständig, weiterzuziehen. Mein Vater dagegen wollte sich endlich niederlassen. Schon so oft hatte er ihn auf der Wanderung von Kimi zurückzuhalten versucht. Diesmal sah mein Vater beim Verlassen von Jirt sogar den Thron in Gefahr - wegen der *yamba*. Deshalb wollte er auch hierbleiben. Der Thron sollte auf jeden Fall in der Hand der *ndfung*-Familie bleiben. Der *Fon* wußte natürlich, wie wichtig Jirt war. Darum befürchtete er, daß mein Vater eines Tages seine Abwesenheit ausnutzen könnte. Er dachte, daß er sich in den Palast setzen und selbst zum *chief* krönen lassen könnte. Als der *Fon* sich dann plötzlich doch noch aus Jirt fortstahl, blieb er auf dem Berggipfel ganz in der Nähe von Fai Ngamalars heutigem *compound* noch einmal stehen. (Pause) Bevor er weiterzog, sandte er von dort seine *nchindap* wieder zurück und ließ den Palast abbrennen."

B.B.: "Ist das der Grund, weshalb der *Fon* bis heute nicht nach Jirt darf?"

Fai Ndzishirnji: "Das ist der Grund."

B.B.: "Wurde jemand verletzt, und hat sich der Brand im Dorf weiter ausgebreitet?"

Fai Ndzishirnji: "Aber nein. Nur der Palast wurde verbrannt, nicht das ganze Dorf. Und es wurde auch niemand verletzt."

B.B.: "Aber, war das denn dann so schlimm? Ich meine, natürlich ist es ganz bestimmt nicht gut, einen *compound* zu verbrennen, aber war es so schlimm, daß er deshalb auch nach vielen Generationen Jirt nicht betreten darf?"

Fai Ndzishirnji: "Es war der *compound* seines Bruders! Aber abgesehen davon ist es nach der Tradition immer ein großes Vergehen, das Haus eines anderen zu verbrennen. Nach traditionellem Recht heißt das, daß der *Fon* an diesen Ort nicht mehr zurückkehren kann und will. Es ist dabei ganz unwichtig, wie lange das Ereignis zurückliegt." (Fai Ndzishirnji, 11.8.85)

In Jirt spricht es sich schnell herum, daß Fai Ndzishirnji das Geheimnis "gelüftet" und über den Palastbrand berichtet hat. Sowohl die *yaku* als auch die *yamba* äußern sich befriedigt darüber und betonen, daß es wichtig sei, die "correct history" zu erzählen, wo die Untersuchung doch sowieso schon durch "lies" und "politics" einzelner "opposition leaders" zu leiden habe. Über das Verbot in bezug auf die *nwarrong* geben sich die *yaku* jedoch auch weiterhin unwissend. Viele schienen aber auch tatsächlich keine Erklärung dafür zu haben. Ihre Stellungnahmen ähneln der des *nwarrong*-Bundleiters:

Fai Ndziforba: "Ich bin gar nicht sicher, ob es überhaupt ein Verbot für die *nwarrong* gibt. Vielleicht gehen wir einfach nicht nach Jirt, weil der *Fon* nicht dahin darf. Ginge der *Fon*, würden wir ihn bestimmt auch begleiten."
B.B.: "Aber der *Fon* geht doch nach Ngojirt!"
Fai Ndziforba: "Richtig. (Pause) Dann liegt der Grund wohl eher darin, daß die *nwarrong* in Jirt einfach nichts zu tun hat. Es wohnen keine Mitglieder in Jirt. Wir schicken unsere *jujus* doch nur zu Mitgliedern in die *compounds*, wenn zum Beispiel einer gestorben ist oder die Gesellschaft, wie es Shey Bouba neulich tat, derartig kräftig kocht (d.h. sehr viel Wein bei einer Sitzung verteilt, B.B.). In Jirt gibt es keine Mitglieder. Es leben hier nur alles *yamba* oder Brüder des *Fon* wie Fai Ndzishirnji. Die gehören nicht zu *nwarrong*, sondern zu *ngirri*."
B.B.: "Müßte die *nwarrong* denn nicht nach Jirt, um z.B. Gemeinschaftsarbeiten zu überwachen oder andere Gesetze zu erzwingen, wie sie es auch sonst überall tut?"
Fai Ndziforba: "Dafür hat Fai Ndzishirnji ja die *mbo-ngirri* (Maskierten des *ngirri*-Bundes, B.B.). Sie achten darauf, daß sich alle an den Gemeindearbeiten beteiligen, oder treiben Gesetzesbrecher an den Palast, um sie dem *Fon* vorzuführen." (Fai Ndziforba, 8.4.86)

Auch wenn viele Befragte zu keiner Erklärung fähig oder bereit sind, wissen doch alle von der Existenz eines Verbots, von einem Problem in Jirt aus der Vergangenheit zu erzählen. Nur ein einzelner beteuert, von den damaligen Ereignissen in Jirt gar nichts gehört zu haben:

"Ein Problem mit Fai Ndzishirnji in Jirt? Was soll das gewesen sein? Davon ist mir nichts bekannt. Es erscheint mir auch unwahrscheinlich, weil der *fai* und der *Fon* ganz eng verbundene Brüder gewesen sein müssen. Schließlich begleitete der damalige Fai Ndzishirnji den *Fon* doch sogar nach Banyo. Hast du schon davon gehört, daß der *Fon* seiner Familie in die Gefangenschaft der Fulani folgte? ..." (John Nsame, 22.5.86)

Inoffizielle Versionen

Vor allem unter den Gruppen "fremder" Abstammung wie den *doh*-Lineages macht man keinen Hehl aus der Rivalität der durch die Krönung nunmehr ungleich gewordenen Brüder, dem *Fon* und Fai Ndzishirnji. Die Rivalität soll sogar zu Hexerei geführt haben, die dem *Fon* noch Jahre später zum Verhängnis wurde:

Nfor: "Before, the Fulanis from Banyo had no possibilities to capture the Wiya-people - they were too weak to capture the *Fon*. But, since the opposition leaders, the people from Jirt, transformed in another way ... They (die Leute von Jirt, B.B.) said that since they (die *ndfung*, B.B.) seized the crownation things by force, they want now that the *Fon* should go - so that later on they can get ... But starting from the time, the Wiya-people were killing the Fulanis. They went right to a spot at Mbangu, Mbotu. The Fulanis had no power, they were resting there. The *Fon* they took to Banyo was still sitting on the horse ... And then this people (die Leute von Jirt, B.B.) transformed through witchcraft and said: 'Since they seized our possibilities with force, we want now the people to capture this people and then take the *Fon* to Banyo, so that we have this right.' Then their full power turned back or else none of the Wiya-people would have gone to Banyo. So, as they transformed, they used witch. Since they (die *ndfung*, B.B.) seized all the king-things by force, they add the power by witchcraft ..."

B.B.: "Do you mean the *yaku*-people from Jirt? The people from Fai Ndzishirnji?"

Nfor: "Yes. They transformed and added power to this people from Banyo. And then they captured the *Fon* and took him down, down to Banyo. Where they rested was a place called Mbotu, after Wowo which is almost going down to Mbangu ..." (30.1.86)

Eine solch deutliche Sprache sprechen die *yamba* nicht. Aber auch sie führen als Grund für den Aufbruch des *Fon* aus Jirt nicht etwa sein gespanntes Verhältnis zu ihnen, den *yamba*, an. Sie sind sich vielmehr einig, daß der *Fon* ganz allgemein Probleme mit seinen eigenen Leuten im allgemeinen und mit Fai Ndzishirnji im besonderen hatte. Der "Latrinengeschichte" messen sie keine Bedeutung zu. Die meisten (wie z.B. Tamfuh von Boyar, 12.12.85) sind der Meinung, Fai Ndzishirnji hätte die Latrine aus Unachtsamkeit selbst angebracht. Andere geben ihrer Unwissenheit darüber offen Ausdruck und räumen ein, daß es durchaus auch andere *yaku* gewesen sein könnten, die die Latrine damals angebracht hätten. Wieder andere glauben, daß die Latrine gar keine Rolle gespielt habe. Der eigentliche Grund für den *Fon*, Jirt zu verlassen, sei die Suche nach einem eigenen Stück Land für seinen Palast gewesen:

"Warum der *Fon* Jirt eigentlich verließ, weiß ich nicht genau. Ich würde aber sagen, daß er eigenes Land besitzen wollte. Hier in Jirt gehört fast das ganze Land den *yamba*. Die Geschichte mit der Latrine hat mit dem *Fon* jedenfalls überhaupt nichts zu tun. Sie betraf Fai Ndzishirnji selbst. Ein Mann baute über Fai Ndzishirnji seinen Compound. So lange ist das noch gar nicht her. Dieser Mann legte seine Latrine so unachtsam an, daß die Hühner den ganzen Dreck aufwirbelten und das Haus von Fai Ndzishirnji beschmutzten. Der Vater des jetztigen *fai* war darüber so wütend, daß er nach *yamba* (dem Bezirk der *yamba* in Jirt, B.B.) zog. Dort heiratete er dann auch eine *yamba*." (Fai Ngamalar, 15.8.85)

Niemand ist der Ansicht, daß Fai Ndzishirnji den *Fon* aus politischen Gründen zurückhielt, um nicht - wie dieser oben ja selbst erklärt - eine Revolte der *yamba* gegen die Vorherrschaft des *Fon* zu provozieren. Die Blockade wird statt dessen auf einen ganz privaten Grund Fai Ndzishirnjis zurückgeführt, bei dem ein Kind eine wesentliche Rolle gespielt haben soll:

"Soweit ich weiß, wollte er (der Vorfahre von Fai Ndzishirnji, B.B.) den *Fon* zurückhalten, weil seine Frau ein Kind erwartete. Irgendwie kam der *Fon* aber doch noch an der Blockade vorbei. Als er ihm später das geborene Kind vorstellte, gab der *Fon* ihm den Namen Ndzishirnji, weil sein Vater ihm den Weg versperrt hatte. Dieses Kind wurde dann später als Fai Ndzishirnji gekrönt." (Fai Ngamalar, 15.8.85)

Eine andere Darstellung dieser Blockade lautet:

"Der *Fon* wohnte zuerst bei Fai Ndzishirnji. Zu der Zeit, als der *Fon* nach Mbandfung weiterziehen wollte, war Fai Ndzishirnjis Kind krank. Deshalb versperrte er den Weg des *Fon*. Der *Fon* wollte aber so schnell wie möglich weg von Jirt. Er meinte, die Leute (*yaku*, B.B.) hier in Jirt wollten ihn nicht haben. Er hatte auch Grund zu der Annahme, weil Fai Ndzishotu eine Latrine über seinem *compound* angebracht hatte. Der *compound* von Fai Ndzishotu war ungefähr dort, wo Fai Ngayinkfu heute lebt. Der ganze Unrat floß also hinunter zum Palast. Eigentlich hätte man sich das auch vorher denken können, deshalb weiß ich nicht, ob sie den *Fon* nicht vielleicht tatsächlich aus Jirt vertreiben wollten. (Pause) Das Kind von Fai Ndzishirnji wurde wieder gesund. Es war der Grund für die Aussperrung des *Fon* aus Jirt. Als der *Fon* damals aufbrechen wollte, legte der spätere Fai Ndzishirnji einen Eid vor ihm ab. Er sagte: 'Wenn Du mich jetzt in dieser Situation verläßt, sollst Du auch nie mehr hierher zurückkehren.' Der Eid wurde mit Medizin besiegelt. Übertritt der *Fon* diese Blockade, kann ihn diese Medizin auch heute noch töten." (Fai Ngalormbu, 13.8.85)

Der Hintergrund für diese zweite Blockade, die den *Fon* aus Jirt bis heute verbannt, wird von der Mehrheit auf den Palastbrand zurückgeführt. Nachdem bekannt ist, daß Fai Ndzishirnji das Gespäch darüber schon einmal eröffnet hat, geben sich auch die *yamba* nicht mehr länger verschwiegen, sondern erzählen darüber mit großem Engagement:

B.B.: "Wie haben die Leute damals eigentlich auf den Palastbrand reagiert?"

Fai Ngamalar: "Zuerst wußte überhaupt niemand, daß der *Fon* Jirt jetzt doch verlassen hatte. Natürlich hatte man von dem Streit zwischen den beiden Brüdern gehört, und es war offensichtlich, daß der *Fon* seinen Bruder als Konkurrenten fürchtete. Aber erst, als die Leute den Palast brennen sahen, liefen alle zusammen und erfuhren, was sich ereignet hatte. Alle wichtigen Männer von Jirt versammelten sich um den *Fon* und zeigten offen ihren Ärger. Mein Großvater, Fai Ngamalar, wurde als *landlord* dieses Ortes auf dem Hügel extra informiert. Im Beisein aller anderen nahm er eine Medizin und sagte dem *Fon*: 'Du hast nun schon den Palast verbrannt. Wenn du hierher zurückkommst, wo willst du dann schlafen? Diese Medizin wird dich daran hindern, jemals wiederzukommen.' Dann blockierte er den Weg des *Fon* mit Medizin. Übertritt er (der *Fon*, B.B.) diese Stelle, kann er auch noch heute krank davon werden oder sogar sterben ... Will er eines Tages dieses Gesetz und seine Verbannung wieder aufheben, muß er hierher kommen und ein großes Opfer bringen. Dazu hat er eine Ziege, ein Huhn und Wein zu überreichen. Ich selbst würde dann genau wie mein Großvater an der betreffenden Stelle stehen und erklären, wie es in der Vergangenheit zu der Verbannung gekommen war. Danach würden Ziege und Huhn auf *nyuu ngong* (dem Altar des Erdgottes, B.B.) geschlachtet. Alle Bewohner von Jirt müßten anwesend sein, und alle würden von den Tieren essen. Zum Schluß hätte wieder ich das Wort und würde sagen: 'Der *Fon* hat nun alles bereinigt, was in der Vergangenheit zur Verbannung geführt hatte. Von jetzt an kann er Jirt betreten, ohne daß ihm dabei etwas zustößt.'"[145]

B.B.: "Und warum darf die *nwarrong* nicht nach Jirt?"

Fai Ngamalar: "Als die *yaku* kamen, wollten sie die *yamba* beherrschen. Sie benutzten dafür zum Beispiel die *nwarrong*. Mit diesem *juju* kann man ja Wein, Hühner, Ziegen und anderes beschlagnahmen. Und genau das geschah, als die *yaku* nach Jirt kamen. Die *yamba* besaßen das Land und hatten deshalb auch zu Essen. Die *yaku* dagegen hatten nichts. Darum schickten sie die *nwarrong*, die den *yaku* gehört, los, um Nahrung zu beschlagnahmen. Sie liefen einfach los, plünderten die Speicher, fingen Hühner und Ziegen, ohne nach ihren Besitzern zu fragen. Die *yamba* waren darüber so empört, daß sie die *nwarrong* aus ihren *compounds* verbannten. Bis heute darf die *nwarrong* deshalb nicht nach Jirt. Das ist ein Gesetz. Sie kann zwar vorbeilaufen, aber nicht in den *compounds* verweilen, auch nicht für Zeremonien wie beispielsweise Beerdigungsfeste. Die *ngirri* (Prinzenbund, B.B.) dagegen hat freien Zugang. Das Gesetz schließt sogar auch die *nwarrong* von anderen *chiefs* ein wie zum Beispiel von Mbot und Tala."

B.B.: "Wie hat man sie denn verbannt? Wurde Medizin vergraben?"

Fai Ngamalar: "So weit wollte man nicht gehen. Man wollte nicht, daß etwas
Schlimmes passiert, wenn sie doch einmal kämen. Sie sagten einfach, daß
sie dieses Benehmen nicht weiter dulden könnten und sie damit verbannt
seien. Bis heute wurde das respektiert. Sollte es die *nwarrong* dennoch
einmal wagen, hierher zu kommen, würden alle Leute zusammenlaufen
und sie kräftig verprügeln. Du würdest staunen, wie schnell wir sie wieder
fortgejagt hätten! Wir haben mehr Leute als die *nwarrong*! Wir fürchten
ihre *jujus* nicht, denn nur das Gesetz, das sie repräsentieren, wird gefürchtet. Wenn diese allerdings das Gesetz mit Gewalt übertreten, kann
man auch mit Gewalt gegen sie vorgehen. (Pause) Auch in den Bezirk der
yaku können sie nicht kommen, denn das meiste Land gehört hier ebenfalls den *yamba*. Die *yaku* besitzen nur ein kleines Stück. Das Land, was
sie heute bebauen, haben sie sich von den *yamba* vor langer Zeit erst
abbetteln müssen." (Fai Ngamalar, 16.8.85)

Diese Aussage des *fai* über die Verbannung der *nwarrong* aus Jirt kann als re-
präsentativ für alle *yamba* angesehen werden. Während die *yaku* einhellig
vorgeben, den Hintergrund dieses Verbots nicht mehr zu kennen, zeigen sich
die *yamba* besonders in Jirt noch stark von dem damaligen Verhalten der
Maskierten betroffen. Mit deutlicher Gestik untermalen sie ihre lautstark
formulierten Drohungen, die keinen Zweifel an ihrer Absicht zu entschlos-
senem Eingreifen zur Verteidigung dieses Gesetzes zulassen.

Analyse: Erzählung und Diskretion

Auch wenn die Begründung für die Verbannung der *nwarrong* aus Jirt von den
yamba noch so überzeugend vorgebracht wird, muß doch darauf verwiesen
werden, daß der Palast zur Zeit der Machtübernahme des *Fon* in Jirt noch
über keine solche Polizeigesellschaft verfügte. Wie bereits ausgeführt, wurde
sie erst später, frühestens während der deutschen Kolonialzeit, eingerichtet.
Gleichwohl sind viele *yamba* der Meinung des oben zitierten Fai Ngamalar, sie
hätte schon in Jirt bei den unmittelbaren Folgen der Machtergreifung eine
Rolle gespielt. Vor dem Hintergrund der oben herausgearbeiteten Diskontinuität der Ereignisse in den Erzählungen der Wiya kann die Frage gestellt
werden, welche Begebenheiten die *yamba* mit den Gründungstagen des Königtums verknüpfen und welche Sinnordnung diesen Geschichten unterlieg.

Wie in den Zitaten schon mehrfach erwähnt, gab es vor Einführung der
nwarrong bereits räuberische Gruppen der *ndfung*.[146] Werden diese Banden
von den *yamba*, wie von dem oben zitierten Fai Ngamalar, mit der kürzlich
eingeführten Institution der *nwarrong* identifiziert, handelt es sich aus der
Perspektive der *yamba* auch um eine inhaltliche Gleichsetzung der frühen
Ereignisse mit der *nwarrong*. Die Überschneidungen liegen auf der Hand, denn

beide Gruppen zeichnen sich durch besondere Gewalttätigkeit aus. Während die Räuberbanden in der Gründungsphase des Königtums, als der *Fon* noch in Jirt residierte, sich aufgrund des Mangels an eigenen Weide- und Anbauflächen der Grundnahrungsmittel der *yamba* bedienten, verfügte der Palast zur Zeit der Einführung der *nwarrong* bereits über genügend Ackerland, mit dem die *ndfung*, wenn auch unter großen Mühen, ihren täglichen Lebensunterhalt bestritten.[147] Die Überfälle waren damit aber nicht beendet, sondern erhielten formal durch den Einsatz der *nwarrong* den Anschein von Legalität.[148] Seither beschlagnahmte die *nwarrong* keine Grundnahrungsmittel mehr, sondern Zutaten wie Fleisch und Wein, was bis heute gelegentlich noch geschehen soll. Sie konfiszierte nunmehr aber auch Königsattribute aus den Häusern von Lineageoberhäuptern und *chiefs* und raubte Frauen für den königlichen Palast.

Der *nwarrong*-Bund trat also als "Ordnungsmacht" auf und wurde fortan mit allen negativen Begleiterscheinungen der Machtübernahme des *Fon* und der Zentralisierung assoziiert. Wird die *nwarrong* nun in der Erzählung mit den Räuberbanden der *ndfung* verknüpft, gehören beide zum gleichen Thema. Die mit dem Bund gemachten Negativerfahrungen verstärken gleichsam jene Erinnerung an die Ereignisse in Jirt, so daß die Überlieferung ihrerseits wiederum den Sinn und tatsächlich auch die Wirkung hat, den Eintritt der *nwarrong* nach Jirt zu verwehren. Da dem Verbot also kein konkretes Ereignis vorausging und die *ndfung* ihrerseits auch nicht auf den Zutritt des Bundes nach Jirt drängen, gibt es bei ihnen auch keine entsprechende Geschichte.

Zeitpunkt und Inhalt der Erzählungen, die das Verbot gegenüber dem *Fon* mit der Brandstiftung am Palast von Jirt erklären, scheinen der historischen Realität durchaus zu entsprechen, zumal die Hintergründe erst nach langem Zögern aufgedeckt werden. Es stellt sich nun aber die Frage, warum ausgerechnet eine solch höchstwahrscheinlich wahre Geschichte erst nach wochenlangem Insistieren und Ausweichen diesbezüglicher Fragen in Erfahrung zu bringen ist und warum sich auch alle anderen Gewährsleute mit ihren Erklärungen so lange zurückhalten, bis der betroffene Fai Ndzishirnji selbst darüber berichtet.

Die meisten Gesprächspartner erklären ihre anfängliche Zurückhaltung mit dem privaten Charakter der Erzählungen. Die Geschichte zur Verbannung des *Fon* aus Jirt betreffe allein die Beziehung zwischen Fai Ndzishirnji und dem *Fon* und sei daher eine Angelegenheit der *ndfung*. Sie zeuge von der Rivalität unter den *ndfung*, die sie selbst aber verschweigen würden. Über Streit, Konkurrenz und erst recht über Hexerei innerhalb des Königshauses zu sprechen, sei streng untersagt. Dabei -so vor allem die Meinung der *yamba* - hätten die *ndfung* schon allein wegen der vielen *wintos* (Ehefrauen des *Fon*) so große Probleme wie keine andere Lineage (*ndap*). Die verschiedenen Versionen der "Latrinengeschichte" sei nur ein Verweis darauf, daß außenstehende Erzähler gegenwärtig nicht mehr in der Lage seien, die internen Konflikte um den jungen Thronerben einzuschätzen.

Die Geschichte um den Palastbrand (und die damit verbundenen Hexereiverdächtigungen) wird also mit Konflikten assoziiert, die es, wie weiter unten erläutert, dem *Fon* gegenwärtig so schwer machen, sich gegen seine "Brüder" durchzusetzen und nach außen als König zu profilieren. Stellvertretend sprechen sie von einem Rivalen, Fai Ndzishirnji, der jedoch durch eine weitere Geschichte, die ihn dem *Fon* in die Gefangenschaft (d.h. in den Freitod) nach Banyo folgen läßt, gleichzeitig über jeden Zweifel erhaben ist. Ohne die symbolischen Bilder umfassend ausdeuten zu können, steht meines Erachtens das in den Geschichten öfter erwähnte Kind von Fai Ndzishirnji für bestimmte Hindernisse, die die eigenen Lineagemitglieder während eines Nachfolgestreits zur Durchsetzung gewisser Ansprüche schaffen. Auf dem Weg seiner Profilierung als Lineageoberhaupt und König müssen die Hindernisse und Fallen vom *Fon* so geschickt wie möglich überwunden werden. Wie die Erzählungen besagen, darf er es nicht hinnehmen, sich "aus Unachtsamkeit" beschmutzen zu lassen. Es muß ihm darum gehen, sich Respekt zu verschaffen, um über alle Anfeindungen und Hexereiangriffe hinauszuwachsen.

An solchen Stellen wird deutlich, daß die realistische Erzählform einer Geschichte (*nsung*) sehr wohl mit Elementen aus anderen Erzählformen, wie der des Märchens (*rghàghár*), angereichert werden kann. Die oben vorgeschlagene Interpretation der in den Geschichten angeführten Symbole von einem Kind und einer Latrine müßte darum anhand einer Untersuchung der Märchenerzählungen der Wiya überprüft werden. Festzuhalten sind an dieser Stelle die den Ereignissen zugrundeliegende Sinnordnung der Geschichte, ihr eigentlicher Inhalt sowie der Grund für die Diskretion der Erzähler. Mit dem Verweis auf die Beschmutzung durch die Latrine, eine Hygieneeinrichtung, die sich erst jetzt in den abgelegeneren Regionen der Wiya durchsetzt, verweisen die Erzähler auf derzeitige Gegenspieler des *Fon*. Bringen sie diese mit der Erzählung über den Palastbrand und den Problemen zwischen den Brüdern (dem *Fon* und Fai Ndzishirnji) in Verbindung, heißt das, so die Meinung mehrerer Gewährsleute, den Fai für die Probleme heute verantwortlich zu machen. Das Motiv für die Diskretion der Erzähler ist also, daß sie sich davor scheuen, mißverstanden zu werden. Schließlich wollen sie für die gegenwärtigen Probleme des *Fon* nicht einen Einzelnen, sondern die Machenschaften der *ndfung* und ihre Konkurrenzkämpfe im allgemeinen verantwortlich machen. Sie halten sich daher zurück und warten ab, ob der betroffene Fai Ndzi-shirnji die Debatte darüber selbst eröffnet.

Das zentrale Motiv für das Verschweigen der alten Geschichten und Auseinandersetzungen um die Krönung des ersten Wiya-Königs ist also der gegenwärtig schwelende Konflikt um die Person und den neuen Führungsstil des *Fon*. Die besonderen Hintergründe jedoch, nicht mit den tatsächlichen Widersachern des *Fon* identifiziert werden zu wollen, sind für die Gruppen der *yamba* und *yaku* sowie für bestimmte Einzelpersonen verschieden und sollen darum im folgenden näher betrachtet werden.

Beginnen wir mit Fai Ndzishirnji. Wie oben bereits angeführt, offenbarte er die wahren Hintergründe der Verbannung des *Fon* aus Jirt erst, als er von der Deutung meinerseits hinsichtlich der Rolle seines "Vaters" erfuhr. Sein anfängliches Ausweichen vor entsprechenden Fragen ist nicht allein ein Zeichen von Pietät, die eine öffentliche Kritik am Regierungsstil der eigenen Ahnen verbietet, zumal es sich bei Fai Ndzishirnji um königliche Vorfahren handelt. Nach übereinstimmender Meinung von *yamba*-Gewährsleuten ist es auch die persönliche Situation dieses *fai*, seine soziale Stellung, die als Grund für die Diskretion anzuführen ist. Als erfolgreicher Geschäftsmann und gleichzeitiger Träger eines der höchsten traditionellen Titel (*kibai*) hat Fai Ndzishirnji schon alles nur Denkbare in seinem Leben erreicht. Er selbst schreibt diese Karriere seinem engen Verhältnis zum Königshaus zu, um sich vor jenen zu schützen, die ihm seine Stellung in Jirt streitig machen und ihm seinen beruflichen Erfolg neiden.

Wie weiter oben bereits erwähnt, lehnen vor allem die in Jirt ansässigen *yamba* seinen Status als *subchief* ab. Ihrer Meinung nach ist sein Anspruch auf Vorherrschaft über Jirt historisch nicht legitimiert und damit nicht haltbar. Vormals wäre er lediglich ein Steuereintreiber gewesen, der dann aber mit Hilfe seiner finanziellen Möglichkeiten ehrgeizige Pläne am Palast hätte durchsetzen können. Die Vorbehalte ihm gegenüber sind derart, daß einige *yamba* ihn sogar meiden. Nach Meinung von Gewährsleuten ist er ausgesprochen gefährdet, in einen Hexereikonflikt verwickelt zu werden. So könnte er entweder als Opfer ausgesucht oder selbst als Hexe verdächtigt werden, die im Tausch für Status und Reichtum andere als Opfer der Hexengesellschaft ausliefert. Um diese Bedrohung zu entschärfen und allen Verdächtigungen zu begegnen, bedarf es, wie auch bei anderen ähnlich begünstigten Personen unter den Wiya, großer Freigiebigkeit und einer engen Verbindung zum Palast. Gerade eine gute Beziehung zum König ist es nämlich, die einen als unbescholtenen Menschen ausweist. Nach Überzeugung der Wiya besitzt der *Fon* übernatürliche, seherische Fähigkeiten, die das Werk einer Hexe unweigerlich zur Aufdeckung bringen.[149]

So legitimiert auch Fai Ndzishirnji seine Karriere mit der engen Bindung an den Palast. Es ist daher nur allzu verständlich, daß er auf die ernste Auseinandersetzung zwischen seinem "Vater" und dessen königlichem Bruder, die ja immerhin zu jener Brandstiftung und Verbannung aus Jirt geführt hatte, nur äußerst ungern zu sprechen kommt. Schließlich sind die Folgen dieses Konflikts bis heute nicht bereinigt, und es ist dem *Fon* noch immer verboten, Jirt zu betreten. Mindestens ebenso unangenehm wäre es, so die Gewährsleute, wenn Fai Ndzishirnji mit den gegenwärtigen "opposition leaders" in Verbindung gebracht würde. In dem Moment hätten nämlich seine Neider den gewünschten Angriffspunkt für ihre zerstörerischen Kräfte.

Das Zurückhalten der Geschichte vom Palastbrand erklärt sich also im Falle Fai Ndzishirnjis durch seine persönliche Betroffenheit. Welches könnten aber die Motive der anderen *yaku* und *yamba* sein, deren Aussagen über die näheren, zur Verbannung des *Fon* aus Jirt führenden Umstände ebenfalls durch Diskretion charakterisiert sind? Wie aus den oben zitierten Erzählungen zu ersehen, werden diesbezügliche Fragen auch von ihnen als äußerst unangenehm empfunden. Einige Gewährsleute antworten ausweichend (wie z.B. S. Dshang, 22.2.86), andere greifen vorsichtshalber auf "Notlügen" zurück (z.B. Fai Ngalormbu, 13.8.85) oder verweigern offen die Aussage (z.B. J. Ngeh, 29.5.85). Einer bestreitet sogar ganz, von einem Problem zu wissen (J. Nsame, 22.5.86). Allein Fai Ndzishirnji bleibt es überlassen, das Geheimnis um die Verbannung des *Fon* zu lüften. Erst als er über den Palastbrand berichtet, sind auch andere bereit, darüber zu sprechen. Demnach war den meisten Befragten die Geschichte über das Vergehen des *Fon* also bekannt, jedoch schwiegen sie zuvor ganz bewußt dazu.

Ihre Zurückhaltung ist zum einen durch die Pietät zu erklären, die es verbietet, königlichen Ahnen ein Vergehen vorzuwerfen. Dies gilt auch im Fall der Wiya, wo die königlichen Ahnen nicht im Zentrum des rituellen Lebens stehen. Neben den "fremden" Siedlern wie den Doh- und Nso'-Lineages oder auch den *njela*-Kleinkönigtümern, die sich zwar selbst zu den Wiya zählen, aber durch ihre Zugehörigkeit zu anderen *chiefs* doch ein entferntes Verhältnis zum *Fon* von Ndu besitzen, betrifft dies vor allem die *yamba*-Lineages. Im Unterschied zu den landbesitzenden *yaku*, die sich abstammungsrechtlich zu den *ndfung* zählen, haben die *yamba* keine genealogische Verbindung zum Königshaus. Schwiegerschaftliche Beziehungen sind selten, da die Prinzessinnen zum Zwecke der Vergrößerung des Königshauses nicht heiraten, sondern lediglich Freundschaften pflegen. Die Prinzen, die Schwestersöhne des *Fon* sowie natürlich auch der *Fon* selbst sind zwar gerne bereit, sich mit den Töchtern der *yamba* zu verheiraten, doch in solchen Fällen sind es die *yamba*, die besonders seit Einführung der *nwarrong*-Gesellschaft solche Eheverbindungen zu vermeiden suchen.[150]

Mit dem Ahnenkult des *Fon* haben die *yamba* daher kaum etwas zu tun und sind auch zu keiner der die königlichen Ahnen betreffenden Zeremonien zugelassen, geschweige denn, daß sie dort irgendwelche Handlungen auszuführen hätten.[151] Ebensowenig hat der *Fon* Aufgaben bei der Verehrung der Ahnen einzelner *yamba*-Lineages zu übernehmen. Er verfügt weder über zentrale Opferplätze noch ist er als Besitzer der Vielzahl der Bünde zu bezeichnen. Zwar schreibt man ihm gern die Position des obersten Priesters aller

Bünde zu, doch ergibt die Untersuchung, daß sein Einfluß vor allem in den sakralen Institutionen auf eine Art Schirmherrschaft beschränkt bleibt.

Die Diskretion der *yamba* und auch der *yaku* geht zum anderen auf den gegenwärtigen Konflikt um die Person des Königs zurück. Sie wollen weder als Gegner des Königs angesehen noch mit den Oppositionellen des *Fon* identifiziert werden, wenn sie ihrer Unzufriedenheit über manche Verhaltensweisen des zur Zeit amtierenden *Fon* zum Ausdruck bringen.[152]

Die eigentlichen Gegner des gegenwärtig amtierenden *Fon* sind hingegen unter den *ndfung* zu finden und zwar hauptsächlich unter denjenigen, die selbst für das königliche Amt qualifiziert waren und sich nach der Krönung ihres Konkurrenten mit der eigenen Niederlage nicht arrangieren wollten. In der Auseinandersetzung mit ihnen ergreifen die *yamba* und die *yaku*-Erdherren eindeutig Partei für den *Fon* und sind darauf bedacht, sich von solchen mit Neid erfüllten "opposition leaders" zu distanzieren. Weder gingen sie die internen Probleme der *ndfung* etwas an, noch könnten sie mit den Methoden dieser Leute sympathisieren. Tatsächlich sind die Kämpfe um die Führungsspitze bei den Wiya eher privater Natur und betreffen im Unterschied zu anderen Grasland-Königtümern ausschließlich die Lineage des Königshauses.[153] So ist die Aufdeckung mehrerer Bestechungsversuche der Königsmacher durch die Thronanwärter zwar ein Skandal, aber letztlich doch ein Vergehen, das die *ndfung* untereinander zu bereinigen haben. Gleichermaßen ist man zwar empört über das Verhalten einiger Lineageangehöriger der *ndfung* gegenüber dem König, aber Konsequenzen, wie etwa die Meidung bestimmter Oppositioneller, läßt man daraus nicht folgen. Sowohl die *yamba* als auch die landbesitzenden *yaku* halten sich also betont aus den Konkurrenzkämpfen der *ndfung* heraus. Werden aber dennoch - wie im folgenden Fall - auch Namen eigener Lineageangehöriger im Zusammenhang mit solchen Skandalen laut, verstärkt dies das Bedürfnis, sich selbst davon zu distanzieren und sich nicht etwa noch in einen alten Konkurrenzkampf einzumischen, der während der Gründungstage des Königtums zu dem Palastbrand führte.

Fallbeispiel 8: Der Skandal im *ngirri*-Prinzenbund

In die Zwistigkeiten unter den *ndfung* wurden die *yamba* unlängst verwickelt, als ein Konflikt im Haus des *ngirri*-Bundes seinen Höhepunkt erreichte. Nicht, daß sich die betroffenen *yamba* etwa vorsätzlich durch eigene Handlungen hervorgetan hätten. Eher machten sie sich nach dem Empfinden ihrer Angehörigen indirekt durch eine Art Mitwisser- und Mittäterschaft schuldig. Zu einer Union mit den oppositionellen *ndfung* kam es überhaupt nur, weil der *ngirri*-Bund sowohl den *yamba* als auch den *bonkfu* (Prinzen) zugänglich ist. Um Unfrieden zu stiften und ihre Ablehnung kundzutun, begnügten sich die Gegner des *Fon* eines Tages nicht mehr damit, Anordnungen und Befehle zu ignorieren. Unter dem Eindruck, ein für allemal jede Hoffnung auf königliche Privilegien verloren zu haben, waren sie zur "Entschädigung" für ihre Benachteiligung sogar dazu übergegangen, sich des Eigentums der Gruppe der *nchindap* (Schwestersöhne des *Fon*) zu bedienen. Diese *nshindap* waren ja als Mitglieder des *nwarrong*-Bundes für die Wahl und Amtseinsetzung des regierenden Königs verantwortlich. Schon seit mehreren Monaten hatten diese in der Nähe des Palastes wohnenden Familien über den Verlust von Hühnern und Ziegen geklagt. Bald galt es als ein offenes Geheimnis, daß einige Mitglieder des *ngirri*-Bundes Tiere und Feldfrüchte stahlen, um sie anschließend im Schutz der *ngirri*-Umzäunung zu verspeisen. Zu jener Zeit soll der *ngirri*-Bund auch von den *yamba* wieder stärker frequentiert worden sein, denn für viele ist der Verzehr von Fleisch außerhalb eines rituellen Anlasses ein großer Luxus. Schon von weitem war der Rauch einer offenen Feuerstelle, der beinahe täglich aus dem *ngirri*-Gelände aufstieg, zu sehen. Man war sich sicher, daß er nur vom Kochen der gestohlenen Tiere herrühren konnte. Beweisen ließ sich der Verdacht jedoch nicht, da lediglich Bundmitglieder das *ngirri*-Gelände betreten dürfen. Die geschädigten *nshindap*-Familien gehören aber ausschließlich dem *nwarrong*-Bund an. Diese strenge Zuordnung der Mitglieder sowie der Ausschluß Nicht-Initiierter gewährte den Prinzen zunächst ausreichend Schutz vor Aufdeckung ihrer Machenschaften. Eines Tages durchbrach der *Fon* jedoch selbst dieses Tabu. Der Auslöser, der den *Fon* zu solch ungewöhnlichem Handeln veranlaßte, war folgender:

Die Widersacher des *Fon* hatten sich erbost darüber gezeigt, daß sie an der Ernte des Fischteichs des Jahres 1985 und am lukrativen Verkauf der Fische nicht beteiligt werden sollten.[154] Ihrer Meinung nach sei der Teich der persönliche Besitz des Vaters gewesen und gehöre deshalb allen Erben und nicht nur dem *Fon*. Zumindest stehe ihnen ein eigener Anteil kostenlos zu. Nach Auffassung des *Fon* war der Besitz des Teiches dagegen immer an das königliche Amt gebunden und damit Eigentum der gesamten Lineage. Die Verwaltung des Erlöses sei daher allein sein Privileg, denn im Unterschied zu seinen Brüdern verbrauche er das Geld nicht für sich persönlich, sondern für Modernisierungen des Bezirks, die wiederum allen zugute kämen. Zur Abschreckung von Dieben engagierte der *Fon* während der Ernte der Fische die *nwarrong*-Gesellschaft. Diese pflanzte das gefürchtete Tabu-Zeichen *lang-nwarrong* an das Ufer des Teiches und entsandte ihre Maskenfiguren (*mbo-nwarrong*) zur Bewachung des Geländes aus. All diese Vorkehrungen kümmerten die Widersacher des *Fon* jedoch wenig. Ungeachtet des *lang-nwarrong*, das bei Mißachtung sogar tödlich wirken soll, legten sie des Nachts in unbeobachteten Momenten Netze aus und stahlen auf diese Weise einen Großteil der Fische. Trotz aller Verdächtigungen machten sie sich schon am darauffolgenden Tag daran, ihre Beute als Festschmaus in der *ngirri*-Umzäunung zu verzehren. Provoziert von der Dreistigkeit seiner Widersacher und um seinen seit langem gehegten Verdacht endlich beweisen zu können, verließ der *Fon* eigenmächtig seinen Palast und drang in den *ngirri-compound* ein. Zum Entsetzen der *ngirri*-Mitglieder hatte er sie damit auf frischer Tat ertappt und sie des Diebstahls überführt. Das darauf folgende

Wortgefecht und Handgemenge steigerten den Zorn des *Fon* derart, daß er in einem Wutanfall Tische und Bänke umstieß. Die Brüder ihrerseits zerbrachen seinen Stock und zerstörten damit eines der Symbole königlicher Autorität. Daraufhin informierte der *Fon* den *nwarrong*-Bund, der zu seiner Verteidigung ihre *mbo-jujus* in den Sitz des *ngirri*-Bundes schickte und als eine Art Vergeltungsschlag seine Einrichtung zerstören ließ. Dem hatten die betroffenen *ngirri*-Mitglieder nichts entgegenzusetzen. Ihre Verunsicherung war groß, denn so etwas hatte es in der Vergangenheit noch nie gegeben.

Zur Erklärung sei gesagt, daß der *Fon* durch seine Initiation zum König die Mitgliedschaft als einer der Prinzen in der *ngirri*-Gesellschaft verliert. Erst nach der rituellen Aufnahme, die seinem neuen Status entspricht, hat er das Recht, hier wieder ein und aus zu gehen. Diese Weihe des Königs zum *ngirri*-Mitglied hatte jedoch zu jenem Zeitpunkt noch nicht stattgefunden, so daß sein Verhalten einen beispiellosen Verstoß gegen zentrale Regeln der Tradition bedeutete. Noch gewagter war das Eindringen der *nwarrong*-Mitglieder in die *ngirri*-Umzäunung, was als eine Art Verfassungsbruch gewertet wurde. Ein Gesetz besagt, daß der *nwarrong*-Bund sich von der *ngirri*-Gesellschaft fernzuhalten hat, und zwar aus folgenden Gründen. Zum einen hatte man schon bei der Einführung des *nwarrong*-Bundes festgelegt, daß er bei der Erzwingung von Gesetzen nicht gegen die eigene Lineage eingesetzt werden kann. Der Hintergrund dafür war wohl die Befürchtung, die Lineage könne sich in zwei verfeindete Segmente spalten, wobei die matrilateralen Abkömmlinge der *Fons* mit ihrer exekutiven Funktion als *nwarrong*-Mitglieder den agnatischen Verwandten gegenüberstünden. Zum anderen ist der *ngirri*-Bund ein Regierungsorgan des Königtums, das sich nicht nur aus den Prinzen, sondern aus Vertretern aller Lineages der *yaku* und *yamba* zusammensetzt. In dieser Weise ist die *ngirri*-Gesellschaft - vorausgesetzt, sie würde nach ihrem ursprünglichen Sinn funktionieren - ein basisdemokratisches Gebilde, das zum Zweck gerechter Entscheidungsfindung durchaus als Opposition zum König und seiner *nwarrong* gedacht ist. Das Eindringen der *nwarrong* in die *ngirri* ist damit eine verfassungswidrige Handlung, die die Empörung der des Diebstahls überführten Prinzen erklärt und theoretisch auch rechtfertigt. In der breiten Öffentlichkeit fand das Vorgehen des *Fon* dennoch großen Beifall. Ihrer Meinung nach hätten die betroffenen Prinzen die Rechte der *ngirri*-Gesellschaft maßlos mißbraucht, dem Prestige des Bundes sehr geschadet und unschuldige Mitglieder in ihre Machenschaften hineingezogen. Die Mitwisser- und Mittäterschaft einiger Lineageanghöriger der *yaku* und *yamba* wurde als äußerst unangenehm empfunden, da man fürchtete, durch eine Verknüpfung mit den Widersachern des Königs an Glaubwürdigkeit zu verlieren und an Kritikfähigkeit hinsichtlich aktueller Fragen einzubüßen. All dies hatte nach Meinung der Gewährsleute zur Folge, daß man von nun an noch stärker darauf bedacht war, sich aus den Konkurrenzkämpfen der *ndfung* um den königlichen Titel herauszuhalten.

Mit anderen Worten, das einhellige Verweigern jeder Auskunft kann auf die persönliche Umstrittenheit des gegenwärtig amtierenden *Fon* und seinen neuen Regierungsstil zurückgeführt werden. Noch hat er sich auf seinem Amt nicht ausreichend bewährt, und noch hat die rituelle Öffnung des Grabes seines Vaters nicht stattgefunden, die ihn öffentlich bestätigen oder tadeln wird. Erst wenn der junge König sich ausreichend persönlichen Respekt verschafft haben und die Diskrepanz zwischen ihm und den Ältesten abgetragen sein wird, ist es womöglich auch nicht mehr ein solches Tabu, über den Palastbrand zu sprechen.

Vor diesem Hintergrund ist es nun auch verständlich, daß jener Fai Ndzishirnji sich trotz aller oben erläuterten Bedenken doch noch zu einer Stellungnahme verleiten ließ. Um nicht seinen Ruf als ehrgeiziger Emporkömmling weiter zu erhärten und in Konflikt mit dem *Fon* zu geraten, sah er sich gezwungen, die Mutmaßungen über die Rivalität der beiden Brüder als einzigen Grund für die damalige Verbannung zu zerstreuen und die Ursachen dafür auf den Konflikt mit den *yamba* zu lenken. Wie oben erwähnt, war die von mir geäußerte Schlußfolgerung die, daß der damalige *Fon* sich möglicherweise unrechtmäßig des Titels bemächtigt hat, wofür ihn dann sein Bruder (der Vorfahre des heutigen Fai Ndzishirnji) vertrieben hat. Angesichts der gegenwärtigen Konkurrenzkämpfe am Palast von Ndu ist es nicht verwunderlich, daß Fai Ndzishirnji eine solche Einschätzung dementieren mußte, um nicht mißverständlich in den Verdacht zu geraten, diese Aussage zur Aufwertung seines Titels etwa selbst geleistet zu haben.

Die Distanzierung von den Widersachern des *Fon* ist ausgerechnet gerade bei jenen besonders zu beobachten, denen man solch eine oppositionelle Einstellung nachsagt. Das prominenteste Beispiel ist wohl der oben zitierte J. Nsame, ein Bruder des zuletzt verstorbenen *Fon* von Ndu.[155]

Fallbeispiel 9: John Nsame und der *kupe*-Fisch

J. Nsame, der im obigen Fallbeispiel 6 bereits im Zusammenhang mit dem Hexereivorfall an der *Government School* erwähnt ist, bestreitet als einziger, überhaupt jemals etwas von einem Problem in Jirt gehört zu haben. Wenngleich er wegen seiner politischen Karriere viele Jahre außerhalb von Ndu lebte, ist es sehr unwahrscheinlich, daß ihm, der anderweitig über ein umfangreiches Wissen von Erzählungen verfügt, die Geschichte zum Palastbrand in Jirt tatsächlich nicht bekannt ist. Eine Reihe von Gewährsleuten behaupten daher auch übereinstimmend, daß er sich zu diesem Thema ganz bewußt nicht äußern wollte. Es habe ihm wohl vor allem daran gelegen, dem Vorurteil der Öffentlichkeit in Ndu zu begegnen, das ihn seit langem schon als Widersacher des *Fon* abstempelt.

Das Gerücht, er habe nach dem Tod seines Bruders, Fon Nformi, die Königsmacher mit Geld bestochen, um den Thron zu erben, ist dabei vergleichsweise unerheblich. Schließlich ist er nicht der einzige, der dieser Erbschleicherei verdächtigt wird. Außerdem konnte es zu seiner Wahl schon darum nicht kommen, weil seine Schwester, die Tochter seiner leiblichen Mutter, bereits das Amt der *Yaah* (Königinmutter) innehat.[156] Belastet ist Nsame vielmehr dadurch, daß er schon zu dem vorherigen *Fon*, seinem Bruder, ein recht gespanntes Verhältnis hatte. Dies resultierte vor allem daraus, daß er sich in seiner Eigenschaft als Abgeordneter zur Zeit der Volksabstimmung (1961) im ehemals britischen Teil Kameruns entgegen der Position des Königs und größter Teile der Wimbum-Bevölkerung für den Anschluß an das frankophone Kamerun einsetzte. Die *ndfung* fühlten sich von ihm verraten, einem Lineageangehörigen, den sie selbst unter Aufbringung hoher Ausbildungskosten zu dem gemacht hatten, was er war.

Um die Stimmung zur Zeit der Wahlen in Ndu zu verdeutlichen und zu zeigen, wie heiß umstritten die Kamerun-Frage tatsächlich war, sollte man wissen, daß andere Befürworter des Anschlusses an den ehemals französischen Teil Kameruns starken Repressalien ausgesetzt waren. So erzählte M. Sayani von seinem Bruder, der eigens aus Nkongsamba nach Ndu gekommen war, um für die Vereinigung mit dem frankophonen Kamerun zu werben. Die Wiya forderten ihn jedoch unter Androhung von Gewalt auf, schnell wieder zu verschwinden. Sie drohten ihm, andernfalls zusammen mit dem *ngang-juju* aus dem Nachbarbezirk Njiningo zu kommen, ihn zu verjagen und das Geschäft des Vaters zu zerstören.[157] Von da an hielt sich der Bruder versteckt, und sein Vater schlief des Nachts, mit einem Gewehr bewaffnet, in seinem Geschäft. Eines Tages war es dann soweit, und die Leute, angeführt von der *ngang*-Maske, rückten zu seinem Gehöft vor. Nur dem Mut der Mutter war es letztlich zuzuschreiben, daß nichts weiter geschah. Aufgeschreckt durch das laute Getöse, das üblicherweise einen *juju* begleitet, wäre sie gekommen und hätte den Leuten den Eingang zum Gehöft versperrt. Sie drohte dem *juju*, ihm die Maske und das Gewand zu zerreißen, falls er versuchen sollte, ihren Sohn anzugreifen. Dann würden die Leute schon sehen, daß nur ein kleiner Junge, ein Kind unter der Maske stecke, das sie selbst hätte großziehen können. Bei diesen Worten hätte sich der *juju* so gefürchtet, daß er mit großen Schritten davongerannt wäre. Wenig später ließ der *Fon* der Familie ausrichten, daß er für die Sicherheit ihres Sohnes nicht garantieren könne. Dazu übersandte er fünf Schillinge, mit denen er so schnell wie möglich nach Nkongsamba zurückkehren sollte.

Am Tag der Wahl kam es zu weiteren, ebenfalls außerordentlich bedrohlichen Situationen. Die Stimmen für den Anschluß an Nigeria sollten in eine grüne und die für Kamerun in eine weiße Kiste geworfen werden. Angeblich hätte man an vielen Orten für Kamerun gar nicht stimmen können, weil an den weißen Kisten Schlangen ausgelegt oder *jujus* postiert waren. Wie sehr sich seine Landsleute eine Vereinigung mit Nigeria wünschten und unter welcher Spannung sie damals gestanden haben mußten, hatte Nsame in Buea offensichtlich verkannt. So unternahm er auch nichts, als ihn Vertreter seiner eigenen Überzeugung, wie der Bruder von Sayani, um Hilfe ersuchten. Auch dies nahm man ihm in Ndu sehr übel. Als er dann nach seiner Entlassung als Abgeordneter nach Hause zurückkehrte, galt er sowohl für die eine wie auch für die andere Seite als Verräter. Daß er von vielen bis heute gemieden wird, führt er selbst jedoch auf das Unverständnis dieser Leute zurück. Nach Meinung Nsames wurde er in Ndu schon immer falsch verstanden. Als er zum Beispiel

Modernisierungen wie die Teeplantage, die Wasserpumpe oder die Missionsschule der Baptisten in Ndu einführte, habe man dies als ungebührliches Her-
vortun mit dem Ziel, den *Fon* in den Schatten zu stellen, kritisiert. Des weiteren
hätten es ihm die *ndfung* außerordentlich geneidet, daß er es zu solch einem
hohen Posten in Buea gebracht hatte und dabei natürlich über ein sehr gutes
Einkommen verfügte. Der kleine Wohlstand, den er sich in Ndu habe aufbauen
wollen, sei nicht geduldet worden. So habe er sich Pferde und Rinder gekauft,
die von den Neidern nach und nach gestohlen oder getötet worden wären. Die
ersten Autos, die er nach Ndu gebracht habe, seien veruntreut worden. Ein
anderes Beispiel sei sein Fischteich, den er nach traurigen Vorfällen und wegen
eines großen Skandals aufgeben mußte.

Dieser große Skandal war es auch, der Nsame in der Öffentlichkeit bis heute
anhängt und ihn immer wieder in die Ecke eines Außenseiters drängt. Geschehen war folgendes. Als Nsame seinen Status als Abgeordneter in Buea verlor
und nach Ndu zurückkehrte, wurde er aufgrund seiner jahrelangen politischen
Erfahrung wenig später Mitglied des damaligen *Native Authority Council* in
Mbiyeh. Dort erhielt er den Auftrag, in Ndu (auf der Straße nach Njimmkang)
eine Brücke über einen kleinen Bach zu bauen. Dieser Bach versorgte den
Fischteich des *Fon* mit Wasser. Nsame legte jedoch nicht nur die Brücke an,
sondern staute gleichzeitig auch das Wasser zur anderen Seite der Brücke -
angeblich ohne zuvor den *landlord*, Lamfuh von Njifa, um Erlaubnis gebeten zu
haben. Der alte *Fon* sah sich durch diesen direkt neben seinem liegenden neuen
Fischteich in seinen Privilegien bedroht, und der Erdherr des Platzes fühlte sich
übergangen. Beide sollen darüber sehr verärgert gewesen sein, und Nsame
verlor in Ndu noch weiter an Ansehen. Nachdem ein Mädchen in Nsames Teich
gefallen war und gerade noch gerettet werden konnte, wurden Gerüchte laut,
daß dort eine *kupe*-Hexengesellschaft tage. Obwohl vorerst nichts weiter geschah, hielten die Gerüchte sich hartnäckig. Um Aufklärung in die Sache zu
bringen, schickte der *Fon* nach einem der angesehensten *ngambe-men* (pn.:
Wahrsager) der Umgebung. Dieser ermittelte schließlich, daß im Fischteich
sogar ein Topf der *kupe* vergraben wäre. In ihm befänden sich mehrere Menschenleben, die bereits verkauft worden wären und nun auf ihren Tod warteten.
Vergraben hätte den Topf J. Nsame. Der gefährliche Fund konnte nur unter
sorgfältigen Schutzmaßnahmen gegen die Hexen geborgen und an den Palast
gebracht werden. Unter Aufsicht des *Fon* und des traditionellen Rates wurde er
untersucht. Der Wahrsager bestreute den Topf mit einer stark riechenden
Medizin, die die Hexen abhält und verhindert, daß sie den Inhalt noch schnell
herausnehmen. Dann zerschlug er den Deckel, und zum Vorschein kamen
allerlei Dinge wie Haare, Kaffee, Geld, lebende Käfer, die die Opfer der *kupe*
repräsentieren, und die Hülse eines Kugelschreibers, das auf ein gebildetes
kupe-Mitglied verwies. Nach eingehender Beratung zur Bedeutung der einzelnen
Gegenstände klagten sie Nsame als "Kapitän" dieser *kupe*, seine Brüder und
seine Frau als Mitglieder an.

Diese Nachricht verbreitete sich in Windeseile überall, doch die Angeklagten
griffen nicht zu Gegenmaßnahmen, indem sie beispielsweise selbst einen Wahr-

sager heranzogen. Sie beteuerten lediglich ihre Unschuld und erklärten die ganze Sache für großen Unsinn. Darüber wurde der Wahrsager sehr böse und schwor, daß es sich bei der Ernte des Teiches schon erweisen würde, ob sie Hexen seien oder nicht. Diese Ernte war für den darauffolgenden Markttag vorgesehen. Der Zeitpunkt war ungeschickt gewählt, denn der *Fon* wollte eine Woche danach ernten und hätte bei diesem kurzen Zeitabstand wohl kaum noch Fische auf dem Markt absetzen können. Aber es kam ohnehin ganz anders. Die Fische aus Nsames Teich wurden in Lastwagen verladen, und auf der Fahrt zum Markt ereignete sich dann tatsächlich das Unglück. Einer der Fahrer überfuhr ein Kind. Der tödliche Unfall wurde sofort zum Tagesgespräch und überzeugte die Leute nun endgültig von der Richtigkeit der Anklage des Wahrsagers. Der Fisch wurde zum *kupe*-Fisch erklärt, und keiner kaufte etwas. Die Ware blieb liegen und begann zu faulen. Nsames Frau, die versuchte, wenigstens gegrillten Fisch zu verkaufen, wurde öffentlich als Hexe beschimpft. Man hatte Angst, sie könne einem ein Stück Menschenfleisch anbieten und einen auf diese Weise in Abhängigkeit zur *kupe* bringen. Die ganze Angelegenheit endete mit einem großen finanziellen Verlust für Nsame. Abgesehen von seiner Investition in den Fischteich, hatte er den Eltern des überfahrenen Kindes eine Abfindung zu zahlen und mußte ein Lösegeld an den *Commissioner of Police* aufbringen, um seinen Fahrer von einer Gefängnisstrafe freizukaufen. Obwohl der *Fon* ihn aufforderte, den Teich besser endgültig aufzugeben, bestellte er einen für seine Medizin außerordentlich berühmten *native doctor*, um den Boden zu reinigen. Nsame besorgte Wein und eine Ziege und forderte Pa Lamfuh, den Erdherrn des Ortes, auf, am Opfer mitzuwirken. Lamfuh verweigerte jedoch seine Mithilfe und erklärte auch auf Drängen des *native doctors*, daß er von Nsame als Hexer überzeugt sei und deshalb befürchte, selbst angegriffen zu werden. Würde er einem Hexer zu Gefallen ein Opfer bringen, müsse sich das Land unweigerlich an ihm rächen. So waren es also nur Nsame und der *native doctor*, die die Reinigung vornahmen, die Ahnen Pa Lamfuhs und die Gottheiten *nyuu ngong* und *nyuu la'* anriefen. Als der *native doctor* kurz darauf erkrankte und binnen einer Woche starb, hielten dies alle für einen Beweis, daß die Ahnen und die Gottheiten sich entweder einzeln oder alle zusammen gerächt hatten. Auf jeden Fall hatte die Illegitimität seiner Handlung zur tödlichen Strafe geführt, was die Überzeugung bis zur Gewißheit steigerte, daß es sich bei Nsame um einen Hexer handelte und damit auch der Fischteich ein Ort der Hexerei sei. Mittlerweile sehr entmutigt, entschied sich Nsame, den Teich aufzugeben.

Heute erinnert nichts mehr an einen ehemaligen Fischteich: Über dem Ort ist längst wieder Gras gewachsen, doch Nsame behielt seine Stellung als Außenseiter in Ndu, zumal er ja wenig später erneut in einen Hexereiskandal an der Schule verwickelt wurde (vgl. Fallbeispiel 6). All diese Vorfälle mögen genügen, um zu erklären, daß er mit den Widersachern des gegenwärtigen *Fon* bestimmt nicht identifiziert werden will. Nach Meinung der Gewährsleute würde man es in Ndu noch am ehesten als Anmaßung empfinden, wenn ausgerechnet er die Geschichte zum Palastbrand in Jirt preisgegeben hätte. Womöglich - so ihre

Bedenken - hätte man daraus einen Beweis für Rivalität und Neid gegenüber Fai Ndzishirnji konstruiert und neue Gerüchte in Umlauf gebracht.

Zusammenfassend läßt sich sagen, daß auch die Diskretion der Erzähler (wenn sie als bewußtes Verschweigen von den Zuhörern verstanden wird) als Handlung gesehen bzw. gehört werden kann, die ihrerseits bestimmte Wirkungen vermeiden oder erzielen soll. Da die Erzähler also nicht mit den Widersachern des *Fon* identifiziert werden wollen, überspielen sie die Geschichten ganz bewußt, indem sie (wider besseren Wissens) vorgeben, nichts zu wissen. Oder sie agieren strategisch, indem sie ganz offen betonen, über die Geschichte, die zu dem Gesetz führte, nicht sprechen zu wollen. Das heißt, sie machen auf die Existenz eines Problems aufmerksam, ohne selber damit identifiziert werden zu können.

Weil eben niemand in die internen Konkurrenzkämpfe unter den *ndfung* verwickelt werden möchte und daher keiner aus eigenem Antrieb von den vergangenen Ereignissen spricht, behandeln die Erzähler die Verbannung des *Fon* und des *nwarrong*-Bundes aus Jirt als eine besondere Art von Geschichte. Sie sprechen von einem Gesetz (*nshir*), das im Falle des *Fon* sogar ein Opfer (*tangshir*) erfordert, um aufgehoben werden zu können. Die Überlieferung (*nsung*), die über die zu den Verbannungen des *Fon* und der *nwarrong*-Gesellschaft aus Jirt führenden Ereignisse Auskunft gibt, hat sich zur Nachricht entwickelt. Es gibt keine Debatte über die vergangenen Ereignisse in Jirt. Die Erzählung wird vielmehr zu dem verkürzt, was sie bewirken soll, nämlich zur Durchsetzung der Verbote. Damit gehört die Überlieferung nicht mehr eindeutig zum Genre *nsung*; sie ist jetzt ein Gesetz (*nshir*), das nicht hinterfragt, sondern unbedingt befolgt werden muß. In diesem Sinne nimmt das Genre *nsung* meines Erachtens Züge des Genres *sa'ka* (wörtl.: nicht zu zerteilen) an. In seiner Performance steht *sa'ka* im Kontrast zum Debattencharakter von *nsung*. *Sa'ka* läßt keinen Disput zu, vor allem solange nicht, bis der autorisierte Sprecher die Nachricht (oder auch die Neuigkeit) überbracht hat.

Anmerkungen

99   Das Wort *fai* zur Bezeichnung eines Lineageoberhauptes im Pidgin-Englisch ist aus dem Lamnso, der Sprache der südlich benachbarten Nso', entlehnt. Da sein Gebrauch in der Limbum-Konversation heute immer üblicher wird und es auch in der Literatur über die Wimbum (Pool 1994, Probst 1992) und von den Wimbum (Foncham 1984, Njilah 1984, Taju 1985) übernommen wurde, soll es im folgenden auch hier verwendet werden. Seine Pluralbildung erfolgt nicht nach den Regeln des Lamnso durch ein Präfix-"a", sondern durch das englische Plural "s". Man spricht also nicht von *afai*, sondern von *fais*. Weitere Titel-Übernahmen aus dem Lamnso sind *kibai* (pl.: *kibais*) für ein besonders hochrangiges Lineageoberhaupt (lb.: *wifa gogor*), *yaah* (pl. *yaahs*) für Königinmutter (lb.: *manyeh*) und *shey* (pl.: *sheys*) für einen heruntergestuften *fai*. *Shey* hat keine Entsprechung im Limbum der Wiya.

100   Das Wort *kibai* ist aus dem Lamnso entlehnt. Es ersetzt ähnlich wie *fai* den Gebrauch der Limbum-Bezeichnung *wifa gogor*. Sein Plural wird durch das englische Plural "s" gebildet.

101   Ohne hier auf die einzelnen Überlieferungen eingehen zu können, sei doch erwähnt, daß diese Behauptung in Konshep heftig umstritten ist. Hier macht man den *yaku* zum Vorwurf, die historischen Tatsachen zu verdrehen, um die Seniorität ihrer eigenen Dynastie gegenüber der des *Fon* von Konshep zu suggerieren. Das Abstammungsverhältnis von Konshep und Ndu sei gleichrangig, da die Vorfahren der Könige (von Konshep und Ndu) Brüder gewesen seien (Tanto, 19.10.85). Gegenüber Mafiamba (1969:69) behauptet der *Fon* von Konshep sogar seine eigene Seniorität zu Ndu: "After the arrival of the Wiya at Konshep three chiefs (names forgotten) ruled there and died in old age before the clan scattered. After the death of the third chief, Ndowa succeeded to the throne and it was one of his sons, Nganji, who left the Mbindung Quarter of Konshep and established the powerful chiefdom of Ndung (Ndu)." Der Hintergrund für die Zurückhaltung des oben erwähnten Tanto von Konshep, der mir gegenüber lediglich die Gleichrangigkeit der königlichen Dynastie von Konshep und Ndu behauptete, könnte durch die Umstände und den Anlaß der Reise nach Konshep erklärt werden, die der *Fon* von Ndu mit seiner Gefolgschaft unternahm. So plant die königliche Lineage von Konshep den Bau eines neuen Palastes. Zur Realisierung dieses Vorhabens haben sie ihren finanziell weitaus potenteren Verwandten um Unterstützung gebeten und ihn zu einer "Donation Ceremony" eingeladen. Der Anlaß unseres Besuches war also genau jene Zeremonie, bei der die Übergabe des Geschenks erfolgen sollte. Der zumindest im wirtschaftlichen Sinne als "größerer Bruder" rangierende *Fon* von Ndu kann durch eine großzügige finanzielle Beteiligung seinerseits aber auch ein entsprechendes Maß an Respekt erwarten. Eine Diskussion um die Seniorität der beiden königlichen Lineages wäre deshalb als äußerst unpassend empfunden worden und wird vermutlich mit der Aussage von Tanto bewußt vermieden.

102   Es handelt sich hier um den Sohn und Amtsnachfolger des alten Fai Ndimbie und nicht etwa um den im vorhergehenden Kapitel erwähnten Gewährsmann von Jeffreys selbst.

103   Zu den Hintergründen für die Widersprüchlichkeit von Fai Nganwenfus eigener Aussage und der offenen Zurechtweisung durch seine Lineageältesten vgl. Fallbeispiel 4.

104 *Dogaris* ist die in Ndu übliche, aus dem Pidgin-Englisch entnommene Pluralform von *dogari*.

105 Der biologische Vater eines *nchindap* hat nur den Status eines Genitor. Um die Lineage der *ndfung* zu vergrößern, ist es den Frauen der *ndfung* nicht erlaubt, zu heiraten. Damit gehören alle Kinder, die wegen des Exogamiegebots außerhalb der *ndfung* gezeugt wurden, weiterhin zur Lineage des *Fon*.

106 Genauere Ausführungen zu den persönlichen Konflikten nach der Inthronisation von *Fon* William Nformi (1934) finden sich bei Probst (1992: 103f.).

107 Zum Teil sind es sogar in der gleichen Provinz forschende Ethnographen, die diesem Irrtum unterliegen. Vgl. dazu vor allem Goheen (1984: 43), die im benachbarten Königtum Nso/Nseh (Bui Division) arbeitete und behauptet, daß alle Limbum-sprechenden Gruppen gegenwärtig unter die Jurisdiktion des *Fon* von Ndu fallen.

108 In dem Maße, wie ihm die Wiya Ignoranz gegenüber den Belangen der Bevölkerung vorwerfen, wendet er sich innerlich und auch äußerlich von ihr ab. Der vorläufige Gipfel dieser Entwicklung war während der Unruhen im Juni 1992 erreicht. In der Provinzhauptstadt Bamenda gab es Demonstrationen gegen die Alleinherrschaft der regierenden CPDM Partei. Man forderte eine demokratische Politik, die das Geld im Land gerecht verteilen und die Ausgrenzung des anglophonen Westens von Kamerun aufgeben sollte. Die Demokratiebewegung schwappte auch über in die Dörfer, und es kam in Bali, Banso und Ndu zu blutigen Auseinandersetzungen mit dem Militär. Schon in den Jahren zuvor gab es Rangeleien und Prügeleien mit den Steuerein-treibern in Ndu. Viele wollten einfach nicht einsehen, Steuer zu zahlen, ohne jemals deren Verwendung nachvollziehen zu können. Als nun 1992 der Vorwurf der Ver-schwendung und Veruntreuung von Steuergeldern durch die Regierung Biya öffent-lich wurde, kam es in Ndu zu massiven Widerständen und Handgreiflichkeiten. Eine Reihe von Personen wurde festgenommen. Als die aufgebrachte Menge versuchte, diese aus dem Militärfahrzeug wieder zu befreien, schossen die Soldaten. Es gab drei Tote und zahlreiche Verletzte. Anstatt sich nun in dieser Situation auf die Seite der Bevölkerung zu stellen, demonstrierte der *Fon* neuerlich seine Solidarität mit der herrschenden Partei und gab den vor der wütenden Menschenmasse flüchtenden Militärs Asyl im Palast. Die Empörung über diese als Verrat empfundene Handlung und seine in der Folge immer wieder offene Parteinahme für die verhaßte Politik in Yaoundé zwangen den *Fon* bald zur zeitweiligen Aufgabe seines Wohnsitzes. Er nahm nun selbst Zuflucht in Nkambe.

109 Der Zeitpunkt der Immigration der *ndfung* richtet sich nach der Datierung erster Chamba- oder Fulbe-Raubzüge und fällt möglicherweise mit der Verlegung des königlichen Palastes der Nso' aus der unmittelbaren Nachbarschaft von Mbandfung nach Kumbo zusammen.

110 Auch die als "Fremde aus Nso'" bezeichneten Mitglieder des *do'*-Clans, die weder zu den *yaku* noch zu den *yamba* gehören, bestätigen die Unterwerfung von Fai Ngan-wenfu: "Die *wi-ndfung* waren als kriegerische Gruppe bekannt und gefürchtet. So blieb Fai Nganwenfu nur der *fai*. Sie drohten den Wiya: Wenn sich jemand gegen unsere Vorherrschaft erhebt oder versucht, sich selbst zu erhöhen, wird eine ernstliche Bestrafung folgen! Später, als die Deutschen in das Land kamen und nach dem wichtigsten Mann fragten, sagten die Leute jetzt: Das ist der *nkwi ndfung*. So gingen sie zum *Fon*. Dieser schickte dann seine *dogaris* heraus und ließ *fufu-corn* (Maisfladen, B.B.), Eier und anderes Essen eintreiben, was den Deutschen gegeben werden sollte.

Sie nahmen es den Leuten mit Gewalt. Zu dieser Zeit wurde die Macht und der Einfluß von Nganwenfu immer geringer." (Fai Ndzifufi, 25.7.85)

111 Ndzi, mein Begleiter, fährt mit der Übersetzung fort, da Fai Ndimbie während des Interviews plötzlich ins Limbum verfiel. Fai Ndimbie verfolgt die sinngemäße Wiedergabe und greift bei Mißverständnissen oder Ungenauigkeiten korrigierend ein.

112 Vgl. dazu beispielsweise Chilver & Kaberry (1968), Nkwi & Warnier (1982) sowie Tardits (1981).

113 Vgl. dazu die Ausführungen zum Abstammungsverhältnis zwischen den königlichen Lineages von Ndu und Konshep in Kapitel II.

114 Wie streng man auch noch heute daran festhält, verdeutlicht ein vom *Fon* geäußertes Problem, das diese Einschränkung naturgemäß mit sich bringt. So klagte der *Fon*, praktisch gar nicht zu wissen, was er bei seinen Besuchen an den königlichen Gräbern von Mbandfung in Zukunft überhaupt zu tun habe. Der Hüter der Gräber sei so plötzlich verstorben, daß er weder seinen eigenen Nachfolger noch ihn selbst in die rituellen Aufgaben eingewiesen hätte. Einmal wäre er zwar dabei gewesen, aber daran könne er sich kaum noch erinnern. Dieses eine Mal hätte er viel zu sehr unter dem Eindruck seiner eigenen Krönungsfeierlichkeiten gestanden, um sich an Einzelheiten jetzt noch entsinnen zu können.

115 Diese Regelung betrifft auch Frauen, wenn sie zu Lebzeiten die politisch-rechtlichen Aufgaben einer Lineage wahrgenommen haben.

116 Vgl. Schott (1994: 153-157) zur Bedeutung des Fremden als Schiedsrichter und leitender Amtsträger.

117 Tatsächlich sind es aber nur die *yaku* und einige aus Nso' eingewanderte "Fremde", die bestätigten, Rat bei ihm zu suchen, bevor ihr Fall im Palast zur Verhandlung kommt. Die *yamba* dagegen bestreiten ganz energisch, daß Fai Ndzishirnji diese Funktion, die ihn quasi zum Schiedsrichter der ersten Instanz erhebt, in Jirt tatsächlich ausüben darf. Jedes Lineageoberhaupt würde anstehende Probleme selbst beseitigen oder sie direkt am Palast des *Fon* vortragen. Dazu bedürfe es keines Vermittlers. Fai Ndzishirnji hätte nicht die Macht, über einen *yamba* zu richten. Sie machen keinen Hehl aus ihrer Verärgerung über seine Person und werfen ihm vor, sich wichtig tun zu wollen. Früher hätte ihn sein Titel nur dazu berechtigt, die Steuern in Jirt einzusammeln. Seitdem seine Familie aber diesen Mann, der schon vor der Krönung zum Lineageoberhaupt ein erfolgreicher Geschäftsmann gewesen sein soll, in dieses Amt gewählt hat, würde der *fai* unablässig versuchen, weitere Privilegien zu erhalten. Mit Hilfe von Bestechungsgeldern hätte er sich während der Krönung des *Fon* beispielsweise Zutritt zu geheimen Zeremonien verschafft und später sogar Teile der *ngirri* (Prinzen)-Gesellschaft erworben. (Weitere Ausführungen zur Person des gegenwärtig regierenden Fai Ndzishirnji finden sich in Kap.IV, Analyse: Erzählung und Diskretion).

118 Genau genommen war es Sarki Mbambara, der die Übernahme des Koran und diverser muslemischer Symbole initiierte.

119 Nähere Angaben zu *kupe* vgl. Probst (1992).

120 Nicht nur die Wiya, sondern viele Wimbum fühlten sich von Nsame, den sie für den politischen Vertreter ihrer Gruppe in Buea gehalten hatten, verraten. Während sich die Wimbum nämlich mit großer Mehrheit für den Anschluß West-Kameruns an Nigeria einsetzten, vertrat Nsame mit seiner Partei die "Wiedervereinigung" mit dem ehemals französischen Mandatsgebiet.

121   Die genealogische Beziehung der hierbei namentlich erwähnten Personen finden sich
      zur besseren Übersicht in einer Skizze im Anhang.

122   Der in diesem Zusammenhang zitierte Fai Ngashembiri erwähnt Fai Ndzitonga zwar
      nicht ausdrücklich, aber es kann aus anderen Stellen des Interviews sicher geschlossen
      werden, daß er auch hier von ihm sprach. Obwohl Fai Ndzitonga zur selben *yamba*-
      Gruppe (Klan B) gehört, widerstrebt es ihm offenbar, diesem "Bruder" einen solch
      hohen Status einzuräumen. Er vermeidet m.E. ganz bewußt, dessen Titel so eindeutig
      mit der Leiterposition der *yamba* zu identifizieren. Zwischen den beiden *fais* sollen
      nämlich schon seit vielen Jahren Streit und starke persönliche Abneigungen bestehen,
      die sogar einmal zu Handgreiflichkeiten im öffentlichen Rat des *Fon* führten.

123   Die laxen Umgangsformen des *fai* werden von niemandem etwa als Ausdruck einer
      liberalen Geisteshaltung verstanden und geschätzt. Auch die in der Hierarchie des
      Königtums ganz unten stehenden titellosen Bauern fremder Abstammung kritisieren
      sein Verhalten ausnahmslos. Sie wollen an der gewohnten Etikette festhalten, die
      ihnen eine ehrfürchtige, geradezu devote Unterordnung im Umgang mit einem *kibai*
      vorschreibt.

124   Den Schilderungen Shey Nfors zufolge erinnert die Krankheit, die ihn zu dieser Zeit
      plötzlich befiel, an eine schwere Neurodermitis.

125   Solch eine Kasse ist Lineageeigentum und wird in aller Regel von ihrem jeweiligen
      Oberhaupt aufbewahrt und verwaltet. Immer wenn eine Tocher der Lineage (*ngogu*)
      heiratet, wird der mit der Lineage ihres Ehemannes ausgehandelte Brautpreis hier
      eingezahlt. Mit Hilfe dieses Geldes werden dann die Lineages entschädigt, die die
      Ehefrauen (*nwagu*) der eigenen Söhne stellen.

126   Als der alte *fai* starb, soll er eine Zeit lang behauptet haben, von ihm persönlich als
      Nachfolger auserwählt zu sein. Dies wurde jedoch von den anderen Ältesten demen-
      tiert, da er nicht von der Linie des *fai* abstammt, sondern sein Vater ein Bruder des
      verstorbenen *fai* gewesen ist.

127   Manche sagen auch, daß Nfor wie eine Frau regierte. Wird nämlich eine Frau in
      Ermangelung eines erbberechtigten Sohnes, Bruders oder in Ausnahmefällen auch
      unehelichen Schwestersohnes zum Lineageoberhaupt ernannt, obliegt die Durch-
      führung der Opfer immer einem männlichen Angehörigen der Lineage. Eine solche
      Frau kann Opfer zwar anordnen, sie aber nicht selbst durchführen. In den meisten
      Fällen ist sogar - wie auch bei allen anderen Frauen - ihre Anwesenheit am Opfer-
      platz unerwünscht. Als Grund dafür wird auf eine angeblich lange zurückliegende
      Begebenheit verwiesen. Demnach führten Männer und Frauen ursprünglich alle
      Rituale gemeinsam durch. Das Problem dabei war jedoch, daß die Frauen mmer den
      größeren Teil des Opferfleisches für sich beanspruchten. Nie hatten sie genug. Als es
      deswegen wieder einmal zu einem großen Streit zwischen den Männern und den
      Frauen kam, vertrieben die Männer sie endgültig vom Opferplatz. Sie beschlossen, die
      Unersättlichkeit der Frauen zu bestrafen und ihnen ab jetzt überhaupt nichts mehr
      abzugeben. Seither erhalten die Frauen keinen Anteil am Opferfleisch und dürfen
      während der Zeremonien auch nicht mehr anwesend sein. Dies betrifft auch solche
      Opfer, die ihretwegen durchgeführt und deren Gaben von ihnen selbst gestellt
      werden.

128   Bis heute ist Nfor für viele ein gutes Beispiel dafür, wie man sich schon damals durch
      eigene Kraft aus einer schweren Kindheit zu einem Mann mit einem vergleichsweise
      guten Auskommen entwickeln konnte. Es muß Anfang der vierziger Jahre gewesen
      sein, als seine Mutter starb. Nfor war noch ein Kind und zusammen mit seinen beiden

Geschwistern auf sich allein gestellt. Sein Vater John Lamfuh handelte wie viele andere Männer mit Kolanüssen, d.h. er kaufte die Kola auf umliegenden Märkten und verkaufte sie zusammen mit dem Ertrag seiner eigenen Bäume im heutigen Nigeria. Wegen der langen Fußmärsche war er oft wochenlang nicht zu Hause. Von dem Erlös zahlte er das Schulgeld für Nfor und kaufte ab und zu seinen Kindern etwas Palmöl. War das Öl verbraucht, blieb ihnen nur der gekochte Yams, den seine Schwester anbaute, als sie alt genug dazu war. Hilfe von ihren Verwandten erhielten sie kaum, denn auch sie hatten nur wenig. Als Lamfuh einmal längere Zeit nicht aus Nigeria zurückkehrte, konnte Nfor sein Schulgeld nicht mehr bezahlen. Um nicht nutzlos im Haus sitzen zu müssen, ergriff er die damals noch ganz wenigen Möglichkeiten, selbst zu Geld zu kommen. Anfangs verdingte er sich als Träger für einen weißen Arzt. Später ging er nach Bamenda und kam in den Dienst einer amerikanischen Missionarsfamilie. Hier arbeitete er sich vom Wäscher zum Koch hoch und begleitete diese Leute auch, als sie nach Buea versetzt wurden. So lernte er nach und nach das zu jener Zeit noch britische Mandatsgebiet und die Umgangsweise weißer Fremden kennen. Sein Schulenglisch verbesserte er zu beinahe akzentfreier Umgangssprache. Auf all diese Kenntnisse griffen die Weißen gerne zurück, als sie Nfor eine Anstellung bei der *American Baptist Mission* in Ndu anboten. In sein Heimatdorf zurückgekehrt, war Nfor damit einer der wenigen Ausnahmen, die in Ndu Geld verdienen konnten. Bis heute steht er als Koch und *houseboy* im Dienst innerhalb von Ndu stationierter Amerikaner und wird durch Empfehlung von einem *American Peace Corps Volunteer* zum nächsten weitergereicht. Nur während seiner Zeit als *fai* unterbrach er vorübergehend diese Arbeit, behielt aber seine Mittlerstellung zwischen den Weißen und den einheimischen Wiya bei. Wann immer die Missionare den *Fon* sprechen wollten, baten sie ihn, sie zum Palast zu begleiten und beratend zur Seite zu stehen. Gleichermaßen griff der alte *Fon* auf seine "Erfahrungen im Umgang mit den Weißen" zurück, wenn er einen großen Empfang für sie veranstaltete oder hohen staatsmännischen Besuch aus der Provinzhauptstadt erwartete. Im Grunde genommen ist auch der jetzige *Fon* auf seine Hilfe angewiesen, doch würde er wegen seines oben erläuterten Zerwürfnisses mit eben jenem Shey Nfor gerne auf dessen Anwesenheit verzichten. Bis heute ist Shey Nfor beispielsweise der einzige in Ndu, der in der Lage ist, *Continental Chop* (pn: ein Essen nach dem Geschmack der Weißen) anzurichten. Solch ein Essen gehört heute bei einem Empfang hochrangiger Gäste zum guten Ton, will man nicht den Eindruck von Rückständigkeit bei ihnen hinterlassen.

129   In Anspielung auf die Zerstrittenheit seiner Lineage geben ihm einige Leute heute gerne den Spitznamen Shey Molar. Molar bedeutet etwa: "er kann es nicht schaffen, wenngleich er es noch immer versucht." Tatsächlich verlieh ihm der *Fon* bei seiner Abdankung den Titel *shey*. Eine solche Auszeichnung ist in diesen seltenen Fällen durchaus üblich. Schließlich handelt es sich bei jenen Personen immer noch um gekrönte, die während ihrer Initiation mit besonderer Medizin behandelt worden waren. Shey Nfor erhielt damit den gleichen Status wie Shey Dankima, der sieben Jahre als Fai Ndzishirnji in Jirt regierte, sowie Shey Noa, der älteste lebende *shey nwarrong*. Alle drei haben das Recht, als nächste zu den *fais* zu sitzen.

130   Da die Beerdigung ein großes standesgemäßes Fest werden sollte, waren alle *yamba* geladen zu kommen. Allein um die Zeremonie zu "eröffnen", d.h. die Grundverpflegung sicherzustellen, zahlte jeder Lineageangehörige des *fai* 6000 CFA. Zum Vergleich: 6000 CFA waren damals auch das monatliche Einkommen von Shey Nfor bei den Peace Corps.

131   Mulur, die Mutter des heutigen Fai Nganwenfu, ist eine Tochter des vorletzten *Fon*
      von Mbot (vgl. die Genealogie der Lineage von Fai Nganwenfu im Anhang).

132   Am Palast von Ndu ist es üblich, daß die Königinmutter, d.h. eine Halbschwester
      (von einer anderen Mutter) oder eigene Tochter des Königs, bis zur Menarche
      "regiert".

133   Diese Behauptung bestätigt auch Shufai Nditap: "Als der *Fon* nach Banyo verschleppt
      wurde, gab er dem *fai* seinen Namen. Er nannte ihn *nwenfu*, damit er seinen Nachfol-
      ger vor den Fremden, den Fulani, beschütze. Nganwenfu hatte ihm die Treue ge-
      schworen, und er hätte deswegen sogar einen Krieg angefangen. Als der *Fon* ver-
      schleppt wurde, besetzte man den Thron neu, obgleich man nicht wußte, ob er
      wirklich tot war. Zwischendurch regierte die *yaah* und Fai Ndimbie. Dieser übernahm
      alle traditionellen Handlungen und war eifrig bemüht, die gesamte Macht zu erlan-
      gen." (28.6.85)

134   Britische Quellen dazu liegen nicht vor. Die Kolonialbeamten registrierten jedoch sehr
      wohl, daß es dem *Fon* von Ndu gegenüber den unterstellten Gruppen zeitweise an
      Autorität mangelte.

135   Vgl. auch das Zitat von Fai Nganwenfu in Kapitel IV, Machtergreifung I.

136   Wörtl.: Kinder der *nwarrong*. Diese "Kinder" bilden die unterste Loge des *nwarrong*-
      Palastbundes und agieren exekutiv als maskierte, mit Keulen und Ruten bewaffnete
      "Schlägertruppe" des *Fon*.

137   Während einer dieser Schlägereien wurde einem Polizisten die Pistole entrissen.
      Seidem ist die Polizeistation von Ndu durch eine Militärstation ersetzt.

138   Vgl. dazu auch Fallbeispiel 8.

139   Genauere Ausführungen zu diesem Streit finden sich bei Kaberry (1959).

140   Wie in Kapitel III, Der *nwarrong*-Bund, angeführt, behaupten die *yaku/ndfung* heute
      mehrheitlich, die *yamba* seien ihre Schwestersöhne.

141   Vgl. auch die Ausführungen in Kapitel II.

142   Zur Diskussion um das Mutterbruder-Schwestersohn-Verhältnis vgl. besonders
      Jeffreys (1961/62).

143   Wie oben erwähnt, waren bei den Briten Mitte der dreißiger Jahre bereits Zweifel an
      der Legitimität ihrer Vorherrschaft laut geworden. Zu den Skeptikern gehörte beson-
      ders Carpenter (1934), der seine Untersuchungen bei den Wimbum genau in der
      Krisenzeit der *ndfung* durchführte.

144   Vgl. besonders die oben zitierten Interviews mit Fai Nganwenfu.

145   Andere *yamba* bestreiten seine leitende Rolle in diesem Ritual. Sein Titel sei eine
      Neukreation und als solcher vielzu unbedeutend für die Bereinigung dieses Problems.

146   Vgl. beispielsweise die Aussagen des *chief* von Sen (Kapitel II, Eine Geschichte macht
      Geschichte) und Fai Ndzifufi (Kapitel IV, Inoffizielle Versionen) sowie das Zitat von
      Fai Ndzitonga in einer Anmerkung dieses Kapitels. Sie erzählen ausdrücklich von
      einer Bedrohung durch Räuberbanden der *ndfung*, die schon vor der Einführung der
      nwarrong ihr Unwesen trieben.

147   Bis heute ist es für die *ndfung* sehr mühsam, die weite Entfernung zwischen dem
      Palastbezirk und ihren Feldern zu bewältigen.

148   Um ein Beispiel zu geben, berichtet Manshang Sayani (19.11.85) aus dem Bezirk
      Boyar, daß das Verhältnis zwischen den *yamba* und den *ndfung* besonders während der
      Regierungszeiten der beiden zuletzt verstorbenen *Fons* äußerst gespannt gewesen ist.
      Nach der Einführung der *nwarrong* habe sich der Konflikt derart verschärft, daß es
      beinahe unmöglich gewesen sei, den Bach zum Palastgelände zu überqueren. Um den

Hauptweg zu überwachen, hätten die *ndfung* manchmal sogar die *yaah* (ln.: Königin-mutter) an eine exponierte Stelle gesetzt und zur Sicherung des Palastes pausenlos Maskierte der *nwarrong* über das Gelände patrouillieren lassen. Als nun eines Tages sein Vater in Begleitung von zwei weiteren *yamba*-Ältesten, beladen mit wertvollem Palmöl, in der Nähe des Palastes vorbeigegangen sei, hätten die *mbo-nwarrong* Mas-kierten die drei überfallen und beraubt. Über diesen Vorfall seien die *yamba* derart empört gewesen, daß der *District Officer* den *Fon* angeblich zu einer Gefängnisstrafe in Bamenda verurteilte.

149   Zur Veranschaulichung, wie manche Geschäftsleute sich diesen Glauben zunutze machen, sei hier auf einen der wohlhabendsten Unternehmer (A.T. Ngala) in Ndu verwiesen, der neben großzügigen Geldgeschenken an den Palast eines Tages auch seinen neu erworbenen Mercedes-Lastwagen durch den *Fon* einsegnen ließ. Solch ein Segen ist nur vordergründig als Schutz gegen Verkehrsunfälle gedacht, wichtiger ist seine Bedeutung als Beweis, daß es sich bei solch einer großen finanziellen Auf-wendung nicht um das Geld einer Hexengesellschaft handelt.

150   Vgl. Kapitel III, Der *nwarrong*-Bund, zu den näheren Umständen bei der Einführung des *nwarrong*-Bundes. Die Lineage von Fai Ndzitonga verweigert bis heute die Ehe-schließung mit den *ndfung*.

151   Die Ausnahmen betreffen lediglich die Beerdigungsfeierlichkeiten eines Königs und das Fest der einmaligen Wiedereröffnung des Grabes einige Jahre später. Die Anwesen-heit der *yamba* ist hier zumindest während der öffentlichen Ritualphasen erforderlich.

152   Unpopuläre Maßnahmen sind beispielsweise die oben bereits erläuterte Entlassung seiner königlichen Boten (*dogari*) sowie seine Distanzierung von den königlichen Amtsgeschäften und den illiteralen Ältesten.

153   In Bali-Nyonga beispielsweise besteht bis heute bei der Inthronisation des Königs die Gefahr eines Bürgerkriegs. Die um den Thron konkurrierenden Prinzen werden - in Erinnerung ihrer Führerrolle bestimmter Heereskontingente - von unterschiedlichen Volksgruppen unterstützt (vgl. Bühler 1983).

154   In den siebziger Jahren legten Mitarbeiter des *American Peace Corps* zur Deckung des Eiweißbedarfs der Bevölkerung mehrere Fischteiche im Wimbum-Gebiet an. Einer davon wurde ganz in der Nähe des Palastes angestaut und dem *Fon* von Ndu zur Pflege und selbständigen Verfügung überantwortet. Haben sich die Fische aus-reichend vermehrt, wird der gesamte Fischbestand geerntet, indem man den Teich vollständig leert und die Fische einsammelt.

155   Vgl. die Skizze genealogischer Beziehungen der nachfolgend erwähnten Personen (im Anhang).

156   Um die Ämter auf möglichst viele Häuser innerhalb des Palastes zu verteilen und damit die Schwiegerverwandten des *Fon* noch stärker an den Palast zu binden, ist es nicht erlaubt, zwei Kinder einer *winto* (Ehefrau des *Fon*) zu krönen.

157   Diese Maske wird in der Regel zum Auffinden vergrabener Medizin eingesetzt.

V MÜNDLICHE ÜBERLIEFERUNGEN DER WIYA: ERGEBNISSE

Geschichten im sozialen Kontext

Die Untersuchung der mündlichen Überlieferungen bei den Wiya bestätigt die eingangs formulierte Annahme, daß ihre Bedeutung nicht mit den teleologischen Interpretationsmodellen der sozialen Funktion und des Fortschrittsdenkens zu erfassen ist. Auch wenn sich die Erzählungen in manchen Fällen mit der Konstruktion der historischen Wahrheit überschneiden, bedeutet das nicht, daß sie als Fragmente akademischer Geschichte zu verstehen sind oder deren Darstellung in irgendeiner Form bezwecken. Auch geht es den Wiya nicht ausschließlich darum, ihre Sozialstruktur in Geschichten abzubilden. Von außen betrachtet, lassen sich ihre Gruppenversionen zwar im großen und ganzen als soziale Charta einzelner Segmente des Königtums lesen, doch gibt es auf dieser Ebene weder eine Erklärung für gruppeninterne Widersprüche einzelner Erzähler, noch ist die Unmittelbarkeit, mit der die Geschichten auf das Leben und die alltäglichen Konflikte der Wiya wirken, verständlich zu machen.

Der fehlende Praxisbezug herkömmlicher Interpretationsmodelle findet in der Anonymität des Erzählers seinen Ausdruck. Levi-Strauss (1985: 116) erhebt diese Ausgrenzung des unmittelbaren sozialen Kontextes zum Konzept, denn es kommt ihm darauf an zu demonstrieren, wie Mythen im Denken der Menschen operieren, ohne daß sie selbst davon Kenntnis nehmen.[158] Im Unterschied dazu messen Historiographen um Vansina dem Erzähler in Anlehnung an die historische Quellenkritik schriftlicher Zeugnisse von Anfang an Bedeutung zu. Der Erzähler steht dabei jedoch nicht wirklich im Zentrum des Interesses. Vielmehr geht es noch bis in die achtziger Jahre um seine Rolle im Übermittlungsprozeß oraler Traditionen.[159] Diese Methode brachte ihnen - wie eingangs bereits erwähnt - vielseitige Kritik ein, denn die Vergangenheit erschien folglich von der sozialen Realität getrennt, "als ein von der Gesellschaft abgelöstes Phänomen" (Luig 1984: 180). Aber auch die Sozialanthropologen lösten die Geschichten vom Erzähler und aus ihrem konkreten sozialen Kontext. Sie verstanden sie als Mythen, die auch unter der Perspektive ihrer Veränderbarkeit lediglich Abbildungen der Sozialstruktur einer Gesellschaft oder ihrer Segmente blieben.[160] Nur wenige Autoren, wie Cunnison (1951, 1959) und Schott (1968), beschäftigten sich bereits mit den gesellschaftlichen Auswirkungen von Mythen. Lineageeigene Überlieferungen haben laut Cunnison die Funktion, bestimmte Ansprüche von seiten der Lineage (vor allem auf Status und Grundbesitz) zu legitimieren. Sie können also quasi als Urkunden verstanden werden, die man für den Fall, daß eine Rechtfertigung notwendig wird, aufbewahrt.[161] Weiterentwickelt findet sich die Verknüpfung von Geschichte und Recht bei Schott. Die Entwicklung von Rechts- und Geschichtsbewußtsein fußt auf der Erinnerung an vergangene Ereignisse, die für die Gegenwart "normative Kraft" beanspruchen (Schott 1968: 185). In dem Zusammengehen von Recht und Geschichte sieht Schott auch eine Grundlage für bewußte Verfälschungen von historischen Tatsachen:

> "Daß das Rechtsbewußtsein nicht nur das Interesse an der Vergangenheit wachruft, sondern zugleich auch dazu neigt, die Erinnerung zugunsten oder zuungunsten desjenigen, der ein Recht für sich behauptet, zu verfälschen, liegt auf der Hand." (Schott 1968: 185)

Cunnison und Schott eröffnen damit eine auf den agierenden Erzähler hin orientierte Perspektive, denn die "normative Kraft" ist auch für den Erzähler eine Handlungsanweisung oder zumindest eine Handlungsorientierung. Die Überführung mündlicher Überlieferungen in den konkreten sozialen Kontext auf der Ebene individueller Rezeption von Handlungsanweisungen hat ihre Vorbilder jedoch erst in neuerer Zeit. So ist der Erzähler für Vansina (1985) nunmehr Performer *und* Autor, seine Botschaft ein soziales Produkt *und* ein Werkzeug. Für Tonkin (1992: 103-112) ist Geschichte Erinnerung. Anders als in Halbwachs' (1966, zuerst 1925) frühen Ausführungen zu den sozialen Bedingungen des Gedächtnisses, bei denen Erinnerung dem Individuum wie ein Fotoalbum äußerlich bleibt, verweist sie auf die Bedeutung der Sozialisation und analysiert Erinnerung als kreativen Prozeß. Jeder einzelne wird durch die Vergangenheit (und durch die Erzählungen anderer) geprägt, wie jedes Individuum durch Interaktion zum sozialen Wesen wird und dadurch selbst seine eigene Gesellschaft reproduziert und verändert (Tonkin 1992: 1-4). Vergangene Erfahrungen strukturieren gegenwärtige Erlebnisse, wenn sie registriert und als Geschichte in das Gedächtnis eingehen.[162] Das heißt, ein Individuum registriert und erinnert überhaupt nur das, was aufgrund von vergangenen Erfahrungen Bedeutung hat. Im Laufe seiner Sozialisation konstruiert es ein Modell von seiner sozialen Umwelt, das ihm hilft, Erlebtes zu verstehen, als Erfahrung aufzunehmen und zukünftige Gesellschaftsprozesse mitzugestalten. Erinnerung basiert nach Tonkin also auf einer Vielzahl äußerer Einflüsse und individueller Verarbeitungsformen, so daß die Identität des Erzählers als handelndes und "denkendes Subjekt" nunmehr, wie bei schriftlichen Quellen, auch bei der Untersuchung aller mündlichen Erzählformen von zentraler Bedeutung ist. Wird die erlebte Geschichte schließlich dargestellt, verändert sie sich in Form und Inhalt zur erzählten Geschichte. Sie wird zu einer sozialen Handlung, die von dem Adressaten, dem Publikum, nicht zu trennen ist. Die Zuhörer, an die sich der Erzähler mit bestimmten Intentionen wendet, strukturieren und erinnern ihrerseits das Gehörte (Tonkin 1992: 1-17). Gleichzeitig kontrollieren sie den Erzähler bis zu einem gewissen Grade, da sie auf die Wahrung ihrer eigenen Ansprüche und Interessen achten (Schott 1968: 186).

Die Überlegungen zur Bedeutung der mündlichen Überlieferungen der Wiya fußen daher auf zwei dialektisch miteinander verwobenen Ebenen, die analytisch zu trennen sind: in die Handlungsanweisung oder -orientierung als Tradition (*traditum*) und in die Handlung des Überlieferns (*actus tradendi*). Die zu überliefernde Tradition (*traditum*) ist als Version der eigenen Gruppe (*yaku* oder *yamba*) für den Erzähler selbst eine Handlungsanweisung; ihr kann er mit seiner eigenen, individuellen Rezeption nachkommen oder sie je nach Anlaß, Hintergrund und Motiv verändern.

Die Gruppenversionen und die in ihnen abgebildeten Strukturen der Gesellschaft sind den Erzählern jedoch nicht äußerlich. Wie in Kapitel IV anhand des skizzierten dynamischen *duality of structure*-Ansatzes von Giddens (1982; 1988) dargelegt, werden die gesellschaftlichen Strukturen mittels Narrationen reversiv abgebildet und (evtl. in leicht veränderter Form) gebildet. Diese Harmonie von zu übermittelnder und reproduzierter Tradition wäre allzu realitätsfern, würde sie nicht von Widersprüchen unterbrochen. Die Übertretungen des über die "Gruppenversion" angewiesenen Handlungsspielraums enttäuschen die Erwartungen der eigenen Angehörigen. Im vollen Bewußtsein seiner Zuwiderhandlung kann der Erzähler der überlieferten Geschichte mit seiner eigenen, inhaltlich wesentlich veränderten Erzählung widersprechen und über diesen (Um)weg eigene Botschaften vermitteln. Die Auslegung solch eines wohlplazierten *Coups*, d.h. der überraschenden und oftmals strategisch durchdachten Wendung einer Überlieferung, ist allerdings, wie in den Fallbeispielen erläutert, den Zuhörern überlassen, denn der Erzähler selbst beteuert, die richtige Geschichte zu erzählen. Das hinter der Überlieferung liegende Eigeninteresse des Erzählers verstehen die Zuhörer zumeist spontan und eindeutig, doch bei der Erläuterung der Hintergründe sind sie sich nicht immer einig, denn es bedarf dazu der genaueren Kenntnis lineageinterner Konflikte oder persönlicher Streitigkeiten, in die der Erzähler verwickelt ist. Die Reaktion der Zuhörer auf eine Geschichte kann sehr unterschiedlich sein; sie richtet sich nach der Qualität der Beziehung von Erzähler und Zuhörer. Während eine Botschaft bei den einen auf Beifall oder wohlwollendes Verständnis stößt, kann sie bei den anderen als Provokation verstanden werden und zu Streit führen. Wie am Beispiel der Bünde demonstriert, ist es sogar möglich, daß sie Veränderungen von Institutionen bewirkt und als neue "Überlieferung" überkommene Handlungsanweisungen variiert (vgl. Fallbeispiele 1 und 2).

Wenngleich auch die Grenzen zwischen den textuellen Handlungen innerhalb und außerhalb des Gruppenspielraums fließend sind und es letztlich der Zuhörer ist, der bestimmt, inwieweit er auf die verdeckten Botschaften des Erzählers reagiert, offenbaren die in den Fallbeispielen aufgegriffenen widersprüchlichen Rezeptionen vom Genre *nsung* die Kunst des Handelns am deutlichsten. Formuliert der Erzähler seinen *Coup*, hat er als Handlungsbezugsrahmen die Geschichtsversionen beider Gruppen (*yaku* und *yamba*), persönliche Erinnerungen an konkrete Ereignisse oder besondere Erzählungen sowie die Auslegung seiner Botschaft durch die Zuhörer und die daraus zu erwartenden Folgen zu berücksichtigen. Das heißt, der Erzähler taktiert und hält weitere Argumente für den Fall in der Hinterhand, daß seine Rede im Dialog mit dem Publikum direkt auf Kritik und Widerspruch stößt.

Wie am Fallbeispiel 1 über die Herkunft des *nwarrong*-Bundes erläutert, sind ganz spontane, aus einem Gefühl heraus geäußerte Geschichten deshalb aber nicht unmöglich. Solche Erzählungen sind äußerst flexibel und gelten als besonders gefährlich, da der Erzähler die Reaktion der Zuhörer nicht hinreichend einbezieht und sich der angerichtete Schaden gegen ihn selbst wenden kann. Alle Lügen (*mdi'*), und eine von der eigenen Version abweichende Geschichtserzählung wird immer als solche begriffen, sind im Konfliktfall gleichbedeutend mit Hexerei. Die Größe der Bedrohung durch Hexerei richtet sich nach dem Grad der Intimität der Beziehung, d.h. "lügt" ein Erzähler zum Nachteil eines Mitglieds seiner eigenen Lineage, ist der Verdacht auf Hexerei konkret und zieht aufwendige Untersuchungen nach sich.[163] Die Bedrohung richtet sich dabei nicht nur gegen den benachteiligten Lineageangehörigen, sondern auch gegen den Erzähler selbst, wenn er vor sich selbst eingestehen muß, einen Fehler (*faa*) begangen zu haben.

Demgegenüber besteht im Fall der gegensätzlichen Geschichtsversionen der *yaku* und *yamba* kein Verdacht auf Hexerei; dies gilt auch, wenn die *ndfung* etwa behaupten, daß die *yamba* mit ihrer Aussage, die ersten Siedler gewesen zu sein, lügen. Dennoch sind die Konflikte zwischen den beiden Gruppen nicht ausgeräumt, und ihre Beziehung ist - nach wie vor - äußerst gespannt. Es bedeutet daher einen beträchtlichen Balanceakt, eine kohärente Geschichte zu erzählen, vor allem, wenn sie sich außerhalb des Spielraums verinnerlichter und beobachtbarer Handlungsanweisungen bewegt.

Solche individuellen, oft aus egoistischen Motiven veränderten Überlieferungen haben für die Rekonstruktion einer linearen Geschichte wenig Bedeutung. Sie lassen sich allenfalls als Bestätigung der Gruppenversionen anführen, da die Wiya-Zuhörer sie selbst als eigenmächtige Verfälschungen identifizieren. Ihre Relevanz ist vielmehr innerhalb des lokalen Diskurses über Geschichte zu suchen und zeigt sich dort auf zwei Ebenen. Hinsichtlich der Kontextgebundenheit der Überlieferungen liegt ihre Bedeutung vor allem in ihrer potentiellen "Kraft" zur Veränderung. In Anlehnung an Appadurais (1995) These zur Produktion von Lokalität, die sich ja wesentlich im Rekurs auf Geschichte und damit auch auf Geschichtserzählungen vollzieht, lassen sich die Erzählungen als kontextgetrieben ("*context-driven*") und zugleich als kontextschaffend ("*context-generating*") definieren. Das heißt, die individuell hervorgebrachten Widersprüche sind nicht nur - wie alle anderen Geschichten - aus einem bestimmten Kontext heraus formuliert, sondern, wie am Beispiel des *shiringong*-Bundes dargestellt, durchaus auch in der Lage, über Provokation von Streit die Stillegung einer sozialen Institution zu bewirken, also einen Kontext zu schaffen, der in der Folge wiederum neue Erinnerungen und Überlieferungen hervorbringt.

Die zweite Ebene, auf der die individuell formulierten Widersprüche Bedeutung für die Analyse des lokalen Diskurses haben, liegt in dem Umstand begründet, daß sie versteckte persönliche Botschaften tragen, deren Entschlüsselung dem Publikum überlassen ist. Sie können als emische Formen der Kritik an bestimmten politischen Zuständen, ökonomischen Problemen und vor allem an einzelnen Persönlichkeiten verstanden werden, die die Person des *Fon*, wie besonders in den Fallbeispielen 1, 3 und 5 aufgezeigt, durchaus einschließen. Im Vergleich zur offenen Kritik, die leicht als Anmaßung empfunden und abgewehrt werden kann, halten die Wiya Botschaften über *nsung* für ungleich geschickter und wirkungsvoller. Der Erzähler bedroht durch seinen Widerspruch die bisherige Legitimationsbasis bestimmter Verhältnisse, ohne selbst als Ankläger in Erscheinung zu treten. Es ist das Publikum, das das hinter einer Geschichte stehende Eigeninteresse interpretiert und über diesen Umweg Verständnis für die Kritik des Erzählers aufbringen kann.

Diese verdeckten, durch das Publikum zu interpretierenden Botschaften machen deutlich, daß die Geschichten vom Genre *nsung* durchaus Parallelen zu einem anderen Genre (*rghàghár*) aufweisen, obwohl sich dessen Überlieferungen schon in ihrer Performance deutlich von *nsung* unterscheiden. Während *nsung* zumeist durch trockene Dialoge gekennzeichnet ist, sind die märchen- und fabelhaften Erzählungen vom Genre *rghàghár* größtenteils längere Monologe, durchsetzt mit rätselhaft verschlüsselten Bildern, die der Erzähler durch ausgeprägte Mimik begleiten und mit Gesangseinlagen ausschmücken kann, um das Publikum zu fesseln. Auch *rghàghár*-Erzählungen enthalten verdeckte Botschaften, aber ihre Deutung ist im Vergleich zu *nsung* weitaus stärker am Inhalt der Überlieferung orientiert und weniger an den individuellen Hintergründen des Erzählers. Dennoch kann auch eine *rghàghár*-Überlieferung, in einem bestimmten Kontext erzählt, als Kritik verstanden werden und ihre vom Erzähler beabsichtigte pädagogische Wirkung erzielen.

Zwischen den beiden Genres gibt es weitere Überschneidungen, die vor allem die bereits erwähnte Übernahme von Motiven betreffen. Die Entlehnung solcher aus *rghàghár*-Überlieferungen stammender Motive bei *nsung*-Geschichten sind ein vom Erzähler bewußt eingesetzter Akzent, der die Aufmerksamkeit des Gesprächspartners erhöhen soll.[164] Aus der Perspektive von *rghàghár*, dessen Geschichten oft natürliche und unveränderliche Gegebenheiten, wie beispielsweise die Unausweichlichkeit des Todes, zu erklären und zu begründen suchen, sind auch viele Geschichtsüberlieferungen (*nsung*) als Versuch anzusehen, den gegenwärtigen status quo zu erklären. Im Unterschied zu den Begründungen von *nsung* erheben die erklärenden Erzählungen von *rghàghár* jedoch keinen Anspruch auf Wahrheit, sondern umfassen im Gegenteil gerade alle Geschichten, die erstaunlich (*rgha'ni*) sind und Wunder (*rgha'*) beinhalten. Im Vergleich dazu ist *nsung* geradezu ein "Wahrheitsdiskurs", dessen Referenten - einschließlich der durch Hexerei herbeigeführten Begebenheiten, entlehnter Motive aus *rghàghár*-Erzählungen und fixer, aus der Nachbarschaft übernommener Motive (Wandersagen) - grundsätzlich für wahr gehalten werden.

Das Genre nsung

Unabhängig davon, ob es sich um engagierte, rhetorisch sorgfältig strukturierte Stellungnahmen oder um kurze Kommentare und Anspielungen handelt, in jedem Fall werden Bezüge auf vergangene Ereignisse bei den Wiya vom Publikum als Geschichten (*nsung*) identifiziert, die die Interessen der Gruppe des Erzählers vertreten oder seine persönliche Botschaft tragen. Dies weist auf die Existenz bestimmter formaler Konventionen hin, durch die der Zuhörer den Geschichtentyp (das Genre *nsung*) erkennt und dem erzählten Inhalt unmißverständlich den beabsichtigten Sinn zuordnet. Sein Erkennungssignal (*keyword*) ist, so läßt sich behaupten, die Angabe des Ursprungsortes aller Wiya-Gruppen: "Kimi". Wie bereits ausgeführt, steht die Aussage, einst aus Kimi eingewandert zu sein, am Anfang jeder Geschichtserzählung bzw. eines Dialogs über Geschichten. Aufgrund der weiten Verbreitung dieser Herkunftsbehauptung in der Region des Kameruner Graslandes ist es naheliegend, sie als Wandersage, als fixes, von benachbarten Gruppen übernommenes Motiv zu klassifizieren. Schließlich ist, wie eingangs erwähnt, die Übernahme ganzer sozialer Institutionen mit ihren Tänzen und Gesängen, ihrer Medizin und den dazugehörigen Behandlungsvorschriften unter den Bevölkerungsgruppen des Graslandes geradezu üblich. Für die Rekonstruktion einer Geschichte des Graslandes hätte das Verständnis von Kimi als fixes Motiv weitreichende Konsequenzen, da die bislang als von außen eingewanderten Eroberer nunmehr vielerorts der autochthonen Bevölkerung zuzurechnen wären. Bei den Wiya ließe sich dadurch der bisher ungeklärte Umstand erhellen, daß die politisch führenden Lineages der *yamba*-Klans ursprünglich keine Erdherren waren (und es zum Teil bis heute noch nicht sind), dafür aber einige Lineages des königlichen *yaku*-Klans über Landbesitz verfügen und als Erdherren anerkannt agieren. Ist Kimi also tatsächlich ein von außen übernommenes Motiv, ist das Königshaus (*ndfung*) möglicherweise ebenso autochthon wie die Erdherren seines Klans. Der fehlende Landbesitz ginge in diesem Fall auf eine frühe Trennung der Ämter von Erdherren und politischen Oberhäuptern zurück, wie es in vielen afrikanischen Gesellschaften üblich war (Zwernemann 1968: 99-187). Alle nachfolgenden Debatten über die Siedlungsreihenfolge und die Machtergreifung erübrigten sich, wobei allerdings die oben erwähnten Abstammungs- und Verwandtschaftsverhältnisse zu den Königshäusern von Konshep, Rom oder Ntem erneut zu hinterfragen wären.

Auch für das Verständnis des Genres *nsung* ist Kimi, als fixes Motiv defi-niert, von Bedeutung. Zusammen mit anderen, wahrscheinlich als Wandersagen zu klassi-fizierenden Geschichten, wie etwa die der väterlichen Fürsorge des Fai Nganwenfu gegenüber dem kindlichen Thronnachfolger, bestätigt es die bereits festgestellte Offenheit des Genres für äußere Einflüsse und verweist auf seine Veränderbarkeit. Die prominente Stellung, die das Kimi-Motiv in den Überlieferungen heute einnimmt, ist - Chilver und Kaberry (1971) folgend - unabhängig von seiner Herkunft wohl als Legitimation sakralen Herrschafts-anspruchs zu interpretieren.

Für die Wiya ist dieser Bezug auf "Kimi" aber vor allem auch ein Signal des Genres *nsung*. Dergestalt ist "Kimi" von der Form her zu vergleichen mit der üblichen Einleitung europäischer Märchenerzählungen: "es war einmal ...". Die Floskel "Kimi" schafft zwar keinen "fiktionalen Raum" (de Certeau 1988: 158), sie schafft aber Raum für *nsung*, für Debatte und Konflikt, bei der erhöhte Aufmerksamkeit geboten ist. Zugleich ist Kimi (wie für *nsung* eben typisch) eine politische Aussage, ein Teil der "Streitkultur" der Wiya. Das heißt, wenn eine eben segmentierte Lineage von sich behauptet, aus Kimi eingewandert zu sein, bedient sie sich - ganz legitim - der Floskel Kimi, um dem Zuhörer den Beginn der Rede im Genre *nsung* zu signalisieren. Gleichzeitig behauptet sie, mit ihrem Bezug auf den Anfang in Kimi - zum Ärger der "Erzeugerlineage" - genauso alt und bedeutend zu sein wie diese, was dementsprechend Ansprüche auf ökonomische und rituelle Vorrechte sowie auf das Territorium impliziert. Auch nach außen, im Hinblick auf die untereinander um Prestige konkurrie-renden Königtümer des Graslandes, ist Kimi daher meines Erachtens eher ein Mittel zur Egalisierung als zur Differenzierung.

Der Raum von *nsung* impliziert nicht zuletzt durch den Bezug auf Kimi als "Anfang" jeder Geschichte oder "Endpunkt" jeder denkbaren Erinnerung eine wenn auch nicht eindeutig bestimmbare zeitliche Dimension. Die in der Ge-schichte enthaltene Botschaft des Erzählers bezieht sich als textuelle Handlung zwar auf den gegenwärtigen sozialen Kontext, greift aber auf längst vergangene Ereignisse zurück und enthält Bezüge auf Konflikte, die manchmal schon vor Generationen ihren Anfang nahmen. Mit dem Verweis auf Kimi erhält die Botschaft des Erzählers also einen *Rahmen*, der auch den widersprüchlichsten Aussagen Gehör und Legitimität verschafft.[165]

Die Wiya erkennen also unmißverständlich das Genre *nsung* an seinem ein-leitenden Signal, das gleichzeitig, wie die einzelnen Erzählungen selbst, Teil von Verhandlungen um ökonomische Ressourcen sowie um politische und rituelle Vorrechte ist. Diese Handlungen besitzen also ihr eigenes Genre, das typischerweise in realistischer Sprache gehalten ist, um jedermann die Möglich-keit zu geben, sich an den Debatten zu beteiligen. Bei Erzählung, Streit und Debatte bedienen sich die Wiya der gleichen Sprache, der gleichen *Codes*. Als Kommunikationsformen fließen sie ineinander, denn die Argumente werden vorzugsweise "kühl", über den Umweg von *nsung*, d.h. über den Rekurs auf Geschichte, hervorgebracht. Trotz oder gerade wegen des Anspruchs, die richtige oder rechtmäßige Geschichte zu erzählen, signalisiert *nsung* dem Publikum Offenheit für Widerspruch und Disput.[166] Damit steht *nsung* geradezu im Gegensatz zu einem anderen bereits erwähnten Genre: *sa'ka* (wörtlich: nicht zu zerteilen, nicht zu beurteilen). *Sa'ka* sind Nachrichten, Botschaften und Neuigkeiten, deren Inhalte, ausgedrückt in einer nicht immer ganz realistischen Sprache, keine Debatten zulassen.[167]

Andere Konventionen des Genres *nsung* erinnern stark an den von Koselleck (1984: 38-66) dargelegten Topos der *Historia Magistra Vitae*. Zu nennen sind neben der Unmittelbarkeit, mit der die Geschichten noch bis ins 18. Jahrhundert auf das Leben in Europa einwirkten, ihre Diskontinuität und der Stellenwert der Redekunst, die seit der Antike typischerweise die "Kunst des Handelns" (de Certeau 1988) war. Im Unterschied zu der alten *Historia* haben die Geschichten der Wiya jedoch keinen Vorbildcharakter, d.h. ihre Erzähler verfolgen nicht etwa aus pädagogischem Nutzen die Zusammenstellung einer Beispielsammlung von fremd-erfahrenen Einzelerlebnissen. Fremderfahrungen werden nur erinnert und erzählt, wenn sie die Belange der eigenen Lineage, der eigenen Lineagefraktion oder persönliche Interessen direkt betreffen. Interne Angelegenheiten einer anderen Lineage, von denen man beispielsweise in einer Streitsituation erfuhr, können, waren sie spektakulär genug, zwar erinnert, aber nicht in jedem Fall weitergegeben werden (vgl. Fallbeispiel 2 und Kapitel IV: Das Gesetz von Jirt).

Ein weiteres Merkmal betrifft die für das Genre typische Beziehungsstruktur in Form des egalisierenden Prinzips, das keine Statuserhöhungen oder Bereicherungen einzelner Lineages unwidersprochen zuläßt. Wie im Streit um die Macht deutlich zu sehen, folgen die Erzähler der Wiya mit ihren Geschichten keiner Chronologie, dem *Code* der akademischen Rede. Sie stellen die Einzelereignisse vielmehr je nachdem, wie stark sie dem egalitären Prinzip, dem eigentlichen Sinn ihrer Geschichte, zur Wirkung verhelfen, thematisch zusammen. Reale Geschehnisse aus der Vergangenheit sind aufgrund ihrer Diskontinuität in unterschiedliche Kontexte einsetzbar. Der Erzähler unterlegt ihnen eine Struktur, eine *Sinnordnung*, die dem *Code* des Genres entspricht. Mit anderen Worten: zu einem bestimmten historischen Ereignis befragt, antworten die Wiya mit Geschichten gleichen Themas und ergänzenden Inhalts, um das mit der Aussage verfolgte Argument zu erhärten. Daß sich diese Geschichten aus der Perspektive eines chronologischen Geschichtsbegriffs auf unterschiedliche Zeiten beziehen und aus ihren auf linearer Kontinuität begründeten Sinnzusammenhängen entfernt wurden, ist für sie unwichtig, und sie machen es daher auch nicht deutlich.

Das Fehlen von Kontinuität zwischen den überlieferten Ereignissen wird auch durch ihre Anbindung an die Lineagedynastie nicht widerlegt, denn es gibt, wie oben mehrmals belegt, gar keine streng eingehaltene Genealogie. Die Namen der Lineageoberhäupter werden vertauscht oder vergessen. Blieb das Amt des Oberhauptes aus Gründen von Streitigkeiten lange unbesetzt, ist in manchen Fällen sogar der Name des zuletzt amtierenden Vorgängers vergessen. Älteste, die sich durch ihre Persönlichkeit oder durch bestimmte Taten einen Namen gemacht haben, werden mit hinzugerechnet etc. Gleiches gilt auch für die königliche Lineage, deren Oberhäupter den *yamba* namentlich überhaupt nicht bekannt sind. Lediglich die letzten beiden Könige werden von einigen *yamba*-Befragten memoriert.

Nsung ist wie *Historia* durchaus fälschbar. Auch wenn der Erzähler die Ereignisse zugunsten des Inhalts seiner Geschichte noch so sehr verändert, wird seine Aussage vom Publikum deshalb nicht etwa gleich mit einem Märchen verwechselt. Solange sich der Erzähler auf reale oder auf als real überlieferte Ereignisse in der Vergangenheit bezieht und diese trotz aller Verfälschungen zu erkennen gibt, bedient er sich eines weiteren *Codes* des Genres *nsung*, wodurch der Inhalt seinen unverwechselbaren Sinn erhält.

Die Performance des Genres *nsung* entspricht - nicht anders als *Codes* oder Signale - der "Streitkultur" der Wiya, den über Geschichtserzählungen geführten Verhandlungen. Die Wiya inszenieren dazu keine spektakulären Auftritte oder Rituale der Rebellion, vielmehr gehört *nsung* zum politischen Alltag für jedermann. Die gegenseitige Überwachung der erzählten Geschichtsversionen geschieht im Dialog. Er hat, wie oben beschrieben, in der Öffentlichkeit entweder die Form eines kürzeren Austauschs von Bemerkungen oder ist ein vor politischen Gegenspielern laut ausgetragener Disput. Im Privaten, vor gleichgesinntem Publikum nimmt der Dialog auch die Gestalt eines längeren Gesprächs an, das jederzeit durch Zurufe, Fragen oder ergänzende Darstellungen der Zuhörer unterbrochen werden kann. *Nsung* ist ohne die aktive Beteiligung des Publikums untypisch. Normalerweise ist der Zuhörer zugleich Gesprächspartner, der die Geschichte des Erzählers lenkt und dem Inhalt gegebenenfalls widerspricht. Auch er muß sich auf Strategien und Taktiken besinnen, um das zu erfahren oder weiterzugeben, was er möchte. Die Situation des historisch-ethnographischen Interviews ist davon nicht ausgenommen. Auch hier gilt es, das eigene Interesse zu artikulieren, das Gespräch mit Detailfragen voranzutreiben und Vorwissen zu nutzen, um zu näheren Erläuterungen zu ermuntern.

Im Unterschied zur vorkolonialen Zeit wird *nsung* heute immer weniger in der lokalen Öffentlichkeit der Wiya, d.h. vor einem heterogenen, mit widersprüchlichen Erwartungen erfüllten Publikum, ausgetragen. Man geht den Konfliktpartnern sogar weitgehend aus dem Weg und versammelt sich freiwillig nur noch unter Gleichgesinnten zu Hause. Die Wiya verfolgen diese gleichsam "Privatisierung" von Geschichte mit großem Unbehagen und klagen darüber, daß es im Vergleich zu früher heute kaum noch Gelegenheiten zu größerem Austausch gibt. Wichtige soziale Institutionen für die *yamba*, wie der *shiringong-*

Bund und diverse Einrichtungen, die theoretisch unter der Obhut ihres Leiters, Fai Nganwenfu, stehen, mußten wegen interner Streitigkeiten aufgegeben werden und verfielen.[168] Auch der Palast des *Fon* ist inzwischen kein regelmäßiger Versammlungsort mehr. Noch zur Kolonialzeit sollen sich Älteste aus allen Lineages hier täglich eingefunden haben, um Neuigkeiten auszutauschen und Konflikte zu besprechen.[169] Der Palast von Ndu war gleichsam die Polis aller Kerngruppen des sich etablierenden Wiya-Königtums und bot ein Forum für die kontroverse Debatte, für Diskussion und Argumentation vor einem Publikum, das dem Disput der Kontrahenten folgte, ihn beurteilte und jederzeit selbst aktiv lenkend eingriff.

Für den Verlust dieser Position des Palastes als Kommunikationszentrum, als Forum vielfältiger Verhandlungsvorgänge machen die Wiya heute den gegenwärtig regierenden *Fon* von Ndu verantwortlich (vgl. Fallbeispiel 1). Zweifellos haben die Modernisierungen am Palast und vor allem des *traditional council* den allgemeinen Rückzug in die Privatsphäre gefördert. Doch setzte die Tendenz m.E. schon viel früher und zwar paradoxerweise mit der Etablierung des Palastes als offizielles politisches Zentrum ein. Die Vergabe von Titeln, die Schaffung von Ämtern und Positionen innerhalb der neu eingeführten Bünde beförderten eine Anzahl Ältester zu "traditionellen" Spezialisten, die sich der Aufgabe der politischen Angelegenheiten im Königtum anzunehmen hatten. Nicht zuletzt ging der Abbau des öffentlichen Diskurses über Geschichte auch auf die Entwicklung des von den Briten gegründeten *traditional council* zurück. Kontroversen wurden zwar noch in aller Öffentlichkeit vertreten, aber der *Fon* galt hier bereits als höchste Instanz "traditioneller" Rechtsprechung. Erstmals konzentrierte das *traditional council* öffentliche Versammlungen auf bestimmte Zeiten und auf den Ort des Palastvorplatzes. Mit der Errichtung einer Versammlungshalle wurde der öffentliche Raum schließlich auch noch durch das Fassungsvermögen der Halle begrenzt. Bald waren es nur noch die Ältesten, die rechtlichen und rituellen Spezialisten, die sich hier trafen und debattierten. Der jugendliche Nachwuchs, der als Begleitung der "Alten" üblicherweise mitgeführt wurde, wartete von nun an draußen.[170] Genau genommen bedeutete also die Verlegung des *councils* vom Palastvorplatz in die Halle einen Rückzug des Diskurses aus dem öffentlichen Raum. Der Boden des Palastvorplatzes war im Unterschied zur Palasthalle noch öffentlich, denn er gehört - nach den Überlieferungen der landbesitzenden Lineages der *yaku* und *yamba* - nicht den *ndfung*, sondern den *yaku*-Erdherren (des Bezirks, Siringwa) und letzlich auch den autochthonen *yamba*, denen man das Recht auf rituelle Nutzung durch den *shiringong*-Bund (vgl. Fallbeispiel 2) zugesteht. Die Halle dagegen ist Teil des Palastes der königlichen Lineage (*ndfung*) und ihre Nutzung durch das *council* ein deutliches Zeichen dafür, daß der *Fon* nunmehr dem gesellschaftlichen Leben des Königtums vorsteht.

Insgesamt glitt die "Polis" der Wiya während der Kolonialzeit also in die Privatsphäre zurück. Die Kunst des Handelns oblag seit der Etablierung des Königtums nicht länger allein der Handhabung der Sprache und der Überzeugungskraft geschickt dargestellter Geschichte (*nsung*) in der handelnden Öffentlichkeit, sondern den auf das königliche Amt (kon)zentrierten politischen und rituellen Spezialisten. Darüber hinaus hatte die Kolonialverwaltung das letzte Wort in allen wichtigen politischen Entscheidungen, was nicht zuletzt auch den lokalen Diskurs über Geschichte veränderte.

Nsung und history

Die Veränderlichkeit des Genres *nsung* zeigt sich nicht allein in seiner Inkorporationsfähigkeit "fremder" Motive, die wie die Wandersagen aus der Nachbarschaft eingeführt oder wie die märchenhaften Bilder aus mündlichen Überlieferungen anderer Genres übernommen wurden. Der Wandel von *nsung* offenbart sich besonders deutlich durch die Aufnahme des Wortes *history* in den Limbum-Sprachgebrauch, das *nsung* nunmehr zunehmend substituiert. Wenngleich *history* als einfaches Synonym von *nsung* erscheint, ist es doch mehr als das, denn es verweist auf seine neue, durch den europäischen Einfluß veränderte Form. Vor dem Hintergrund der Genre-Debatten in der Erzählforschung und der Bedeutung emischer Begriffe für die Analyse lokaler Kommunikationsformen (Ben Amos 1976; Bauman 1992; Finnegan 1992) kann die Adoption von *history* durchaus als neuer emischer Begriff der Wiya-Geschichtserzählungen verstanden werden. Mit dem Wort *history* bezeichnen die Wiya nicht den englischen Begriff von akademischer Geschichte, sondern sie markieren das seit der Kolonialzeit veränderte Genre *nsung*.

Eine der wesentlichsten Faktoren für den Wandel war wohl die Einführung des europäischen Zeitbegriffs. Zur vorkolonialen Zeit besaßen die Wiya keine derart subjektivierte Zeitvorstellung, die ja - ähnlich wie die Geschichte selbst - auch in Europa erst ein Produkt der Moderne war. Sie haben keine Zeitberechnung wie etwa die im südlichen Grasland lebenden Bali-Chamba, die den durch Feste markierten Agrarzyklus nach Monden organisieren (Bühler 1983; 1993).[171] Die Wiya beobachten oder benennen die Mondphasen nicht, noch gibt es derart große, alle Wiya integrierenden Jahresfeste. Ihre Feste finden lediglich auf Lineage- oder Bezirksebene zumeist von Dezember bis Juni statt, wenn die Ernte der Maiskolben im August/September eingebracht und die große, wegen ihrer existentiellen Bedrohung durch Krankheiten und Sturmschäden gefürchtete Regenzeit (Oktober bis Dezember) überwunden ist. Den Agrarzyklus begleiten Rituale wie die Reinigung der Erde mit Medizin und das Segnen der Erstlingsfrüchte. Der Zeitpunkt ihrer Durchführung richtet sich nach den Feldarbeiten, die ihrerseits durch den Wechsel der Regen- und Trockenzeiten bestimmt sind.

Wie überall im Grasland haben auch die Wiya eine Acht-Tage-Woche, durch die sie sich mit dem regionalen Handel vernetzen. Die Märkte der Wimbum fallen auf verschiedene Wochentage, so daß täglich ein reger Handel betrieben wird. Nach den Wochentagen richten sich aber nicht nur die Händler. So ist beispielsweise *ntala* der lokale Ruhetag für alle Wiya, an dem der königliche Rat tagt und nicht auf den Feldern gearbeitet wird. *Sing* ist der Markttag in Ndu und zugleich das größte soziale Ereignis, da er Freunde und Bekannte aus der Umgebung anlockt.

Diese zyklische Zeit des Agrar- und Lebensrythmus findet sich jedoch nicht in allen Wirkungsfeldern der Wiya. Vielmehr scheinen sie über unterschiedliche Zeitkonzeptionen zu verfügen, was jedoch noch genauer untersucht werden müßte.[172] So liegt etwa dem Ritual und dem Opfer (*tangshir*) ein Wiederholungscharakter als Zeitvorstellung zugrunde, denn sein Erfolg hängt nicht zuletzt von der detailgenauen Wiederholung der rituellen Handlungen ab. Die soziale Organisation hat dagegen eine genealogische Zeit. Die Zugehörigkeit zu einer Lineage ist durch Abstammung definiert, die eine die Vorfahren einschließende Linearität impliziert. Allerdings richtet sich die Verehrung der Ahnen, wie bereits mehrfach betont, in der Regel nicht an einzelne Vorfahren, sondern an die Gesamtheit der Verstorbenen, so daß das genealogische Wissen nur ganz selten drei und vier Generationen übersteigt.

Das Genre *nsung* schließlich beinhaltet eine betont unbestimmte Zeit, die Kimi als "Urheimat" und "Urzeit" bereits zu Beginn einer Geschichte signalisiert. Die als wahr geltenden Motive einer Geschichte stellt der Erzähler nicht zusammen, um irgendeinen zeitlichen Verlauf zu beschreiben, sondern um bestimmte Rechte zu verteidigen oder einzuklagen. Die Ordnung der Motive und ihre kausale Verknüpfung richten sich nach dem Argument und dem Rechtsverständnis des Erzählers. Dabei ist es, wie in den Kapiteln zur "Machtergreifung" erläutert, ganz unerheblich, wann die einzelnen Ereignisse tatsächlich stattfanden und ob ihnen etwa fixe Motive hinzugefügt sind, die das Argument untermauern. Der Zeitpunkt eines tradierten Konfliktes ist, wie am "Gesetz von Jirt" beschrieben, schon deshalb unwichtig, weil die daraus erwachsenen Vorschriften und Handlungen nicht argumentativ, sondern nur durch ein Opfer aufgehoben werden können. Das rituelle Opfer (*tangshir*: für das Recht, für das Bewußtsein kämpfen) kehrt über die wiederholbare Zeit an das Geschehen zurück, um den Konflikt aus der Welt zu schaffen.

Die Einführung europäischen Zeitbegriffs beinhaltet nicht nur das Bewußtsein von der Zählbarkeit der Zeit sowie englische Monats- und Tagesnamen, die seither im Konflikt mit der Acht-Tage-Woche der Wiya stehen. Im Fall des Genres *nsung* ergab sich vor allem eine Verschränkung der unbestimmten Zeit mit der genealogischen Zeit aus dem Bereich der sozialen Organisation, so daß die Geschichtserzählungen nunmehr durch eine genealogische Ordnung geprägt erscheinen. Wenngleich die häufig erfundenen oder bewußt verlängerten Genealogien bei genauerer Betrachtung gar keine Linearität aufweisen, geben sie diese doch vor. In dieser Weise ähnelt *nsung history*, obwohl die genealogische Zeit durch die Angabe fiktiver Abstammungsverhältnisse bereits in die unbestimmte Zeit zurückgeführt ist.

Die Veränderung des Genres *nsung*, die die Wiya mit dem Terminus *history* ausdrücken, geht auf die Konfrontation mit dem kolonialen Geschichtsgenre zurück, das seinerseits mit dem Ideal der historischen Wahrheit und dem Begriff von akademischer Geschichte selber nur noch wenig zu tun hat. Wie in Kapitel II festgestellt, ist die "Wiya-Stammesgeschichte" (Jeffreys 1962), die für die lokale Bevölkerung zur Schlüsselerfahrung von moderner Repräsentationsform von Vergangenem und ihrer Wirksamkeit wurde, im Stil einer *nsung*-Erzählung verfaßt. Die offene Zitierweise, die die Erzählung des Palastältesten (Fai Ndimbie) und die Kommentare von Jeffreys miteinander verschmilzt, verweist schon von der Form her auf die Hybridität der Geschichte. Einer *nsung*-Erzählung ähnelt sie vor allem durch die Übertreibungen und die provokative Einseitigkeit, mit der die Geschichte im kolonial-administrativen Interesse die politische Ordnung zugunsten des Königs legitimiert. Damit die Erzählung dennoch von den Kollegen in der Kolonialverwaltung als Geschichte erkannt und akzeptiert werden konnte, reicherte sie Jeffreys mit den wichtigsten *Codes* aus dem Genre der akademischen Geschichte an. Um ihr beispielsweise den Anschein von Systematik und Ausgewogenheit zu verleihen, bezieht er sich - allerdings ausschließlich an Stellen, die sein Argument nicht gefährden - auf frühere Untersuchungen. Des weiteren verschafft er der Erzählung den Eindruck von historischer Realität, indem er mit Hilfe erfundener Genealogien den dargestellten Ereignissen eine lineare Ordnung unterlegt.

Die Wiya erkennen jedoch die vermeintlich lineare Ordnung unschwer als eine am Argument orientierte Sinnordnung, die sie inzwischen selbst in ihren Geschichten verwenden. Auch die Einseitigkeit der Argumentation ist ihnen vertraut, da sie selbst Geschichtsversionen anderer nicht einbeziehen, sondern in den Dialog darüber eintreten. Die "Stammesgeschichte" wird daher als eine Erzählung des Palastes identifiziert und ist bis heute als Teil des lokalen Diskurses heftig umstritten. Hinsichtlich der politischen Auswirkungen gibt es jedoch einen entscheidenden Unterschied. So war es bis jetzt allein die Erzählung von Fai Ndimbie/Jeffreys, die als *history* eine politische Ordnung erfolgreich geschaffen und stabilisiert hat. Schon zur Kolonialzeit konnte letztlich kein Protest und keine Gegengeschichte etwas gegen sie ausrichten, obwohl die anderen Geschichtsversionen in den Augen der Wiya eigentlich die gleichen Voraussetzungen hatten, *history* zu werden. Erstens wurden sie ebenfalls von Kolonialbeamten aufgenommen und niedergeschrieben. Zweitens waren sie zum Teil, wie die von Carpenter (1933, 1934) festgehaltenen Geschichten, sogar schon viel älter als die "Stammesgeschichte". Drittens wurden sie nicht von irgendwelchen Palastältesten, sondern von *Chiefs* (den späteren *Subchiefs* des *Fon* von Ndu) persönlich formuliert. Trotz allem blieben sie in der neuen politischen Entwicklung ohne Konsequenzen. Die Frage, warum es gerade die Erzählung von Fai Ndimbie und Jeffreys war, die zur *history* aufgestiegen ist, bleibt für viele Wiya ein Mysterium, obschon man auch versucht, den Erfolg dieser Erzählung der besonderen Intelligenz von Fai Ndimbie und dem möglicherweise größeren Einfluß von Jeffreys zuzuschreiben.

Dieses Mysterium ist, so möchte ich behaupten, einer der Gründe für die allseits beklagte Verschlechterung des sozialen Klimas. Streit, Hexerei und der Rückzug in die Privatsphäre charakterisiert heute die soziale Interaktion über *nsung*. In erster Linie ist der Anstieg der alltäglichen Konflikte, wie in den Fallbeispielen besonders verdeutlicht, natürlich auf ökonomische Hintergründe zurückzuführen. Der Bevölkerungsanstieg, die Landknappheit und die Monetarisierung sozialer Beziehungen haben die Konkurrenz um ökonomische Ressourcen und damit gleichzeitig um die Geschichtserzählungen verschärft. Als weiterer Aspekt kommt aber auch hinzu, daß die letztlich ungeklärte Ursache der Transformation von *nsung* zu *history* eine Unsicherheit in der Kommunikation zur Folge hat, denn es besteht nunmehr der vage Verdacht, eines Tages könnte irgendeine andere Erzählung zur *history* aufsteigen.

Zwischen *nsung* und *history* besteht also eine Dynamik, denn *history* hat in der Praxis (als Erzählung) *nsung*-Attribute. Die Wiya sehen die Übereinstimmungen, die Kompatibilität zwischen *nsung* und *history* und konkurrieren um die Geschichten in der Ahnung, daß daraus *history* werden könnte. Die als wahr bzw. als richtig formulierte Geschichte (*nsung*) ist unter gewissen Umständen und zu einem bestimmten Zweck durchaus fälschbar, aber als Genre einer realistischen Form von Erzählung signalisiert sie dem Zuhörer zugleich ihre prinzipielle Offenheit für Widerspruch und Disput. Werden nun aber die Attribute von *history* auf *nsung* übertragen, ist vom Gegenüber zu befürchten, daß der Erzähler seine Geschichte in äußerlich unverändert realistischer Form nunmehr als historische Tatsache begreift, und von der Behauptung, die Wahrheit zu sprechen, nicht mehr abrücken kann und will.

Nsung ist damit also nicht mehr eindeutig einem Genre zuzuordnen und gibt Grund für Unsicherheit in der Interpretation und Kommunikation. Zum einen ist sie eine immer noch im lokalen Kontext verhaftete Geschichte, die als verbale soziale Handlung unmittelbar auf das Leben einwirkt und deren Darstellung gegebenenfalls als Verfälschung oder Lüge (*mdi'*) zu offenkundigen Zwecken unverzüglich dementiert werden kann. Zum anderen ist *nsung* seit den Erfahrungen in der Kolonialzeit zu einem Teil einer ungleich mächtigeren *history* geworden, die im Verdacht steht, anstatt mit einfachen Lügen durch ihre Mach- und Manipulierbarkeit bestimmte, nicht mehr ohne weiteres einsehbare *politics* zu verfolgen, deren vielfältige, durch den Modernisierungsprozeß bedingte individuelle Interessen von Erzählern und Zuhörern heute auch noch unübersichtlich geworden sind. Die Unsicherheit über die Doppeldeutigkeit des Limbum-Begriffs *nsung* ist m.E. der Grund dafür, daß ihn die Wiya im alltäglichen Gebrauch mehr und mehr durch das englische *history* ersetzen. Ihr Unbehagen über jene Ungewißheit drücken sie durch die gleichzeitige Erwähnung von *politics* aus, denn sie wissen, daß es eine nicht eindeutig lokalisierbare Macht gibt, die aus einer Erzählung (*nsung*) Geschichte (*history*) werden lassen kann. Sie selber verfügen aber nicht über diese Macht, so daß aus dem Zwischenraum von "Ohnmacht" und Ahnung um die Macht eine Dynamik resultiert, die gegenwärtig den Rückzug des Diskurses über Geschichte in die Privatsphäre der Wiya bewirkt.

Anmerkungen

158　Das "denkende Subjekt" ist zu vernachlässigen: "... from the moment they are seen as myths, and whatever their real origins, they exist only as elements embodied in a tradition. When the myth is repeated, the individual listeners are receiving a message that, properly speaking is coming from nowhere." (Levi-Strauss 1970: 12, 18)

159　Eine gewisse Ausnahme bilden die Aufzeichnungen persönlicher Erinnerungen und Lebensgeschichten vgl. Miller (1980: 9ff.) und Ranger (1980: 78-105). Ansonsten gilt auch in Vansinas überarbeiteter Neuauflage seiner Methodologie eine mündliche Aussage erst als *oral tradition*, wenn sie über mindestens eine Generation überliefert ist (1985: 27f.). Nach Henige (1982: 2) muß eine solche Überlieferung in der untersuchten Gesellschaft zudem allgemein bekannt und anerkannt sein. Ist sie es nicht, handelt es sich lediglich um ein Zeugnis (*testimony*). Im Unterschied dazu werden alle Aussagen über rezente Ereignisse wie Augenzeugenberichte, Gerüchte, persönliche Erinnerungen und Biographien als *oral history* definiert und sind als Quellen für die Rekonstruktion von Geschichte kaum von Bedeutung. Cohen und Odhiambo (1989) halten demgegenüber alle Äußerungen - und seien sie auch nur situationsgebunden wie bei einer Begrüßung - für historisch relevant, was jedoch nicht bedeutet, daß es ihnen um eine Geschichte von "unten", d.h. um *oral history*, als Mittel zur Demokratisierung von Geschichte im Sinne Thompsons (1982) geht.

160　Schon Malinowski (1954: 146) hatte ja bereits eingestanden, daß auch rezente Veränderungen der Sozialstruktur Abwandlungen mythischer Erzählungen nach sich ziehen, um Neuerungen und Änderungen traditionalistisch zu legitimieren. Firth führt solche Geschichtsveränderungen auf eine "Plastizität" zurück, durch die ein Mythos oder eine historische Erzählung typischerweise charakterisiert ist (1967: 284ff.). Daneben sind es aber durchaus auch widersprüchliche Interessen und gegenwärtige Konflikte zwischen unterschiedlichen sozialen Gruppen einer Gesellschaft, die in die Vergangenheit projiziert werden. Vor allem in heterogenen Gesellschaften wie den Tikopia, in denen historisch ein Segment ein anderes unterworfen hat, halten die Geschichtserzählungen gerade das Bewußtsein über die Ungleichheit und die sozialen

Spannungen aufrecht: "Traditional tales may be not so much a reflection of the social structure itself as of the organizational pressures within the social structure" (Firth 1961: 179). Eickelpasch zieht daraus den Schluß, daß Erzählungen in ihrer Konsequenz nicht nur als "Theorien" des Status quo, sondern ebenso als "revolutionäre Ideologien" verwandt werden können, denn "die Beziehung zwischen Mythos und Sozialstruktur ist stets dialektisch" (Eickelpasch 1973: 45).

161   Bezeichnenderweise erwähnt Cunnison (1959: 232f.) daher auch, daß das Wort für eine solche Geschichte unter bestimmten Umständen mit dem Begriff für einen Gerichtsprozeß assoziiert wird. Kommt es - wenngleich z. Z. von Cunnisons Aufenthaltes scheinbar nur in einem einzigen Fall - zur Beanspruchung derselben Vorrechte durch zwei Parteien, bedienen sich die Repräsentanten der beiden Lineages ih-rer Überlieferungen gleichsam wie Rechtsanwälte ihres Plädoyers (1951: 15f.; 1959: 238).

162   Vgl. auch Ardener (1989: 25): "There are, indeed, plenty of grounds for saying that the "memory" of history begins when it is registered. It is encoded 'structurally' as it occurs. The structuring, by this view, is actually part of the 'registration' of events. Then we can say that since not all events do survive, but only 'memorable' or 'significant' events, the structural processes are not necessarily retrospectively imposed, but are synchronic - all part of the very nature of event-registration (with or without any specific physical recording)".

163   Vgl. dazu beispielsweise die Auseinandersetzungen innerhalb der Lineage von Fai Njiladumbi (Fallbeispiel 2), den Streit um die Nachfolge von Fai Nganwenfu Fallbeispiel 7) sowie die von Gewährsleuten geäußerten Vermutungen zur Diskretion von J. Nsame (Fallbeispiel 9).

164   Vgl. auch Finnegan (1992: 135-157).

165   Schon Goffman (1974) verweist auf die Bedeutung rahmenbildender Schlüsselbotschaften kommunikativer Darstellungen. Vgl. auch Bauman (1992: 45) und Finnegan (1992: 101, 106).

166   *Nsung* bezeichnet auch die Rede während des *ngambe* (Wahrsagung). Die Aussagen des Wahrsagers (*nwà säng*) beziehen sich immer auf lineage- oder "klan"-interne Konflikte, und seine Erläuterungen und Aufdeckungen sind offen für Widerspruch von Betroffenen oder den ihrerseits beauftragten Wahrsagern. Die Rede eines Wahrsagers ist damit ein Teil des Aushandlungsprozesses, die ihn selbst derart zuspitzt, daß zur Beilegung des Konfliktes aufwendige Opfer notwendig werden.

167   Als ausschließlich gute Nachricht gilt zum Beispiel das Evangelium (*sa'ka ce mbongmbong*). Nach einer persönlichen Mitteilung von Prof. Schott entspricht dies der wörtlichen Übersetzung aus dem Griechischen: "gute Botschaft".

168   Vgl. die Fallbeispiele 2 und 7.

169   Vgl. Fallbeispiele 1 und 3.

170   Heute gehen die Jungen zur Schule oder monetären Beschäftigungen nach, so daß sie das Lineageoberhaupt noch nicht einmal mehr auf seinen selten gewordenen Besuchen am Palast des *Fon* begleiten. Es ist daher nicht verwunderlich, so die Klage der Wiya, daß ein Nachfolger auf das Amt eines Lineageoberhauptes von den Ältesten seiner Gruppe vielfach erst intensive Lehren in lokaler Geschichte erhalten muß, bevor er und damit die Lineage als Ganzes, von außen als politisches Gewicht ernst genommen wird (vgl. Kapitel IV).

171   Vgl. auch den Festezyklus der Tallensi (Fortes 1970).

172   Verschiedene Zeitvorstellungen finden sich beispielsweise auch bei den Tugen (Behrend 1987) und bei den Marakwet und Endo (Moore 1986).

BIBLIOGRAPHIE

I. Archivmaterial des Buea National Archive (in chronologischer Reihenfolge)

Hawkesworth, E.G. 1924. *An Assessment Report on the Nsungli Clan*.

Gorges, E.H.F. 1932. *Bamenda Division, Kaka-Ntem, Assessment Report*.

Carpenter, F.W. 1933. Report on the Nsungli Native Authority Area. In: *Nsungli Native Court Area, Bamenda Division*, File No. 954.

Hook, R.J. 1933. *Jangali*. In: *Nsungli Native Court Area, Bamenda Division*, File No. 954.

Carpenter, F.W. 1934. *Intelligence Report on the Nsungli Area*.

Carpenter, F.W. 1933/R. Newton 1936. *Bamenda Division, Kaka-Ntem, Intelligence Report*.

Kay, F.R. 1936. *A Progress Report on the Ndu, Mbwat and Tang Native Authority Areas Formerly Known as the Nsungli Tribe of the Bamenda Division*.

Shokor, Chief of Mbipgow 1943. A Short History and the Genealogical Table of Chiefs: Mbipgow. In: *Report Ndu Group Native Court, Nsungli Area, Bamenda Division, 1935*. File No. Ac 17.

Chief Ngambu of Nkang 1943. A Short History and the Genealogical Table of Chiefs: Nkang Village, Wiya Area, Bamenda Division. In: *Report Ndu Group Native Court, Nsungli Area, Bamenda Division, 1935*. File No. Ac 17.

Ndi, Chief of Wowo 1943. A Short History and the Genealogical Table of Chiefs: Wowo Village, Wiya N.A. Area, Bamenda Division. In: *Report Ndu Group Native Court, Nsungli Area, Bamenda Division, 1935*. File No. Ac 17.

Mbipgo Chiefs Palace 1965. *A Petition to the Hon. Prime Minister*.

West Cameroon Executive Council 1966. *Nwarong. Memorandum Submitted by the Hon. Prime Minister*.

II. Manuskripte

Chilver, E.M. 1981. *Tang Mbo or Tabeken (1963): Compiled from Dr. P.M. Kaberry's Fieldnotes and Papers*.

- 1984. *Notes on a Brief Visit to Ndu 1960*.
- 1985. *Notes on the Death, Burial and Installation of Nkwi-Mbor (1960, 1963)*.
- 1988. *Draft Working Note. Ndzeendzev: Myth, Colonial Feedback and Forensic Manipulation*.

III. Dissertationen, Examensarbeiten, Konferenzpapiere

Bellama, David/Solomon Nkwele/Joseph Yudom 1983. *An Introduction to Cameroon Pidgin*. Peace Corps Cameroon.

Behrend, Heike 1996. Geschichte und Geistbesessenheit in Afrika. Geister als Repräsentationen von Vergangenem. (unveröffentlichtes Manuskript).

Bühler, Brigitte/Peter Probst 1985. *Installation as Historical Charter*. Paper presented to the Conference: Installation and Succession, and their various aspects. Bamenda, December 1985.

Chilver, E.M. 1988. *Women Cultivators, Cows and Cash Crops: Phyllis Kaberry's 'Women of the Grassfields' Revisited.* Paper presented to the Conference on the Political Economy of Cameroon: Historical Perspectives. African Studies Center Leiden, June 1988.

Courade, Christiane/Georges Courade 1977. *Education in Anglophone Cameroon 1915-1975*. Yaoundé: ORSTOM.

Diduk, Susan 1987. *The Paradox of Secrets: Power and Ideology in Kedjom Society*. Ph.D. Thesis, Indiana University.

Engard, Ronald K. 1986. *Bringing the Outside in: Commensality and Incorporation in Bafut Myth, Ritual, Art and Social Organization*. Ph.D. Thesis, Indiana University.

Fanso, Verkijika G. 1988. *Notions of Disease and its Causes and Therapies in Nso' Traditional Medical Practices.* Paper presented to the Conference on Ethnomedical Systems in Sub-Sahara Africa. African Studies Center, Leiden, June 1988.

Fanso, V.G./B. Chem-Langhee/E.M. Chilver 1985. *Working Notes on the Installation Problem in Nto' Nso'*. Paper presented to the Conference: Installation and Succession, and their various aspects. Bamenda, December 1985.

Foncham, Samuel Awah 1984. *An Expose of the Social and Economic Developments of the Ndu Community*.

Fondzeyup, Bongkishiy Aloys 1982. *Tea Cultivation as an Economic Crop in Ndu*. E.N.S. Bambili, University of Yaoundé.

Fon Nformi Nfor I. 1985. *The Installation of the Fon of Ndu - 2nd. August, 1982*. Paper presented to the Conference Installation and Succession, and their various aspects. Bamenda, December 1985.

Funeral Manifestations O.J. *In Memory of the late Fon of the Wiya Clan, His Royal Highness Fon William Nformi of Ndu. 1900-1982*. Kumbo: Kimbo Press.

Goheen, Miriam 1984. *Ideology and Political Symbols in a West African Chiefdom: Commodization of Land, Labour and Symbolic Capital in Nso, Cameroon*. Ph.D. Thesis, Harverd University.

Gufler, Hermann 1983. *Limbom Dictionary*. Catholic Mission Nkambe.

Klefstad-Sillonville, M.D. 1988. *Bamileke Ethnomedicine faced to Western medicine*. Paper presented to the Conference on Ethnomedical Systems in Sub-Sahara Africa. African Studies Center, Leiden, June 1988.

Masquelier, Bertrand M. 1978. *Structure and Process of Political Identity: Ide, a Polity of the Metchum Valley (Cameroon)*. Ph.D. Dissertation. Department of Anthropology, University of Pennsylvania.

Mbeh, George N. 1985. *Installing the Foyn of Mekwu*. Paper presented to the Conference: Installation and Succession, and their various aspects. Bamenda.

Ndoumbe-Manga, Samuel o.J. *Contribution au Developpement de la Theiculture dans le Grassfield: Etude Socio-Economique du Complexe Agro-Industriel Theicole de Ndu*. Yaoundé: ORSTOM.

Njilah, Isa Tata 1984. *The Growth of Ndu Town (Since 1957)*. Bambili: University of Yaoundé.

Nkwi, Paul Nchoji 1988. *The Epileptic among the Bamileke of Maham in the Nde Division West Province of Cameroon*. Paper presented to the Conference on Ethnomedical Systems in Sub-Sahara Africa. African Studies Center, Leiden, June 1988.

Pool, Robert 1989. *There must have been something: Interpretations of Illness and Misfortune in a Cameroon Village*. Ph.D. Thesis, University of Amsterdam.

Probst, P./B. Bühler 1988. *Medicine as a Political Category. The Case of the Wimbum in the Cameroon Grassfields*. Paper presented to the Conference on Ethnomedical Systems in Sub-Sahara Africa. African Studies Center, Leiden, June 1988.

Russel, Stuart Wells 1980. *Aspects of Development in Rural Cameroon: Political Transition Amongst the Bali of Bamenda*. Ph. D. Thesis, Boston University.

Section géographie 1973. *Dictionaire des Villages de Donga-Mantung*. Yaoundé: ORSTOM.

Shanklin, Eugenia 1985. *Installation Rites in Kom Royal Court Compounds*. Paper presented to the Conference: Installation and Succession, and their various aspects. Bamenda, December 1985.

— 1988. *Even Witches have friends: Witchcraft in a Matrilineal Society*. Paper presented to the Conference on Ethnomedical Systems in Sub-Sahara Africa. African Studies Center, Leiden, June 1988.

Taju, Genesis Fanka 1985. *Government Primary School Ndu: A Case Study*. University of Yaoundé.

Warnier, J.-P. 1975. *Pre-Colonial Mankon: The Development of a Cameroon Chiefdom in its Regional Setting*. Ph.D. Thesis, University of Pensylvania.

Weber, Charles W. 1988. *An Interdisciplinary Perspective on Traditional Grassfield Divination Practices: A Historical and Anthropological Account from the 1930s*. Paper presented to the Conference on Ethnomedical Systems in Sub-Sahara Africa. African Studies Center, Leiden, June 1988.

IV. Veröffentlichungen

Ankermann, Bernhard 1910a. Bericht über eine ethnographische Forschungsreise ins Grasland von Kamerun. In: *Zeitschrift für Ethnologie* 2: 288-310.

— 1910b. Über die Religion der Graslandbewohner Nordwest-Kameruns. In: *Korrespondenzblatt der deutschen Gesellschaft für Anthropologie, Ethnologie und Urgeschichte* S. 81-82.

Appadurai, Arjun 1995. The Production of Locality. In: R. Fardon (Hg.); *Counterworks. Managing the Diversity of Knowledge*. London, New York: Routledge: 204-225.

Ardener, Edwin 1970. Witchcraft, Economies and the Continuity of Belief. In: Mary Douglas (Hg.), *Witchcraft: Confessions and Accusations*. London: Tavistock: 141-160.

— 1989. The Construction of History: 'vestiges of creation'. In: E. Tonkin/M. McDonald/M. Chapman (Hg.), *History and Ethnicity*, ASA Monograph 27: 22-33. London und New York: Routledge.

Austen, Ralph A. 1992. Tradition, Invention and History: the case of the Ngondo (Cameroon). In: *Cahiers d'études africaines*, 32, 126: 285-309.

— 1993. 'Africanist' Historiography and its Critics: Can There Be an Autonomous African History? In: Toyin Falola (Hg.); *African Historiography. Essays in Honour of Jacob Ade Ajayi*. Essex: Longman: 203-217.

Bank, Leslie 1995. The Failure of Ethnic Nationalism: Land, Power and the Politics of Clanship on the South African Highveld 1860-1990. In: *Africa*, 65, 4: 565-691.

Barber, Karin 1989. Interpreting oríkì as History and as Literature. In: K. Barber/ P.F. de Moraes Farias (Hg.), *Discourse and its Disguises: The Interpretation of African Oral Texts*. Birmingham University African Studies Series 1. Birmingham: Centre of West African Studies: 13-23.

— 1991. *I Could Speak Until Tomorrow: Oriki, Women and the Past in a Yoruba Town*. Washington: Smithsonian Institution Press.

Barber, Karin/Paulo Farias de Moraes 1989. Introduction. In: K. Barber/P.F. de Moraes Farias (Hg.), *Discourse and its Disguises: The Interpretation of African Oral Texts*. Birmingham University African Studies Series 1. Birmingham: Centre of West African Studies: 1-10.

Bates, Robert H. 1974. Ethnic Competition and Modernization in Contemporary Africa. In: *Comparative Political Studies* 6, 4: 457-484.

Bauman, Richard (Hg.) 1992. *Folklore, Cultural Performances, and Popular Entertainments*. New York, Oxford: Oxford University Press.

Bauman, Richard/Joel Sherzer (Hg.) 1989. *Explorations in the Ethnography of Speaking*. Cambridge: Cambridge Univers. Press.

Baumann, Hermann/L. Vadja 1959. Bernhard Ankermanns völkerkundliche Aufzeichnungen im Grasland von Kamerun 1907-1909. *Baessler Archiv N.F.* 7/2: 217-318.

Ben-Amos, Dan 1976. Analytical Categories and Ethnic Genres. In: D. Ben-Amos (Hg.), *Folklore Genres*. Austin & London: University of Texas Press: 215-242.

Behrend, Heike 1987. *Die Zeit geht krumme Wege. Raum, Zeit und Ritual bei den Tugen in Kenia*. Frankfurt, New York: Campus.

Berndt, Catherine/E.M. Chilver 1992. Phyllis Kaberry (1910-1977): Fieldworker Among Friends. In: Sirley Ardener (Hg.), *Persons and Powers of Women in Diverse*

Cultures: Essays in Commemoration of Audrey Richards, Phyllis Kaberry and Barbara E. Ward. Providence, Oxford: Berg: 29-60.

Blank, Doris 1990. The Modern Elite and Traditional Titles in Babungo/Ndop. In: *Baessler Archiv* 35 (NF): 1-25.

Bourdieu, Pierre 1990. The Scholastic Point of View. In: *Cultural Anthropology* 5: 380-391.

— 1991. *Was heißt sprechen? Die Ökonomie des sprachlichen Tausches.* Wien: Braumüller.

Brain, Robert 1972. *Bangwa Kinship and Marriage.* Cambridge: Cambridge University Press.

— 1980. *Art and Society in Africa.* London, New York: Longman.

Brain, Robert/Adam Pollock 1971. *Bangwa Funerary Sculpture.* London: Gerald Duckworth.

Bühler, Brigitte 1989. Begegnung mit einer Erinnerung: "Deutsch-Kamerun" heute. In: G. Mönnig (Hg.), *Schwarzafrika der Frauen* (Reise & Kultur). München: Frauenoffensive: 209-216.

— 1993. Die Weiblichkeit des Königs: Überlegungen zur Interpretation eines königlichen Rituals im Grasland von Kamerun. In: W. Krawietz/L. Pospisil/S. Steinbrich (Hg.), *Sprache, Symbole und Symbolverwendungen in Ethnologie, Kulturanthropologie, Religion und Recht* (Festschrift für Rüdiger Schott zum 65. Geburtstag). Berlin: Duncker & Humblot: 279-290.

Caplan, Pat (Hg.) 1995. *Understanding Disputes. The Politics of Argument.* Oxford Providence: Berg.

Chem-Langhee, Bongfen 1987. The Transfer of Power and Authority in Nto' Nkar. In: *Muntu* 7, 2: 149-68.

— 1989. *The Shuufaayship of Professor Bernard Nsokika Fonlon.* Yaoundé: CEPER.

Chem-Langhee, B./V.G. Fanso 1997. Social Categories, Local Politics and the Uses of Oral Tradition in Nso', Cameroon. In: *Paideuma* 43: 313-327.

Chilver, E.M. 1961a. Nineteenth Century Trade in the Bamenda Grassfields, Southern Cameroons. In: *Afrika und Übersee* 95, 4: 233-258.

— 1961b. *The History and Customs of Ntem.* Oxford: Oxonian Press.

— 1963. Native Administration in the West Central Cameroons 1902-1954. In: Kenneth Robinson/Frederick Madden (Hg.), *Essays in Imperial Government.* Oxford: Basil Blackwell: 89-139.

— 1966. *Zintgraff's Explorations in Bamenda, Adamawa and the Benue Lands, 1889-1892.* Buea: Government Printer.

— 1967. Paramountcy and Protection in the Cameroons: The Bali and the Germans, 1889-1913. In: P. Gifford/W.M. Louis (Hg.), *Britain and Germany in Africa. Imperial Rivalry and Colonial Rule.* New Haven, London: Yale University Press: 479-512.

— 1981. Chronological Synthesis: The Western Region, Comprising the Western Grassfields, Bamum, the Bamileke Chiefdoms and the Central Mbam. In: Claude Tardits (Hg.), *Contribution de la Recherche Ethnologique a L'Histoire des Civilisations du Cameroun.* Vol. 2: 453-473. Colloques Internationaux du Centre National de la Recherche Scientifique, No. 551. Paris: Centre National de la Récherche Scientifique.

— 1992. Women Cultivators, Cows and Cash Crops in Cameroon. In: Shirley Ardener (Hg.), *Persons and Powers of Women in Diverse Cultures: Essays in Commemoration of Audrey Richards, Phyllis Kaberry and Barbara E. Ward*. Providence, Oxford: Berg: 105-133.

Chilver, E.M./P.M. Kaberry 1960. From Tribut to Tax in a Tikar Chiefdom. In: *Africa* 30, 1: 1-19.

— 1963. Traditional Government in Bafut. In: *The Nigerian Field* 28, 1: 4-30.

— 1965. Sources of the Nineteenth-Century Slave Trade: Two Comments. I. The Cameroons Highlands In: *Journal of African History* 6, 1: 117-119.

— 1968. *Traditional Bamenda. The Precolonial History and Ethnography of the Bamenda Grassfields*. Buea: Ministry of Primary Education and Social Welfare and West Cameroon Antiquities Commission.

— 1970. Chronology of the Bamenda Grassfields. In: *Journal of African History* XI, 2: 249-257.

— 1971. The Tikar Problem: A Non-Problem. In: *Journal of African Languages* 10, 2: 13-14.

Cohen, David William 1972. *The Historical Tradition of Busoga: Mukama and Kintu*. Oxford: Clarendon Press.

— 1977. *Womunafu's Bunafu: A Study of Authority in a Nineteenth-Century African Community*. Princeton University Press.

— 1980. Reconstructing a Conflict in Bunafu: Seeking Evidence Outside the Narrative Tradition. In: Joseph C. MILLER (Hg.), *The African Past Speaks*. Folkestone und Hamden: Dawson und Archon: 201-220.

Cohen, D.W./E.S. Atieno Odhiambo 1989. *Siaya: The Historical Anthropology of an African Landscape*. London, Nairobi, Athens: James Currey, Heinemann Kenya, Ohio University Press.

Colson, E. 1995. The Contentiousness of Disputes. In: Pat CAPLAN (Hg.), *Understanding Disputes. The Politics of Argument*. Oxford Providence, USA: Berg: 65-82.

Comaroff, John/Jean Comaroff 1992. *Ethnography and the Historical Imagination*. Colorado, Oxford: Westview Press.

Coplan, David B. 1994. *In the Time of Cannibals. The Word Music of South Africa's Sotho Migrants*. Chicago, London.

Cunnison, Ian 1951. *History on the Luapula: An Essay on the Historical Notions of a Central African Tribe*. London: Oxford University Press for the Rhodes-Livingstone Institute.

— 1959. *The Luapula Peoples of Northern Rhodesia: Custom and History in Tribal Politics*. Manchester: Manchester University Press for the Rhodes-Livingstone Institute.

De Certeau, Michel 1988 (1980). *Kunst des Handelns*. Berlin: Merve Verlag.
— 1991 (1974). *Das Schreiben der Geschichte*. Frankfurt am Main, New York: Campus.
De Heusch, Luc 1972. *Le roi ivre ou l'origine de l'etat*. Paris: Gallimard.
— 1975. "What Shall We Do with the Drunken King?" In: *Africa* 45, Nr. 4: 363-72.

DeLancey, Mark W. 1989. *Cameroon: Dependence and Independence*. Boulder, San Francisco: Westview Press, London: Dartmouth.

Diawara, Mamadou 1989. Women, Servitude and History: the Oral Historical Traditions of Women of Servile Condition in the Kingdom of Jaara (Mali) from the Fifteenth to the Mid-nineteenth Century. In: K. Barber/P.F. de Moraes Farias (Hg.), *Discourse and its Disguises: The Interpretation of African Oral Texts*. Birmingham University African Studies Series 1. Birmingham: Centre of West African Studies.

— 1990. *La Graine de la Parole. Dimension Sociale et Politique des Traditions Orales du Royaume de Jaara (Mali) du XVème au Milieu du XIXème Siècle*. Stuttgart: Franz Steiner Verlag.

Diduk, Susan 1987. *The paradox of secrets: Power and Ideology in Kedjom Society*. Indiana University (Ph.D. Thesis).

Dillon, Richard G. 1976. Ritual Resolution in Meta' Legal Process. In: *Ethnology* 15: 287-299.

— 1979. Limits to Ritual Resolution in Meta' Society. In: *Paideuma* 25: 35-39.

— 1990. *Ranking and Resistance: A Precolonial Cameroonian Polity in Regional Perspective*. Stanford: Standford University Press.

Eballa, Yalla 1976. Zum gegenwärtigen Veränderungsprozeß im Häuptlingswesen in der Nord-West-Provinz der Vereinigten Republik Kamerun. In: *Staatliches Museum für Völkerkunde Dresden* 35: 111-118.

Eickelpasch, Rolf 1973. *Mythos und Sozialstruktur*. Studien zur Sozialwissenschaft Bd.7. Düsseldorf: Bertelsmann Universitätsverlag.

Elwert, Georg 1989. Nationalismus und Ethnizität. Über die Bildung von Wir-Gruppen. In: *Kölner Zeitschrift für Soziologie und Sozialpsychologie* 3: 440-464.

Emonts, Johannes 1927. *Ins Steppen- und Bergland Innerkameruns. Aus dem Leben und Wirken deutscher Afrikamissionare*. Aachen: Aachener Missionsdruckerei.

Engard, Ronald K. 1988. Myth and Political Economy in Bafut (Cameroon): The Structural History of an African Kingdom. In: *Paideuma* 34: 49-89.

Erlmann, Veit 1992. The Past is far and the Future is far: Power and Performance among Zulu Migrant Workers. In: *American Ethnologist* 19, 4: 688-709.

— 1996. *Nightsong. Performance, Power and Practice in South Africa*. Chicago, London.

Eyongetah, Tambi/Robert Brain 1974. *A History of the Cameroon*. London: Longman.

Fabian, Johannes 1990. *Power and Performance: Ethnographic Explorations through Proverbial Wisdom and Theater in Shaba, Zaire*. Madison, Wisconsin: The University of Wisconsin Press.

Fardon, Richard 1988. *Raiders & Refugees. Trends in Chamba Political Development 1750 to 1950*. Washington, London: Smithsonian Institution Press.

— 1990. *Between God, the Dead and the Wild. Chamba Interpretations of Ritual and Religion*. London: Smithsonian Institution Press.

— 1996. The Person, Ethnicity and the Problem of 'Identity' in West Africa. In: I. Fowler/D. Zeitlyn (Hg.), *African Crossroads. Intersections between History and Anthropology in Cameroon*. Providence, Oxford: Berghahn Books: 17-44.

Farias, de Moraes 1989. Pilgrimages to 'Pagan' Mecca in Mandenka Stories of Origin Reported from Mali and Guinea-Conakry. In: K. Barber/P.F. de Moraes Farias (Hg.), *Discourse and its Disguises: The Interpretation of African Oral Texts*. Birmingham University African Studies Series 1. Birmingham: Centre of West African Studies: 152-170.

— 1993. The Oral Traditionist as Critic and Intellectual Producer: an Example from Contemporary Mali. In: Toyin Falola (Hg.), *African Historiography. Essays in Honour of Jacob Ade Ajayi*. Essex: Longman: 14-38.

Feierman, Steven 1974. *The Shambaa Kingdom: A History*. Madison: University of Wisconsin Press.

Finnegan, Ruth 1970. *Oral Literature in Afica*. Oxford: Clarendon Press.

— 1971. A Note on Oral Tradition and Historigraphical Evidence. In: *History and Theory*, 9, 2.

— 1988. *Literacy and Orality: Studies in the Technology of Communication*. Oxford: Basil Blackwell.

— 1992. *Oral Traditions and the Verbal Arts: A Guide to Research Practices*. ASA Research Methods, London, New York: Routledge.

Firth, Raymond 1961. *History and Traditions of Tikopia*. Wellington: The Polynesian Society.

— 1967. *Tikopia Ritual and Belief*. London: Allen & Unwin.

Fjellman, Stephen M./Miriam Goheen 1984. A Prince By Any Other Name? Identity and Politics in Highland Cameroon. In: *American Ethnologist*: 473-486.

Fortes, Mayer 1945. *The Dynamics of Clanship among the Tallensi*. London: Oxford University Press.

— 1970. *Time and Social Structure*. London: Athlone Press.

Fowler, Ian/David Zeitlyn 1996. Introduction: the Grassfields and the Tikar. In: I. Fowler/D. Zeitlyn (Hg.), *African Crossroads. Intersections between History and Anthropology in Cameroon*. Providence, Oxford: Berghahn Books: 1-16.

Friese, Heidrun 1994. Zitationen der Geschichte. Zur (Re)Konstruktion von Vergangenheit in einem sizilianischen Dorf. In: *Historische Anthropologie* 2, 1: 39-62.

Furniss, G. 1989. Typification and Evaluation: a Dynamic Prozess in Rhetoric. In: K. Barber/P.F. de Moraes Farias (Hg.), *Discourse and its Disguises: The Interpretation of African Oral Texts*. Birmingham University African Studies Series 1. Birmingham: Centre of West African Studies: 24-33.

Gardinier, David E. 1967. The British in the Cameroons, 1919-1939. In: Prosser Gifford/Roger W.M. Louis, *Britain and Germany in Africa: Imperial Rivalry and Colonial Rule*. New Haven, London: Yale University Press: 513-555.

Geary, Christraud 1976. *We. Die Genese eines Häuptlingstums im Grasland von Kamerun*. Wiesbaden: Franz Steiner Verlag.

— 1979. Traditional Societies and Associations in We (North West Province, Cameroon). In: *Paideuma* 25: 53-72.

— 1980. Ludwig Brandel's Historical Notes on the Kingdom of Kom (Cameroon). In: *Paideuma* 26: 41-77.

— 1981. The Historical Development of the Chiefdom of We (Southern Fungom). In: Claude Tardits (Hg.), *Contribution de la Récherche Ethnologique à l'Histoire des Civilisations du Cameroun.* Vol. 2. Colloques Internationaux du Centre National de la Récherche Scientifique, No. 551. Paris: Centre National de la Récherche Scientifique: 383-392.

— 1983. *Things of the Palace. A Catalogue of the Bamum Palace Museum in Foumban (Cameroon).* Wiesbaden: Franz Steiner Verlag.

— 1988. *Images from Bamum. German Colonial Photography at the Court of King Njoya, Cameroon, West Africa 1902-1925.* Washington, D.C.: Smithsonian Institution Press.

Gebauer, Paul 1964. *Spider Divination in the Cameroons.* Milwaukee: Milwaukee Public Museum.

— 1979. *Art of Cameroon.* Portland: Portland Art Museum.

Geschiere, Peter 1982. *Village Communities and the State. Changing Social Relations among the Maka of Southeastern Cameroon since the Colonial Conquest.* London: Routledge & Kegan Paul.

— 1988. Sorcery and the State. Popular Modes of Action among the Maka of Southeast of Cameroon. In: *Critique of Anthropology* 8: 35-63.

— 1993. Chiefs and Colonial Rule in Cameroon: Inventing Chieftaincy, French and British Style. In: *Africa*, 63, 2: 151-175.

Geertz, Clifford 1973 (1963). *The Interpretation of Cultures.* New York: Harper.

Giddens, Anthony 1982. *Profiles and Critiques in Social Theory.* Berkeley, Los Angeles: University of California Press.

— 1988 (1982). *Die Konstitution von Gesellschaft. Grundzüge einer Theorie der Strukturierung.* Frankfurt am Main, New York: Campus Verlag.

Goffman, Erving 1974. *Frame Analysis.* Cambridge, Mass.: Harvard University Press.

Goheen, M. 1992. Chiefs, Subchiefs and Local Control: Negotiations over Land, Struggles over Meaning. In: *Africa* 62: 389-412.

Grohs, Elisabeth 1990. Zur historischen Interpretation von weiblichen Riten am Beispiel der Zigua und Ngulu Ostafrikas. In: Adam Jones (Hg.), *Außereuropäische Frauengeschichte.* Pfaffenweiler: Centaurus-Verlagsgesellschaft.

Gumperz, John J. 1982. *Discourse Strategies.* Cambridge: Cambridge University Press.

Gunner, Elisabeth 1989. Orality and Literacy: Dialogue and Silence. In: K. Barber/ P.F. de Moraes Farias (Hg.), *Discourse and its Disguises: The Interpretation of African Oral Texts.* Birmingham University African Studies Series 1. Birmingham: Centre of West African Studies.

Habermas, Jürgen 1979 (zuerst: 1962). *Strukturwandel in der Öffentlichkeit. Untersuchungen zu einer Kategorie der bürgerlichen Gesellschaft.* Darmstadt, Neuwied: Luchterhand.

Halbwachs, Maurice 1966 (zuerst 1925 franz.). *Das Gedächtnis und seine sozialen Bedingungen.* Berlin, Neuwied.

Hastrup, Kirsten (Hg.). 1992. *Other Histories.* London, New York: Routledge.

Hausen, K. 1975. *Deutsche Kolonialherrschaft in Afrika. Wirtschaftsinteressen und Kolonialverwaltung in Kamerun vor 1914.* Zürich: Atlantis.

Hauß, K. 1910. *Der Pionier der Balimission: Aus dem Leben von Ferdinand Ernst.* Basel: Verlag der Baseler Missionsbuchhandlung.

Henige, David P. 1974. *The Chronology of Oral Tradition: Quest for a Chimera.* Oxford: Clarendon Press.

— 1982. *Oral Historiography.* London, New York, Lagos: Longman.

Herzfeld, M. 1992. Segmentation and Politics in the European Nation-State: Making Sense of Political Events. In: K. Hastrup (Hg.), *Other Histories.* London, New York: Routledge: 62-81.

Hirsch, S. 1987. *Die Bamileke: Menschen aus den Schluchten.* Berlin: Edition Ethnologie.

Hobsbawm, Eric 1983. Introduction: Inventing Traditions. In: E. Hobsbawm/T. Ranger (Hg.), *The Invention of Tradition.* Cambridge University Press.

Hofmeyr, Isabel 1994. *"We Spent Our Years As A Tale That Is Told".* Oral Historical *Narrative in a South African Chiefdom.* London: James Currey.

Huber, Hugo 1988. Formules d'éloges, de prière et de serments: "Fossiles directeurs" en tradition orale est-africaine? In: W.J.G. Möhlig/H. Jungraithmayr/J.F. Thiel *Die Oralliteratur in Afrika als Quelle zur Erforschung der traditionellen Kulturen.* Berlin: Dietrich Reimer Verlag: 227-253.

Hymes, Dell H. 1976. Die Ethnographie des Sprechens. In: Arbeitsgruppe Bielefelder Soziologen (Hg.), *Alltagswissen, Interaktion und gesellschaftliche Wirklichkeit.* Bd. 2: 338-432.

Jeffreys, M.D.W. 1948. Sidelights on the German African Administration. In: *The West African Review:* 12-15.

— 1950/51. Some Notes on the Bikom. In: *Eastern Anthropology* IV, 2: 22-42.

— 1951. Some Notes on the Fon of Bikom. In: *African Affairs* L: 65-88.

— 1957. The Bali of Bamenda. In: *African Studies* 16, 2: 108-113.

— 1961/62. Some Historical Notes on the Ntem. In: *Journal of the Historical Society of Nigeria* 2: 260-276; 384-392.

— 1962a. The Wiya Tribe. In: *African Studies.* 21: 83-103; 175-221.

— 1962b. Notes on the Bum. In: *Nigerian Field,* 27: 38-52.

— 1962c. Some Notes on the Customs of the Grassfield Bali of Northwestern Cameroon. In: *Afrika und Übersee,* XLVI, 3: 161-167.

— 1962d. Traditional Sources of Bali History Prior to 1890. In: *Afrika und Übersee,* XLVI: 168-199.

— 1963. Some Notes on the Rom People. In: *The Nigerian Field* 28, 2: 78-86.

— 1964. Who are the Tikar? In: *African Studies* 23: 141-153.

— 1966. Some Notes on the Fulani of Bamenda, in West-Cameroon. In: *Abbia* 14-15: 127-135.

Jewsiewicki, Bogumil 1993. African Studies in the 1980s: Epistomology and New Approaches. In: Toyin Falola, *African Historiography. Essays in Honour of Jacob Ade Ajayi.* Ikeja: Longman Group: 218-227.

Jewsiewicki, B./David Newbury (Hg.) 1986. *African Historiographies: What History for Which Africa?* Beverly Hills: Sage.

Kaberry, Phyllis M. 1950. Land Tenure among the Nsaw of the British Cameroons. In: *Africa* 20: 307-323.

— 1952. *Women of the Grassfields: A Study of the Economic Position of Women in Bamenda, British Cameroons.* London: Her Majesty's Stationary Office.

— 1957. Myth and Ritual: Some Recent Theories. In: *Bulletin of the Institute of Classical Studies,* University of London, 4: 42-54.

— 1959. Traditional Politics in Nsaw. In: *Africa* 29: 366-385.

— 1960. Some Problems of Land Tenure in Nsaw, Southern Cameroons. In: *Journal of African Administration* 12: 21-28.

— 1962. Retainers and Royal Households in the Cameroons Grassfields. In: *Cahiers d'Etudes Africain* III, 12: 282-298.

— 1971. Witchcraft of the Sun: Incest in Nso. In: Mary Douglas/P. Kaberry (Hg.), *Man in Africa.* Garden City, NY: Doubleday: 175-195.

Kaberry, Phyllis M./E.M. Chilver 1963. Historical Research in Bamenda Division. In: *Abbia* 4: 117-135.

— 1967. The Kingdom of Kom in West-Cameroon. In: Daryll Forde/P.M. Kaberry (Hg.), *West African Kingdoms in the Nineteenth Century.* Oxford, Oxford University Press.

Kaberry, P.M./M.D.W. Jeffreys 1952. Notes on Nsaw History and Social Categories. In: *Africa* 22, 1: 152-186.

Kofele-Kale, N. 1986. Ethnicity, Regionalism and Political Power: A Post-Mortem of Ahidjo's Cameroon. In: M.G. Schatzberg/I. Zartmann (Hg.), *The Political Economy of Cameroon.* New York: Praeger Publishers: 53-82.

Koloss, Hans-Joachim 1980a. Götter und Ahnen, Hexen und Medizin. Zum Weltbild in Oku (Kameruner Grasland). In: Walter Raunig (Hg.), *Schwarzafrikaner. Lebensraum und Weltbild.* Innsbruck, Frankfurt/M.: Pinguin, Umschau: 2-12.

— 1980b. *Kamerun: Könige, Masken, Feste. Ethnologische Forschungen im Grasland der Nordwest-Provinz von Kamerun.* (Katalog zur Ausstellung, Lindenmuseum Stuttgart).

— 1984. Njom among the Ejagham. In: *African Arts* 18, 1: 71-93.

— 1985. Obasinjom among the Ejagham. In: *African Arts* 18, 2: 63-103.

Koselleck, Reinhart 1975. Geschichte, Historie. In: O. Brunner/W. Conze/R. Koselleck, *Geschichtliche Grundbegriffe.* Bd.II, Stuttgart: Klett-Cotta.

— 1984. *Vergangene Zukunft: Zur Semantik geschichtlicher Zeiten* (1979 1. Aufl.). Frankfurt a.M.: Suhrkamp.

Lamb, Venice/Alastair Lamb 1981. *Au Cameroon. Weaving - Tissage.* Hertingfordbury, Hertfordshire: Roxford Books.

Lentz, Carola 1993. Histories and Political Conflict. A Case Study of Chieftaincy in Nandom, Northwestern Ghana. In: *Paideuma* 39: 177-215.

1994. "Tribalismus" und Ethnizität in Afrika: Ein Forschungsüberblick. In: Elwert, G. et al., *Sozialanthropologische Arbeitspapiere* Nr. 57. Berlin: Das Arabische Buch.

Levi-Strauss, Claude 1970 (1964). *The Raw and the Cooked. (Mythologiques I).* New York: Harper Torchbooks.

— 1985 (1983). *Der Blick aus der Ferne.* München: Wilhelm Fink.

Levine, V.T. 1964. *The Cameroons from Mandate to Independence*. Berkeley, Los Angeles: University of California Press.

Luig, Ute 1984. Probleme bei der Erforschung oraler Traditionen. In: *Kölner Zeitschrift für Soziologie und Sozialpsychologie*. Sonderheft 26 (Ethnologie als Sozialwissenschaft): 178-94.

— 1993. Besessenheitsrituale als historische Charta: Die Verarbeitung europäischer Einflüsse in sambianischen Besessenheitskulten. In: *Paideuma* 39: 343-56.

Mafiamba, P.C. 1969. Notes on the Polyglot Populations of Nkambe. In: *Abbia* 21: 59-90.

— 1972. Document: The Origin of the Warr Clan, Wimbum Area Council, Donga Mantung Division West Cameroon. In: *Abbia* 26: 103-105.

Malinowski, Bronislaw 1954. *Magic, Science and Religion and Other Essays* (Repr. von 1948). Garden City, New York: Doubleday Anchor Books.

— 1975. *Eine wissenschaftliche Theorie der Kultur und andere Aufsätze* (1944 übers.: Fritz Levi). Frankfurt a.M.: Suhrkamp.

Masquelier, Bertrand M. 1979. Ide as a Polity: Ideology, Morality and Political Identity. In: *Paideuma* 25: 41-52.

Mbembe, Achille. 1992. Provisional notes on the Postcolony. In: *Africa* 62: 3-34.

McCaskie, T.C. 1989. Asantesem: Reflections on Discourse and Text in Africa. In: K. Barber/P.F. de Moraes Farias (Hg.), *Discourse and its Disguises: The Interpretation of African Oral Texts*. Birmingham University African Studies Series 1. Birmingham: Centre of West African Studies: 70-86.

McCullough, Merran/Margaret Littlewood/I. Dugast 1954. *Peoples of the Central Cameroons*. London: International African Institute.

Meek, C.K. 1957. *Land Tenure and Land Administration in Nigeria and the Cameroons*. London: HMSO.

Migeod, Frederick William Hugh 1925. *Through British Cameroons*. London: Heath Cranton Limited.

Miller, Joseph C. (Hg.) 1980. *The African Past Speaks: Essays on Oral Tradition as History*. Folkestone und Hamden: Dawson und Archon.

Möhlig, W.J.G./H. Jungraithmayr/J.F. Thiel (Hg.) 1988. *Die Oralliteratur in Afrika als Quelle zur Erforschung der traditionellen Kulturen*. Berlin: Dietrich Reimer Verlag.

Moore, Henrietta 1986. *Space, Text and Gender. An Anthropological Study of the Marakwet of Kenya*. Cambridge, London, New York u.a.: Cambridge University Press.

Mudimbe, V.Y./Bogumil Jewsiewicki (Hg.) 1993. *History Making in Africa. History and Theory* Beiheft 32, Wesleyan University.

Mzeka, Paul N. 1980. *The Core Culture of Nso'*. Agawam, Ma.: Jerome Radin Co.

Niethammer, Lutz (Hg.) 1980. *Lebenserfahrung und kollektives Gedächtnis: Die Praxis der "Oral History"*. Frankfurt a.M.: Syndikat.

Nadel, Siegfried Frederick 1942. *A Black Byzantium*. London etc.: Oxford University Press.

Nkwi, Paul Nchoji 1976. *Traditional Government and Social Change: A Study of the Political Institutions Among the Kom of the Cameroon Grassfields*. Fribourg: University Press.

— 1979. Cameroon Grassfield Chiefs and Modern Politics. In: *Paideuma* 25: 99-115.

— 1983. Traditional Diplomacy, Trade and Warfare in the Nineteenth Century Western Grassfields. In: *Serie Sciences Humaines: Revue Science et Technique* 1, 3-4: 101-116.

— 1987. *Traditional Diplomacy. A Study of Inter-Chiefdom Relations in the Western Grassfields, North West Province of Cameroon*. Yaoundé: SOPECAM.

— 1989. Cultural Dynamics and Identity of the Western Grassfields of Cameroon. In: Lucas K. Sosoe (Hg.), *Identität: Evolution oder Differenz?*. Festgabe für Professor Hugo Huber. Freiburg (Schweiz): Universitätsverlag: 209-258.

Nkwi, P.N. & Warnier, Jean Paul 1982. *Elements for a History of the Western Grassfields*. Yaoundé: Publication of the Department of Sociology of the University of Yaoundé.

Northern, Tamara 1973. *Royal Art of Cameroon: The Art of the Bamenda-Tikar*. Hannover, New Hampshire: Dartmouth College.

— 1975. *The Sign of the Leopard. Beaded Art of Cameroon*. Storrs, Connecticut: The William Benton Museum of Art.

Nwabuzor, E. 1980. Ethnic Value Distance in Cameroon. In: J.N. Paden (Hg.), *Values, Identities and National Integration*. Evanston: Northwestern University Press: 205-229.

Passerini, Luisa 1990. Mythbiography in Oral History. In: S. Raphael/P. Thompson, *The Myths We Live By*. London und New York: Routledge.

Peel, J.D.Y. 1989. The Cultural Work of Yoruba Ethnogenesis In: E. Tonkin/ M. McDonald/M. Chapman (Hg.), *History and Ethnicity*, ASA Monograph 27: 198-215. London und New York: Routledge.

Pius, Soh Bejeng 1984. The Signification and Role of Royal Symbols on Grassfield Politics. In: *Senri Ethnological Studies* 15: 265-287.

Portelli, Alessandro 1985. Oral History, the Law and the Making of History. In: *History Workshop* 20: 5-35.

Pesek, Michael 1997. Tänze der Hoffnung, Tänze der Macht. In: *Sozialanthropologische Arbeitspapiere* Nr. 72, Berlin: Das Arabische Buch.

Price, David 1979. Who are the Tikar Now? In: *Paideuma* 25: 89-98.

Probst, Peter 1989. The Letter and the Spirit - Literacy and Religious Authority in the History of the Aladura Movement in Western Nigeria. In: *Africa* 59, 4: 478-495.

— 1992a. *Schrift, Staat und Symbolisches Kapital bei den Wimbum: Ein ethnographischer Bericht aus dem Grasland von Kamerun*. Kulturanthropologische Studien 20. Münster: Lit.

— 1992b. Die Macht der Schrift. Zum ethnologischen Diskurs über eine populäre Denkfigur. In: *Anthropos* 87: 167-182.

Probst, P./B. Bühler 1990. Patterns of Control: on Medicine, Politics and Social Change among the Wimbum, Cameroon Grassfields. In: *Anthropos* 85: 447-454.

Ranger, Terence 1980. Persönliche Erinnerungen und Volkserfahrung in Ost-Afrika. In: L. Niethammer (Hg.), *Lebenserfahrung und kollektives Gedächtnis: Die Praxis der "Oral History"*. Frankfurt a.M.: Syndikat.

— 1983. The Invention of Tradition in Colonial Africa. In: E. Hobsbawm/T. Ranger (Hg.), *The Invention of Tradition*. Cambridge: Universitiy Press.

Richards, Audrey I. 1960. Social Mechanisms for the Transfer of Political Rights in Some African Tribes. In: *Journal of the R.A.I.*, 90, 2: 175-90.

Rowlands, M.J. 1979. Local and Long Distance Trade and Incipient State Formation on the Bamenda Plateau in the Late 19th Century. In: *Paideuma* 25: 1-19.

Rowlands, M.J./J.P. Warnier 1988. Sorcery, Power and the Modern State in Cameroon. In: *Man* 23: 118-132.

Rudin, H.R. 1962. *Germans in the Cameroons 1884-1914. A Case Study in Modern Imperialism*. London: Allen & Unwin.

Ruel, Malcom 1969. *Leopards and Leaders: Constitutional Politics among a Cross River People*. London: Tavistock Publications.

Samuel, Raphael/Paul Thompson 1990. Introduction. In: dies. (Hg.), *The Myths We Live By*. London, New York: Routledge.

Scheub, Harold 1987. Oral Poetry as History. In: *New Literary History* 3.

Schilder, K./W. van Binsbergen 1993. Recent Dutch and Belgian approaches to ethnicity in Africa. In: *Africa Focus* 9 (1-2): 3-15.

Schlee, Günter 1988. Die Islamisierung der Vergangenheit: von der Rückwirkung der Konversion somalischer und somaloider Gruppen zum Islam auf deren oral tradiertes Geschichtsbild. In: W.J.G. Möhlig/H. Jungraithmayr/J.F. Thiel, *Die Oralliteratur in Afrika als Quelle zur Erforschung der traditionellen Kulturen*. Berlin: Dietrich Reimer Verlag: 269-300.

Schmidt, Agate 1955. *Die rote Lendenschnur: Als Frau im Grasland Kameruns*. Berlin: Dietrich Reimer.

Schoffeleers, J. Matthew 1992. *River of Blood: The Genesis of a Martyr Cult in Southern Malawi, c. A.D. 1600*. Madison: The University of Wisconsin Press.

Schott, Rüdiger 1968. Das Geschichtsbewußtsein schriftloser Völker. In: *Archiv für Begriffsgeschichte*, Bd. 7: 166-205.

— 1977. Sources for a History of the Bulsa in Northern Ghana. In: *Paideuma* 23: 141-168.

— 1988. Die Ethnogenese von Völkern in Afrika. In: *Rheinisch-Westfälische Akademie der Wissenschaften, Abhandlung 78, "Studien zur Ethnogenese"* Bd. 2: 7-42.

— 1990. Die Macht des Überlieferungswissens in schriftlosen Gesellschaften. In: *Saeculum* 41, 3/4: 273-316.

— 1994. Der Fremde in traditionellen afrikanischen Gesellschaften. In: *Saeculum* 45, 1: 126-165.

Sieber, D./J. Sieber 1938. Das Leben des Kindes im Nsungli-Stamm. In: *Africa* 11: 208-220.

Southall, Aidan W. 1970. The Illusion of Tribe. In: Peter W. Gutkind (Hg.), *The Passing of Tribal Man*. Leiden: Brill.

Spittler, Gert 1990. Lebensalter und Lebenslauf bei den Tuareg. In: G. Elwert/M. Kohli/H.K. Müller (Hg.), *Im Lauf der Zeit*. Saarbrücken: 107-123.

— 1993. Jahr und Zeit. Jahreszeit, Jahresereignisse, Chronologie und Geschichtsbewußtsein bei den Kel Ewey von Timia. In: W. Krawietz/L. Pospisil/S. Steinbrich (Hg.), *Sprache, Symbole und Symbolverwendungen in Ethnologie, Kulturanthropologie, Religion und Recht. Festschrift für Rüdiger Schott zum 65. Geburtstag*. Berlin: Duncker & Humblot: 509-523.

Tabuwe, Aletum M. 1974. *Political Conflicts Within the Traditional and Modern Institutions of the Bafut, Cameroon*. Louvain: Vander.

Tardits, Claude 1980. *Le Royaume Bamoum*. Paris: Armand Collin.

— 1988. Die Lineage stirbt nicht aus: Abstammungsgruppen in den Königreichen Bamum und Baganda. In: E. Conte (Hg.), *Macht und Tradition in Westafrika*. Frankfurt /M.: Campus: 49-69.

Thompson, Paul 1978. *The Voice of the Past: Oral History*. Oxford University Press.

Tita, S.N. 1982. *History for Cameroon*. Vol.1, 3. Limbe: Nooremac Press.

Tonkin, Elisabeth 1982. The Bounderies of History in Oral Performance. In: *History in Africa* 9.

— 1986. Investigating Oral History. In: *Journal of African History* 27.

— 1988. Historical Discourses: The Achievement of Sieh Jeto. In: *History in Africa* 15.

— 1990. History and the Myth of Realism. In: S. Raphael/P. Thompson, *The Myths We Live By*. London, New York: Routledge.

— 1992. *Narrating our Pasts: The Social Construction of Oral History*. Cambridge University Press.

Tonkin, E./Maryon McDonald/Malcolm Chapman (Hg.) 1989. *History and Ethnicity*, ASA Monograph 27. London, New York: Routledge.

Thorbecke, Marie Pauline 1921. *Häuptling Ngambe*. Berlin: Safari-Verlag.

Turner, Terence 1977. Narrative Structure and Mythopoesis: A Critique and Reformulation of Structuralist Concepts of Myth, Narrative and Poetics. In: *Arethusa* 10, 1: 103-163.

Van Binsbergen, Wim 1992. *Tears of Rain: Ethnicity and History in Central Western Zambia*. London, New York: Kegan Paul.

Vail, Leroy (Hg.) 1989. *The Creation of Tribalism in Southern Africa*. London: James Currey.

Vansina, Jan 1965 (1961). *Oral Tradition: A Study in Historical Methodology*. Chicago: Aldine Publishing Company.

— 1974. Comment: Traditions of Genesis. In: *Journal of African History*, Bd. 15, 2: 317-22.

— 1985. *Oral Tradition as History*. London, Nairobi: James Currey und Heinemann.

Verhoeve, Jan 1971. The Linguistic Unit Mbam-Nkam (Bamileke, Bamum and Related Languages). In: *Journal of African Languages* 10: 1-12.

— 1978. Limbum. In: L. Leroy/J. Verhoeve (Hg.), *Les Langues bantues des Grassfields au Cameroun*. Paris: Selaf: 183-192.

Warnier, J.-P. 1979. La Polarité Culture-Nature Entre le Chef et Takoengoe à Mankon. In: *Paideuma* 25: 22-33.
— 1984. Histoire du Peuplement et Genese des Paysages dans l'Ouest Camerounais. In: *Journal of African History* 25: 395-410.
— 1985. *Échanges, Développement et Hierarchies dans le Bamenda Pré-colonial*. Stuttgart: Steiner.
— 1995. Around a Plantation: the Ethnography of Business in Cameroon. In: D. Miller (Hg.), *Worlds Apart. Modernity through the Prism of the Local*. London, New York: Routledge: 91-109.
Werbner, Richard P. 1990. South Central Africa: The Manchester School and After. In: Richard Fardon (Hg.), *Localizing Strategies. Regional Traditions of Ethnographic Writing*. Washington: Smithsonian Institute.
White, Hayden 1973. *Metahistory. The historical Imagination in 19th Century Europe*. Baltimore.
— 1990. *Die Bedeutung der Form. Erzählstrukturen in der Geschichtsschreibung*. Frankfurt am Main: Fischer Wissenschaft.
White, Landeg 1989. Poetic Licence: Oral Poetry and History. In: K. Barber/P.F. de Moraes Farias (Hg.), *Discourse and its Disguises: The Interpretation of African Oral Texts*. Birmingham University African Studies Series 1. Birmingham: Centre of West African Studies: 34-38.
Wilhelm, H. 1981. Le Commerce Précolonial de l'Ouest (Plateau Bamiléké-Grassfield, Région Bamoum et Bafia). In: Claude Tardits (Hg.), *Contribution de la Recherche Ethnologique a L'Histoire des Civilisations du Cameroun*. Vol. 2. Colloques Internationaux du Centre National de la Recherche Scientifique, No. 551. Paris: Centre National de la Récherche Scientifique: 485-501.
Willis, Roy G. 1980. The Literalist Fallacy and the Problem of Oral Tradition. In: *Social Analysis*, 4: 28-37.
— 1981. *A State in the Making: Myth, History and Social Transformation in Pre-colonial Ufipa*. Bloomington: Indiana University Press.
— 1984. Strukturale Analyse von Mythen und oraler Literatur. In: *Kölner Zeitschrift für Soziologie und Sozialpsychologie*, Sonderheft 26 (Ethnologie als Sozialwissenschaft): 141-57.
Wirz, Albert/Georg Deutsch 1997: Geschichte in Afrika. Einführung in Probleme und Debatten. Berlin: Das Arabische Buch.

Zintgraff, Eugen 1895. *Nord-Kamerun*. Berlin: Gebrüder Praetel.
Zwernemann, Jürgen 1968. *Die Erde in der Vorstellungswelt und Kultpraktiken der Sudanischen Völker*. Berlin: Dietrich Reimer Verlag.

ANHANG

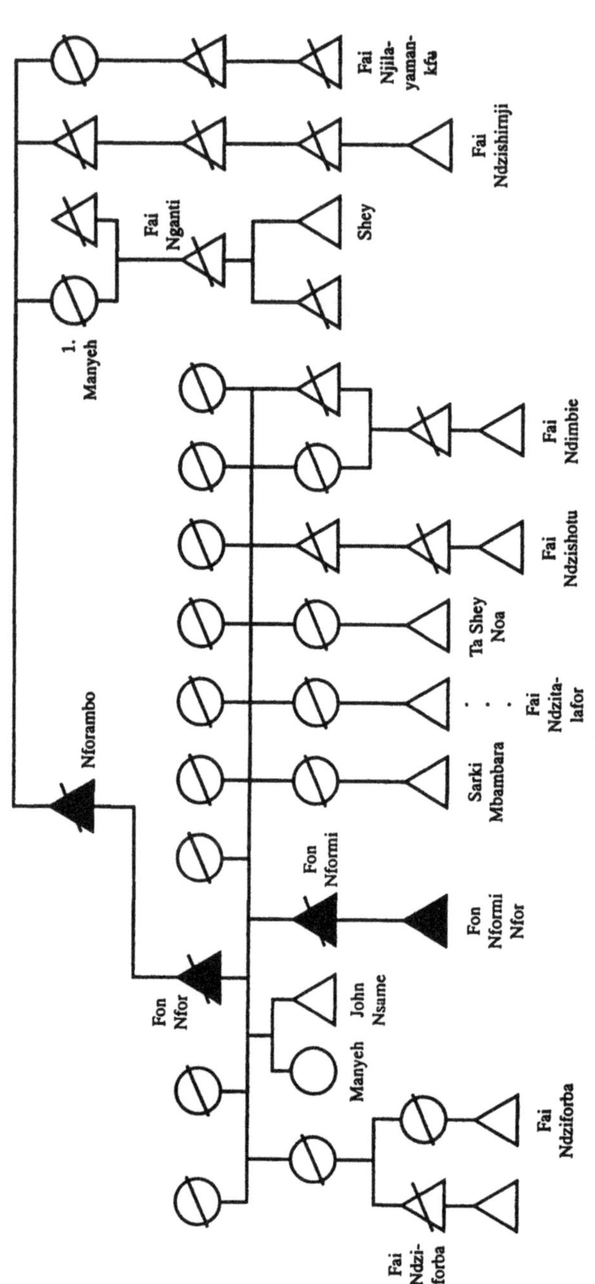

Genealogische Beziehung erwähnter Personen des königlichen Klans

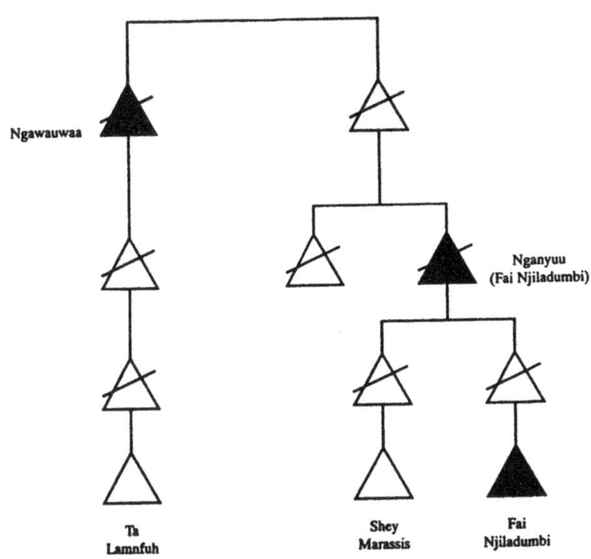

Genealogische Beziehung einiger Personen der Lineage von Fai Njiladumbi aus Fallbeispiel 2

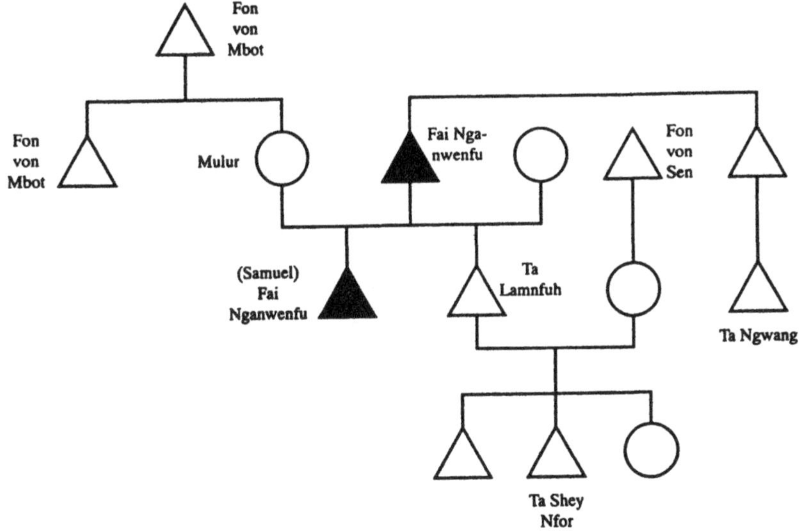

Genealogische Beziehung der Personen aus der Lineage von Fai Ngawenfu aus Fallbeispiel 6

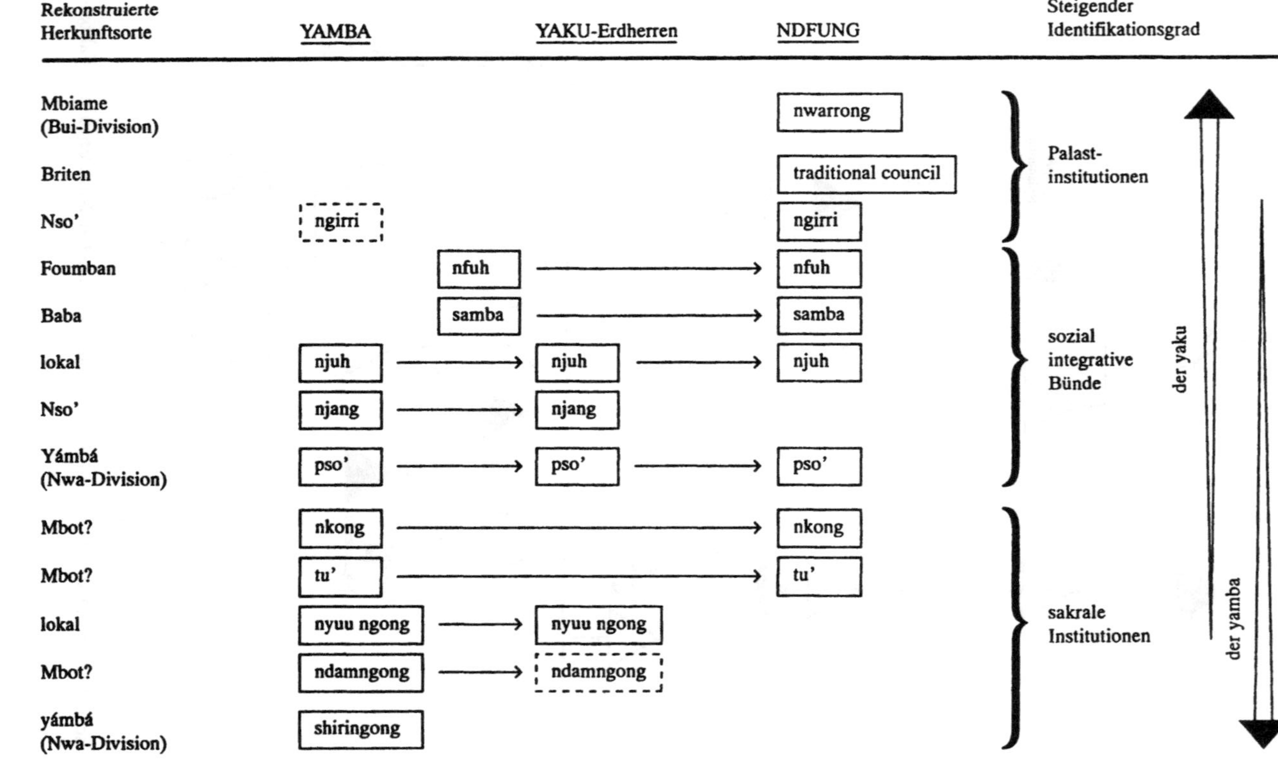

Tabellarischer Überblick über die Institutionen

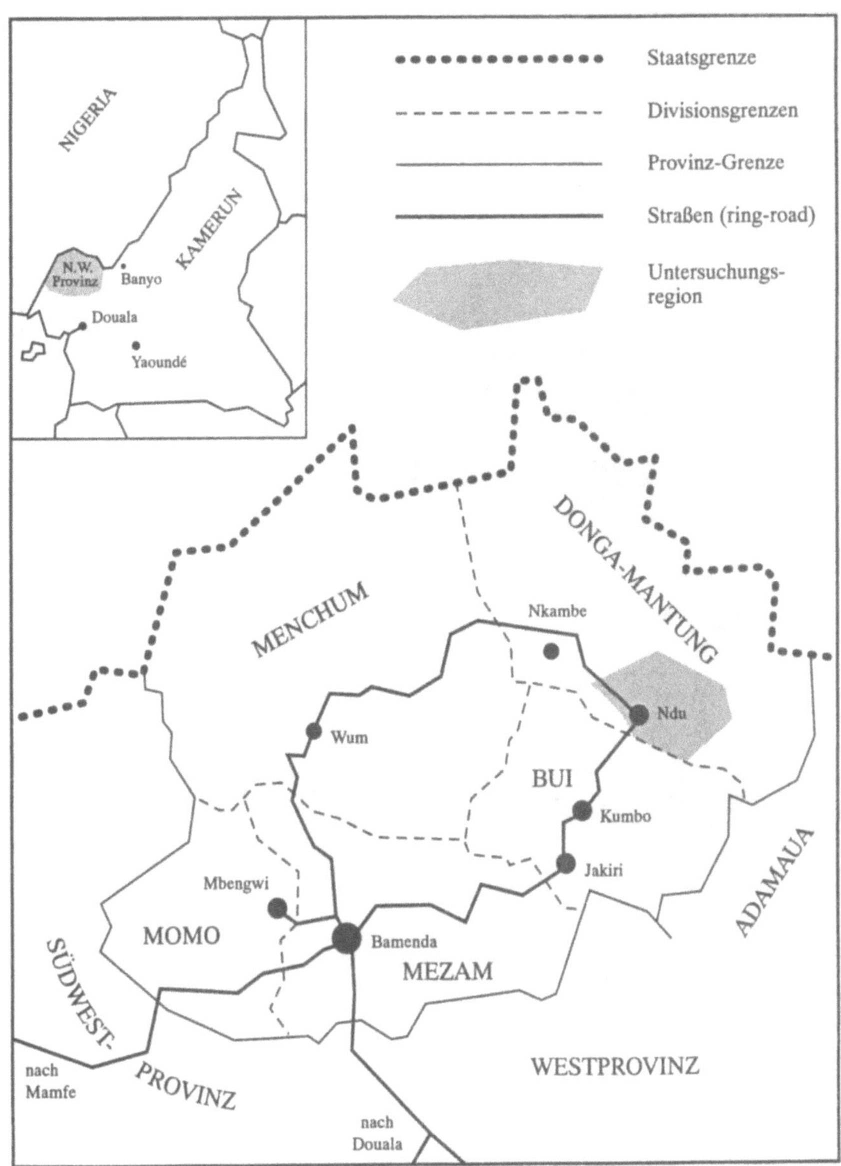

Karte 1: Nordwest-Provinz

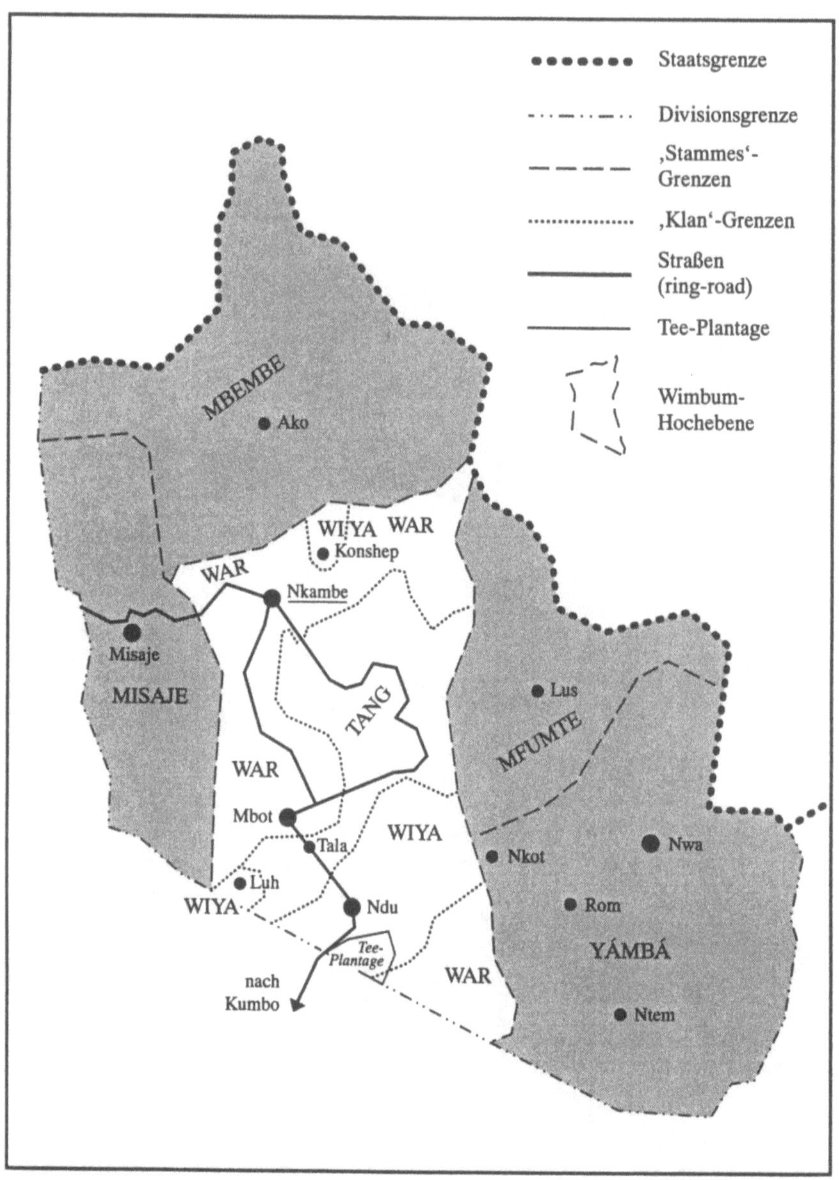

Karte 2: Donga-Mantung-Division

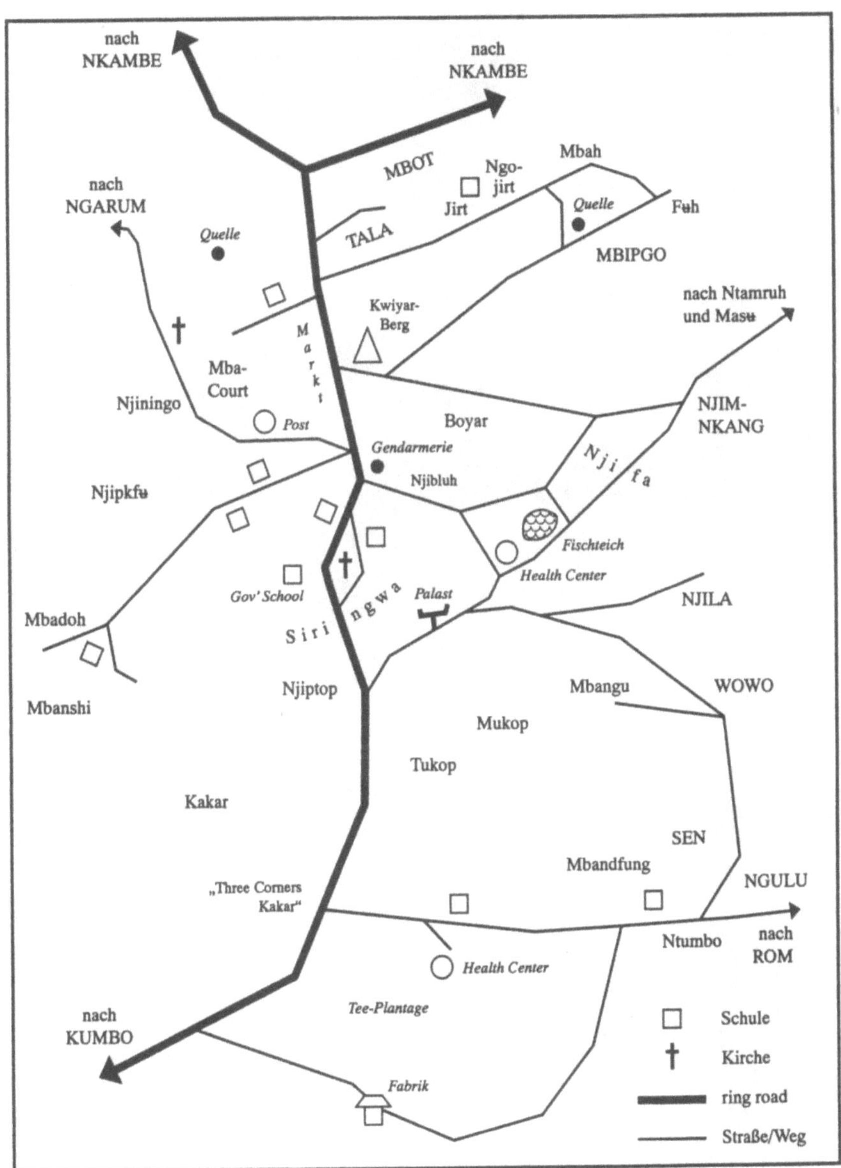

Karte 3: Ndu und Umgebung

Abb. 1: Die illustrierte Genealogie der Wiya-*Fons* von Ndu (Foto: H.-J. Koloß, Museum für Völkerkunde in Berlin, 1977)

Abb. 2: Der kürzlich inthronisierte *Fon* von Ndu (Mitte) und die *Manyeh* (Königinmutter) zu seiner Linken
(Foto: Popular Olympic Photo Studio, Ndu Town, 1982)

Abb. 3: Festzug des *nwarrong*-Bundes durch das Zentrum von Ndu. Die Mitglieder transportieren den *lang nwarrong*-Tabustab, der bei Landstreitigkeiten auf das betreffende Feld gepflanzt wird. Die Maske trägt den Titel *shey nwarrong*. Ihr unmittelbar voraus gehen Fai Ndziforba und Shey Umaru, der zuletzt als *shey nwarrong* amtierte (Foto: Popular Olympic Photo Studio, Ndu Town, 1984))

Abb. 4: Festzug des *ngirri*-Bundes entlang entlang der Hauptstraße von Ndu. Die Maske trägt den Titel *shey ngirri*
(Foto: Popular Olympic Photo Studio, Ndu Town, 1984)

Abb. 5: Der regierende *Fon* von Ndu im Kreise seiner Palastbediensteten (hockend) und Ältesten (stehend). Die im Text erwähnten Personen befinden sich von links nach rechts gesehen an folgenden Stellen im Vordergrund: 2. Dogari Ndzi Bufanong; 5. Fon Nformi Nfor; 6. Dogari James Yengong; 7. Julius, der Sekretär des Fon. Im Hintergrund stehen von links nach rechts 3. Fai Njilanjeng (Mbadoh); 4. Fai Ngashembiri (Boyar); 5. Fai Njilatoblah (Palast); 6. Fai Ndimbie (Palast); 7. Fai Ndziforba (Palast); 10. Fai Njiladumbi (Njifa); 11. *Court Clerk* James Bungasa. (Foto: Popular Olympic Foto Studio, Ndu Town, 1985)

Abb. 6: *Sallah*-Fest. Die im Text erwähnten Personen sitzen in Rangordnung von links nach rechts:
1. Fai Ndzishotu (Mbandfung); 2. Fai Ndzitonga (Kakar); 3. Fai Ndzishirnji (Jirt); 4. Fai Ndziforba
(Palast); 6. Fai Ndimbie (Palast); 8. Fai Ngamalar (Jirt) (Foto: B. Bühler 1985)
Abb. 7: Ehemals (bis zur Menarche) amtierende Königinmütter von Ndu (Foto: B. Bühler 1996)

Abb. 8: Neben Fai Njilatoblah (linker Vordergrund) in der Mitte: Ta Shey Noa, ältester ehemals amtierender *shey nwarrong* und weiterhin einer der wichtigsten *mshindap* des Palastes (Foto: B. Bühler 1986)
Abb. 9: Die Hofmusikanten des Fon von Ndu. Sie sind Söhne von Sarki Mbambara, der die Musik aus Banyo am Palast von Ndu einführte. (Popular Olympic Foto Studio, Ndu Town, 1985)

Abb. 10: Der 1969 verstorbene Fai Nganwenfu und im Hintergrund (links) sein bis zu Abdankung stellvertretend amtierender Nachfolger Ta Shey Nfor (Foto: Kopie von Fai Ngawenfu, ca. 1966 aufgenommen)

Abb. 11: Der derzeitige Fai Nganwenfu (ehemals: Samuel) zusammen mit seiner Mankfu (dem Oberhaupt der Frauen von Boyar) und Ndzi Bufanong in hockender Respekthaltung (Foto: B. Bühler 1986)

Abb. 12: Ndu-Town mit Blick auf den Markt (Foto: B. Bühler 1986)

Abb. 13: Aristos Ngakfumbe vor seinem Medizingarten in Njibluh (Foto: B. Bühler 1986)
Abb. 14: Demonstration der Statussymbole des *wifa gogor*-Titels von Fai Ngakfumbe in Ngojirt. Von links nach rechts: Vincent und Nfor Ngakfumbe sowie der amtierende Fai (Foto: B. Bühler 1985)

ZENTRUM MODERNER ORIENT

ARBEITSHEFTE

STUDIEN

In Vorbereitung:

STUDIEN

Bei Fragen zur Produktsicherheit wenden Sie sich bitte an:
If you have any questions regarding product safety,
please contact:

Walter de Gruyter GmbH
Genthiner Straße 13
10785 Berlin
productsafety@degruyterbrill.com